刑法分则实务丛书

刑事案例诉辩审评
——以危险方法危害公共安全罪

主 编／孟庆华 孟昭武

中国检察出版社

编委会

主　编

孟庆华（河北大学政法学院）

孟昭武（中国刑警学院）

撰稿人

金劲松（江苏省高级人民法院）

许永胜（河北省望都县人民检察院）

刘　红（中央司法警官学院）

张　凯（中央司法警官学院）

张香香（河北司法警官职业学院）

付立忠（中国人民公安大学）

王德亮（河北大学政法学院）

王　法（河北大学政法学院）

王　纬（河北大学政法学院）

张亚男（河北大学政法学院）

李　婷（河北大学政法学院）

王聚强（北京市人民检察院二分院）

周继文（河北省高级人民法院）

胡利敏（石家庄经济学院）

马章民（河北政法职业学院）

郑浩文（广东省茂名市人民检察院）

再 版 说 明

　　《刑法分则实务丛书》自 2005 年问世以来，受到理论界和司法实务部门的一致好评，其应用价值得到了读者的充分肯定。近十年来，我国刑事立法和司法工作都有了很大的发展。为适应新的社会形势变化，我国又先后出台了《刑法修正案（五）》、《刑法修正案（六）》、《刑法修正案（七）》、《刑法修正案（八）》，"两高"也针对刑法适用等问题出台了大量的司法解释，特别是"两高"《刑法罪名补充规定（三）》、《刑法罪名补充规定（四）》、《刑法罪名补充规定（五）》的颁布引发的罪名变化，使我们深切体会到有必要重新对这套丛书进行一次全面的修订。本次修订无论是分册布局、内容架构，还是案例的选取、作者的选择、附录内容设计等方面，较之以前，都有很大的变化；从某种程度上来讲，这是一套全新的刑事案例丛书。概括来说，本丛书具有以下几个特点：

　　首先，丛书分册布局方面，更加贴近司法实务。为了便于读者对司法实务中常见多发罪名有更为深刻、全面的掌握，在分册设计方面，对于司法实务中常见多发的罪名能够单独成册的就单独设立一个分册，在现实生活中联系十分紧密的各罪则适当合并，最终呈现给读者的是更加贴近实务、参考价值更大、总数达 30 分册的一套大型案例丛书。

　　其次，内容架构设计上，丛书既概括了刑法基本理论热点与司法认定中的难点、疑点，又完整地展现了案件从起诉到辩护到审判的全过程；既满足了实务部门解决实践疑难问题的现实需要，又兼顾了刑法教学与研究的理论要点问题。每个分册都分为三大部分。第一部分"某某罪基本理论与司法认定精要"，主要是对各个分册涉及罪名的基本理论及该罪名在司法适用中的重点、难点、疑点等主要问题加以全面的总结与概括，便于读者更全面、快捷地了解本分册罪名的特点、渊源及司法实务中的主要问题;第二部分"典型案例诉辩审评",则是把每个真实的案件通过【基本情况】、【诉辩主张】、【人民法院认定事实和证据】、【判案理由】、【定案结论】五个部分的内容,完整地展现案件从起诉到辩护到审判的全过程,分别从诉、辩、审三个角度全方位地反映案件的真实性、复杂性,【法理解说】则是从局外人的视角针对案件中的疑点、难点加以精当的评析,以帮助读者更加深刻理解本分册罪名适用中特别需要注意的具体问题;第三部分"办案依据"则是在全面梳理和整合现行法律、法规、司法解释、规范性文件的基础上,围绕各个分册的罪名,以刑法典条文为经线,以其他与之相关的司法实践中常用的规范性法律文件为纬线,将刑法、单行刑法、其他立法、司法等规范性法律文件重新整合,勾勒出一幅崭新的办案图谱。供司法工作人员在法律适用、定罪量刑时借鉴比照,对刑法教学与研究具有一定的参考价值。

最后,案例选取、更新方面,既收集了近年来具有社会影响性的"大"案件,更有办案人员天天面对的常见多发的"小"案件。无论大小,所选取的案例都是司法实践中的真实案件,并经来自司法实践部门和法学科研机构的专家精选、加工。

尤为重要的是,作者的精湛素养和深厚的专业积淀。作者队伍中既有高等院校从事教学的刑法学教授、博导,也有具有多年办案经验的司法实务工作者;既有严肃、认真的"学究派",也有具体从事司法解释工作的"两高"工作人员。正是他们的积极参与,才最终确保了本丛书的学术权威性与实践指导性。

需要特别说明的是:近一两年来我国刑法、刑事诉讼法修改变动大,一些罪名的变化频繁,而依据我国刑法溯及力的相关规定,本丛书中所引用的一些真实案例就发生在刑法修正案出台之前或罪名补充规定出台之前,因而法院判决中所引用的也应当是刑法修正案出台之前或罪名补充规定出台之前的刑法和刑事诉讼法。

我们希望本书的再版,能为读者正确理解和适用刑法有所裨益。对本书中存在的不足乃至错误之处,恳请读者不吝指正。

编 者

2013 年 12 月

出 版 说 明

刑法修订实施以来，全国人大常委会和最高人民法院、最高人民检察院相继发布了若干立法解释与司法解释，司法实践中不可避免地出现了一些新情况、新问题。为了满足广大司法工作人员的实际需要，提高司法机关的执法能力和工作水平，实现司法公正与效率的有机结合，我们经过一年多的精心策划和组织，推出了这套《刑法分则实务丛书》。

本丛书所采用的案例均是由各地检察机关征集而来，并经来自司法实践部门和法学教研机构的专家精选、加工，强调其真实性和典型性。根据司法实践中各类刑事案件发生率的多少，我们将刑法分则四百多个罪名划分为三十个分册，各册以多发、常见、修订刑法新增罪名为分册书名，涵盖同类其他罪名。各分册尽量包括典型案例、罪与非罪案例、此罪与彼罪案例等三种不同类型的案例，以使读者全面和深入地理解刑事案件的判断标准，把握疑难问题的分析方法。在各册的最后，还附录有与各罪名紧密相关的法律、法规、司法解释条文的类编，以便读者研习和引用，突出其立足实用、可操作性强的特点。

这套丛书通过其特有的体例安排，即基本情况、诉辩主张、法院认定事实和证据、判案理由、定案结论和法理解说六个部分的内容，完整地展示了从诉到判的全过程，从诉、辩、审、评四个角度全方位地解析了刑法分则的操作实务。供检察、司法人员在办案中适用法律、定罪量刑时借鉴比照，对刑法教学和科研也具有参考作用。

编　者
2005 年 1 月

目 录

第一部分

以危险方法危害公共安全罪基本理论与司法认定精要

一、以危险方法危害公共安全罪的罪名问题 …………………… 3
 （一）1979 年刑法以危险方法危害公共安全罪的罪名 ……… 4
 （二）1997 年刑法以危险方法危害公共安全罪的罪名 ……… 9
 （三）以危险方法危害公共安全罪的"口袋罪名"问题 …… 14
二、以危险方法危害公共安全罪适用类型问题 ………………… 15
 （一）醉驾方法构成的"以危险方法危害公共安全罪" …… 15
 （二）"碰瓷"方法构成的"以危险方法危害公共安全罪" … 17
 （三）危及高速公路行驶安全构成的"以危险方法危害公共
   安全罪" ……………………………………………………… 21
 （四）食品类危险方法构成的"以危险方法危害公共安全罪" … 22
 （五）私设电网危险方法构成的"以危险方法危害公共安全罪" … 26
 （六）盗窃窨井盖危险方法构成的"以危险方法危害公共安全罪" … 28
 （七）针刺危险方法构成的"以危险方法危害公共安全罪" … 30
 （八）投寄虚假炭疽杆菌邮件构成的"以危险方法危害公共
   安全罪" ……………………………………………………… 32
三、以危险方法危害公共安全罪的客体问题 …………………… 34
 （一）以危险方法危害公共安全罪的公共安全范围问题 …… 35
 （二）以危险方法危害公共安全罪的"不特定"的理解问题 … 37
 （三）以危险方法危害公共安全罪的"公私财产遭受重大损失"的
   理解问题 …………………………………………………… 41
四、以危险方法危害公共安全罪的客观方面问题 ……………… 45
 （一）以危险方法危害公共安全罪中的"危险方法"界定问题 … 45
 （二）故意传播"非典"或者艾滋病病毒能否构成"危险方法"
   问题 ………………………………………………………… 51

（三）飙车能否构成以危险方法危害公共安全罪的"危险方法"
问题 ·· 54
（四）"毒驾"能否构成以危险方法危害公共安全罪的"危险方法"
问题 ·· 59
（五）"超载驾驶"能否构成以危险方法危害公共安全罪的"危险
方法"问题 ·· 64
（六）危险驾驶能否构成以危险方法危害公共安全罪的"危险方法"
问题 ·· 67
（七）"生产地沟油"能否构成以危险方法危害公共安全罪的"危险
方法"问题 ·· 75

五、以危险方法危害公共安全罪的主体问题 ································· 77
（一）已满14周岁不满16周岁的人能否作为以危险方法危害
公共安全罪的主体问题 ··· 77
（二）乘客作为以危险方法危害公共安全罪的主体问题 ············· 80
（三）行人作为以危险方法危害公共安全罪的主体问题 ············· 83

六、以危险方法危害公共安全罪的主观方面问题 ························· 86
（一）以危险方法危害公共安全罪的犯罪动机问题 ··················· 86
（二）以危险方法危害公共安全罪中的直接故意与间接故意的
界定问题 ·· 88
（三）以危险方法危害公共安全罪中的间接故意与过于自信过失的
界定问题 ·· 94

七、以危险方法危害公共安全罪的共同犯罪形态问题 ··················· 97
（一）以危险方法危害公共安全罪的共同犯罪构成特征问题 ······ 97
（二）以危险方法危害公共安全罪的共同犯罪人分类问题 ········· 99
（三）指使醉驾者逃逸能否构成以危险方法危害公共安全罪
共犯问题 ·· 101
（四）以危险方法危害公共安全罪的共犯刑事责任分担问题 ······ 103

八、以危险方法危害公共安全罪的停止形态问题 ························· 105
（一）以危险方法危害公共安全罪是否存在犯罪中止形态问题 ··· 105
（二）以危险方法危害公共安全罪是否存在犯罪未遂形态问题 ··· 107

九、以危险方法危害公共安全罪的死刑适用问题 ························· 110
（一）醉驾构成的以危险方法危害公共安全罪是否适用死刑问题 ··· 110

（二）直接故意与间接故意构成的以危险方法危害公共安全罪的死刑适用问题 …………………………………………… 113

（三）以危险方法危害公共安全罪中死缓的适用问题 ……………… 116

第二部分

典型案例诉辩审评

案例1：陈某醉酒驾驶案
　　——以危险方法危害公共安全罪与交通肇事罪的界限 ……… 121

案例2：张某某醉酒驾驶案
　　——以危险方法危害公共安全罪与交通肇事罪的界限 ……… 140

案例3：胡某飙车肇事案
　　——以危险方法危害公共安全罪与交通肇事罪的界限 ……… 164

案例4：孙某某醉酒驾驶案
　　——以危险方法危害公共安全罪与交通肇事罪的界限 ……… 178

案例5：黎某某以危险方法危害公共安全案
　　——以危险方法危害公共安全罪与交通肇事罪的界限 ……… 196

案例6：李某某醉酒驾驶案
　　——以危险方法危害公共安全罪与交通肇事罪的界限 ……… 214

案例7：谢某某冲监脱逃案
　　——以危险方法危害公共安全罪与过失以危险方法危害公共安全罪的界限 …………………………………………… 233

案例8：李某军等以危险方法危害公共安全案
　　——以危险方法危害公共安全罪与重大责任事故罪的界限 …… 246

案例9：刘某研制、生产"瘦肉精"危害公共安全案
　　——以危险方法危害公共安全罪与非法经营等罪的界限 …… 262

案例10：杜某等敲诈勒索案
　　——以危险方法危害公共安全罪与敲诈勒索罪、抢劫罪的界限 …… 289

案例11：袁某某等以危险方法危害公共安全案
　　——"碰瓷"案的定性分析 …………………………………… 306

案例12：闫某、祁某某诈骗、保险诈骗案
　　——以危险方法危害公共安全罪与保险诈骗罪、诈骗罪的界限 …… 317

案例 13：徐某某以危险方法危害公共安全案
　　——故意伤害罪与以危险方法危害公共安全罪的界限 ················ 329
案例 14：黄某某以危险方法危害公共安全案
　　——以危险方法危害公共安全罪的缓刑适用 ···················· 343

第三部分

办案依据

刑法及相关司法解释类编 ···························· 353

第一部分

以危险方法危害公共安全罪基本理论与司法认定精要

第一部分 以危险方法危害公共安全罪基本理论与司法认定精要

一、以危险方法危害公共安全罪的罪名问题

近年来,"以危险方法危害公共安全罪"频频出现在公众视野。从并不常见的罪名到频频使用,这一现象投射出的法制现象何在呢？律师郭刚认为,如今很多新型犯罪现有刑法无法进行打击,或者现有罪名量刑起点过低,不足以打击某些社会关注度极高的犯罪案件,于是采用量刑起点较高的"以危险方法危害公共安全罪",人为拔高了犯罪行为对社会的危害性,目前刑法对"公共安全"定义较为笼统,比较概括,可以将很多犯罪行为装进这一罪名中进行打击,实际上是对法律的危害。刑法专家阮齐林教授则认为,这些年重大车祸、煤矿爆炸等恶性事故不断发生,造成了民众不满,相关部门对社会公共安全的保护也越来越引起重视,对可能或已经危害到公共安全的行为进行严厉惩治,这是"以危险方法危害公共安全罪"被广泛使用的一个出发点。①

笔者认为,这些看法都属于"以危险方法危害公共安全罪"被广泛使用的外在的、客观方面的现象原因,而"以危险方法危害公共安全罪"被广泛使用的内在的、主观方面的本质原因则是："以危险方法危害公共安全罪"是一个适用范围非常广泛的罪名,它是除了以放火、决水、爆炸、投放危险物质以外的"各种危险方法"实施的危害公共安全犯罪都可以予以适用的罪名。它在罪状表述上的"以其他危险方法",可以说是其适用范围上的标志性特征,由此就决定了其适用范围的广泛性与普遍性。而从整体上全面透视与探析"以危险方法危害公共安全罪"的罪名、客体、客观方面、主体、主观方面、

---

① 蔡小莉：《该罪名被广泛使用和公共安全需求增高有关》,载《成都商报》2010年12月17日。

停止形态、刑事责任等问题,则会更有利于司法人员准确理解与适用"以危险方法危害公共安全罪"。

(一) 1979年刑法以危险方法危害公共安全罪的罪名

1979年刑法第105条规定:"放火、决水、爆炸或者以其他危险方法破坏工厂、矿场、油田、港口、河流、水源、仓库、住宅、森林、农场、谷场、牧场、重要管道、公共建筑物或者其他公私财产、危害公共安全,尚未造成严重后果的,处三年以上十年以下有期徒刑。"第106条第1款规定:"放火、决水、爆炸、投毒或者以其他危险方法致人重伤、死亡或者使公私财产遭受重大损失的,处十年以上有期徒刑、无期徒刑或者死刑。"由于1979年刑法颁行后,最高人民法院与最高人民检察院并未采用司法解释确定该条款罪名,而是由最基层审判机关自行确定。从当时的司法实践来看,适用刑法第105条、第106条规定而确定的罪名称谓有:使用放射性物质、散布病菌、破坏矿井下的通风设备等危险方法;① 以私设电网的危险方法;以驾车撞人的危险方法;以制、输坏血、病毒血的危险方法;以向人群开枪的危险方法;② 以乱抛病猪的危险方法;以制造、贩卖有毒酒的危险方法;以贩卖有毒食品的危险方法;以病害猪肉加工出售的危险方法;以制售伪劣药品的危险方法;以制造、贩卖假桐油的危险方法;以挟持人质劫船的危险方法;等等。③ 其中,影响比较大的案件适用刑法第105条、第106条规定而确定的罪名称谓有:

1. 以驾车撞人的危险方法危害公共安全罪。1982年1月10日11时许,动物园车队女司机姚某某(23岁),私自驾驶一辆华沙牌出租车,闯入天安门广场,从纪念碑转头向北,沿广场西侧驶向正在照相的人群,而后又向天安门金水桥人群直冲,连续撞死5人、撞伤19人,其中11人重伤。最后,汽车撞在金水桥正桥南端西侧栏杆上损毁,姚某某在车里撞头企图自杀,被值勤民警抓获。经审查,姚某某行凶的原因是,4天前因为没有完成12月份的调度任务,车队领导决定扣她30.6元工资,她对此不满,多次分别找支书、队长和副队长谈话,未解决问题,并与队长争吵;车队领导出于安全的考虑,暂时不让她出车,让她参加交通规则学习班,她对此更为不满,以致到车场驾驶另一名司机未锁的车到天安门广场,不择手段地发泄私愤,残害无辜。1982年1月

---

① 高格:《关于以其他危险方法危害公共安全的犯罪》,载《河北法学》1987年第5期。
② 《北京一无业人员以危险方法危害公共安全被判5年》,载新华网,2005年12月22日。
③ 丁天球:《危害公共安全罪重点疑点难点问题判解研究》,人民法院出版社2005年版,第110页。

30日，北京市中级人民法院开庭审理后，当庭作出宣判：姚某某犯以驾车撞人的危险方法危害公共安全致人重伤、死亡罪，判处死刑，剥夺政治权利终身。

2. 以制造、贩卖有毒酒的危险方法致人伤亡罪。被告人李某某于1984年12月、1985年2月，先后两次勾结被告人邓某某等人，套购医药用酒精5.88吨，非法兑水冒充"白酒"出售，从中牟利。1985年4月上旬，李某某又两次要邓某某到重庆寻找酒精货源。邓某某到重庆后，发现重庆市农贸联合中心出售工业用酒精，即返回荣江县告知李某某。李某某于4月16日前往该农贸联合中心查看证实后，返回荣江县要邓某某假冒綦江塑料厂泡胶卢漆的名义，到重庆找王某帮助联系购买。4月21日，邓某某到重庆将李某某的意图告诉王某。次日，邓、王二人到重庆市农贸联合中心购买工业用酒精，因该处货已售完，邓、王二人又到重庆川东贸易公司联系，并议定每吨工业用酒精购价1350元。4月23日，邓某某返回荣江县告诉李某某，李某某表示可以购买。4月25日，邓某某伙同王某在重庆川东贸易公司以綦江塑料厂的名义购买工业用酒精2.24吨，又购买曲香香精1瓶、糖精2两。次日晚，李某某将这批工业用酒精运至邓某某处，李、邓二人将香精、糖精掺入酒精。随后，李某某将这批工业用酒精冒充"杂粮高度酒"，先后批发给新建、紫荆、永新3个乡的7家个体商户，要他们掺水出售。群众购买饮用后，造成78人甲醇中毒，其中10人死亡，4人眼睛失明。1985年8月13日，四川省重庆市中级人民法院判决认定，被告人李某某、邓某某、王某制造、贩卖有毒酒的行为造成极为严重的后果，已构成以制造、贩卖有毒酒的危险方法致人伤亡罪，依照刑法第106条第1款、第53条第1款和第24条的规定，判处李某某死刑，剥夺政治权利终身；判处邓某某死刑，缓期2年执行，剥夺政治权利终身；判处王某有期徒刑5年。

3. 以制造交通事故的危险方法危害公共安全罪。因经济纠纷，浙江省海宁市公安局以诈骗嫌疑于1995年11月9日传讯被告人沈某，并作出收容审查决定。当将沈某押解至312国道无锡段南丰桥时，沈某突然抢夺汽车方向盘，致使汽车失控，撞断桥栏，三分之一车身悬空，车辆经济损失11万余元，并造成1人轻伤，1人轻微伤。其行为已触犯刑法第106条第1款，构成以制造交通事故的危险方法危害公共安全罪。江苏省无锡市郊区人民法院根据认定的事实和上述判案理由，依照刑法第106条第1款、第59条第2款之规定，于1996年9月16日作出如下判决：沈某犯以制造交通事故的危险方法危害公共安全罪，判处有期徒刑1年。

4. 以在高等级汽车专用线路上设置障碍的危险方法危害公共安全罪。被告人李某才、李某祥、普某某无视国法和公共安全，李某才为了达到帮人修补汽车轮胎和守车赚钱的目的,分别邀约李某祥、普某某用石头在安楚二级汽车专用公路上两次设置障碍,致2车损坏、1车损毁、5人死亡、1人重伤致残、2人轻伤,直接经济损失达37万余元。犯罪情节特别恶劣,后果特别严重。其行为已触犯刑法第106条第1款的规定,云南省楚雄彝族自治州中级人民法院根据所认定的事实、证据及判案理由,于1996年5月14日对被告人李某才、李某祥、普某某以在高等级汽车专用线路上设置障碍的危险方法危害公共安全案作出一审判决如下:李某才犯在高等级汽车专用线路上设置障碍的危险方法危害公共安全罪,判处死刑,剥夺政治权利终身;李某祥犯在高等级汽车专用线路上设置障碍的危险方法危害公共安全罪,判处无期徒刑,剥夺政治权利终身;普某某犯在高等级汽车专用线路上设置障碍的危险方法危害公共安全罪,判处有期徒刑5年。

5. 以驾车撞车的危险方法危害公共安全罪。1995年12月5日中午,被告人王某某在秭归县客运站准备发车到武汉市。因其姑父县公路养路费征收所干部谭某某前来阻止被告人发车,要其将以前发生的事故费和规费交清。被告人不听劝阻,恼羞成怒地打开车门跨进驾驶室,启动所驾驶的扬州大客车,开车向前和倒车向后猛烈撞击停靠在周围的客车,先后共有6辆客车被撞坏。车站内的旅客和站务员四处躲避,后经他人制止,事态方才平息。经有关部门鉴定,直接经济损失达3万余元。被告人王某某公然驾车撞车,危害公共安全,其行为已触犯了刑法第105条。湖北省秭归县人民法院根据所认定的事实、证据和上述判案理由,于1996年3月11日作出如下判决:王某某犯以驾车撞车的危险方法危害公共安全罪,判处有期徒刑3年。

6. 以劫持汽车的危险方法危害交通安全罪。被告人陈某某明知持枪胁迫驾驶员,会给驾驶员造成严重的心理恐慌,从而可能引发行车事故,却对车上乘客的生命及财产安全采取放任不管的态度,持枪劫持正在行驶中的公共汽车,其行为危害了公共安全,已构成犯罪,应予惩处,但刑法分则中没有明文规定,应依照刑法第79条的规定适用类推条文定罪判刑。陈某某犯罪行为所侵害的对象是交通工具,这与刑法第107条规定的破坏交通工具罪最相类似,因此应当比照该条定罪量刑。据此,龙海县人民法院于1991年8月22日判决:被告人陈某某犯劫持汽车罪,判处有期徒刑3年。案件被发回重审,龙海县人民法院重新审理后认为:被告人陈某某持火药手枪对准客车驾驶员后脑,劫持正在运行的公共汽车,强令开往指定地点,虽未造成严重后果,但足以威胁多人的人身和财产安全,其行为已构成以劫持汽车的危险方法危害交通安全罪。龙海县人民法院依照刑法第105条、第60条、第63条、第59条之规定,于1993年4月22日作出判决:被告人陈某某犯以劫持汽车的危险方法危害交通安全罪,判处有期徒刑1年6个月。

7. 以私设电网的危险方法危害公共安全罪。被告人丁某某、叶某有于1994年9月间,为狩猎野猪,合伙购买一台"电猫",安装在被告人丁某某家中,然后私自从金华县安地镇和村的"算金坞"至"金塘坪"等山上架设了约5里长的铁丝网。由被告人丁某某每晚通电,早上断电。在设电网前二被告人以文告形式向村民告示,电网架设后在电网架设的沿线叉路口设立警示牌10余块。告明架设电网是为了电触野猪以及每天通、关电的时间。1995年2月27日早晨,和村村民叶某某上山偷树触电身亡。案发后,二被告人于当日上午到安地镇人民政府投案自首。浙江省金华县人民法院认定,被告人丁某某、叶某有非法私设电网,致人触电死亡,其行为已构成犯罪。根据刑法第106条第2款、第63条、第67条第1款、第68条第2、3款之规定,作出如下判决:丁某某犯以私设电网的危险方法危害公共安全罪,判处有期徒刑3年,缓刑4年;叶某有犯以私设电网的危险方法危害公共安全罪,判处有期徒刑2年6个月,缓刑3年。

8. 以其他危险方法危害公共安全罪。1992年5月9日凌晨3时许,被告人陈某携带尖刀、手套等作案工具,窜至余姚镇花园新村,翻墙进入47幢101室韩某家,先用泥尺和领带扣住韩父母的卧室门,接着翻衣袋找钱,因找不到现金而恼羞成怒,走到灶间内割断液化气管,将液化气瓶搬至韩某卧室内并打开液化气瓶阀门施放液化气,因被液化气熏醒的韩某发现,被告人陈某匆匆翻墙逃离。浙江省宁波市中级人民法院认定被告人陈某构成"以其他危险方法危害公共安全罪",判处有期徒刑8年。有学者认为,本案被告人陈某明知施放液化气会造成他人生命、财产损失的严重后果,却故意实施该行为,严重威胁了公共安全,如果不是被及时发现,就很可能造成被害人一家数口中毒死亡的后果,或者造成爆炸、燃烧、危及不特定多数人生命及财产的安全,因此,被告人的行为完全符合以其他危险方法危害公共安全犯罪的特征,一审法院对被告人行为的定性是正确的。但应当指出的是,在确定具体罪名上,目前司法实践中一般是根据行为人采取的具体的危险方法而定。本案被告人采取的是施放液化气的危险方法,因此,对其定"以施放液化气的危险方法危害公共安全罪",而不笼统地定"以其他危险方法危害公共安全罪",是比较适当的。

针对"以其他危险方法危害公共安全"犯罪的具体罪名确定问题,学界有学者主张,使用什么方法危害公共安全就定什么罪名,也有学者主张无论使用什么方法,一律定"以其他危险方法危害公共安全罪"。在1979年刑法的适用中,对"以其他危险方法危害公共安全"的行为,基本上是以具体实施的危险方法来确定罪名,即将行为人具体实施的危险方法冠在危害公共安全前面来确定具体罪名。这样既能反映案件的特点，又能使这类案件罪名规范化。例如："以驾车冲撞的危险方法危害公共安全罪"、"以私设电网的危险方法危害公共安全罪"、"以制造、出售有毒酒的危险方法危害公共安全罪"等。①理由是：刑法第105条和第106条都是以危害公共安全的具体危险方法放火、决水、爆炸、投毒来认定罪名的。这种做法能反映案件的具体特点，使人一目了然地知道犯罪分子所采用的具体危险方法。目前，司法实践中虽有以"以其他危险方法危害公共安全罪"认定罪名的，但大多数是以犯罪分子具体适用的危险方法确定罪名。鉴于此，应该统一认识，以一律按具体危险方法来认定这种危害公共安全罪的罪名为宜。②但是，"以行为人具体使用的危险方法确定罪名，虽然能反映案件的特点，使人一目了然地知道犯罪分子所采用的具体危险方法，但却会形成罪名太多，不易统计的局面，而且有些罪名过于繁杂，不符合罪名应当简明精练的特点"。③

在罪名分类理论上，根据罪名是否确定不变，分为确定罪名与不确定罪名两种。不确定罪名是指法律并未对该罪名的内容直接作出明白、确切的表述，而是需要人们结合有关的规定，通过分析、推理，才能得出该罪名的内容性质与主要特征，因而称之为不确定罪名。我国刑法中的不确定罪名只属于个别现象，例如1979年刑法第105条、第106条规定的"以其他危险方法危害公共安全罪"。不确定罪名的显著特点，就是其不确定之处在于犯罪构成外延的不确定性，而其内涵却有着概括的确定性，对该罪名的特征并未明确指出，而仅仅以"其他"一词予以概括，至于"其他"危险方法的行为特征，则要结合该条前半部分的"放火、决水、爆炸"的犯罪构成加以综合分析，只要行为特征类似于前者，社会危害性又相当于前者，就可以认为是包含在"其他"之内的行为，从而阐明立法精神。不确定罪名尽管其内容不确定、不明晰，但是它同样是对某一犯罪行为特征的概括，不失为刑法规定的一种方式。不确定罪名是基于社会生活的复杂性。然而，由于其不确定性，也暗含着分析、推定其内容时作出错误推定的可能性，因而在刑事立法中尽可能地避免该方式的采用。④

---

① 鞠永春主编：《以危险方法危害公共安全的犯罪》，中国检察出版社1991年版，第272页。

② 高格：《关于以其他危险方法危害公共安全的犯罪》，载《河北法学》1987年第5期。

③ 杨春洗、杨敦先主编：《中国刑法论》（第2版），北京大学出版社1998年版，第329页。

④ 陈兴良主编：《刑法各论的一般理论》，内蒙古大学出版社1992年版，第112页。

需要指出，在适用1979年刑法第105条规定的"以其他危险方法危害公共安全罪"的不确定罪名而最终确定具体罪名方面，应当首推姚某某驾车撞人案。姚某某所犯的就是1979年刑法第105条、第106条规定的"以其他危险方法危害公共安全罪"，但由于这一罪名不够确定，反映不出行为的具体特征，不易为人们所了解，所以司法机关就定之为"以驾车撞人的危险方法危害公共安全罪"。这样，姚某某的犯罪行为特征就很明显地表现出来了。有学者认为，不确定罪名具有褒贬共存的双面性。诸如"以其他危险方法危害公共安全罪"之类的不确定罪名的产生，是有一定的合理性的。由于社会生活的复杂性，有些犯罪行为的表现形式多种多样，立法时无法做到一一列举，穷尽所有；为了立法的简练，只能在法条中采用内容不确定的概括式规定，这样也就产生了不确定罪名。尽管其内容不确定不明晰，但是它同样是对某一犯罪行为特征的概括，不失为刑法规定的一种方式。然而，由于不确定罪名需要根据具体案件来确定罪名，在分析、推定时不可避免有作出错误分析的可能；同时，由于司法人员专业水平、概括能力高低不一，即使是对同一个案件，确定出来的罪名也不可能完全一致，极易导致罪名确定的不规范。因此，在刑事立法中应该尽量少采用该种立法方式。①

但笔者并不赞同其中的不确定罪名所具有的合理性内容，而是认为不确定罪名的存在是有害无益，特别是应当完全否定"以其他危险方法危害公共安全罪"的不确定罪名做法，因为它的存在与适用，不仅是直接导致了罪名确定上的混乱，而且也使得罪名确定显得很不规范，似乎是任何一个基层法院的审判机构都有权来确定罪名，而且在审理有关"以其他危险方法危害公共安全"案件时，不同的审判机构还会确定出不同称谓的罪名，这就使"不确定罪名"显得很随意、很不统一。由此，如果充分肯定"以其他危险方法危害公共安全罪"的不确定罪名有一定合理性，并且容许在此后的1997年修订刑法中继续存在的话，必将使罪名的确定混乱不堪。

（二）1997年刑法以危险方法危害公共安全罪的罪名

1997年修订刑法时，将投毒行为从1979年刑法的"其他危险方法"中分离出来，成为独立罪名。1997年刑法第114条规定："放火、决水、爆炸、投毒或者以其他危险方法破坏工厂、矿场、油田、港口、河流、水源、仓库、住宅、森林、农场、谷场、牧场、重要管道、公共建筑物或者其他公私财产，危害公共安全，尚未造成严重后果的，处三年以上十年以下有期徒刑。"第115条第1款规定："放火、决水、爆炸、投毒或者以其他危险方法致人重伤、死

---

① 刘艳红：《罪名研究》，中国方正出版社2000年版，第24~25页。

亡或者使公私财产遭受重大损失的，处十年以上有期徒刑、无期徒刑或者死刑。"在1997年刑法中，以放火、决水、爆炸、投毒以外的其他危险方法危害公共安全的，构成本罪，其中包括以投放放射性物质、传染病病原体等危险物质危害公共安全的犯罪。根据1997年12月25日最高人民检察院《关于适用刑法分则规定的犯罪的罪名的意见》与1997年12月11日最高人民法院《关于执行〈中华人民共和国刑法〉确定罪名的规定》，确定1997年刑法第114条、第115条第1款规定的罪名是"以危险方法危害公共安全罪"。

不难看出，1997年刑法颁布后，刑法第114条在内容上完全保留了1979年刑法第105条的规定；但是，"两高"关于罪名的司法解释明确将该条中的"以其他危险方法……危害公共安全的"行为概括为了"以危险方法危害公共安全罪"。这样，适用该类行为时无须再像以前一样需要根据具体的犯罪行为确定罪名，而是直接适用该罪名即可。不过，"两高"司法解释虽然将该条罪名由以前的不确定罪名概括为了确定罪名，从而避免了不确定罪名在司法实践中进一步确定时所易导致的罪名不规范等问题，但是这一概括并不科学。根据法条，"以其他危险方法……危害公共安全的"行为与放火、爆炸、决水和投毒行为之间是相互排斥的，而"以危险方法危害公共安全罪"这一罪名容易使人误以为它与放火罪、爆炸罪、投毒罪和决水罪之间存在法条竞合关系。因此，该行为还不如保留旧刑法的不确定罪名为好；而且，"两高"司法解释的概括实际上并没有改变该行为的实质。①

2001年《刑法修正案（三）》又将刑法第114条修改为："放火、决水、爆炸以及投放毒害性、放射性、传染病病原体等物质或者以其他危险方法危害公共安全，尚未造成严重后果的，处三年以上十年以下有期徒刑。"将刑法第115条第1款修改为："放火、决水、爆炸以及投放毒害性、放射性、传染病病原体等物质或者以其他危险方法致人重伤、死亡或者使公私财产遭受重大损失的，处十年以上有期徒刑、无期徒刑或者死刑。"《刑法修正案（三）》删除了1997年刑法第114条、第115条第1款中列举的"工厂、矿场、油田、港口、河流、水源、仓库、住宅、森林、农场、谷场、牧场、重要管道、公共建筑物"等特定犯罪对象，克服了原有规定的局限性，并且将投放放射性、传染病病原体等物质的行为在条文中明确列举出来。2002年3月15日，最高人民法院、最高人民检察院《关于执行〈中华人民共和国刑法〉确定罪名的补充规定》规定，以投放毒害性、放射性、传染病病原体等物质的危险方法危害公共安全的，构成投放危险物质罪。据此，以放火、决水、爆炸、投放危险

---

① 刘艳红：《罪名研究》，中国方正出版社2000年版，第24~25页。

物质以外的其他危险方法危害公共安全的行为成立本罪。

刑法第114条和第115条除规定了放火、决水、爆炸、投毒四种危险方法的犯罪外，还规定了"以其他危险方法"和过失"以其他危险方法"危害公共安全的犯罪，这是刑法对使用不常见的危险方法危害公共安全犯罪所作的概括性规定。司法实践中，大多是根据行为人实际使用的方法确定其罪名。以驾车撞人危险方法危害公共安全罪就是其中的一种。以其他危险方法危害公共安全的犯罪，是指用放火、决水、爆炸、投毒以外的危险方法危害公共安全的行为。对某一行为依据"以其他危险方法危害公共安全的犯罪"定罪，必须是现行刑法没有规定的犯罪。如果该行为已经纳入刑法规范，应当直接适用相应条款。如刑法中有关破坏交通工具、破坏交通设施、破坏易燃易爆设备的犯罪规定。对使用这些危险方法危害公共安全的犯罪行为，应直接用相应条款定罪。过失以驾车撞人危险方法危害公共安全的犯罪，刑法第133条已作了明确规定，应直接引用刑法的该条款定为交通肇事罪。而故意以驾车撞人危险方法危害公共安全的犯罪，刑法中未作明确规定，应定为"以其他危险方法危害公共安全罪"或直接定为"以驾车撞人危险方法危害公共安全罪"。由此可见，以驾车撞人危险方法危害公共安全犯罪与交通肇事犯罪的联系和区别。①

根据刑法第114条、第115条的规定，以危险方法危害公共安全罪，是指使用与放火、决水、爆炸、投放危险物质等危险性相当的其他危险方法，危害公共安全的行为。"其他危险方法"，一是指放火、决水、爆炸、投毒以外的危险方法；二是与放火、决水、爆炸、投毒的危险性相当的、足以危害公共安全的方法。也就是说，这种危险方法与放火、决水、爆炸、投毒一样，一经实施，就有可能造成或者足以造成不特定多数人的伤亡或者重大公私财产的损失。② 1997年12月25日最高人民检察院《关于适用刑法分则规定的犯罪的罪名的意见》与1997年12月11日最高人民法院《关于执行〈中华人民共和国刑法〉确定罪名的规定》均将刑法第114条、第115条规定解释为"以危险方法危害公共安全罪"。对此，仍有学者持反对态度。因为使用"以其他危险方法危害公共安全罪"与类罪名相同，这不符合我国使用罪名的习惯。同时，在具体罪名中使用"其他危险方法"概念模糊，反映不出行为人到底使用了什么犯罪方法。如以行为人具体使用的方法确定罪名，清晰明了，还可与放

---

① 王精忠：《以驾车撞人危险方法危害公共安全犯罪与交通肇事犯罪的区别与认定》，载《公安研究》2001年第7期。

② 叶高峰主编：《危害公共安全罪的定罪与量刑》，人民法院出版社2000年版，第130～131页。

火、爆炸、投毒、决水这些法定危险方法相对应；再者，"以其他危险方法危害公共安全罪"包含的行为太多，比较适合于作多种罪名的合称，而不适宜于作具体罪名。①

1997年刑法颁布后，"两高"又通过若干司法解释将不少"危险方法"纳入"以危险方法危害公共安全罪"。例如，2000年11月17日，最高人民法院《关于审理破坏野生动物资源刑事案件具体应用法律若干问题的解释》第7条规定："使用爆炸、投毒、设置电网等危险方法破坏野生动物资源，构成非法猎捕、杀害珍贵、濒危野生动物罪或者非法狩猎罪，同时构成刑法第一百一十四条或者第一百一十五条规定之罪的，依照处罚较重的规定定罪处罚。"2001年最高人民法院、最高人民检察院《关于办理组织和利用邪教组织犯罪案件具体应用法律若干问题的解释（二）》第10条规定："邪教组织人员以自焚、自爆或者其他危险方法危害公共安全的，分别依照刑法第一百一十四条、第一百一十五条第一款以危险方法危害公共安全罪等规定定罪处罚。"2003年5月13日，最高人民法院、最高人民检察院《关于办理妨害预防、控制突发传染病疫情等灾害的刑事案件具体应用法律若干问题的解释》第1条规定："故意传播突发传染病病原体，危害公共安全的，依照刑法第一百一十四条、第一百一十五条第一款的规定，按照以危险方法危害公共安全罪定罪处罚。"2009年9月8日，最高人民法院就醉酒驾车犯罪的有关问题召开新闻发布会，对孙某某案以及另一起发生在广东的醉酒驾车案的法律适用问题等作出了《关于醉酒驾车犯罪法律适用问题的意见》。根据这个解释意见，"对醉酒驾车，放任危害结果的发生，造成重大伤亡的，一律按照本意见规定，并参照附发的典型案例，依法以危险方法危害公共安全罪定罪量刑"。

"以危险方法危害公共安全罪"罪名确定上的争议性，以及司法解释对"危险方法"存在宽泛解释的立场，多少有使"以危险方法危害公共安全罪"又成为一个"口袋罪"的倾向。② 有学者认为，该罪在构成要件上与罪刑法定存在价值上的冲突。这种犯罪在立法上属于补充性类型，又被称为"不管罪"。以危险方法危害公共安全罪所处罚的行为，均是刑法没有明文规定的危害公共安全行为，如果以罪刑法定来限制该罪的适用，必然会导致该罪没有任

---

① 王英松：《对盗窃窨井盖行为的认定》，载《公安部管理干部学院山西分院学报》1999年第4期。

② 刘树德：《死刑片论》，人民法院出版社2007年版，第139页。

何适用的余地,成为空设。① "刑法条文仅规定了本罪行为的对象、性质等方面的要素,没有明文规定本罪的具体行为结构与方式,导致'其他危险方法'没有限定,这与罪刑法定原则的明确性要求还存在距离;司法实践中常常将危害公共安全但不构成其他具体犯罪的行为,均认定为以危险方法危害公共安全罪,导致本罪囊括了刑法分则没有明文规定的、具有危害公共安全性质的全部行为(使'以其他危险方法'的表述成为危害公共安全罪的'兜底'条款)"。② 但笔者认为,"危险方法"存在宽泛解释的问题,这是在立法条款中已经涵盖在内的。更明确地说,立法条款规定的"危险方法"太宽泛。因此,凡是刑法已有明文规定以外的其他足以危害公共安全的行为属于刑法第114条或者第115条规定的"其他危险方法",并不违反罪刑法定原则,同时在立法机关尚未对此种不明确的术语作出立法解释之前,司法机关如此解释既能满足司法实践的需要,又能更好地保护公共安全。③

有学者认为,如果取消放火罪等四个罪名,把刑法第114条统一概括为一个罪名——"以危险方法危害公共安全罪",使"其他危险方法"变成同一罪名中放火、爆炸等行为的补充规定,就可以克服罪状缺乏对行为构成描述的弊端,也更容易提醒司法者注意危险方法的相当性。不过,由于外国刑法典中放火罪等多是独立罪名,并考虑到对放火、爆炸等相对常发案件独立设罪可收到一般预防之特殊功效,这一办法未必是最优思路。④ 笔者认为,在保留"以危险方法危害公共安全罪"罪名的前提下,要解决"以危险方法危害公共安全罪"与罪刑法定原则的矛盾,可以采用如下立法模式:首先,最好是将"以危险方法危害公共安全罪"与放火、决水、爆炸、投放危险物质四罪名分离,以单独法条规定"以危险方法危害公共安全罪";其次,尽可能列举几种具体的"危险方法",诸如驾车撞人、私架电网、盗窃公共场所的天井盖等,这些"危险方法"以及与其相当的"危险方法",均可归入"以危险方法危害公共安全罪"的罪名之中。此种立法模式规定"以危险方法危害公共安全罪",虽

---

① 赫兴旺:《以危险方法危害公共安全罪的司法认定》,载《法制日报》2006年1月12日。

② 黄东平:《以危险方法危害公共安全罪之界定》,载《怀化学院学报》2011年第4期。

③ 邵新:《如何理解以危险方法危害公共安全罪之"危险方法"》,载《检察日报》2006年10月26日。

④ 高艳东:《谨慎判定"以危险方法危害公共安全罪"的危险相当性》,载《中国刑事法杂志》2006年第5期。

不可谓完全解决了与罪刑法定原则的矛盾,但至少是在一定程度上达到了罪刑法定原则的明确化要求,或者说使两者的矛盾关系得到了初步缓和与协调。

(三)以危险方法危害公共安全罪的"口袋罪名"问题

有学者认为,"这个罪名被广泛使用在各种危害社会行为中,这些行为的表现方式又各不相同"。此种现象的出现和社会转型有一定的关系,现有罪名很难对现阶段出现的新型危害社会行为犯罪进行打击,而采取用此罪名进行接近性打击。在 1997 年刑法修改前,刑法中存在类推制度,对犯罪行为比照类似罪名定罪量刑,比如投机倒把罪和流氓罪这两个罪名,就是类推制度下产生的"口袋罪名",将不同犯罪行为往一个罪名中装。1997 年之后,类推制度取消,流氓罪和投机倒把罪也被取消,细化为猥亵妇女罪等,而目前大量的不同表现形式的犯罪又被冠以"以危险方法危害公共安全罪",实际上是类推制度的重生。按照我国刑法中的罪刑法定原则,对没有明文规定的犯罪不能进行定罪量刑。将以危险方法危害公共安全罪这一罪名的扩大化使用,实际上牺牲的是罪刑法定原则的精神,也牺牲了被告人的权益。马静华建议,立法机关在刑法修正案中应对此罪名进行具体规定,统一此罪名的适用。①

1979 年刑法中存在"口袋罪"问题,现行刑法分解了这几个"口袋罪",可谓是立法技术的一大进步。这是因为"口袋罪"问题不利于罪刑法定明确化,不利于执法统一。"口袋罪"罪名抽象广泛,罪状模糊、笼统,法定刑与具体罪行缺乏对应性,在实践中带来了很多弊端。新刑法对"口袋"进行了详细分解,使之罪状清晰,罪行结构合理,合理地处理了普通法与特殊法的关系。② 罪刑法定中的明确性一般认为是刑法对什么行为是犯罪,应处何种刑罚的规定,必须是明确清楚的,使人能确切了解违法行为的内容,准确地确定犯罪行为与非犯罪行为的范围,以保障该规范没有明文规定的行为不会成为该规范适用的对象。而口袋条款却是关于违法或犯罪行为的词义模糊,概括性极强,没有明确限定的法律规定。这与明确性是相背离的,按照"不明确即无效"的宪法原则,这些口袋条款是违宪的。当然对于任何法律都要作出一个明确的、确定的条款来说那确实是一种奢求,但这是我们应该追求理想的境界,至少我们所制定的法律应是让"具有通常判断能力的一般人理解",而不应具有"口袋条款"让人们不知所从,对法律没有预期性的可能。因此,"口

---

① 蔡小莉:《加气站点烟、小区内偷井盖、孙伟铭醉驾、河南平顶山矿难……都是"以危险方法危害公共安全罪"》,载《成都商报》2010 年 12 月 16 日。

② 周可勇:《刑事立法技术若干问题初探》,载 110 法律咨询网,2011 年 11 月 11 日。

袋条款"违背了罪刑法定中的明确性，是违宪的条款。①

笔者认为，"口袋罪"的立法技术不应一概否定，"口袋罪"的存在有一定的必要性。1997年修订刑法删除了1979年刑法中的两大"口袋罪"，即第118条的投机倒把罪与第160条的流氓罪，但由此也导致了一些扰乱市场经济秩序的行为（例如传销行为）与一些明显带有扰乱社会管理秩序的行为（例如鸡奸、女性侵害男性行为等）无法予以刑事制裁，有的要追究刑事责任，只好再次通过完善立法来解决。由此看来，在刑法分则条款中保留或设置几个这种"口袋罪"不是不利于司法实践，相反却极为有利于司法实践的操作适用。因为现实中的犯罪行为是复杂多变的，如果把罪名划分过细，列举不详尽就可能将明显具有社会危害性的某些行为排除在犯罪之外；而且某些危害行为之间确难辨清，甚至也无分辨之必要，在此情形下直接适用一个范围较广的罪名就显得非常简便自如。"口袋罪"的立法价值已得到部分学者的赞同，陈忠林教授就认为，"口袋罪"主要是为解决法律表述中一些无法一一罗列的行为。例如"危害公共安全"，可以有无数种行为，只要在客观结果上危害了公共安全，那么这些行为都可以归结为"危害公共安全罪"。但是法律要表述，完全一一罗列则不可能。如果真的把所有的"口袋罪"全部摒除，一方面会造成法律表述上的困难，另一方面甚至因为一些行为在立法时没有设想到，但造成客观后果的，逃脱了法律制裁。②

二、以危险方法危害公共安全罪适用类型问题

虽然"以危险方法危害公共安全罪"中的"危险方法"是一个范围比较广泛的抽象概称，但在司法实践中却是表现为具体的"各种危险方法"。以危险方法危害公共安全罪的适用类型，就是以这些具体的"各种危险方法"为分类基础的。从近几年适用情况来看，以危险方法危害公共安全罪的"各种危险方法"主要有醉驾、驾车"碰瓷"、危及高速公路上的行驶安全、研制"瘦肉精"或配制"蛋白粉"、私设电网、盗窃井盖、针刺、投寄虚假炭疽杆菌邮件等。

（一）醉驾方法构成的"以危险方法危害公共安全罪"

传统的醉驾大多被认定为过失，而以交通肇事罪处置也是能够谅解和容忍

---

① 张遂、雷建国：《罪刑法定的明确性与口袋条款的合宪性审查》，载《哈尔滨学院学报》2008年第8期。

② 杨冰：《"口袋罪"：有多少"法律陷阱"？》，载《重庆日报》2011年3月24日。

的。但是，那些酒后驾车造成严重后果的"马路杀手"，明显超过了人们对一般过失犯罪的心理容忍程度。"高速行驶的汽车本来就具极高的危险性，人们对此均应有清楚的认识。而无证，甚至醉酒、严重超速等行为，从主观方面来讲，其实质上就有放任、无视甚至蔑视的意识，而不是简单的一种犯罪过失，且这些行为后果往往是极为严重、影响恶劣，重者将葬送多人的生命，并使多个家庭受到致命性伤害。"① 对于由放任而导致的严重危害后果，单纯依靠交通肇事罪而被处15年以下有期徒刑，人们越来越感到不能接受了。北京的陈某醉驾案、南京的张某某醉驾案、成都的孙某某醉驾案、广东的黎某某醉驾案等，这些都是近几年影响较大的醉驾案，但最终都采用"以危险方法危害公共安全罪"定罪处理，也可谓是反映民意的一种"司法表现"。

例如：（1）北京的陈某醉驾案。2011年5月20日，北京长安街英菲尼迪车主肇事案在北京市第二中级人民法院一审宣判。被告人陈某因酒驾致两人死亡、一人重伤，被控以危险方法危害公共安全罪。法庭宣判，陈某被判处无期徒刑，剥夺政治权利终身。原被告双方已达成赔偿协议，赔偿金额是366万元。②（2）南京的张某某醉驾案。2009年6月30日晚上，张某某酒后驾车回家，沿途先后撞倒9名路人，并撞坏路边停放的6辆轿车，造成5人死亡、4人受伤的特大交通事故。2009年12月23日，南京中级人民法院一审判处被告人张某某无期徒刑。③（3）成都的孙某某醉驾案。2008年12月14日，孙某某无证醉驾一辆别克轿车，先后撞向对面正常行驶的4辆轿车，造成4人死亡。2009年7月23日，成都市中级人民法院一审认定孙某某的行为已构成危害公共安全罪，判处其死刑。2009年9月8日，孙某某案在四川省高级人民法院二审以以危险方法危害公共安全罪判处孙某某无期徒刑，剥夺政治权利终身。④（4）广东的黎某某醉驾案。2006年9月16日，黎某某醉驾导致2人死亡。警方随后以"交通肇事罪"拘捕了黎某某。起诉的时候，检方将罪名变更为"以危险方法危害公共安全罪"。2007年2月7日，佛山中级人民法院的一审判决"黎某某犯以危险方法危害公共安全罪，判处死刑"，最高人民法院发回重审，被改为无期徒刑。这是全国醉酒驾驶肇事中首例以危险方法危害公

---

① 王鑫等：《构成以危险方法危害公共安全罪一审被判处死刑》，载《四川日报》2009年7月24日。
② 《北京长安街英菲尼迪车祸案肇事者被判无期》，载中国新闻网，2011年5月20日。
③ 《南京醉驾致五死四伤司机一审被判无期》，载《江苏法制报》2009年12月23日。
④ 《成都醉驾案二审改判 受害者家属接受判决》，载《法制晚报》2009年9月8日。

共安全罪定罪的案例。①

但是，醉驾案并非都定性为以危险方法危害公共安全罪，也有不少醉驾致人伤亡案是以交通肇事罪定罪处理的。例如：（1）广西何某醉驾案。广西北流一司机何某醉驾超速行驶，在斑马线上撞死一家3口，被法院以交通肇事罪判处4年半有期徒刑，有网民质疑法院判罚过轻。广西北流市法院相关负责人称，案件是根据交通肇事罪而非危害公共安全罪定罪，且考虑司机自首情节；由于"醉驾入刑"条款2011年5月才开始正式实施，故法院未考虑"酒驾"因素。②（2）保定的李某某醉驾案。2010年10月16日21时40分许，保定市公安局北市区分局副局长李某之子李某某酒后驾驶黑色迈腾轿车到河北大学送朋友，当路过河北大学新校区生活区时，将穿着轮滑鞋的女生陈某凤撞死，另一女生张某某撞伤。2011年1月30日，鉴于案发后，李某某的父亲李某积极赔偿死者家属46万元，赔偿伤者9.1万元，取得了被害方谅解，并且李某某当庭表示认罪，悔罪态度较好，因此，望都县人民法院酌情从轻处罚，以交通肇事罪判处李某某有期徒刑6年。③由于醉驾案既有以以危险方法危害公共安全罪定罪处理的，又有以交通肇事罪定罪处理的，这就需要在司法实践中准确区分两罪的界限。

（二）"碰瓷"方法构成的"以危险方法危害公共安全罪"

1. 单独"碰瓷"行为的定性问题。"汽车碰瓷"是一种新型的犯罪手段，在刑法的界定上存在敲诈勒索、诈骗、以危险方法危害公共安全、故意毁坏财物等多个罪名的争议。④例如：（1）定性敲诈勒索罪。在公路上故意与外地车辆发生"碰撞"制造事端，趁机敲诈对方司机得手后，欲再"出马"，不想被巡逻民警识破诡计当场抓获。温某被五华法院以敲诈勒索罪判处有期徒刑2年，并处罚金2万元。⑤（2）定性抢劫罪。24岁的黑龙江人计某胁迫以前的同事亢某、巩某，以"碰瓷"方式敲诈被害人。其间，计某持刀对被害人进行威胁殴打，当场抢走被害人的手机和现金。丰台法院依法以抢劫罪判处计某有期徒刑5年。⑥（3）定性诈骗罪。被告人孙某一伙驾驶一辆二手奔驰轿车，

---

① 《佛山醉驾案主角"起死回生"》，载《福州晚报》2009年9月23日。
② 《广西醉驾撞死3人案量刑遭质疑》，载《丽水日报》2011年7月30日。
③ 朱峰、白明山：《李启铭醉驾被判6年》，载《广州日报》2011年1月31日。
④ 颜斐：《学者检察官为京城第一大"汽车碰瓷案"定罪》，载《北京晨报》2004年2月16日。
⑤ 涂业初、谢刘权：《两次"碰瓷"敲诈，换来两年徒刑》，载《梅州日报》2011年12月20日。
⑥ 武新：《胁迫同事碰瓷 抢劫事主获刑》，载北晨网，2011年6月8日。

在公路上多次故意碰撞过路大货车，然后骗取钱财。北辰区法院依法以诈骗罪判处孙某有期徒刑7年。① （4）定性以危险方法危害公共安全罪和抢劫罪两罪并罚。被告人李某志、李某采取在高速公路上碰撞他人正在行驶中的汽车而后索要财物的手段，危害不特定多数人的人身和重大公私财产安全，并在高速公路上车辆高速行驶的情况下，采取暴力、威胁等手段劫取他人财物，对此，2009年11月16日，株洲县法院一审适用以危险方法危害公共安全罪和抢劫罪两罪并罚，判处李某志有期徒刑6年、李某有期徒刑5年，并各处罚金。②

近几年来，对"汽车碰瓷"案越来越倾向于定性为以危险方法危害公共安全罪。例如：（1）2007年9月26日上午，涉案人员31人，涉案金额51万余元的特大"碰瓷"团伙以危险方法危害公共安全案，在北京市朝阳区人民法院公开宣判。被告人顾某某等31人因犯以危险方法危害公共安全罪分别被判处刑罚，其中27人被判处实刑，刑期为1年6个月到9年6个月不等，另外4人被判处缓刑，刑期为1年6个月至3年不等。③ （2）2010年12月10日上午，全国罕见的特大汽车"碰瓷"案在渝中区法院宣判。该团伙32名成员，分别被法院认定为以危险方法危害公共安全罪，判处有期徒刑3至8年不等。该团伙在2008年到2009年的一年时间内，利用租或借的方式，在路面上故意撞击违章或变道车辆，骗取"维修费"。法院查实的作案次数多达280次，涉案金额近百万元。④ 在短短一年多的时间里，袁某某、吴某某竟然在上海的主干道及周边高速道路上制造了178起交通事故，非法获利10万余元。2008年5月6日，上海市虹口区人民法院适用以危险方法危害公共安全罪，分别判处袁某某、吴某某两人有期徒刑8年和7年。⑤

郑州市首起以"以危险方法危害公共安全罪"追究"碰瓷者"刑事责任的案例，专拣外地车辆"碰瓷"的5名被告人最终被河南省郑州市惠济区人民法院认定为以危险方法危害公共安全罪，分别被判处3年6个月至10个月不等的有期徒刑。此案在审理中，引发定性争议。河南律师张祖勤认为，将"碰瓷"归属于危害公共安全罪，不太恰当。"危害公共安全罪"与其他类罪

---

① 张然等：《团伙作案"大奔"碰瓷数额巨大构成诈骗罪》，载《每日新报》2007年8月26日。
② 王兴夏：《京珠高速特大"碰瓷"案一审宣判》，载《潇湘晨报》2009年11月20日。
③ 《北京特大碰瓷案宣判 31人作案220次被判刑》，载华商网，2007年9月27日。
④ 《32人"碰瓷"党租宝马碰瓷被判罪获刑》，载中顾法律网，2010年12月10日。
⑤ 顾琼、刘建：《上海以危险方法危害公共安全罪判决"碰瓷"大案》，载《法制日报》2008年5月8日。

的本质区别在于这种行为侵犯的是社会公共安全。而驾车"碰瓷"案件中，行为人通过车辆与他人车辆发生轻微碰撞而向车辆驾乘人员索要钱财，其危害的是特定人员的财产安全，侵害的是特定人员的财产所有权。因此，应以故意毁坏公私财物罪、敲诈勒索罪两个罪名选择适用，追究"碰瓷"者的刑事责任。但是，郑州市惠济区人民检察院副检察长白冰却坚持认为，"碰瓷"案件危及公共安全时，理应以"以危险方法危害公共安全罪"定罪处理。就驾驶机动车"碰瓷"案件而言，如果不是发生在城市主干路或高速路上，而是在居民区、行人稀少的街道等场所，车流量少，行车速度慢，其发生危及不特定多数人安全的结果之可能性是很小的，故一般不能以危害公共安全罪论处。而在城市主干路及高速路上驾驶机动车"碰瓷"的案件中，行为人意图侵害的对象事先并不确定。虽然最终侵害的具体对象是特定的，是行为人在众多潜在的被害人中通过精心的目标选择而确定的勒索对象，但是，这并不妨碍其"碰瓷"行为具有危及公共安全的属性。①

笔者比较赞同后者以"以危险方法危害公共安全罪"追究"碰瓷者"的观点。"碰瓷"行为人选择在车流量较大、车速较快的高速公路、主干道路上进行"碰瓷"，无疑是一种危险方法，这种方法也无疑极有可能会发生连环碰撞，而连环碰撞的结果无疑会发生使不特定多数人的生命、健康或者重大公私财产的安全损毁的悲惨结果，因而可以认定"碰瓷"属于刑法第114条中的的"其他危险方法"。由此看来，在车流量较大、车速较快的高速公路、主干道路上"碰瓷"，这种危险方法在客观方面是符合刑法第114条规定的"以其他危险方法"中所指的危险方法的。因为该危险方法与放火、决水、爆炸以及投放毒害性、放射性、传染病病原体等危险物质相当，甚至是有过之而无不及。② 当然，发生在道路交通事故中的"碰瓷"的表现形式是多种多样的，以上主要针对在城市主干道路及高速公路驾驶机动车"碰瓷"而言。对于生活中大量出现的利用道路混乱、机动车停车起步阶段以及违规行驶等，用身体故意或假装与机动车发生碰撞而声称受伤，要求对方"赔偿"，以及在居民区、行人稀少的街道等场所，车流量少，行车速度慢，驾驶机动车制造"碰瓷"事故的，则一般不能认为其行为危害到"公共安全"。③

---

① 张胜利等：《郑州以危害公共安全罪判处碰瓷案引争议》，载《法制日报》2009年11月12日。

② 周玉文：《略论利用机动车"碰瓷"侵财行为的性质认定》，载《洛阳理工学院学报》（社会科学版）2010年第3期。

③ 于同志：《驾车"碰瓷"案件的司法考量》，载《法学》2008年第1期。

2. "碰瓷"行为的牵连犯问题。有学者认为,"碰瓷"与勒索财物成立以危险方法危害公共安全罪和敲诈勒索罪的牵连犯,但应择一重罪而不应数罪并罚。例如:自 2004 年 4 月以来,李某、顾某某等人,在北京市二环路、三环路、四环路等城市主干道以及部分高速公路上多次故意制造交通事故,并以此向事故的另一方当事人索要钱财。作案方法是,由被告人李某等人驾车在道路上寻找外省市进京的中、高档小轿车并尾随其后,当前车正常变更车道时,突然加速撞向前车侧后方,造成前车变更车道时未让所借车道内行驶的车辆先行的假象;事故发生后,其他被告人轮流冒充驾驶人,待民警到达事故现场处理之前,要挟或者采用以公权力介入相威胁的方法,向被害人索要钱财。先后制造事故 220 余次,非法获利共计人民币 51 万余元。本案中,行为人在城市主干道以及部分高速公路上驾车故意制造交通事故多达两百余次,虽然尚未造成严重后果,但使正常快速行驶的被害人车辆因突然受到撞击或紧急避让而失去控制,足以危及不特定多数人的生命、健康,具有致使不特定多数人重伤、死亡的可能性和使公私财产遭受重大损失的可能性,已构成以危险方法危害公共安全罪。同时,行为人以非法占有为目的,在制造了交通事故后,对被害人实施要挟或者以公权力介入相威胁,使被害人产生恐惧心理,从而交付财物,非法获利 51 万余元,其行为同时成立敲诈勒索罪。因此,行为人成立以危险方法危害公共安全罪和敲诈勒索罪的牵连犯,应择一重罪处理。[①]

笔者认为,"碰瓷"行为能否成立以危险方法危害公共安全罪与敲诈勒索罪的牵连犯,以及是数罪并罚还是从一重处学界也有分歧。以笔者所见,如果"碰瓷"与勒索财物成立以危险方法危害公共安全罪和敲诈勒索罪的牵连犯,由于此种牵连犯不属于刑法条款中明确规定的从一重处情形,那就应该对此种牵连犯实现数罪并罚。其具体理由主要有三点:(1)"碰瓷"行为与勒索财物的行为是两个不同的犯罪行为,是在不同的主观故意支配下实施的不同的客观行为。因此,按照犯罪构成要件说进行判断,"碰瓷"行为符合以危险方法危害公共安全罪的全部构成要件,而勒索财物的行为则完全符合敲诈勒索罪的构成要件,因而它们分属两个不同的行为,构成了两种犯罪。(2)因为是两个不同的行为,并分别侵犯了两个不同的法益,因此"碰瓷"与勒索财物分属两个不同的罪名。(3)两罪之间是一种偶然的手段与目的、原因与结果的关系,完全符合两罪的构成要件,应数罪并罚。[②]

---

① 许文辉等:《汽车"碰瓷"行为定性研究》,载《法学杂志》2011 年第 9 期。
② 何淼玲、薄庭庭:《"碰瓷",构成以危险方法危害公共安全罪与敲诈勒索罪》,载《湖南日报》2010 年 11 月 29 日。

第一部分 以危险方法危害公共安全罪基本理论与司法认定精要

最后，还应明确的是，不仅碰瓷者"碰瓷"导致对方受害者死亡的应定以危险方法危害公共安全罪，而且碰瓷者"碰瓷"导致同伙死亡的也应定以危险方法危害公共安全罪。例如，2006年3月15日10时许，犯罪嫌疑人韩某、贺某、曹某密谋，欲通过"碰瓷"即有意制造交通事故向对方勒索钱财。当时他们商量的方法是：选好目标车辆后，用两辆车互相配合，前边车先轻踩刹车，后边的车跟着踩死刹车，让后面行驶的目标车撞到他们的后车上，前车继续行驶，后车上的人下来跟目标车的司机要钱。当日11时许，韩某、贺某、曹某等在一条主要交通干道上，确定了自西向东行驶的王某驾驶的半挂大货车为目标，曹某、贺某分别驾驶一辆小车追赶，超越后减速行驶。当曹某驾驶的前车（内乘韩某）突然制动后横向停在路上，紧跟其后的贺某随后紧急制动并向左打轮，正常行驶的大货车司机王某发现情况后反应不及，致使大货车先将贺某的车撞到了路沟里，而后继续行驶撞到了曹某的前车，造成曹某当场死亡、韩某受伤、三车损坏。贺某留在现场，待交警赶到后接受了调查。公安交通部门发现此事故疑点众多，请刑侦队协助调查。后贺某交代了事实真相。此案中，贺某、韩某的行为构成敲诈勒索罪（预备），在追赶拦截被害人王某驾驶的大货车过程中，致使同伙曹某死亡的行为，同时触犯了以危险方法危害公共安全罪，属于想象竞合犯，应从一重罪即按以危险方法危害公共安全罪处罚。①

（三）危及高速公路行驶安全构成的"以危险方法危害公共安全罪"

高速公路本身因车辆速度快，而使驾驶行为处于潜在的危险性之中，如果在此基础上，再加上司机有不规范行为，将使驾驶行为更具危险性。例如：（1）重庆市张某驾车在高速公路上逆行案。2010年11月，"黑车"司机张某驾车行驶在沪蓉高速路上时见前边有执法车，为逃避检查，竟"将生死置之度外"，以每小时90公里的速度在高速公路上逆行了10公里。重庆万州区法院以危险方法危害公共安全罪，判处张某有期徒刑两年。②（2）在高速公路上采用扎胎迫使车辆停顿而获取钱财行为。2004年8月，被告人刘某华、吕某某伙同刘某海携带木棍、扎胎器窜至京珠高速公路汤阴段，用扎胎器将过往车辆轮胎扎破，迫使车辆停车换胎，然后趁机获取车上钱财，其行为已危害了公共安全，汤阴县人民法院以危险方法危害公共安全罪分别判处被告人刘某华、

---

① 周筱萍、董万友：《"碰瓷"致同伙死亡应定以危险方法危害公共安全罪》，载《四川法制报》2010年10月22日。

② 陈保发：《高速路逆行10公里 车内载8乘客 开车司机获刑》，载《重庆商报》2011年2月11日。

吕某某有期徒刑5年。①（3）向高速行驶的车辆随意投掷石块。2012年4月9日，浦东新区人民法院一审判决，宋某向高速行驶的车辆随意投掷石块，构成以危险方法危害公共安全罪，判处其有期徒刑3年6个月。②（4）2012年4月9日，田某为逃避公安机关追查，在高速公路上以高度危险的方法驾驶车辆并挤撞警车，构成以危险方法危害公共安全罪，被判处有期徒刑2年10个月。③

另外，危及高速公路上的危害公共安全行为还有在高速公路上放置石头。高速公路上出现石头，不外乎两种原因：一种是运输石头的车辆不小心洒落；另一种是有人故意放置或者投掷。如果是后者的话，就涉嫌危害公共安全。高速行驶的车辆通过时，即使遭遇很小的石块都是非常危险的。故意放置或者投掷无外乎两种动机，一种是为了谋利，一种就是所谓的"取乐"。④例如，2011年2月3日至14日，被告人陈某某在广州北环高速公路金沙洲路段，多次从中间绿化带搬出水泥石块或从路边捡来石块，投放在由东往西以及由西往东方向的车道上，导致途经该路段的共14辆汽车因碰撞到上述石块而发生车辆爆胎等不同程度损坏的交通事故。一审判决认为，被告人陈某某无视国家法律，多次以在车流密集的高速公路上放置石块的危险方法危害公共安全，尚未造成严重后果，但其行为已构成以危险方法危害公共安全罪，且造成多辆车辆不同程度损坏的后果，酌情从重处罚，故判处其有期徒刑7年。⑤

（四）食品类危险方法构成的"以危险方法危害公共安全罪"

在我国刑法中，与食品安全犯罪有关的罪名主要规定在"破坏市场经济秩序罪"的生产、销售伪劣商品一类罪中，如生产、销售伪劣产品罪；生产、销售不符合卫生标准的食品罪；生产、销售有毒、有害食品罪；由于通常食品安全犯罪针对的多为不特定的多数人，常常与危害公共安全罪有交叉，因此投放危险物质罪，以危险方法危害公共安全罪也都可能成为被认定的罪名。⑥"对于同时触犯几个罪名的危害食品安全犯罪行为，法院会选择重罪处罚，也就是哪个罪名按照刑法规定处罚重，就适用哪个罪名。"危害食品安全犯罪触

---

① 黄敬：《以危险方法危害公共安全一案如何定罪？》，载河南法院网，2009年4月22日。

② 程怡等：《男子心烦路边扔石砸车 危害公共安全获刑三年半》，载东方网，2012年7月10日。

③ 吴海婕等：《高速公路上超载货车撞堵截警车》，载《青年时报》2012年4月21日。

④ 蔡玉高、陈刚：《中国高速公路安全事故成社会之痛 隐患林林总总》，载中国新闻网，2011年7月30日。

⑤ 吴笋林：《北环高速放石头男子囚7年》，载《新快报》2012年6月30日。

⑥ 李黎等：《危害食品安全犯罪问题刍议》，载《北方经贸》2011年第4期。

犯的罪名多，可适用的罪名虽然包括生产、销售不符合安全标准的食品罪，生产、销售有毒、有害食品罪，生产、销售伪劣产品罪等多个罪名，法院通常会根据证据情况和法律规定，选择处罚较重的生产、销售伪劣产品罪甚至是以危险方法危害公共安全罪等定罪处罚。①

笔者认为，以危险方法危害公共安全罪与这些食品类罪名如果存在法条上的普通法条与特别法条的竞合关系，那就应当按照法条竞合的处理原则来择取其中之一罪名即可。但是，以危险方法危害公共安全罪与这些食品类罪名不存在法条上的普通法条与特别法条的竞合关系，即犯罪行为本身虽然与这些食品类罪名有关，但又不能构成这些食品类罪名时，那就关键看犯罪行为是否符合以危险方法危害公共安全罪的构成特征。在司法实践中，对一些新出现的食品类犯罪行为，当不能选择适用生产、销售不符合安全标准的食品罪，生产、销售有毒、有害食品罪，生产、销售伪劣产品罪等特别法条时，而选择适用具有普通法条意义的以危险方法危害公共安全罪，这还带有弥补立法缺陷与不足的重要作用。

研制"瘦肉精"案和配制"蛋白粉"案是影响较大的两个危害食品安全犯罪案件，但最终都择取了以危险方法危害公共安全罪来定罪量刑。例如：（1）刘某等研制"瘦肉精"危害公共安全案。刘某等人明知使用盐酸克仑特罗喂养的生猪，人食用后会发生危害生命、健康的严重后果，为攫取暴利，置广大人民群众的生命、健康和公私财产安全于不顾，大量非法生产用于饲养生猪的盐酸克仑特罗，并将盐酸克仑特罗销售给生猪养殖户，致使使用盐酸克仑特罗饲养的生猪大量流入市场，严重危害不特定多数人的生命、健康，严重损害了生猪养殖户、肉制品企业及广大消费者的利益，致使公私财产遭受特别重大损失，其行为已构成以危险方法危害公共安全罪，刘某被判处死刑，缓期2年执行，剥夺政治权利终身。②（2）张某某配制"蛋白粉"危害公共安全案。2007年7月，被告人张某某等人明知三聚氰胺是化工产品，不能供人食用，以三聚氰胺和麦芽糊精为原料，配制出专供向原奶中添加、以提高原奶蛋白检测含量的混合物（俗称"蛋白粉"）。截至2008年8月，张某某累计生产"蛋白粉"770余吨，销售600余吨，销售金额683万余元。张某某等人生产、销售的"蛋白粉"被某些奶厅（站）经营者添加到原奶中，销售给石家庄三鹿集团股份有

---

① 侯毅君：《食品犯罪从重处罚10个月判了255人》，载《北京青年报》2011年11月25日。

② 郭俊华、常晖：《"瘦肉精"首批案件今日二审　刘襄等8人维持原判》，载《大河报》2011年8月10日。

限公司等奶制品生产企业。①

在"三鹿奶粉"案和河南"瘦肉精"案中,均有被告人被认定为实施以危险方法危害公共安全罪,其主要原因如下:(1)被告人行为侵害了公共安全。两案中生产、销售三聚氰胺混合物和瘦肉精的行为均不属于危害公共安全的一般危险犯,而是已经造成严重结果的实害犯,被告人的行为已经给消费者的健康安全埋下了严重隐患,并造成了巨大的经济损失。被告人的行为侵害的是不特定众多者的生命健康和不可控重大财产安全,符合我国刑法关于危害公共安全罪的本质特征。(2)被告人的行为属于危害公共安全的行为。我国刑法虽然只规定了放火、决水、爆炸、投放危险物质4种明确的危害公共安全的行为方式,但其中还包括一类概括的方法,即"以其他危险方法"危害公共安全。作为兜底性的法律规定,这类概括性的危害公共安全的方法,通常是指与法律明示的放火、决水等危害性相当的方法,其在本质上同样危害的是公共安全。两案被告人的行为严重地危害了公共安全,其故意生产、销售对人体有害的三聚氰胺混合物和瘦肉精将其投放市场,其行为性质属于刑法规定的"以其他危险方法"危害公共安全的行为。(3)被告人在主观上具有危害公共安全的犯罪故意。② 但是,与"三鹿奶粉"案和河南"瘦肉精"案相类似的上海"染色馒头"案,最终却以生产、销售伪劣产品罪定性,而并非人们所预料的"以危险方法危害公共安全罪"。自2010年9月起,在明知蒸煮类糕点使用"柠檬黄"不符合《食品添加剂使用卫生标准》的情况下,被告人叶某某购进"柠檬黄",谢某某根据叶某某的安排,在盛禄公司厂房内组织工人大量生产添加"柠檬黄"的玉米馒头,徐某某以盛禄公司名义销往本市联华、华联、迪亚天天等多家超市。截至2011年4月11日,盛禄公司添加"柠檬黄"的玉米馒头销售金额累计62万余元。法院认为,盛禄公司违反国家关于食品安全法律、法规的禁止性规定,生产、销售添加"柠檬黄"的玉米馒头,以不合格产品冒充合格产品。被告人叶某某作为盛禄公司的主管人员,被告人徐某某、谢某某作为盛禄公司实施上述行为的直接责任人员,均已构成生产、销售伪劣产品罪。此外,盛禄公司在生产玉米馒头时还存在用回收的过期或即将过期食品作为原料继续生产的情况,故在对各被告人量刑时应予酌情从重处罚。2011年9月26日下午,上海市宝山区人民法院一审宣判"染色馒头"案,以生产、销售伪劣产品罪分别判处被告人叶某某、徐某某、谢某某有期徒

---

① 张景勇:《三鹿系列案宣判 田文华被判无期》,载新华网,2009年1月22日。
② 王雅丽:《食品安全犯罪的刑法控制》,载《铁道警官高等专科学校学报》2011年第6期。

刑9年到5年,并处罚金65万元到20万元人民币不等。①

在司法实践中,对于危害食品安全犯罪案件一般以生产、销售不符合安全标准的食品罪,生产、销售有毒、有害食品罪和生产、销售伪劣产品罪定罪处罚,也有少数案件以危险方法危害公共安全罪、非法经营罪等罪名定罪处罚。在上海"染色馒头"案中,超范围添加"柠檬黄"的玉米馒头属于不合格产品,但食用该馒头尚不足以造成严重食物中毒事故或者其他严重食源性疾病,故对3名被告人不以生产、销售不符合安全标准的食品罪定罪处罚。同时,"柠檬黄"不是有毒、有害的非食品原料,故对3名被告人也不以生产、销售有毒、有害食品罪定罪处罚。但3名被告人生产、销售添加"柠檬黄"的玉米馒头属于不合格产品,以不合格产品冒充合格产品,销售金额达62万余元,根据刑法规定,其行为构成生产、销售伪劣产品罪,故对3名被告人以生产、销售伪劣产品罪定罪处罚。②但有不少学者主张,对于食品安全领域犯罪特别严重的犯罪行为,不应该适用生产、销售伪劣产品罪,而应该比照"以危险方法危害公共安全"的条款定罪。③

以笔者所见,上海"染色馒头"案也应当适用以危险方法危害公共安全罪来定性,主要理由在于:(1)比较"三鹿奶粉"案和河南"瘦肉精"案,生产销售添加"柠檬黄"的玉米馒头行为性质,基本上等同于"三鹿奶粉"案中的生产销售"蛋白粉"和河南"瘦肉精"案中的生产销售"瘦肉精",既然"三鹿奶粉"案和河南"瘦肉精"案的定性采用了以危险方法危害公共安全罪,那么生产销售添加"柠檬黄"的玉米馒头行为也理所当然应采用以危险方法危害公共安全罪来定性。(2)三罪竞合择用以危险方法危害公共安全罪为最佳。不可否认,上海"染色馒头"案涉及的生产、销售有毒、有害食品罪,生产、销售伪劣产品罪与以危险方法危害公共安全罪,这三罪之间存在法条竞合关系。"只有数个刑法条文之间具有包含或者交叉关系,才能存在法规竞合的问题。例如,规定故意以危险方法危害公共安全罪的刑法第114条、第115条第1款与规定生产、销售有毒、有害食品罪的刑法第144条,以及规定过失以危险方法危害公共安全罪的刑法第115条第2款与规定生产、销售伪劣食品罪的刑法第143条,由于具有上述意义上的包含或者交叉关系,因

---

① 董芳:《上海"染色馒头"案主犯一审被判9年》,载《河南商报》2011年9月27日。

② 罗开卷:《生产、销售不符合安全标准的食品罪司法实务问题探讨》,载《铁道警官高等专科学校学报》2012年第1期。

③ 王国荣:《处理染色馒头要多给点"颜色"》,载《钱江晚报》2011年5月1日。

此能够存在法规竞合的问题。"① 但法院在具有法条竞合关系的三罪之间选择生产、销售伪劣食品罪作为定性上海"染色馒头"案，是基于"3 名被告人生产、销售添加'柠檬黄'的玉米馒头属于不合格产品，以不合格产品冒充合格产品"。事实上，添加了"柠檬黄"的玉米馒头也不能归为不合格产品。以生产、销售伪劣食品罪来定性上海"染色馒头"案也是不准确的。相反，如果择用以危险方法危害公共安全罪来定性上海"染色馒头"案，就不会存在犯罪对象认定上的争议。

当然，生产销售"蛋白粉"、"瘦肉精"、"柠檬黄"等食品添加剂之类行为的治罪，依照现行刑法中的几个相关罪名处理都有或多或少的不妥之处，最好是在刑法中设置相应的罪名才算完美。例如，有学者所提的下列立法完善罪名的建议是很有价值的，也是具可行性的，立法机关可适当考虑吸收：即"生产销售不符合安全标准的食品添加剂、食品相关产品的行为可产生严重的社会危害性，因此有必要设置生产、销售不符合安全标准的食品添加剂、食品相关产品罪。考虑到不符合安全标准的食品添加剂、食品相关产品危害与食品相当，此罪犯罪构成和刑罚上可以比照现行生产销售不符合卫生标准的食品罪设置，即设想此罪主体应是一般主体，主要是食品添加剂、食品相关产品的生产经营者，客体是复杂客体即国家对食品安全的管理制度和不特定多数人的身体健康和生命安全，主观方面为故意，客观方面表现为生产销售不符合安全标准的食品添加剂、食品相关产品的行为"。②

（五）私设电网危险方法构成的"以危险方法危害公共安全罪"

私设电网，是一种危害社会的行为。有关法律、法规明令禁止单位、个人未经有关部门批准擅自架设电网，否则，造成严重后果的，要依法追究行为人的法律责任。同时，私设电网，也是一种危险方法，其侵犯的对象是不特定多数人的生命、健康的安全。特别是在公共场所私设电网，直接威胁不特定多数人的安全，其侵犯的客体是公共安全。这种行为，无论是从主观还是从客观方面，都符合以危险方法危害公共安全罪的构成。例如：（1）徐水县一位农民去自家麦田看麦苗长势，不幸碰到同村一位村民姚某布下用来电兔子的高压电网丧生。徐水法院以犯以危险方法危害公共安全罪判处被告人姚某有期徒刑 3

---

① 杨凯：《危害食品安全犯罪法规竞合初探》，载《甘肃政法学院学报》2009 年第 6 期。
② 陈志高：《浅析违反我国食品安全法的刑事责任追究》，载《法制与经济》2011 年第 2 期。

年。① （2）为防止塘里的鱼被盗，老河口一农民在塘边私架电网，造成行人被电死。老河口市法院以以危险方法危害公共安全罪，一审判处该农民有期徒刑10年并承担3万元的赔偿金。② （3）村民私设电网致使同村一名女村民及两头耕牛触电而亡。2011年4月17日，私设电网的村民刘某因犯以危险方法危害公共安全罪，被樊城法院判处有期徒刑11年。③ （4）仙游男子徐某担心家禽被盗，竟将通电的铁丝网架设在篱笆上，结果造成邻居被电击死亡。仙游法院以犯以危险方法危害公共安全罪判处徐某有期徒刑10年。④

但是，私设电网并非都是按以危险方法危害公共安全罪定性处理的，也有不少案件是采用过失以危险方法危害公共安全罪来定罪量刑的。以危险方法危害公共安全罪与过失以危险方法危害公共安全罪，两者在客观要件的危险方法上是相同的，而在主观要件的罪过形式上却有重大差异。以危险方法危害公共安全罪的主观要件是故意，而过失以危险方法危害公共安全罪的主观要件是过失。例如：（1）江西一农民陈某仿照古人守株待兔，在山脚下私装电网，坐在电源开关旁边，耐心等待野兔触网。未料野兔没有电着，却将一过往的行人电死。案发后，陈某赔偿受害人家属22.5万元。此案经江西省高安市人民法院审结，被告人陈某犯过失以危险方法危害公共安全罪，获刑6个月。⑤ （2）2008年10月13日15时许，被告人玉某在被害人刘某的邀请下，喊其朋友被告人红某，由刘某携带自己猎捕野兔的设备，来到内乡县赵店乡某村岭后的坡上，打桩私拉电网，刘某让玉某、红某回家吃饭，自己在现场守候，当晚20时左右，刘某被电击昏后死亡。内乡县人民法院审理认为，被告人玉某、红某伙同刘某以猎捕野兔为目的，私拉电网，致同伴刘某死亡，其行为已构成"过失以危险方法危害公共安全罪"，判处被告人玉某、红某有期徒刑2年，缓刑2年。⑥

在司法实践中应注意，私设电网无论是按以危险方法危害公共安全罪定性

---

① 寇国莹、李宏：《徐水一农民私设电兔子电网电死人被判刑三年》，载《河北法制报》2010年12月14日。
② 詹琦等：《私设电网致人死亡 一渔民领刑10年》，载汉网，2007年2月16日。
③ 熊姣等：《私设电网致人死亡犯啥罪》，载《襄阳晚报》2011年4月18日。
④ 许爱琼、颜敏珊：《怕鸡鸭被盗私设电网 不料却将邻居电死》，载《海峡都市报》2012年4月25日。
⑤ 王昊阳、黄文青：《农民私装电网捕野兔电死人赔钱又获刑》，载中国新闻网，2010年12月20日。
⑥ 冯云虎、邢景江：《拉电网捕野兔致人死亡 危害公共安全两人获刑》，载人民代表网，2010年4月22日。

处理，还是采用过失以危险方法危害公共安全罪定性处理，都必须规范适用罪名，杜绝不规范适用罪名的情形。例如，2005年9月1日，刘某辉、刘某明未经相关部门批准，擅自围建电网，导致1人触电死亡。2006年2月，法院采用"以私设电网的危险方法危害公共安全罪"，分别判处刘某辉、刘某明有期徒刑2年。龚法官表示，由于刘某明、刘某辉是以放火、决水、爆炸、投毒以外的危险方法危害公共安全而致人死亡的，所以其行为应适用刑法第106条"以其他危险方法危害公共安全罪"的规定。但"以其他危险方法危害公共安全罪"是概括性的类罪名，不是具体罪名。因此，在审判实践中处理具体案件时，应以行为人具体使用的危险方法来确定具体罪名。法院根据刘某明、刘某辉的行为特征，确定其罪名为"以私设电网的危险方法危害公共安全罪"比较科学。① 笔者认为，上述法官仍适用旧刑法规定来解释，这是不妥当的。按照1979年刑法第106条"以其他危险方法危害公共安全"的规定，可以确定为"以私设电网的危险方法危害公共安全罪"；但是，按照1979年刑法第114条、第115条"以其他危险方法危害公共安全"的规定，不能确定为"以私设电网的危险方法危害公共安全罪"，而只能确定为"以危险方法危害公共安全罪"，这是由"两高"司法解释正式确定的罪名。

（六）盗窃窨井盖危险方法构成的"以危险方法危害公共安全罪"

盗窃窨井盖长期以来都依照盗窃罪论处，但2004年以后各地纷纷出现在未发生严重后果的情形下对盗窃窨井盖的行为人按照以危险方法危害公共安全罪处理的案件。例如，2004年被告人赵某因盗窃了价值1000元的4个窨井盖，被烟台市芝罘区人民检察院以危险方法危害公共安全罪起诉，并被法院以该罪名判处有期徒刑4年。以危险方法危害公共安全的行为除了应具有"危险性"之外，还应具有明显的"加害性"特征，而且以危险方法危害公共安全行为的危险性主要体现在"加害性"上，即在很大程度上，行为的危险性主要是由"加害性"所引发的。但从上述案件来看，行为人盗窃窨井盖均只是为了出卖以获取非法利润，而并不具有"加害性"的特征。即使认为行为人的"加害性"体现在其间接故意的主观方面上，由于其盗窃行为并未造成严重后果，根据刑法的基本理论，也不应对其以危险方法危害公共安全罪认定。②

目前，司法机关对窨井盖盗窃案件定罪量刑处罚各地不一，归纳起来有三

---

① 龚进昌等：《设电网防野猪电死村民》，载《江西法制报》2006年2月17日。
② 周舟：《罪名口袋化倾向的刑法思考》，载《中共四川省委省级机关党校学报》2011年第1期。

种罪名可定：盗窃罪、破坏交通设施罪与以危险方法危害公共安全罪。其中，破坏交通设施罪要求有危害后果发生，比如偷盗窨井盖后确实造成了人身伤害的后果。而危害公共安全罪不要求有危害后果发生，只要窨井盖被偷了，存在危害公共安全的可能，就可以定罪。以以危险方法危害公共安全罪起诉该案，法院以这一罪名判处被告人有期徒刑，是比较准确的。因为盗窃者明知盗窃窨井盖的行为可能对行人、车辆造成危害，却仍旧放任这一后果的发生，其主观上具有危害公共安全的间接故意。窨井盖频发被盗是困扰很多城市的顽疾，如果仅以盗窃罪来处理，很多盗窃者压根不用承担刑责，这样不利于保护市民生命财产安全。① 在司法实践中，一般情况下要求行为人对于自己盗窃市政公共设施的行为会危害公共安全是明知的或者应当是明知的。行为人因为缺乏常识或者受人欺骗而盗窃市政公共设施的，如果经查明确实不明知特定的市政设施被盗后会危害公共安全，则不能将其认定为危害公共安全罪，否则就违背了我国刑法坚持的责任主义立场。②

有学者认为，盗窃城市井盖的行为是否定为以危险方法危害公共安全罪，这个问题不能一概而论。由于城市井盖所处的位置不同，其与公共安全的联系也自然不同。(1) 盗窃城市公共交通道路上的井盖的，应直接以破坏交通设施罪定罪处罚。许多城市的井盖设置在公共交通道路上，它们都构成了城市道路路面的有机组成部分，关系到交通运输的安全，将这些井盖盗走，破坏了道路的完整性和保证交通安全的功能，完全符合破坏交通设施罪的构成特征，因此，没有以危险方法危害公共安全罪适用的余地。(2) 盗窃道路以外的其他公共场所的井盖的，构成以危险方法危害公共安全罪。其他公共场所包括人行道、公共广场、步行街以及学校、工厂等公众能够接触到的场所。盗窃这些场所的井盖，危及到公共安全，但刑法中相关的危害公共安全犯罪又不能够适用，应以以危险方法危害公共安全罪定罪处罚。当然，也必须注意，上述两种情况，均有可能与盗窃罪发生竞合，在此情况下，应按想象竞合犯来处理。(3) 盗窃较为隐蔽处所的井盖的，应以盗窃罪定罪处罚。所谓隐蔽处所，是指社会公众不能够轻易接触到的场所，这些场所的井盖与公共安全没有直接的

---

① 《小偷盗窃6个马路窨井盖，以"以危险方法危害公共安全罪"获刑3年》，载《扬子晚报》2012年1月18日。

② 张峻峰：《关于盗窃市政公共设施行为的刑法规则探析》，载《吉林公安高等专科学校学报》2005年第6期。

联系，行为人盗窃的，也不具有危害公共安全的性质。①

笔者认为，从司法实践来看，适用以危险方法危害公共安全罪来惩处盗窃窨井盖行为，也是比较准确的一种罪名选择。"虽然盗窃窨井盖的直接目的是为了牟利，并未直接伤害不确定人群的人身、财产安全，但是偷盗者应该知道，偷走窨井盖可能使行人和车辆通行发生危险。明知危害结果可能发生，却放任这种结果发生，属于间接故意犯罪，这就符合刑法'以危险方法危害公共安全罪'对主观要件的要求。对尚未造成严重后果的，应处3年以上10年以下有期徒刑。""偷井盖行为是否构成以危险方法危害公共安全罪，跟所偷窨井盖的位置、地点有关。如果是在公共要道上，或者是在居民小区、胡同、里巷等道路上，行为人盗窃了窨井盖后，使公众群体处于危险状态，容易造成严重后果，就属于以危险方法危害公共安全犯罪。"②

（七）针刺危险方法构成的"以危险方法危害公共安全罪"

2009年发生在新疆的针刺案，曾一度引起全国性的广泛恐慌。2009年9月12日至17日，乌鲁木齐市中级人民法院依法审理并宣判了3起针刺案件：其中一起是2009年8月29日，穆某某与曼某某两人假称包车，将一名出租车司机骗至一菜市场巷道内，用事先准备好的注射器对出租车司机实施威胁，抢得现金710元。该案两名被告人分别以抢劫罪被判处有期徒刑，并处罚金。而另外两起则都是以投放虚假危险物质罪被判刑。但在前两起针刺案公诉时，"检察机关对两案犯罪嫌疑人分别以以危险方法危害公共安全罪、抢劫罪和以危险方法危害公共安全罪向法院提起公诉，法院经过开庭审理后变更罪名，分别对两案三被告人以抢劫罪、投放虚假危险物质罪定罪量刑"。以危险方法危害公共安全罪和投放虚假危险物质罪二者的区别在于：以危险方法危害公共安全罪的手段、方法必须与放火、爆炸、投放危险物质等罪的危险性具有相当性，也就是说，以危险方法危害公共安全罪中所使用的放射性物质、扩散病毒等，必须是真实的。从庭审质证、认证的结果来看，已认定被告人刺向被害人的注射器中所装的液体是虚假危险物质。因此，法院以投放虚假危险物质罪追究其刑事责任是恰当的。③

---

① 赫兴旺：《以危险方法危害公共安全罪的司法认定》，载《法制日报》2006年1月12日。

② 李东艳、马以轩：《偷窨井盖被判危害公共安全罪 位置地点成定罪关键》，载中国新闻网，2012年5月16日。

③ 戴岚、贺勇：《法律专家就针刺伤害群众案件审判情况答记者问》，载人民网，2009年9月12日。

除新疆的针刺案外,在其他城市也曾发生针刺案,例如:(1)福建省平潭县法院对一起不法分子使用针筒扎刺群众案件作出一审判决,被告人周某贵、张某杰和张某玲以投放虚假危险物质罪分别被判处有期徒刑3年6个月、2年和8个月。①(2)包某出狱后9个月,在晚间不到4个半小时内,乘人不备用缝衣针在街头扎8名女性臀部,一度造成社会恐慌。10月12日,轰动一时的沈阳"针刺妇女案"有了结果。皇姑区法院一审以犯强制猥亵妇女罪,判处被告人包某有期徒刑5年。②(3)以含有病菌的塑料注射器进行针刺的危险方法(云南针刺案)。2009年10月,孙某某在西湖幼儿园上误期间,为使入托的学龄前儿童服从管教,使用一只一次性塑料注射器在未经消毒处理的情况下,反复多次对幼儿园的学龄前儿童白某、李某等60余人的身体进行针刺,引起入托的学龄前儿童及家长的严重恐慌。云南省红河哈尼族彝族自治州建水县法院一审宣判:被告人孙某某构成以危险方法危害公共安全罪,一审被判处有期徒刑3年。③

笔者认为,在针刺案件的抢劫罪、投放虚假危险物质罪、强制猥亵妇女罪与以危险方法危害公共安全罪的几种定性中,应当是选择适用以危险方法危害公共安全罪定性最为合适。2009年9月6日,为依法严厉打击针刺伤害群众等犯罪活动,保护群众安全,维护社会秩序,乌鲁木齐市中级人民法院、人民检察院、公安局联合发布《关于依法严厉打击针刺伤害群众等犯罪活动的通告》中规定,对使用无毒害性物质的注射器扎刺、喷射他人的,以投放虚假危险物质罪定罪处罚。使用大头针等其他针状物扎刺无辜群众,制造恐怖气氛的,依照刑法规定,以投放虚假危险物质罪论处。虽然新疆的两起针刺案都是依照该《通告》规定而确定为投放虚假危险物质罪的,但针刺案并不完全符合投放虚假危险物质罪的构成特征。投放虚假危险物质罪是以扰乱社会公共秩序为故意内容而在公共场所投放虚假危险物质的行为,而针刺案的行为方式"向不特定的人注射","投放"与"注射"差距较大;而且,投放虚假危险物质罪是将"虚假危险物质"放置在公共场所,以便能够造成在公共场所的人员恐慌。尽管针刺案的"注射"行为适用投放虚假危险物质罪定罪时,可以解释为将"虚假危险物质"放置在"人体",但这种解释极为牵强附会,也是有违立法条款原意的。

---

① 郑良:《福建平潭2名妇女遭针刺案3名被告获刑》,载新华网,2010年4月28日。
② 高薇:《恶男街头针刺8名女性臀部 强制猥亵妇女罪被判5年》,或《沈阳晚报》2009年10月13日。
③ 《教师针刺60多名幼儿一审被判三年》,载《长江商报》2010年3月25日。

（八）投寄虚假炭疽杆菌邮件构成的"以危险方法危害公共安全罪"

2001年12月18日，上海市第二中级人民法院公开审理了肖某某投寄虚假炭疽杆菌邮件，以危险方法危害公共安全案。被告人肖某某（男，27岁），上海市金山区东泾镇人，曾在1995年7月因犯盗窃罪被判处有期徒刑1年6个月。2001年10月18日，肖某某将两封装有虚假炭疽杆菌的邮件，分别投寄到上海市有关部门及新闻单位。法院审理后认为，肖某某故意制造恐怖气氛，危害社会稳定，已构成以危险方法危害公共安全罪，且系原犯盗窃罪在刑罚执行完毕后5年之内再次犯罪，系累犯，依法应当从重处罚。为惩治和防范恐怖犯罪活动，保障国家安全、社会公共安全和公民人身财产安全，维护社会稳定，依照刑法第114条和第65条第1款的规定，判决肖某某犯以危险方法危害公共安全罪，判处有期徒刑4年。判决作出后，肖某某不服判决，提出上诉。①

"投寄虚假的炭疽杆菌"是否可以被认定为刑法第114条中的"危险方法"呢？有学者认为，"虚假的炭疽杆菌"并不能危害公共安全，其道理正如一把木制玩具手枪并不能射出子弹致人毙命一样简单，似没有必要作过多的论证。尽管刑法学界普遍认为"传播病菌"属于刑法第114条所说的"其他危险方法"之一，而且《刑法修正案（三）》已经将"投放传染病病原体"的行为列入第114条之中，但是，"病菌"和"虚假病菌"毕竟有着质的不同："病菌"能够引起人体感染，投放"病菌"（传染病病原体）会造成对不特定多数人健康甚至生命的威胁，具有针对公共安全的现实危险性；而"虚假病菌"并不能引起人体感染，投放"虚假病菌"不会对不特定多数人的健康或生命造成威胁，没有针对公共安全的现实的危险性。正是基于这种显而易见的差别，我们没有理由将"投寄虚假病菌"也看成是刑法第114条中的一种"危险方法"，即"投寄虚假病菌"与放火、决水、爆炸、投毒等行为之间，并不具有性质上的相当性。当然，绝不是认为肖某某"投寄虚假炭疽杆菌"的行为没有任何社会危害性，此种行为必然引起一定范围内的公众恐慌，从而危害社会秩序。②

有学者更加明确地断言，这一判决就是一个很明显的类推适用。以危险方法危害公共安全罪，是指故意使用放火、决水、爆炸、投毒以外的危险方法危害公共安全的行为，这些其他危险方法是与放火、决水、爆炸、投毒的危险性

---

① 《寄假炭疽菌邮件 上海一名男子被法院判刑4年》，载《广州日报》2001年12月19日。

② 周少华：《罪刑法定在刑事司法中的命运》，载《法学研究》2003年第2期。

质相当的，一经实施，就会同时造成不特定多人死伤或者使公私财产遭受重大损失的危险方法。虽然刑法没有对这些行为作详细的列举（事实上这也是不可能的），但是这种犯罪行为的本质特征应当是很清楚的。而上述案件中的被告人将装有虚假炭疽杆菌的邮件投寄到两个单位虽然是一起带有恐怖色彩的案件，但是将这一行为规划为其他危险方法却是牵强的，因为这一行为在客观上很难像放火、爆炸等行为一样能造成不特定多人死伤或者使公私财产遭受重大损失。而法院作出的判决其实就是在法律缺位的情况下，适用类推的结果。《刑法修正案（三）》在"妨害社会管理秩序罪"中增设了"投放虚假危险物质罪；编造、故意传播虚假恐怖信息罪"，这是对上述法律缺位的一个积极补充，但同时也表明立法机关并不认为投放虚假危险物质的行为是一种危害公共安全的行为。①

另有学者则认为，投寄虚假炭疽杆菌邮件的行为不具有危害公共安全的性质，不构成以危险方法危害公共安全罪。投寄虚假的炭疽杆菌邮件，由于其不含有毒害性、放射性、传染病病原体等物质，不可能危及公共安全，因而排除危害公共安全的性质。《刑法修正案（三）》将投放真实的毒害性、放射性、传染病病原体等物质的行为与投放虚假的毒害性、放射性、传染病病原体等物质的行为严格加以区别，前者危害的是公共安全，后者扰乱的是社会秩序，前者应构成投放危险物质罪，后者应构成投放虚假危险物质罪。显然，上海市第二中级人民法院将被告人肖某某投寄虚假炭疽杆菌邮件的行为定性为以其他危险方法危害公共安全罪是不正确的。《刑法修正案（三）》通过之前行为人实施的投寄虚假炭疽杆菌邮件的行为属于刑法缺位。犯罪客体决定犯罪性质。投放虚假炭疽杆菌邮件的行为主要是制造恐怖气氛，危害社会稳定，扰乱社会秩序或公共场所秩序，刑法典缺乏明确规定，根据"罪刑法定"的法治原则，司法机关只能作无罪处理。尽管《刑法修正案（三）》弥补了这一立法缺陷，但是对于《刑法修正案（三）》施行以前的投寄虚假炭疽杆菌邮件的行为，根据刑法从旧兼从轻的原则，也只能认定其无罪。②

还有学者认为，从《刑法修正案（三）》对刑法分则的修改看，肖某某的行为显然符合这条规定。由于该判决在上诉期间，未发生法律效力。根据刑法第12条从旧兼从轻的原则，对新法颁布之前正在审理的案件或者判决尚未生效的案件，适用旧法，但新法不认为是犯罪的，或者处罚较轻的，适用新法。

---

① 黄燕：《对罪刑法定司法化认识的误区》，载法律图书馆网，2003年3月26日。
② 曲伶俐：《投寄虚假炭疽杆菌邮件案件定性之分析》，载《山东法制报》2002年1月10日。

在肖某某投寄虚假炭疽杆菌邮件案中，如果依据1979年刑法第114条以危险方法危害公共安全罪对肖某某定罪，其最高刑为死刑；如果依据《刑法修正案（三）》对肖某某定罪，其最高刑为15年。两者相比，显然后者要轻。也就是说，在全国人大常委会通过《刑法修正案（三）》之后，上海市高级人民法院对肖某某投寄虚假炭疽杆菌邮件案应当适用修改后的刑法分则第291条之一定罪量刑。但问题还是在这里，如果"两高"不能及时对刑法修正案增加的新罪名作出司法解释，下级检察院、下级法院仍然无法适用新法律。因此，无论是理论还是实践，亟须"两高"尽快对立法机关增加、修改和删除的刑法条文所涉及的罪名作出司法解释。①

应当看到，针对上海市第二中级人民法院采用以危险方法危害公共安全罪而判处的肖某某投寄虚假炭疽杆菌邮件案，上述几位学者的观点基本上都是否定性的，只是在否定性的理由方面有所不同而已，而其中最重要的否定理由是："投寄虚假的炭疽杆菌"不属于刑法第114条中的"危险方法"。笔者认为，肖某某投寄虚假炭疽杆菌邮件案发生于《刑法修正案（三）》通过之前，如果是在《刑法修正案（三）》通过之后发生，则肯定是依此规定而定性为投放虚假危险物质罪最为合适。但是，在《刑法修正案（三）》通过之前，对肖某某投寄虚假炭疽杆菌邮件的行为，选择以危险方法危害公共安全罪作为定性罪名是最为恰当的。首先，投寄虚假炭疽杆菌邮件的行为虽然带有扰乱社会管理秩序的特点，但是也不能否认此种投寄虚假炭疽杆菌邮件的行为给公共安全所带来的影响，正如上述学者所认为，"此种行为必然引起一定范围内的公众恐慌，从而危害社会秩序"，"一定范围内的公众恐慌"即属公共安全范畴。其次，无论是投寄真实的炭疽杆菌邮件行为，还是投寄虚假的炭疽杆菌邮件行为，这都属于以危险方法危害公共安全罪中的"危险方法"并不难理解，犹如持假枪抢劫与持真枪抢劫都不能否定"抢劫行为"一样。

三、以危险方法危害公共安全罪的客体问题

要想明确以危险方法危害公共安全罪的客体，有必要通过其犯罪对象及其犯罪对象与犯罪客体的关系才能加以把握。刑法第114条规定的以危险方法危害公共安全罪的犯罪对象是："工厂、矿场、油田、港口、河流、水源、仓库、住宅、森林、农场、谷场、牧场、重要管道、公共建筑物或者其他公私财

---

① 杨新京：《析两高〈关于执行中华人民共和国刑法确定罪名的补充规定〉》，载《人民检察》2002年第12期。

产",但这些内容已在 2001 年《刑法修正案（三）》中被删除；刑法第 115 条第 1 款规定的以危险方法危害公共安全罪的犯罪对象是："致人重伤、死亡或者使公私财产遭受重大损失"。"犯罪对象与犯罪客体的关系首先是表里关系。犯罪客体体现犯罪的本质，是里，犯罪对象是犯罪客体的外在表现，是表。抽象的犯罪客体通过犯罪对象表现出来。犯罪对象是犯罪客体的载体。只有通过这些典型的、外在的、为人们所感知的具体的人或物的研究，我们才能够把握犯罪客体的本质。"此外，"犯罪客体与犯罪对象相辅相成，共同成为认识犯罪的重要工具。只有将犯罪客体与犯罪对象作为一个整体来把握，才能真正把握犯罪的本质"①。由此可见，透过以危险方法危害公共安全罪的犯罪对象，才能够把握以危险方法危害公共安全罪的犯罪客体的本质；只有将以危险方法危害公共安全罪的犯罪客体与以危险方法危害公共安全罪的犯罪对象作为一个整体来把握，才能真正把握以危险方法危害公共安全罪的犯罪的本质。

（一）以危险方法危害公共安全罪的公共安全范围问题

笔者认为，理解以危险方法危害公共安全罪的侵犯客体，既不能笼统地概称"公共安全"，也不宜脱离刑法第 114 条、第 115 条规定的犯罪对象内容，而最好能够将两者有机地结合起来理解。具体内容是：

1. 笼统地概称"公共安全"难以与类罪名的同类客体相区别。有不少教科书、论著中，都认为以危险方法危害公共安全罪的客体为"公共安全"。如此表述以危险方法危害公共安全罪的客体内容虽然不能认为是谬误，但具体表述内容是过于简单化了。它所带来的直接后果是：使以危险方法危害公共安全罪的直接客体与刑法分则第二章"危害公共安全罪"的同类客体相混同。传统刑法理论在阐明我国刑法中所规定的犯罪客体时，往往混淆了同类客体和直接客体包容与被包容的关系，最明显的表现有：将某一同类客体视为某一具体犯罪的直接客体。如我国刑法分则第一章规定的犯罪所侵犯的同类客体是社会的"公共安全"，而该章中所规定的具体犯罪如放火罪、爆炸罪、投放危险物质罪、决水罪等犯罪，传统刑法理论认为，其侵犯的直接客体是社会的"公共安全"。这样一来，犯罪的同类客体与直接客体均为"公共安全"，这显然存在同类客体与直接客体间不对应、不统一的问题，与同类客体统率直接客体的基本原理相悖。②

从犯罪客体的基本理论来看，同类客体，是指某一类犯罪所共同侵犯的客

---

① 万明之、周佺：《论犯罪对象的遗失与重拾》，载《福建公安高等专科学校学报》2006 年第 5 期。

② 徐跃飞：《对犯罪客体有关问题的思考》，载《湖南社会科学》2005 年第 5 期。

体，也就是某一类犯罪所共同侵犯的、而为刑法所保护的社会关系的某一个部分或者某一方面。例如，放火、决水、爆炸、投毒、破坏交通工具和设备、破坏通讯设备等犯罪。它们虽然在行为方式、侵害对象、罪过形式及危害程度上存在某些明显的差别，但它们侵犯的客体性质却具有共同性，都侵害了社会的公共安全。因此，社会"公共安全"就是这些犯罪的同类客体。直接客体，是指某一种犯罪所直接侵犯的客体，也就是某一特定犯罪所侵害的某种具体的社会关系。社会上的犯罪都是具体的，具体的一种犯罪行为不可能使刑法保护的社会关系的各个方面都遭到同样的危害，而只可能侵害为整体的社会关系的一个部分或者有限的几个部分。这些被侵害的具体的社会关系，就是犯罪直接客体。因此，犯罪直接客体常常能够最直接地揭示某一具体犯罪行为的性质和特征。同类客体和直接客体，是一般与具体、整体与局部的关系，是不能截然分开的。① 从逻辑意义上来看，直接客体的范围较狭窄，同类客体的范围较宽泛，较宽泛的同类客体的范围能够包容较狭窄的直接客体的范围。刑法分则第二章"危害公共安全罪"的同类客体被界定为"公共安全"，这是完全妥当的。而作为以危险方法危害公共安全罪的直接客体内容仅是同类客体"公共安全"的一部分内容，因此，在表述以危险方法危害公共安全罪的直接客体内容时就不宜适用涵盖全部范围的"公共安全"。

2. 理解以危险方法危害公共安全罪的直接客体，不宜脱离刑法第114条、第115条规定的犯罪对象内容。学界对"公共安全"的理解主要有：（1）"以危险方法危害公共安全罪"的客体为公共安全，即不特定多数人的生命、身体或财产的安全。② （2）所谓公共安全，是指故意或者过失实施危害或足以危害不特定多数人的生命、健康、重大财产安全，重大公共财产安全和法定其他公共利益的安全。③ （3）公共安全的内容除了不特定或者多数人的生命、健康外，还应包括公共生活的平稳和安宁，刑法规定的第114条、第115条之犯罪，就是为了保护公共生活的平稳和安宁。④ 笔者认为，第一种观点将"以危险方法危害公共安全罪"的客体限定为"不特定多数人的生命、身体或财产的安全"，这是完全符合刑法第114条与第115条规定的"以危险方法危害公共安全罪"的犯罪对象内容的；而第二种观点列入的"法定其他公共利益的

---

① 刘德法主编：《刑法学》，郑州大学出版社2004年版，第106~107页。
② 石芳：《"以危险方法危害公共安全罪"探讨》，载《人民法院报》2002年1月7日。
③ 蔡士良：《对刑法中"公共安全"含义的探讨》，载《湖北警官学院学报》2000年第5期。
④ 黄东平：《以危险方法危害公共安全罪之界定》，载《怀化学院学报》2011年第4期。

安全"与第三种观点列入的"公共生活的平稳和安宁",扩大了公共安全范围的内容,这是不符合刑法第 114 条与第 115 条规定的"以危险方法危害公共安全罪"的犯罪对象内容的。

在"公共安全"的范围中是否有必要加入"公共生产、工作和生活的安全"呢?对此,确有学者认为是必要的,并且还举例证明:"如现行刑法第 124 条第 1 款规定的破坏公用电信设施罪,行为人卸掉正在使用的公用电信设施上的一点价值不大,但又很关键的部件,致使公用电信设备不能正常使用,运行中断。在这种情况下,行为人的行为既没有侵犯不特定多数人的生命、健康安全,也没有侵犯重大公私财产的安全,如果按照上述观点对公共安全作解释,那就显然不能定破坏公用电信设施罪,因为这一行为不具备危害公共安全罪的客体要件。但是对这一行为不定破坏公用电信设施罪显然是不妥的,事实表明行为人的行为确实侵犯了正在使用的公用电信的安全,符合犯罪构成的特征,按照罪刑法定原则,应以危害公共安全罪中的法定罪名加以认定和处罚。"① 以笔者所见,作为同类客体的"公共安全"的范围中有必要加入"公共生产、工作和生活的安全",这是由于刑法分则第二章"危害公共安全罪"的同类客体能够包括破坏公用电信设施罪;而作为以危险方法危害公共安全罪直接客体的"公共安全"的范围则不宜加入"公共生产、工作和生活的安全"内容,这是由于破坏公用电信设施罪的直接客体与以危险方法危害公共安全罪的直接客体平列,而不宜将两罪各自的直接客体内容予以相互包容。

(二) 以危险方法危害公共安全罪的"不特定"的理解问题

按照学界通说,危害公共安全罪危害的是不特定的多数人的人身与重大财产的安全,如果只侵害特定的个别人或少数人的人身权利,或者侵犯了特定的个别人或少数人的财产权利,只构成侵犯公民人身权利罪或侵犯公民财产权利罪。而"不特定"则是能否成立危害公共安全罪最重要的标准之一。如果犯罪所侵害的是"特定"的对象,那么即使受侵害的是"特定"多数人或"特定"的财产,也不能认定为危害公共安全罪;但如果犯罪分子为侵害"特定"的对象,而实施了危害公共安全的行为,则成立危害公共安全罪。② 由此来看,是否具备"不特定多数",这是能否成立以危险方法危害公共安全罪的关键。笔者认为,理解以危险方法危害公共安全罪的"不特定"的含义,应注

---

① 张某:《关于危害公共安全罪中"公共安全"涵义的思考》,载《石家庄法商职业学院教学与研究》2007 年第 4 期。

② 李立丰、梁雪冰:《重新解读危害公共安全罪中的"不特定性"》,载《当代法学》2002 年第 8 期。

意把握如下几点：

1. "不特定多人"不等于实际受害人。所谓"不特定的人"，是指行为威胁到公众中不确定的一个或者几个人，因而具有社会危险性。至于行为所指向的对象是个别人、少数人还是多数人，危害结果是确定的还是不确定的，均不影响公共安全的认定。① "不特定多人"与实际受害人是两个不同的概念，"不特定多人"可能表现为实际受害一人与实际受害多人。"公共安全"是指"不特定并且多数"（即"不特定多数"）还是"不特定或者多数"人的生命、健康和重大公私财产安全以及其他重大公共利益的安全，理论上存在分歧。"不特定多数"要求不仅"不特定"，而且必须是"多数"，它排斥"不特定的少数、特定的多数、特定的少数"；而"不特定或者多数"包括不特定的少数、不特定的多数、特定的多数，排斥特定的少数。因为特定和不特定在逻辑学上是一对正负概念，所以两个概念的外延关系是矛盾关系，即非此即彼。但有一点是肯定的："公共"是指"公有的、社会的"，它与"个人的"相区别。而多数和少数的划分标准，按照相关的司法解释，应该是"三者以上"，包括本数"三"。②

案例一，某日，3岁的小明和7岁的小华一起去附近的小商店买玩具。在回来的路上，经过张某家门口时，手拿玩具的小明和小华受到张某家散养的两条大狼狗的袭击，小明被狗拖住，小华边哭喊边跑去找妈妈。当妈妈赶来时，小明已经浑身血肉模糊，送至医院后不治身亡。事后，张某主动赔偿小明家属20万元。检察院以危害公共安全罪将张某诉至法院。张某辩称是自己饲养的动物致人损害，应构成民法上的侵权，而不应构成刑事犯罪；况且，自己已经主动赔偿死者家属20万元，已尽了民事赔偿义务，不应再承担刑事责任。本案中，张某明知或应知自己饲养的两条狼狗可能发生致人伤害的结果，却没有对其采取约束、限制措施，使两条狗对不特定多数人的身体、生命安全构成威胁并最终导致小明死亡的严重后果，符合刑法中关于以危险方法危害公共安全罪的构成要件，理应认定为以危险方法危害公共安全罪。因此，张某的行为构成以危险方法危害公共安全罪。虽然张某已经承担了民事赔偿责任，但这并不能免除其刑事责任。③

---

① 曲新久：《论刑法中的"公共安全"》，载《人民检察》2010年第9期。
② 高庆国：《对危害公共安全罪中"公共安全"含义的探讨》，载《郑州经济管理干部学院学报》2005年第4期。
③ 朱莉：《本案是否构成以危险方法危害公共安全罪》，载江苏法院网，2012年2月16日。

在本案中，虽然实际受害人为小明一人，但却不能理解为"特定一人"，而仍是"不特定多人"。以危险方法危害公共安全罪侵害客体的"不特定"，是指这类犯罪的危害性不是限定于特定的个人或财产，而往往在事先无法确定其侵害的对象，也无法预料和控制可能造成的后果。如在正在演出的剧场引爆爆炸物，可能同时使数十人甚至数百人遭难；把正在使用中的电话线割断，很难确定会使多少人、多少单位，在多大范围内通讯受阻，也无法预料会由此带来什么样的严重后果。如果犯罪行为明确指向特定的人身或财产，而不危及多数人的生命、健康和重大公私财产的安全，则不构成危害公共安全罪，应根据其侵犯的客体，分别构成侵犯人身权利或者侵犯财产的犯罪。①

2. 针对特定对象实施侵害，而实际导致了侵害"不特定"。

案例二，2003年2月16日凌晨，张家港杨舍镇的查某等人因琐事与蔡某发生纠纷，民警在接到110指令后前往处警过程中，查某突然驾驶一辆桑塔纳轿车从非机动车道冲入人行道，将站在人行道板上的多人撞伤。对本案查某的行为是构成故意伤害罪，还是以危险方法危害公共安全罪，法律界人士存在很大的争议。是否危及公共安全，是区别故意伤害罪和以危险方法危害公共安全罪的关键。以危险方法危害公共安全罪属于危害公共安全的犯罪，侵犯的客体是公共安全；而故意伤害罪属于侵犯公民人身权利的犯罪，侵犯的客体是公民的人身权利。本案中，被告人查某主观意图是要撞击蔡某，但蔡某处于人群之中，其应当明知其驾车撞向人群将危及不特定的多人的人身安全，但其仍然实施了该行为，符合以危险方法危害公共安全罪的构成要件，应认定为以危险方法危害公共安全罪，而不应认定为故意伤害罪。②

案例三，河南省平顶山市新华区人民法院审理的栗某某殴打客车司机一案：1996年5月8日，被告人栗某某酒后从平顶山市薛庄村乘坐平顶山至洛阳的中型客车伺机行窃，行驶途中，栗某某对一熟睡女乘客行窃时，被驾驶员王某发现。王某采用提高车速的方法提醒乘客，使被告人栗某某盗窃未遂。栗某某恼羞成怒，遂赶至车前，照驾驶员王某头部猛踢一脚，致使行驶中的汽车方向失控，颠覆于夏店村附近路旁沟内，造成乘坐该车的20余名乘客中4人轻伤、5人轻微伤，汽车损坏，损失价值2.5万元的后果。在本案中，被告人栗某某向被害人驾驶员王某头部猛踢一脚，其行为指向的对象是特定的，但是，由于王某处于驾驶员的位置，其身体受伤的同时，导致中型客车失控，而

---

① 赵秉志主编：《刑法新教程》（第3版），中国人民大学出版社2009年版，第385页。
② 刘丽娟：《是故意伤害还是以危险方法危害公共安全》，载《江苏经济报》2003年10月24日。

客车失控,究竟危及车上哪位乘客、危及多少乘客等,都是不特定的,因此,犯罪人的伤害行为就不再是简单地构成故意伤害罪,而是因为危及到不特定多数人的生命、健康安全,构成以其他危险方法危害公共安全罪。由此案可见,危害公共安全罪中的"不特定",最关键的因素,并不是犯罪行为指向的对象是否特定,而在于犯罪行为一旦实施,其可能影响的对象是行为人难以控制的、不特定的。即使行为人犯罪行为指向的对象是特定的,但在危害特定的犯罪对象时,犯罪行为还可能影响其他不特定的对象,这也应当认为成立危害公共安全罪中的"不特定"。①

3. 针对的对象是特定的个人,也不可能实际侵害"不特定",那就仍应认定为是"特定"。

案例四,被告人李某驾驶车牌号为 A2132 的桑塔纳轿车沿陈海公路自东向西高速驶向高石桥路段。站在该路段机动车道的值勤民警示意李某停车接受检查,李某因为急于赶路没有停车,以每小时 100 公里左右的速度继续向前行驶。由于二位民警躲闪,未造成人员伤亡。此后,李某又以同样的速度闯过大同路、侯家镇两个关卡,继续向西行驶。在建设路口执行公务的公安干警得知此情况后,即用摩托车、长凳、椅子等物设置路障准备拦截李的车辆,执行公务的人员分别站在路障之间的空当处。其中,民警吕某站在该路段北侧非机动车道接近人行道处。值勤民警让一辆接受检查的出租车驾驶员打开车前大灯,照亮设置的路障和站在路障中间的执行公务人员。李某驶近并看到这一情况后,驾车冲向路障,仍拒不接受公安人员的停车指令,致使汽车撞到吕某并将吕某铲上车盖,汽车左侧挡风玻璃被撞碎。李某撞人后先踩一脚急刹车,但未停车救人,反而立即加速逃离现场。吕某被撞翻滚过车顶坠落于距撞击点 20 米处,致颅脑损伤经抢救无效死亡。李某驾车至新村乡界河码头时,被公安人员抓获。

某市人民检察院以被告人李某犯故意杀人罪提起公诉。该市第二中级人民法院经公开审理,认为人民检察院指控被告人李某的犯罪事实清楚,证据确凿,但指控的罪名不当,认定被告人李某的行为构成以驾车冲撞的危险方法危害公共安全罪,判处死刑,剥夺政治权利终身。一审宣判后,被告人李某以没有驾车撞人及危害公共安全的故意,驾车撞死民警是过失所致,其行为构成交通肇事罪为由上诉于高级人民法院。高级人民法院经审理认为:一审判决认定的犯罪事实清楚,证据确实、充分,审判程序合法,但对李某的定罪不当。李某为逃避公安机关车辆检查,驾车继续高速冲闯公安机关设置的数处关卡,在

---

① 张杰:《关于危害公共安全罪中"公共安全"涵义的思考》,载《石家庄法商职业学院教学与研究》2007 年第 4 期。

第一部分 以危险方法危害公共安全罪基本理论与司法认定精要

建设路口驾车冲向执行公务的公安人员,置他人生命于不顾,将公安人员吕某冲撞翻过车顶,仍继续高速驾车强行闯过关卡,致使吕被撞击坠地后造成颅脑损伤死亡。对这种结果的发生,李某持放任态度,其行为已构成故意杀人罪,依法应予严惩,判决上诉人(原审被告人)李某犯故意杀人罪,判处死刑,剥夺政治权利终身。

毫无疑问,二审高院由以危险方法危害公共安全罪改判为故意杀人罪是非常准确的。如何准确地判定本案的定性,首当其冲的是应当明确以危险方法危害公共安全罪与故意杀人罪的区别,而两罪区别的关键点表现在:故意杀人罪侵犯的是特定人员的生命权利,而以危险方法危害公共安全罪侵犯的是不特定多数人的生命、健康或公私财产的安全。此外,故意杀人罪侵犯的是特定人的生命权,具有相当直接和明确的目标指向性;而以危险方法危害公共安全罪所侵犯的对象是不特定的多人,其侵犯的目标并不具有明确性和固定性。由此来看,该案中李某驾车冲撞执行公务的人员,针对的对象是特定的个人,并非不特定的多数人。李某明知建设路口机动车道设有路障及站在路障中间的许多执行公务人员在拦截自己,却没有直接冲向机动车道的路障,而是转向北侧非机动车道,这说明他不希望也未放任发生危害多数人人身安全的后果。可见,李某主观上不具有危害公共安全的故意,故不应以驾车冲撞的危险方法危害公共安全罪定罪。但李某明知民警吕某站在北侧非机动车道拦截自己,如果继续驾车冲闯可能会造成吕某伤亡的危害结果,但为逃避检查,仍拒不停车,放任可能发生的后果,强行向吕某所站的位置冲闯,致吕某被撞击后死亡。对这种结果的发生,李某持放任态度。李某的行为主观上具有间接杀人的故意,客观上造成了吕某死亡的结果,符合间接故意杀人罪的构成,故应对其以故意杀人罪定罪。①

(三)以危险方法危害公共安全罪的"公私财产遭受重大损失"的理解问题

刑法第114条规定中的"破坏工厂、矿场、油田、港口、河流、水源、仓库、住宅、森林、农场、谷场、牧场、重要管道、公共建筑物或者其他公私财产",这属于以危险方法危害公共安全罪的构成条件,但这些内容已在2001年《刑法修正案(三)》中被删除;而刑法第115条第1款规定的"致人重伤、死亡或者使公私财产遭受重大损失",这属于构成以危险方法危害公共安全罪之后的量刑情节,即适用"处十年以上有期徒刑、无期徒刑或死刑"的

---

① 《本案应定故意杀人罪还是以危险方法危害公共安全罪》,载每日甘肃网,2010年10月22日。

量刑情节。而无论是作为以危险方法危害公共安全罪的构罪条件，还是作为以危险方法危害公共安全罪的量刑情节，都必须有确定的数额标准才便于认定或者适用。但直至目前，都未见到"两高"司法解释中有过明确规定。而在学者间的探讨却分歧较大，主要有如下几种认识观点：

　　1. 参照"直接经济损失30万元"的标准。最高人民检察院、公安部于2008年6月出台了《公安机关管辖的刑事案件立案追诉标准的规定》，对危害公共安全的具体犯罪行为，大多以"导致死亡一人以上，或者重伤三人以上"的人身伤亡标准与"造成公共财产或者他人财产直接经济损失50万元以上"的经济损失为立案标准。与放火罪加重构成要件之一"致人重伤"相对应，该罪"遭受重大财产损失"的标准显然应在50万元以上。同时，在最高人民检察院2006年7月公布实施的《关于渎职侵权犯罪立案标准的规定》中，重大环境污染事故案、擅自进口固体废物案等罪名均是以"一人重伤"以上或造成直接经济损失30万元以上为后果"重大"的标准。考虑到刑罚的平衡和公正，在没有人员伤亡的情况下，以"造成公私财产直接经济损失30万元"作为放火罪"财产重大损失"的标准比较适宜。①

　　2. 参照放火罪的标准。《国家林业局、公安部关于森林和陆生野生动物刑事案件管辖及立案标准》（以下简称《标准》）规定，凡故意放火造成森林或者其他林木火灾的都应当立案；过火有林地面积2公顷以上的为重大案件；过火有林地面积10公顷以上，或者致人重伤、死亡的为特别重大案件。《标准》所规定的过火有林地面积10公顷以上与放火致人重伤、死亡的特别重大案件属同一量刑档次，由此可见，刑法第115条第1款所规定的放火致人重伤、死亡或者使公私财产遭受重大损失中的财产损失标准应为过火有林地面积10公顷以上，过火有林地面积10公顷以下案件，均属尚未造成严重后果，应适用刑法第114条"放火危害公共安全，尚未造成严重后果的，处三年以上十年以下有期徒刑"之规定。②

　　3. 参照最高人民法院对其他罪作出的解释，确定何谓危害公共安全罪中的"重大损失"。例如，对过失放火罪、过失爆炸罪、过失以危险方法危害公共安全罪，可比照2006年6月26日最高人民法院《关于审理环境污染刑事案件具体应用法律若干问题的解释》第1条的规定，同为过失犯罪，刑法第338

---

　　① 张一心：《放火案中公私财产的"重大损失"如何认定？》，载正义网，2009年4月21日。

　　② 廖静卿：《建议对"放火使公私财产遭受重大损失"作出司法解释》，载江西法院网，2007年2月1日。

条重大环境污染事故罪、第339条非法处置进口的固体废物罪和第408条环境监管失职罪中的致使公私财产损失30万元以上的属于"公私财产遭受重大损失"。而对于作为故意犯罪的放火罪、爆炸罪、决水罪、以危险方法危害公共安全罪等，则应数额更低，可参照2006年最高人民法院、最高人民检察院《关于办理生产、销售伪劣商品刑事案件具体应用法律若干问题的解释》第7条的规定，刑法第147条规定的生产、销售伪劣农药、兽药、化肥、种子罪中使生产遭受较大损失，一般以2万元为起点；重大损失，一般以10万元为起点；特别重大损失，一般以50万元为起点。将10万元确定为重大损失的标准。①

4. 参照司法部2001年3月9日发布的《狱内刑事案件立案标准》，根据该立案标准第2条第3、4、5项的规定，监狱发现罪犯"故意放火破坏监狱监管设施、生产设施、生活设施，危害监狱安全的（放火案）"、"爆炸破坏监狱监管设施、生产设施、生活设施，危害监狱安全的（爆炸案）"、"投毒破坏生活设施，危害监狱安全的（投毒案）"，应当立案侦查。第3条第2项还规定，"放火、决水、爆炸、投毒或以其他危险方法危害监狱安全，造成人员伤亡或者直接经济损失5000元至3万元的"属于情节、后果严重的重大案件。该立案标准第2条虽未规定以放火、爆炸、投毒以外的危险方法危害公共安全行为，但规定了放火、爆炸、投毒行为的立案标准。根据刑法规定及刑法理论，本罪中行为人实施的危险行为的危险性应当与放火、决水、爆炸、投放危险物质行为的危险性相当，因而可以比照放火案、爆炸案、投放危险物质案的立案标准来确定本罪立案标准，即只要行为人实施了放火、决水、爆炸、投放危险物质以外的，危险性与放火、决水、爆炸、投放危险物质的危险性相当的其他危险行为，可能危及公共安全的，不论危险行为是否使公共安全处在危险之中或者是否造成实际损害后果，均应当立案。该立案标准第3条还对本罪达到重大案件的条件加以规定，即放火、决水、爆炸、投毒或以其他危险方法危害监狱安全，造成人员伤亡或者直接经济损失5000元至3万元的，属于重大案件。该立案标准虽然不能作为犯罪构成要件来决定以放火、爆炸、决水、投放危险物质以外的危险方法危害公共安全行为的罪与非罪，但对定罪与否具有重要的参考价值。②

---

① 赵秉志主编：《中国刑法典型案例研究》（第2卷），北京大学出版社2008年版，第19~20页。

② 董玉庭主编：《公共安全罪立案追诉标准与司法认定实务》，中国人民公安大学出版社2010年版，第63页。

笔者认为，以上几种认识观点，虽然在确定以危险方法危害公共安全罪的"公私财产遭受重大损失"时可以作为参照加以考虑，但是却都不具有合理性。如果认为以危险方法危害公共安全罪与放火罪平等的话，那么以危险方法危害公共安全罪的"公私财产遭受重大损失"参照放火罪的"公私财产遭受重大损失"还可以讲得通；但是，以危险方法危害公共安全罪是故意犯罪，而重大环境污染事故罪则是过失犯罪，在此犯罪性质有重大差异的前提下，让以危险方法危害公共安全罪的"公私财产遭受重大损失"参照重大环境污染事故罪的"公私财产遭受重大损失"标准，那显然是讲不通的。由于以危险方法危害公共安全罪有其本身的犯罪特性，因此，以危险方法危害公共安全罪的"公私财产遭受重大损失"标准也应当单独予以确定，这可以通过"两高"司法解释方式来解决。当然，还应当看到，以危险方法危害公共安全罪的"公私财产遭受重大损失"标准只能是相对确定的，也不能作为唯一性的量刑条件加以适用，毕竟存在以危险方法危害公共安全罪的实际财产损失数额与危害公共安全行为的危害大小不成正比的情形，甚至还不能排除没有以危险方法危害公共安全罪的实际财产损失数额，但却有以危险方法危害公共安全罪的危害行为与危害结果的情形。这也或许是"两高"不以司法解释方式来解决以危险方法危害公共安全罪的"公私财产遭受重大损失"标准的主要原因之所在。

另外，涉及以危险方法危害公共安全罪的"公私财产遭受重大损失"标准方面，还应注意其中的"重大损失"包括的范围。重大损失是否包括有关人身损害而遭受的损失在学界存在争议。一种观点认为，公私财产的损失仅仅指的是由于犯罪分子的行为直接作用于物品，使得该物品被损、毁而造成的损失，有关人身损害而遭受的损失应属于赔偿范围，不应作为财产损失范围。另一种观点认为，公共财产的损失不仅仅包括犯罪分子的行为对物品造成的损失，也应该包括犯罪分子的行为对人身损害而造成的损失。应当认为，后者的肯定观点更具有可取性。理由是：由于刑法第115条中并没有对公私财产损失的范围进行限制性的规定，因此，从直接损失的组成来看，因人身被损害造成的损失也应是公私财产损失的组成部分。虽然"两高"对以危险方法危害公共安全等罪的"公私财产遭受重大损失"的计算方法和范围并没有进行解释，但是其他的司法解释从公私财产损失产生的原因上讲包括为因为犯罪直接造成的财产毁损和减少，为防止后果扩大以及消除危险而采取的必要的、合理的措施而发生的费用。例如，最高人民法院《关于审理破坏电力设备刑事案件具体应用法律若干问题的解释》中对直接经济损失的计算范围，包括电量损失金额，被毁损设备材料的购置、更换、修复费用，以及因停电给用户造成的直接经济损失等。因此，当以危险方法危害公共安全等犯罪行为出现后，抢救中毒、受伤人员的行为，由此带来的损失也是对公共安全进行侵害后带来的犯罪后果，理所当然地也应纳入公私财产损失的范畴。

而且，司法实践中大量的案例表明，在以危险方法危害公共安全等犯罪中对人身损害进行救治等造成的损失属于公私财产损失的范围。例如江苏苏州"东山投毒案"，罪犯在新东服饰有限公司食堂里将食用盐掺入剧毒"毒鼠强"，造成就餐的48名员工（其中包括一名幼儿）中毒，经全力抢救，中毒人员全部脱险。其中认定造成公私财产损失达人民币16余万元就是对中毒人员的紧急抢救、救治费用。又如湖北钟祥贺集二中投毒案中就认定为"贺集二中135名师生员工中毒。在抢救过程中，给国家造成50余万元的经济损失"。再如广西百色市快餐店投毒案认定为"两被告人遂买了一包'毒鼠强'药掺入快餐店的豆粉中。该快餐店用此豆粉作配料炒菜，致使前来就餐的171名学生和5名市民中毒。经及时抢救，中毒的学生和市民脱险，其中5名学生经鉴定属重伤，共花去医药费65.26万元人民币"。①

四、以危险方法危害公共安全罪的客观方面问题

作为以危险方法危害公共安全罪中的客观要件的"危险方法"，在法条中是以"其他危险方法"来表述的，这首先需要加以明确；其次，频繁出现的故意传播"非典"或者艾滋病病毒、飙车、"毒驾"等行为能否构成以危险方法危害公共安全罪中的"危险方法"，有必要深入探讨，这将有助于界定这些行为的行为性质。

（一）以危险方法危害公共安全罪中的"危险方法"界定问题

在刑法学界，通说观点往往从"相当性"方面来界定以危险方法危害公共安全罪中的"危险方法"；但笔者认为，"相当性"可谓是界定以危险方法危害公共安全罪中的"危险方法"的本质性条件，充其量也只是界定以危险方法危害公共安全罪中的"危险方法"的其中之一；而另外一个很重要的方面则是"危险方法"的适用范围，这实际上是界定以危险方法危害公共安全罪中的"危险方法"的前提条件。

1. "危险方法"的适用范围

以危险方法危害公共安全罪在刑法第114条、第115条规定中，是以"其

---

① 杨红平：《刑法第115条中的公私财产重大损失应包括救治、抢救等损失》，载海宁市人民检察院网，2008年7月8日。

他危险方法"来表述的,而对此理解有两种分歧见解:(1)"两层含义说",认为"其他危险方法"包括两层含义:第一,是指放火、决水、爆炸、投放危险物质以外的危险方法;第二,是指其他危害公共安全犯罪行为以外的危险方法,刑法分则第二章规定了"危害公共安全罪",该章中规定的犯罪行为都是侵犯公共安全的犯罪,如果刑法规定已经明确设置罪名对相关的危害公共安全的行为进行了规制,那么就应依照具体的罪名定罪量刑,而不能认定行为人的行为构成"以危险方法危害公共安全罪"。①(2)"三层含义说",认为"其他危险方法"包括三层含义:第一,其他危险方法是指放火、决水、爆炸、投放危险物质以外的危险方法;第二,其他危险方法应理解为与放火、决水、爆炸、投放危险物质的危险性相当的、足以危害公共安全的方法,即这种危险方法一经实施就可能造成不特定多数人的伤亡或他人公私财产的毁损;第三,其他危险方法应当理解为是现行刑法没有明确规定的危险方法犯罪,即刑法分则第二章"危害公共安全罪"中已经涉及的具体罪名规定的行为之外的其他行为。否则就应当以刑法规定的具体罪名予以定罪,而不以本罪定罪处罚。②

笔者认为,上述"三层含义说"的前两种如果合为一起而变为一层含义的话,那么"三层含义说"与"两层含义说"的理解观点就不会有差异了。事实上,"三层含义说"的前两层含义也往往被学者解释为一种。换言之,"两层含义说"的第一层含义,往往有学者采用"三层含义说"的第二层含义来解释。从这些关系中可以看出,"三层含义说"与"两层含义说"可以说是一致的,而并非是矛盾的。如果依据法条来观察,"两层含义说"的第一层含义与"三层含义说"的前两层含义的解释是可取的,即以危险方法危害公共安全罪中的"其他危险方法"就是指放火、决水、爆炸、投放危险物质以外的危险方法,并且"其他危险方法"应与放火、决水、爆炸、投放危险物质行为的危险性是相当的、足以危害公共安全的方法。但是,"两层含义说"的第二层含义与"三层含义说"的第三层含义所解释的"危险方法是指其他危害公共安全犯罪行为以外的危险方法",这却是不可取的。作为刑法第114条与刑法第115条的组成部分,"其他危险方法"这一兜底性的条款只能是对我国刑法第114条和第115条第1款未尽事项的兜底性规定,而不可能是对整个第二章"危害公共安全罪"的兜底性规定。

---

① 王东海:《以危险方法危害公共安全罪中"危险方法"的司法认定》,载《江西青年职业学院学报》2012年第1期。

② 黄维智、叶锐:《浅析以危险方法危害公共安全罪》,载《贵州警官职业学院学报》2010年第3期。

第一部分 以危险方法危害公共安全罪基本理论与司法认定精要

有学者认为,对于"以危险方法危害公共安全罪"的界定,应注意到第115条在罗列了以"放火、决水、爆炸以及投放毒害性、放射性、传染病病原体等物质"方式之后,还有一个表述是"或者以其他危险方法"。"其他危险方法"在实践中可以是各种方法,只要对公共安全造成了危害就可以按照此条规定给予相应的刑罚,当然也包括以交通工具肇事的方式。这样的规定实际可以看做认为"交通肇事罪"和"以危险方法危害公共安全罪"之间存在连续性的关系:交通肇事如在主观恶意、危害结果的程度等方面达到一定的度,则可按照"以危险方法危害公共安全罪"定罪定刑。① 笔者认为,此种观点就是认为:"其他危险方法"不局限于刑法第114条与刑法第115条的罪名,它能够包括整个第二章"危害公共安全罪"的所有罪名,如此以来,"以危险方法危害公共安全罪"不仅是一个独立的罪名,而且还是一个包罗万象的新罪名。这将会在具体适用中导致:"以危险方法危害公共安全罪"、"交通肇事罪"和"破坏交通工具罪"的界限难以区别。

需要进一步明确,"兜底条款"作为一项立法技术,被广泛运用于各领域和各层级的法律、法规、规章等法律文件中,是在列举相关具体行为或种类之后的概括性或原则性的条款。"兜底条款"之所以被广泛运用主要是"由于立法者无法穷尽并预测一切可能的情形,于是借助于兜底条款立法技术,意图运到法律涵盖范围的最大化",其目的"在于严密法网,堵截法律漏洞",以便法官在没有明确法律依据的情况而又必须对相关案件作出裁判时能够有自由裁量的空间和可能,"兜底条款"并不违反罪刑法定原则。② 当某种具有严重危害性的行为符合其他具体犯罪构成要件,能够认定为其他具体犯罪的,尽量不要以兜底条款的规定认定为犯罪。只有在认定为其他犯罪明显不能达到罪责刑相适应时,再考虑适用相应的兜底条款规定的罪名。比如,刑法第114条、第115条规定的以危险方法危害公共安全罪,"以其他危险方法"即是该条的兜底规定,当某种危害公共安全的行为符合其他犯罪的构成要件,尽量认定为其他犯罪,不要认定为以危险方法危害公共安全罪(盗窃公路井盖的行为,即使危害公共安全,也宜认定为破坏交通设施罪)。③

2. "危险方法"的具体判定标准问题

对以危险方法危害公共安全罪中的"危险方法"的判定,刑法学界主要

---

① 赵微:《基于认知的考察:"交通肇事罪"与"以危险方法危害公共安全罪"》,载《当代修辞学》2010年第1期。

② 何荣功:《刑法"兜底条款"的适用与"抢帽子交易"的定性》,载《法学》2011年第6期。

③ 张明楷:《刑法学》(第3版),法律出版社2007年版,第521页。

存在如下几种认识：

（1）本质"相当性"标准。对"危险方法"的"相当性"应从本质上而不是从形式上加以考虑。从形式上是难以寻求出这4种行为的"相当性"的，至多可以发现放火、决水、爆炸3种行为具有某种共性即行为具有"直接危险"的属性，不需要借助外力的因素。也就是说，从引发危害公共安全结果发生的机制来看，放火、决水、爆炸是直接地造成结果。但是投放危险物质行为则不存在上述特点，既可能是直接造成结果，例如在特定公共场所投放有毒物质到空气中，也可能需借助外力的因素才出现结果，例如在供不特定人群饮用水井中下毒。这样就存在"危险方法"是与"放火、决水、爆炸"相当还是与"投放危险物质"相当的选择。既然从形式上无法确定与"放火、决水、爆炸、投放危险物质"的"相当性"，那么从本质上确定其"相当性"就是可行的路径。①

（2）危险"相当性"标准。"危险方法"在社会观念上应当与放火等方法具有危险的相当性，这是本罪的核心属性。危险有轻重缓急之分，故此可以从危险强度和危险程度两方面理解危险方法的危险性。一方面，以危险方法危害公共安全罪与放火罪等作为一类最为严重危害公共安全的犯罪，行为具有极强的杀伤力和破坏性。另一方面，危险程度上的具体危险性。以危险方法危害公共安全罪是具体的危险犯，"危险方法"的实施需要达到较高程度的危险即具体的危险状态。危险方法只有达到具体的危险状态时才可以认定已经着手实行行为。由于法条中缺乏对本罪实行行为的描述，只能从实质上理解"危险方法"的实行行为性，即具有法益侵害的急迫的危险性。故此，"危险方法"的具体的危险性即是具有法益侵害的急迫且现实的危险。据此，当某种具有能够导致不特定或者多数人的人身财产损失的危险行为，指示了一定的对象，引发了现实且急迫的危险状态时，才能成为以危险方法危害公共安全罪的"危险方法"。②

（3）性质上与程度上的双重标准。根据同类规则，以危险方法危害公共安全罪中的其他危险方法与同一条文列举的放火、决水、爆炸、投放危险物质等确定的行为模式具有共性特征，而这种共性正是由特定修辞语"危险"所决定的，并且同时涉及行为的自身属性与危害程度两个层面。在性质上，"其

---

① 邵新：《如何理解以危险方法危害公共安全罪之"危险方法"》，载《检察日报》2006年10月26日。

② 刘雅婷：《以危险方法危害公共安全罪的特征分析》，载《沈阳大学学报》2011年第2期。

他方法"必须等同于放火、决水、爆炸和投放危险物质,即行为本身一经实施就具备了难以预料、难以控制的高度危险性;在程度上,其他方法则又必须达到放火、决水、爆炸和投放危险物质所能产生的同等危险状态,即足以威胁不特定或者多数人的生命、健康以及重大财产安全。因此,采取窃取、骗取等相对和平的方式实施犯罪,原则上并不同时具备这种行为性质和程度上的危险属性,也就难以纳入"其他危险方法"之评价范畴。①

笔者认为,以上本质"相当性"标准、危险"相当性"标准、性质上与程度上的双重标准等观点,都是从不同角度探讨"危险方法"是否能够成立的,应当说,这几个标准都具有一定的实践价值,均可作为判定'危险方法'的参考。除此之外,在判定"危险方法"是否能够成立时,还应从以下几点来把握:

(1)"危险方法"不宜采用"危害公共安全"来作具体判定标准。由于犯罪形态的复杂性、多样性,立法者事实上不可能完全运用"明示列举式"的立法方法予以精确、具体、周延的类型化规定,而必须运用一些抽象的、概括性的规定,既明确列举实践中常见的、典型的构成要件要素,为多数情况下适用刑法提供确定的法律依据,又堵截性地概括规定其他可能的构成要件要素,立法上往往表现为,刑法法条经常在运用确定性语词具体列举几项特定情形或特定事项后,附随一个诸如"以及其他"、"或者其他"之类的总括性语词,以严密刑事法网、严格刑事责任、周延法益保护。但是,为了避免解释的随意性,解释时应根据类比的对象而定,即"以及其他"、"或者其他"之前的情形是参照物,与其基本相当的情形才可被解释到"其他"这一用语的内涵之中。也就是说,这种总括性语词的含义只限于未被明确列举的生质、情状与具体列举的情形或事项类同或基本相当的其他情形或事项,而不包括不类同或不相当的其他情形或事项。②

有学者认为,"只有行为人实施危害公共安全的行为所采用的危险方法与放火、决水、爆炸、投放危险物质的危险性相当,并且行为的社会危害性达到违反刑法,应当追究刑事责任的程度,才能按以危险方法危害公共安全罪论处"。在这一点上,"危害公共安全"是判断行为是否属于"其他危险方法"

---

① 孙万怀:《以危险方法危害公共安全罪何以成为口袋罪》,载《现代法学》2010年第5期。
② 孙莉:《慎重认定以危险方法危害公共安全罪》,载《法制与社会》2009年第18期。

的关键。① 以笔者所见，此处采用"危害公共安全"来作具体判定"危险方法"标准，陷入了逻辑上的概念循环。本来就是要判定"以危险方法危害公共安全罪"的"危险方法"，即该"危险方法"本来就是"危害公共安全"的行为，现在要证明或者论证成立，还是以"危害公共安全"来作具体判定"危险方法"标准，这等于是同义反复，概念循环使用。鉴于此，不能采用"危害公共安全"来作具体判定"危险方法"标准，而必须采用其他更具体地判定"危险方法"标准。

（2）"危险方法"具有同类性。只含同类规则，即当刑法语词含义不清时，对附随于确定性语词之后的总括性语词的含义，应当根据确定性语词所涉及的同类或者同级事项予以确定。只含同类规则对总括性语词与确定性语词之间的类同性的要求，主要是指两者在事项或情形属性方面的类同。其典型解释例之一就是我国现行刑法第114条、第115条所规定的"以其他危险方法危害公共安全"的解释。根据只含同类规则，这里所谓"其他危险方法"，只能是指未被我国现行刑法第114条、第115条明确列举但又与放火、决水、爆炸、投放危险物质的危险方法的危险性基本相当的其他一切方法，而不包括与这些危险方法的危险性明显不相当的其他可能同样导致不特定人员伤亡或者公私财产损失的行为。2003年5月15日"两高"发布的《关于办理妨害预防、控制突发传染病疫情等灾害的刑事案件具体应用法律若干问题的解释》第1条规定，故意传播突发传染病病原体，危害公共安全的，依照刑法第114条、第115条第1款的规定，按照以危险方法危害公共安全罪定罪处罚。依照司法解释制作者的逻辑与判断，凡"故意传播突发传染病病原体"的行为的，即具有与放火、爆炸、决水、投放危险物质等危险方法相当的危险性。该《解释》故意规避适用刑法第330条妨害传染病防治罪，把故意传播突发传染病病原体的行为解释为以危险方法危害公共安全罪，是否违反只含同类规则对危险方法的危险性的规则，是否具有"避轻（罪）就重（罪）"的嫌疑，颇值商榷。②

（3）"危险方法"具有结果性。通过危害结果的严重与否来判定"危险方法"是否能够成立，这虽然有倒果为因的感觉，但也不失其科学性与合理性。刑法固然是以具有社会危害性的行为作为惩治对象的，但此种具有社会危害性的行为往往是以行为实际造成的严重危害后果为判定标准的。即当行为实际造成了严重危害后果时，就表明该行为具有社会危害性；否则，当行为根本不能

---

① 谭绍木、黄秋生：《"以危险方法危害公共安全罪"中"危险方法"的展开》，载《南昌航空工业学院学报》（社会科学版）2005年第1期。

② 梁根林：《刑法适用解释规则论》，载《法学》2003年第12期。

实际造成严重危害后果时,就表明该行为就不具有社会危害性。具体到"以危险方法危害公共安全罪"的"危险方法"而言,如果要判定该行为是"危险方法",那它肯定会在结果上"具有广泛的杀伤力和破坏力"。如果行为人所实施的危险方法的程度较小,尚不足以造成不特定或者多数人伤亡等严重后果的,就不能与放火、决水、爆炸、投放危险物质的危险方法相当或相类似,也不具有广泛的杀伤力和破坏力,所以不能视为以危险方法危害公共安全罪。①

例如,刘某历来好吃懒做,不务正业。为谋求生活来源,3个月前,刘某曾在公路拦截正在通行的过往车辆,强行乞讨钱物。期间,因刘某突然冲向一客车,客车司机为避免其伤亡,紧急避让中不慎将车翻至山下,造成3人死亡5人受伤的重大交通事故。针对刘某之举,有人认为他仅仅是为了乞讨钱物,事故的发生并非是他的意愿,且客车也不是他所驾驶,而交通肇事罪的主体又应该是驾驶员,故刘某不构成犯罪。刘某的行为已构成以危险方法危害公共安全罪,应当受到刑事制裁。危害公共安全是指使用与放火、投毒、决水、爆炸的危险性相当的其他危险方法,危害公共安全的行为。"其他危险方法"的含义是不管危险方法的具体形式如何,其危险性必须与放火、投毒、决水、爆炸的危险性大体相当。本案中,刘某的行为与之吻合:首先,刘某为了乞讨采取强行拦车的方法,具有违反交通法规的故意;其次,本案的关键是刘某上路拦车是否与放火、决水、爆炸、投毒的危险性相当、足以危害公共安全。一方面,刘某应当知道汽车作为高速运输工具,一旦司机采取紧急措施,极易引发交通事故,危害公共安全,其行为危险性应与决水、失火、爆炸、投毒相当;另一方面,刘某已实施了这种危险方法,已经造成3人死亡、5人受伤的严重后果,严重后果也正是由于刘某强行拦车的危险行为所造成。且所产生的死、伤者,事前为不特定的多数人。②

(二)故意传播"非典"或者艾滋病病毒能否构成"危险方法"问题

2003年5月13日,最高人民法院在《关于办理妨害预防、控制突发传染病疫情等灾害的刑事案件具体应用法律若干问题的解释》中将传番突发传染病病原体的行为明确定为以危险方法危害公共安全罪:行为人明知自己携带有突发传染病病原体而故意出没于公共场合,希望或放任不特定或者多数人受到

---

① 谭绍木、黄秋生:《"以危险方法危害公共安全罪"中"危险方法"的展开》,载《南昌航空工业学院学报》(社会科学版)2005年第1期。

② 曾育锋:《公路强讨引发交通事故构成以危险方法危害公共安全罪》,载中国警察网,2012年5月8日。

突发传染病病原体传染,使他人生命或身体健康受到侵害与危险的,理当认定为以危险方法危害公共安全罪;如果行为人希望或放任特定他人受到突发传染病病原体传染,使他人生命或身体健康受到侵害与危险的,则可以认定为故意杀人罪或故意伤害罪;如果行为人希望或放任特定他人受到突发传染病病原体传染,使他人生命或身体健康受到侵害与危险,但是此行为同时危害了公共安全的,则可以按照刑法总则中的想象竞合犯处理原则,从一重罪论处。①

实际上,作为"非典"确诊患者,其已经知道自己患有"非典",也知道"非典"病毒具有高度的传染性,如果自己拒绝接受检疫、强制隔离或者治疗,会造成"非典"病毒的传播,会危及社会上众多人的身体健康。但为了获得自由或其他的个人目的而漠视了众多人的身体健康,这是一种典型的明知而放任型的间接故意。行为人明知自己拒绝接受检疫、强制隔离或者治疗的行为,会造成"非典"病毒的传播,会危及社会上众多人的身体健康,为了个人目的而漠视他人健康,放任"非典"病毒的传播,应按以危险方法危害公共安全罪定罪处罚。② 此时,该行为完全符合以危险方法危害公共安全罪的构成特征:(1)就客体而言,"非典"患者在未采取任何防护措施的情况下,通过与他人近距离接触等方式,把"非典"病毒传播给了不特定的多数人,危害了不特定的多数人的生命安全,这与危害公共安全罪所侵犯的客体是相同的。危害不特定人的生命是其与以故意传播"非典"的方法杀人的主要区别所在。(2)从客观方面来看,"非典"患者在未告知他人自己系"非典"患者的情况下,未采取任何措施,而与不特定的多人近距离接触,其实际上已实施了危害或足以危害公共安全的行为,造成了"非典"病毒被扩散的事实或有严重传播危险。这与危害公共安全罪的客观要件也是一致的。(3)在主观方面,"非典"患者主观上对"非典"病毒被扩散的事实或造成的严重传播危险具有故意。即行为人明知自己系"非典"患者,在没告知他人也未采取任何措施的情况下仍为以上行为,作为一个精神正常的成年人来说,对"非典"病毒被扩散的危险应当是相当清楚的,但却出于报复社会或其他原因,希望或放任这种危险的存在,这完全符合危害公共安全罪的主观条件。③

例如,2003年年初,内蒙古巴彦淖尔盟临河市铁路医院急诊科医生李某

---

① 戴小红:《以危险方法危害公共安全罪若干问题探究》,载东方法眼网,2012年5月27日。

② 苗永干、张慧雅:《传播"非典"病毒的刑法规制》,载《徐州教育学院学报》2004年第2期。

③ 张向争:《故意传播非典型性肺炎应如何定罪》,载杭州普法网,2006年1月17日。

在北京市某医院进修期间感染了非典型性肺炎,在当地治疗数日后于3月27日返回临河市,是巴盟地区首例输入性非典型性肺炎患者。回临河市后在其父亲开的个体诊所治疗,在病情不见好转的情况下才于3月30日入住巴盟医院。巴盟医院以疑似非典型性肺炎病人对他进行了隔离治疗。4月8日,李某在明知自己患非典型性肺炎的情况下,不听医院大夫和护士的劝阻,强行离开隔离病区上街8小时,给社会造成了恐慌。李某还无视隔离规定,擅自走出污染病区,辱骂医护人员,砸坏医疗设备,给"非典"防治工作带来严重影响。由于李某的携病传播,其亲属多人因被感染也陆续送往医院,导致其父母、妻子死亡。经临河市人民检察院审查,认为犯罪嫌疑人李某的行为涉嫌构成以危险方法危害公共安全罪和妨害传染病防治罪,依法批准逮捕。①

2004年之后,随着"非典"病例的减少,故意传播此病的行为也基本绝迹。但在此之后故意传播艾滋病的行为却时断时续,而各地司法机关对此行为的定性也不太一致。例如案一,界定为传播性病罪。自2007年4月起,刘某某曾因吸毒而在成都市公安局强制戒毒所强制戒毒半年,在此期间,她被查出艾滋病病毒抗体呈阳性,也即感染了病毒,具有一定的传染性。离开强制戒毒所后,刘某某明知自己已感染艾滋病病毒,还长期进行卖淫活动。2008年7月22日,警方在一处民房内抓获了正在卖淫的刘某某。2008年10月9日,成都市金牛区法院经审理后认为,刘某某在得知自己感染艾滋病后继续进行卖淫活动,其行为已构成传播性病罪。鉴于其归案后认罪态度较好,法院酌定从轻判处其有期徒刑4年,并处罚金两千元。② 例如案二,界定为以危险方法危害公共安全罪。丽水男子周某明知自己是艾滋病病毒携带者,却多次扬言传播病毒,对他人进行威胁、恐吓,还一直对家人隐瞒病情,并先后与两名女子发生性关系。公诉机关认为,周某在明知自己是艾滋病病毒携带者的前提下,多次向不特定人员以扬言传播病毒、涂抹血液传播病毒给他人的方式对他人进行威胁、恐吓,以及故意隐瞒病情与她人发生性关系,其行为已构成以危险方法危害公共安全罪。③

笔者认为,如果将艾滋病传染给不特定人的行为,应当按以危险方法危害

---

① 吴坤胜:《内蒙古临河非典患者李松涉嫌两项罪名被逮捕》,载人民网,2003年5月7日。

② 金牛法、曾燕伶:《明知感染艾滋仍卖淫 女子犯传播性病罪被判四年》,载四川新闻网,2008年10月10日。

③ 盛伟:《男子因故意传播艾滋病毒被诉危害公共安全罪》,载《钱江晚报》2010年4月28日。

公共安全罪定罪处罚。如果艾滋病患者明知自己患有艾滋病或携带艾滋病毒，还通过让人使用被污染的针头、捐献血液或血制品、人体组织或器官等行为，把艾滋病毒传播给不特定的多数人，危害不特定的多数人的生命安全，其行为已完全符合以其他危险方法危害公共安全罪的构成要件，应按此罪予以处罚。① 这样定性的理由在于：艾滋病病毒是传染病病原体，传播艾滋病病毒是一种危险方法，会对社会和人身安全造成严重威胁。受害者又可能在不知情的情况下，通过无保护的性行为、生育、非法输血等方式使不特定多数人面临感染艾滋病的威胁。这符合危害公共安全罪的行为特征与对象特征。②

但是，如果将艾滋病传染给特定人的行为，就不能按以危险方法危害公共安全罪定罪处罚。2012年4月14日，艾滋病病人高某的车违法停靠在长常高速公路边，两名交警查车时发现车内藏有毒品，便试图将其制伏，其间，高某左手拿着的注射器扎到了民警薛某某的手指。6月2日，薛某某拿到了艾滋病检查报告，呈阴性，即未感染艾滋病。这名艾滋病人用注射器扎伤民警的疯狂行径并没有受到刑罚追究。虽然民警最终确定未被感染，这种故意传播艾滋病的行为，无疑具有严重的社会危害性，应当以犯罪论处。根据相关司法解释规定，故意传播突发传染病病原体，危害公共安全的，依照刑法第114条、第115条第1款规定，按照以危险方法危害公共安全罪定罪处罚。然而，从艾滋病病毒传播的三条途径即血液传播途径、性传播途径、母婴传播途径来看，泄愤扎人的艾滋病患者所侵害的对象只是具体的"个人"，并不是"不特定的大多数人"，因此，其行为也不属以危险方法危害公共安全罪。③

（三）飙车能否构成以危险方法危害公共安全罪的"危险方法"问题

《刑法修正案（八）》设置的危险驾驶罪将"飙车"作为两大客观构罪要件之一，但在法条中却未用"飙车"，而是适用了"在道路上驾驶机动车追逐竞驶，情节恶劣的"的表述。有学者认为，对"追逐竞驶"的认定应该注意："追逐竞驶"行为不等于"高速行驶"，它和我们通常所说的"飙车"行为有一定的不同。从文意上看，追逐竞驶就是车辆驾驶行为人相互追赶，互相竞速。而飙车仅仅说明车辆行驶速度过快。在认定追逐竞驶时，一般要求其行驶时速超过了道路规定的时速。当然，如果追逐竞驶虽然没有超速，但是具有其他的恶劣情节，那么也可以认定为危险驾驶罪，因为，其恶劣的情节对他人的

---

① 吕良德：《故意传播艾滋病该当何罪》，载《沈阳日报》2003年2月27日。
② 江凌燕：《故意传播艾滋病病毒行为的刑事立法选择》，载《法制与社会》2011年第11期。
③ 王威：《刑法应增设"故意传播艾滋病罪"》，载《检察日报》2012年6月15日。

人身或财产产生了抽象的危险性。① 另有学者认为，应当将追逐竞驶和高速危险驾驶行为区分开来："追逐竞驶"行为不等于"高速行驶"。高速危险驾驶行为并不一定具有追逐竞驶的特征，其可以在没有追逐竞驶对象的情况下单独完成；而追逐竞驶则必须要求有一个以上追逐竞驶对象；追逐竞驶也并不一定要求"高速"，在某些特殊的路段，虽然行驶速度较低，但如果危险程度较大，追逐竞驶行为也能构成危险驾驶罪。②

笔者认为，"追逐竞驶"与"飙车"不宜区别看待，两者应视为表述不同而含义相同。"追逐竞驶"行为虽然可以理解为不等于"高速行驶"，但是却可以理解为通常所说的"飙车"。由于"追逐竞驶"是规定在法条中，可以视为"飙车"的正规或法律术语；而"飙车"则可以认为是"追逐竞驶"的民间俗称。虽然《刑法修正案（八）》在危险驾驶罪中规定了"追逐竞驶"，但却未加界定其内涵，这就不利于司法实践的具体实行。目前也尚无"两高"司法解释加以界定"飙车"或者"追逐竞驶"，但可参照有些地方的司法行政机关的界定。例如，2010年7月9日，昆明市公安局、工商行政管理局和交通运输局联合发布《关于严禁非法改装机动车及飙车等危险驾驶行为的通告》，其中首次定义了"飙车"行为，即"以竞技、追求刺激、娱乐或赌博等为目的，驾驶机动车在道路、广场、校区等地方超速行驶，严重影响社会秩序和道路交通安全的驾驶行为"。③ 2012年6月4日，深圳交警首次根据现有国家法律框架对危险驾驶罪进行具体化，具有以下情形之一的可以认定为"飙车"：（1）行为人在道路上驾驶机动车高速行驶、反复并线、频繁穿插的；（2）为寻求刺激、赌博竞技等驾车相互追赶、相互竞速的；（3）在高速公路上时速超过180公里、城市快速路（如滨河、滨海、北环大道等）上时速超过160公里、其他城市道路上时速超过100公里的；（4）在道路上驾车炫耀特技（如漂移等）。④

有学者认为，驾驶机动车行驶的路段与时间段应为考察行为人是构成危险驾驶罪，还是构成以危险方法危害公共安全罪的因素。一是危险驾驶罪法定刑相对很轻，其入罪门槛也相应降低，但这并不必然造成打击面过宽。因为现实

---

① 陈进兴：《认定"追逐竞驶"要注意两点》，载《检察日报》2011年2月9日。
② 高哲远：《醉驾和追逐竞驶行为探究》，载《山西省政法管理干部学院学报》2011年第4期。
③ 储皖中、施怀基：《昆明首次明确定义飙车行为》，载《法制日报》2010年7月11日。
④ 《深圳交警首次界定飙车概念 六种飙车行为可入罪》，载《南方日报》2012年6月6日。

中追逐竞驶的行为并不普遍。二是驾驶机动车追逐竞驶具有相当的危险性，在任何路段及时间段追逐竞驶，都极有可能造成比较严重的危害后果，应分别情形认定为是危险驾驶罪、交通肇事罪还是以危险方法危害公共安全罪。三是如果在城市的繁华路段及上下班高峰期驾驶机动车追逐竞驶，社会危害性极大，极易造成不特定多数人出现伤亡或者公私财产重大损失，仅以法定刑为"拘役"的危险驾驶罪予以追究未免失之过轻，违背刑法的罪责刑相适应原则。因此，危险驾驶罪的犯罪后果不能也不应该涵盖交通肇事罪及以危险方法危害公共安全罪的犯罪后果。如果行为人驾驶机动车追逐竞驶，造成他人重伤、死亡或者公私财产重大损失的，只能定交通肇事罪或者以危险方法危害公共安全罪。而追逐竞驶行为造成的危害后果主要应表现在：是否造成了交通秩序的严重混乱，是否在公众中造成恐慌引发其他严重后果，如发生人员踩踏后果等。①

笔者认为，上述学者主张的"追逐竞驶行为"是否造成危害后果作为界定危险驾驶罪、交通肇事罪还是以危险方法危害公共安全罪，这种观点的立论是比较有说服力的。而在追逐竞驶行为造成了危害后果的情形下，再依据行为人主观态度是过失还是故意，又进一步将交通肇事罪与以危险方法危害公共安全罪两罪区别开来。事实上，"追逐竞驶行为"或者飙车行为能够构成以危险方法危害公共安全罪的"危险方法"，早在北京朝阳区法院的判决中就有过肯定。2008年8月，北京朝阳区法院首次以"以危险方法危害公共安全罪"对3名酒后飙车的男青年进行判决。这3位男青年酒后在三环主路上飙车撞上了多辆车辆，事发后，驾车逃离现场。当时法院认为，此举放任危害公共安全的结果发生，已经超出了"交通肇事"的范畴。三被告人主观上明知道自己的行为会违反交通管理法规，就为了达到追求感官刺激的目的，积极实施违法改装车辆，并在城市主干道上酒后驾车、超速行驶、相互追赶，在此过程中置道路上行驶的其他机动车及驾驶员的生命及财产安全于不顾。由此可以判断，其主观上放任的态度已经非常明显。根据刑法的规定，以危险方法危害公共安全并不要求以发生严重危害后果作为犯罪成立的要件，只要是行为人所使用的危险方法足以危及公共安全即可构成本罪。据此，法院对3名被告人作出一审判决：认定他们的行为已经构成以危险方法危害公共安全罪，分别判处其1年至1年6个月不等有期徒刑。② 此案宣判后，并未引起任何争议。

---

① 于文广：《追逐竞驶不必以超速驾驶为前提》，载《检察日报》2011年5月18日。
② 李松等：《北京3青年三环酒后飙车被判危害公共安全罪》，载《法制日报》2008年8月7日。

第一部分 以危险方法危害公共安全罪基本理论与司法认定精要

但是,"飙车"行为能否构成以危险方法危害公共安全罪的"危险方法"的争议,却是起因于杭州飙车案。2009年5月7日晚,被告人胡某驾驶经非法改装的三菱轿车,与同伴驾驶的车辆从杭州市江干区机场路出发,前往西湖区文二西路西城广场。途经文晖路、文三路、古翠路、文二西路路段时,被告人胡某与同伴严重超速行驶并时有互相追赶的情形。当晚20时8分,被告人胡某驾驶车辆至文二西路德加公寓西区大门口人行横道时,未注意观察路面行人动态,致使车头右前端撞上正在人行横道上由南向北行走的男青年谭某。谭某被撞弹起,落下时头部先撞上该轿车前挡风玻璃,再跌至地面。事发后,胡某立即拨打急救电话和报警电话。谭某经送医院抢救无效而死亡。① 案发后,胡某亲属赔偿被害方经济损失113万元。2009年7月20日,浙江省杭州市西湖区人民法院以交通肇事罪判处胡某有期徒刑3年。

在胡某"飙车案"审理过程中,对胡某飙车行为的定性有两种观点:(1)认为胡某"飙车"属于一般的交通违规驾驶,他自认为驾驶技术好、车也好,能够避免撞人之类结果的发生。因此,胡某在犯罪时虽然明知自己"飙车"是违规的,但对于撞死人的结果却是过于自信的过失,应以交通肇事罪对其定罪。胡某肇事后没有逃逸,他的亲属赔偿了被害方的经济损失,取得了被害人一定程度的谅解,对胡某应在3年有期徒刑以下量刑,但不宜适用缓刑。(2)认为"飙车"行为就是以危险方法危害公共安全的行为,胡某的"飙车"行为本身足以严重危害公共安全,在撞死人的情况下当然应以危险方法危害公共安全罪定罪。根据刑法规定,应对胡某判处10年以上有期徒刑、无期徒刑或者死刑。鉴于胡某亲属赔偿了被害方的经济损失,取得了被害人一定程度的谅解,加之胡某犯罪时在主观上不是积极追求撞死人的后果的发生,而是放任这种危害后果的发生,属于间接故意,没有必要适用无期徒刑或者死刑,而应判处10年以上有期徒刑。②

在第二种定性观点中,"飙车"能否定性为以危险方法危害公共安全罪,其关键在于:"飙车"行为能否构成以危险方法危害公共安全罪的"危险方法"。对此,又有肯定与否定两种观点。肯定者认为,虽然"飙车"行为人对交通事故的发生持不希望的态度,或自信自己娴熟的驾驶技术和技巧能够避免事故的发生。但"飙车"往往涉及多种交通违法行为,包括超速行驶、酒后

---

① 方益波、余靖静:《"杭州富家子飙车案"被告人胡斌一审获刑3年》,载新华网,2009年7月20日。

② 马长生、罗开卷:《论"醉驾"、飙车行为的定罪与量刑》,载《山东警察学院学报》2010年第6期。

驾驶等，部分还可能涉及非法改装、"漂移"、高速过弯等主观故意危险驾驶行为。所以，对"飙车"行为人的处罚，不应仅限于交通违章的行政责任或交通肇事的刑事责任。对已然"飙车"却没有造成严重后果的超速驾驶行为，也应考虑根据刑法第114条"以其他危险方法危害公共安全罪"来追究其刑事责任。① 事实上，我国司法实践中已经对诸多此类行为以"以其他危险方法危害公共安全罪"定罪处罚。在公共交通区域相互穿插追逐飙车，绝不亚于放火、决水、爆炸、投放危险物质给人们带来的危险与恐惧！从现实生活中发生的"飙车"致人死伤案件来看，行为人为了自己开心，甚至非法改装汽车以追求极速行驶刺激，此种情况下行为人如果没有在撞击被害人之前采取必要避免伤害他人措施（如紧急刹车等），并因为自己负全部责任而造成他人死亡的严重后果的，完全符合刑法第114条规定的以其他危险方法危害公共安全罪，同时，其行为后果符合刑法第115条规定的结果加重犯罪的成立标准。②

而否定者则认为，尽管超速行驶就有可能造成撞死撞伤人的后果，行为人对此往往有明确的认识，但一般都不会放任这种结果发生。因为行为人对放任这种结果发生将会给自己带来麻烦并有可能要进监狱也是有认识的，理智的人不会轻易作这种选择。另外，还应当看到，任何人驾车到公共道路上行驶都有撞死撞伤人的危险，但只要他遵守交通规则，就是法律所允许的。"飙车实际上就是超速驾车、违章行驶，这是法律所禁止的行为，没有造成严重后果的，可以按有关行政法律给予行政处罚；发生了撞死人的后果，构成交通肇事罪的，按刑法第133条处罚。"假如把"飙车"行为按"以危险方法危害公共安全罪"进行处罚，那么按照我国刑法第114条规定，尚未造成严重后果的，处3年以上10年以下有期徒刑；但是按刑法第133条规定，对于交通肇事罪，发生重大事故，致人重伤、死亡的，处3年以下有期徒刑或拘役。"没有造成严重后果的反而比造成严重后果的处罚要重，显然是不合适的。"③

前述"胡某飙车案"之所以引发巨大的争议，一个重要的原因是社会公众认为飙车者在闹市区、行人较多的时段高速通过斑马线，其对公众的生命安全法益显然是一种严重的漠视。对于这种拿别人的法益冒险的轻率态度却仅仅以过失的交通肇事罪处罚显属过轻。刑法第133条规定的交通肇事罪的基本刑是3年以下有期徒刑或者拘役，如果认定飙车人主观是过失，在没有其他加重

---

① 刘英团：《法律对"飙车"不能再宽容了》，载《法制周报》2012年6月12日。
② 谢望原：《"飙车"致人死伤行为如何定性》，载《检察日报》2009年8月4日。
③ 张立：《飙车案不构成以危险方法危害公共安全罪》，载《检察日报》2009年5月19日。

情节的情况下，最高只能判处 3 年有期徒刑。这样的刑罚幅度使得量刑对这种重大的轻率过失和一般的过失调节空间有限，难以实现制裁的理性和预防犯罪的目的。这使得即使主张"飙车"者构成交通肇事罪的学者也认为，这样的量刑显然是罪刑不相适应，因而主张设立危险驾驶致人死伤罪。① 笔者认为，虽然胡某"飙车"行为最终以交通肇事罪而定性，从而否定了飙车行为能够构成以危险方法危害公共安全罪的"危险方法"的结论；但是，《刑法修正案（八）》正式将飙车行为列入"危险驾驶罪"行为样态的表现之一，就足以表明：当"飙车"导致人员死伤的后果时，将不会再以交通肇事罪定性，而是能够构成以危险方法危害公共安全罪的"危险方法"，将会以以危险方法危害公共安全罪定性处理。

（四）"毒驾"能否构成以危险方法危害公共安全罪的"危险方法"问题

吸毒后驾驶机动车，简称"毒驾"，就是服用毒品后驾车的行为，属于典型的危险驾驶行为。吸毒后人往往出现幻象，对驾驶员驾驶能力的削弱是非常严重的，这无疑为恶性交通事故的发生埋下了隐患。目前常见的合成毒品有冰毒、"K"粉、"摇头丸"等。吸食后，所产生的精神极端亢奋甚至妄想、幻觉等症状，会导致驾驶人脱离现实场景，判断力低下甚至完全丧失判断，从而形成极高的交通肇事和危害公共安全事故的发生概率。英国一项研究表明，酒后驾车比正常反应时间慢 12%，"毒驾"则比正常反应时间慢 21%。与"酒驾"相比较，我国现行法律对"毒驾"却显得过于宽容。根据道路交通安全法的规定，"毒驾"和"酒驾"都是机动车驾驶员上路前绝对禁止的行为，但刑法并未对"毒驾"的法律责任作出明确的规定。在实践中，毒驾如果不肇事，公安机关在查处时只能按照禁毒法的规定，以治安管理手段对吸毒行为进行处罚，而对其"吸毒后驾驶"却没有相关的处罚依据，这很容易放过没有引发严重后果的"毒驾"行为。相对于"酒驾"和"醉驾"，毒驾在检查机制和法律责任方面均凸显"空白"。②

有学者认为，对于吸食毒品后驾驶机动车的行为入刑处罚有下列几点充分理由：（1）吸食毒品与醉酒对人体的作用机理相同，都是直接作用于人体的中枢神经系统，使之较正常情况下更为兴奋或者抑郁。吸食毒品后，行为人同样存在认知能力和控制能力的显著降低。吸食毒品的危害性与醉驾相比有过之而无不及。（2）2000 年 11 月 15 日最高人民法院《关于审理交通肇事刑事案件具体应用法律若干问题的解释》第 2 条第 2 款第 1 项和《刑法修正案

---

① 刘明祥：《有必要增设危险驾驶致人死伤罪》，载《法学》2009 年第 9 期。
② 刘武俊：《也应以刑法打击"毒驾"》，载《东方早报》2012 年 7 月 23 日。

(八)》相比,《刑法修正案(八)》规定的危险驾驶罪中关于"醉酒驾驶机动车"来源于最高人民法院《关于审理交通肇事刑事案件具体应用法律若干问题的解释》,在该司法解释中,"醉酒驾驶机动车"与"吸食毒品后驾车"并列第一项,这说明当时的司法解释制定者已经将醉驾和毒驾等同而视了。

(3)德国、我国台湾地区均将吸食毒品驾驶列入刑法处罚范围。德国刑法中危害交通安全罪规定:饮用酒或者其他麻醉品或精神上或身体上有缺陷,不适合驾驶情形而仍然驾驶的,危害他人身体、生命或贵重物品的,处5年以下自由刑或罚金。我国台湾地区"刑法"第185条之三规定:"服用毒品、麻醉药品、酒类或者其他相类之物,不能安全驾驶动力交通工具而驾驶者,处一年以下有期徒刑、拘役并科十五万以下罚金。"可见,吸食毒品驾驶与醉驾相比更应该入刑。①

近几年来,随着吸毒人员获取驾驶资格的数量日益增多,因"毒驾"导致的事故也越来越多。在现实生活中,"毒驾"数量并不在少数,据公安部统计,仅2012年3月至5月,全国共发生客运驾驶人吸毒并停运692人,注销驾驶资格127人;发现货运驾驶人吸毒并停运744人,注销驾驶资格108人。例如,2012年4月22日上午9时20分许,沿江高速公路宁太线近董浜枢纽处,一辆载有33人的上海旅游大巴失控撞击一辆货车后侧翻。至4月23日早晨,已有14人死亡。在救治过程中,30多岁的大巴司机,听闻死亡人数上升后冲出住院大楼阳台欲从11楼跳下。经公安机关初步调查发现,江苏常合高速公路"4·22"特大交通事故系旅游客车驾驶人严重疲劳驾驶、操作失当所致。驾驶人王某20日晚曾吸食毒品,22日晨发车前休息不足4小时,事故发生后其尿样检测结果呈阳性。按照公安部部署,2012年6月底前,各地公安机关要对辖区所有客货运驾驶人进行一次全面排查,发现有吸毒史的,立即停止运营;对具有吸食、注射毒品,长期服用依赖性精神药品未戒除情形的,一律注销驾驶资格。据悉,针对驾驶人吸食毒品驾驶机动车的危害性,公安部将着手会同有关部门就"毒驾入刑"作进一步调研。②

全国政协委员、四川鼎立律师事务所主任施杰呼吁,"毒驾"也应该尽快入刑。"尽管《道路交通安全法》、《道路交通安全法实施条例》、《道路交通安全违法行为处理程序规定》以及《机动车驾驶证申领和使用规定》等法律

---

① 陈二伟:《浅析我国危险驾驶罪的刑法完善——以4·22上海吸毒驾驶为视角》,载中国法院网,2012年8月2日。

② 《公安部:专项整治驾驶人吸食毒品等客运安全隐患》,载中国新闻网,2012年4月24日。

法规都对'毒驾'行为进行了规范,并设定了相应的法律责任,但是当前最大的问题在于,执法部门对'毒驾'肇事的后果只能根据其伤亡程度以交通肇事罪进行量刑,对未造成伤亡的'毒驾'行为,则只能视为违法行为进行行政处罚。"在实践中,如果不肇事,公安机关在查处时只能按照禁毒法的规定,以治安管理的手段对吸毒行为进行处罚,而对其"吸毒后驾驶"却没有相关的处罚依据。① 尽管"毒驾入刑"尚待时日才能实现,但是作为行政处罚的"毒驾"措施却正在各地实施。例如,自2012年1月1日起施行《浙江省禁毒条例》第43条规定:"吸毒成瘾人员被强制隔离戒毒或者被责令社区戒毒的,在戒毒期间不得申领机动车驾驶证;身体条件不适合驾驶机动车的,其已经取得的机动车驾驶证应当依法注销。因吸毒被行政处罚或者被强制隔离戒毒、被责令社区戒毒的人员,在行政处罚执行完毕或者解除戒毒后一年内申领、审验机动车驾驶证的,应当提供吸毒检测报告。"

笔者认为,"毒驾"能否入刑,这仅是对"毒驾"行为的危险犯要否给予刑法处罚问题,由于"毒驾"危害不比醉驾、"飙车"行为危害轻,"其实'毒驾'比酒驾的危害还大,驾驶员在吸食毒品后出现的是幻觉,以及精神亢奋等症状,往往控制不好车辆行驶的速度、车道等,很容易导致车辆失控。"② 而当醉驾、"飙车"行为纳入危险驾驶罪之后,"毒驾"也有必要将其纳入而治罪。但是,不管"毒驾"能否纳入危险驾驶罪,对"毒驾"行为导致的实害犯却都有必要予以治罪。从司法实践来看,对"毒驾"行为导致的实害犯如何定性处罚,各地法院的判刑结果有一定的分歧,主要有按以危险方法危害公共安全罪与按交通肇事罪处理两种定性意见,当然,两种定性意见的焦点还在于如何判定"毒驾者"的主观态度,"毒驾者"的主观态度是过失的,应定性为交通肇事罪,或者是"过失以危险方法危害公共安全罪";而"毒驾者"的主观态度是故意(间接故意)的,则应定性为以危险方法危害公共安全罪。例如,2012年3月20日,成都市高新区人民检察院"以危险方法危害公共安全罪"对被告人杨某提起公诉:成都市高新区人民法院在审理时,法庭上辩护方认为被告人只是一次性过失,应以一般交通肇事罪处理,"以危险方法危害公共安全罪"能否成立,成为此案争论的焦点。

杨某"毒驾案"的具体过程是:2011年9月26日15时许,在成都市一环路与永丰路交界处发生了一起恶性交通事故:杨某在吸食氯胺酮(K粉)

---

① 宗河:《"毒驾"危害日甚 "入刑"呼声渐高》,载《联合日报》2012年6月18日。

② 张文娟:《毒驾药驾危害等同酒驾却被忽视》,载《新法制报》2011年7月9日。

后，驾驶一辆白色别克商务轿车违规在非机动车道右转弯并碰挂天网监控设施，之后，杨某反而突然加速。在人行道上，杨某将一名老人撞飞后继续加速，拖卷着该老人驶上非机动车道，并连续加速冲撞了在公交站台候车的多名人员，直至爆胎之后才被迫停车，造成了1死4伤的惨剧。该案的承办检察官原红旗表示，被告人从2006年开始吸毒，并且是有10年驾龄的专职司机。从被告人行为变化产生的时间点来看，他知道吸食毒品后，控制能力会减弱，主观上是"明知而放任"。原红旗说，之后被告人的几次加速行为说明车辆还在控制当中，显然被告人主观上是"间接故意"危害公共安全。辩护人辩解称"被告人并不明知吸食毒品不能开车"，因此被告人对造成的公共安全危害并没有"主观故意"，所以该事故应该以一般交通肇事罪处理。对此，原红旗认为该理由并不充分："被告人有6年吸毒史，而且案发前一年被告人就有8次违反6种不同的交通法规的记录，因此检察机关判定他对公共安全一直都处于漠视态度，应该按照危害公共安全罪定性。"

北京大学法学院王世洲教授认为，即使真如辩护人所言，被告人并没有预见到吸食毒品后会发生交通事故，但是其在因吸食毒品而危害公共安全的行为已经客观存在，所以应该排除以交通肇事罪定性的可能。本案的定性在于是以"以危险方法危害公共安全罪"还是以"过失以危险方法危害公共安全罪"来定罪。这两个罪名的区分在于：后罪必须发生致人重伤、死亡或者使公私财产遭受重大损失的严重后果，才构成犯罪；前罪只要实施危害公共安全的行为，即使尚未造成严重后果，也构成犯罪。在主观上，后罪由过失构成；前罪则出于故意。本案中，如果被告人确实能够预见到吸毒后会导致精神恍惚仍驾车，无疑应被定性为"以危险方法危害公共安全"，但是如果被告人有证据证明他相信自己在吸食毒品后仍能保持清醒，那么他的犯罪行为则可能被定性为"过失以危险方法危害公共安全罪"。① 以笔者所见，行为人"毒驾"，如果在主观上有故意的心态，那就应认定为以危险方法危害公共安全罪；如果在主观上有过失的心态，需要在交通肇事罪与"过失以危险方法危害公共安全罪"择一罪名的话，那最好能选择带有特别法条意义的交通肇事罪，而却不宜选择带有普通法条意义的过失以危险方法危害公共安全罪。

事实上，在杨某"毒驾案"审理之前，司法实践中已有多个法院对"毒驾案"的行为人采用以危险方法危害公共安全罪判处了刑罚。例如案一，2010年5月26日20时左右，傅某某驾车去接朋友。途中，傅某某曾停车吸食

---

① 张文：《成都"吸毒后驾车连撞多人"案引发法学专家热议》，载《人民日报》2012年5月31日。

第一部分　以危险方法危害公共安全罪基本理论与司法认定精要

随车携带的毒品K粉，后继续驾车。当车行至浦沿街道时，傅某某出现轻微头晕、亢奋等反应，但其仍驾车继续前行。20时50分左右，傅某某出现意识严重模糊、头晕严重等现象，并产生幻觉。随后，傅某某继续由北向南行驶，连续与两辆三轮车发生轻微碰撞，稍作停顿后继续驾驶车辆前行，与另一辆三轮车迎面相撞，造成三轮车主及7名行人被撞伤。停顿约5分钟后，傅某某又驾车顶着三轮车猛踩油门继续前行，在撞翻明德路西南侧多家摊位后，因车轮被台阶卡住而被迫停止，造成12位摊主及行人受伤、9人的摊位受损。在此次事件中，共有27人受到人身损害，财产损失共计价值16655.8元。经查，傅某某车内还剩有毒品净重2.33克，检出氯胺酮，其尿液中也验出氯胺酮。法院认为，被告人傅某某因吸食毒品产生幻觉后，驾驶机动车在人群密集路段肇事后，继续驾车冲撞，造成多名群众身体受伤、财产受损，危害公共安全，其行为已构成以危险方法危害公共安全罪。12月16日，浙江省杭州市滨江区人民法院对一起吸食K粉后驾车伤人案进行一审宣判，以危险方法危害公共安全罪判处被告傅某某有期徒刑5年。①

例如案二，2011年10月20日18时许，53岁的北京人田某在吞食了黄豆粒大小的冰毒后，驾驶"本田"轿车上了京沪高速公路。行至大羊坊收费站附近时，田某突然出现精神恍惚，车子无法及时制动，撞上在旁正常行驶的车辆。直到田某的车因爆胎被迫停住，已有包括奔驰车在内的9辆车遭殃，事故路段也因此被堵了个水泄不通。随后，田某被民警当场抓获。案件开庭时，已年过五旬的田某对多名损失车主表示道歉，对自己的行为表示很后悔。他说，自己从2009年染上毒瘾，随后一直在戒掉和复吸之间挣扎。田某说出事当天，他由于心中烦闷、高血压导致头疼难忍，才会再次服食冰毒。"就一小粒，是朋友很早以前给的，一直放在身上。"田某解释。检方认为，田某明知自己吸食毒品会失控，还驾车上路，主观上对自己可能引发的危害后果持放任态度，且实际造成9车损毁的损失，应以"以危险方法危害公共安全罪"定罪量刑。田某的辩护人表示，田某因年纪大、身体不好才会吸食毒品。出事后又能及时报警，拦截过往车辆以免事故扩大，都体现出其无主观故意，希望法庭对其从轻处罚。2012年4月11日，北京朝阳法院采用以危险方法危害公共安全罪，判处田某有期徒刑4年6个月。判决后，田某表示服判，无异议。②

---

①《杭州"吸毒驾车伤人案"一审宣判　被告人以危险方法危害公共安全获刑》，载《人民法院报》2010年12月17日。

② 张彬：《司机吸毒后驾车连撞9车　危害公共安全罪获刑4年》，或《法制晚报》2012年4月11日。

（五）"超载驾驶"能否构成以危险方法危害公共安全罪的"危险方法"问题

截至 2010 年年底，全国公路总里程从 1999 年年底的 135 万公里增加到 400 多万公里，但车辆超限超载等行为对公路造成了极大破坏。据相关数据显示，我国每年为此多支付的公路养护费用达 300 亿元，每年 70% 的交通事故由超限超载引发。50% 的群死群伤事故与超限超载有直接关系，超限超载被称作公路交通的"第一杀手"。① 统计显示，2012 年以来，公安部门查处各类严重交通违法行为 2945 万起，其中超速行驶违法行为 886 万起、客车超员违法行为 4.1 万起、疲劳驾驶违法行为 17.3 万起、不按规定车道行驶违法行为 145 万起，共吊销机动车驾驶证 5 万余本，行政拘留违法驾驶人 2.8 万人次。公安机关查处的"三超"违法行为数量巨大，从一个侧面说明了"三超"入刑的必要性。"三超行为"的后果主要有两点：第一，超速、超员、超限超载行为本身就是一种危险，比如北京怀柔白河桥被超载车辆压塌，超载本身就是对公路的一种破坏；第二，极有可能造成危害人身和财产安全的后果。所以从这两点上看，"三超"的危害行为不亚于醉驾。②

2011 年 12 月 14 日，河南高速交警在连霍高速公路中牟服务区查获一辆核载人数为 63 人而实载 106 人的大客车，在获取足够的证据后，民警对驾驶员孟某处以行政拘留 5 天、罚款 1500 元、扣 12 分的处罚。③ 痛定思痛，针对校车安全事故责任如何处理，河南交警首开先河，对大客车超员超载司机予以拘留，对严厉打击交通违法行为，具有较强的示范效应。对此，有学者认为，可以认定司机孟某为"危害公共安全罪"，理由有三：（1）司机明知大客车有核载的乘客数量，却受利益驱使严重超员、铤而走险，从源头上制造了极大的公共安全隐患；（2）当车辆超出额定的承载范围，驾驶员驾驶中势必增加难度，再加上路况差等原因，出现事故已在所难免，最终超载导致事故频发；（3）乘客可能因为图一时的方便容忍（或者无可奈何地默许）了超员的行为，作为司机完全可以拒载，却又听之任之，具有明显的主观故意。④ 这种认为超员超载司机应构成"以危险方法危害公共安全罪"的观点，如果是在以前缺乏根据

---

① 秦佩华、邹少欢：《数据显示 50% 群死群伤事故与超限超载直接相关》，载《人民日报》2011 年 7 月 27 日。

② 李北阳：《面对"马路杀手"刑法欲出手应对"三超"》，载《人民法院报》2012 年 8 月 4 日。

③ 刘春莉：《河南首例超载客车司机被拘 核载 63 人实载 106 人》，载《人民法院报》2011 年 12 月 15 日。

④ 《超员超载行为能否认定为危害公共安全罪？》，载新浪博客网，2011 年 12 月 18 日。

第一部分　以危险方法危害公共安全罪基本理论与司法认定精要

的话，那么在 2012 年 7 月 28 日国务院公布《关于加强道路交通安全工作的意见》（以下简称《意见》）以后就有充分的根据了。

《意见》要求研究推动将客货运车辆严重"三超"等行为列入以危险方法危害公共安全行为，并追究驾驶人的刑事责任。同时研究推动交通安全违法记录与个人信用挂钩。《意见》还要求严格落实客货运车辆及驾驶人交通事故、交通违法行为通报制度，全面推进交通违法记录省际转递工作，同时研究推动将公民交通安全违法记录与个人信用、保险、职业准入等挂钩。《意见》还要求加强客货运驾驶人安全管理，建立客货运驾驶人从业信息、交通违法信息、交通事故信息的共享机制，加快推进信息查询平台建设，设立驾驶人"黑名单"信息库。《意见》还提出，对发生特别重大道路交通事故的，或者一年内发生 3 起及以上重大道路交通事故的，省级人民政府要向国务院作出书面检查；对一年内发生两起重大道路交通事故或发生性质严重、造成较大社会影响的重大道路交通事故的，国务院安全生产委员会办公室要会同有关部门及时约谈相关地方政府和部门负责同志。《意见》还要求研究制定重特大道路交通事故处置规范，完善跨区域责任追究机制，建立健全重大道路交通事故信息公开制度。

司法实践表明，车辆严重"三超"已成为交通事故的重要原因。近几年来，各地也已经出现司法机关将严重超载导致恶性交通事故的责任人以危害交通安全罪起诉的案例。北京诚汇律师事务所律师许蓉对《南方都市报》记者表示，交通事故死亡人数一直列中国非正常死亡人数的首位，所以超速超载入刑是有积极意义的。虽然现在也有因超速超载被判以危险方法危害公共安全罪的，但并不多，导致事故的多以交通肇事罪处罚，更多的是行政处罚或民事赔偿，不足以解决超速超载问题。超速超载如果明确界定为以危险方法危害公共安全行为，以最高可到死刑的刑罚来处理，可以预测，这类违法行为会像醉驾一样大为减少。但如何界定超速超载的程度或者界限是必须考虑的问题。如果所有的超速超载都入刑，也会造成一些不合理的问题。① 以笔者所见，从刑法的意义上来看，即使"所有的超速超载都入刑"，也会有其犯罪构成要件上的限制，由此来看，如果担扰将"所有的超速超载都入刑，也会造成一些不合理的问题"是完全没有必要的。

在司法实践中，"超载驾驶"构成的以危险方法危害公共安全罪主要有三种情形：（1）因严重超载而酿成特大交通事故。2010 年 3 月，货车司机周某

---

① 王殿学：《车辆严重超速超员超载　或以危害公共安全入刑》，载《南方都市报》2012 年 7 月 28 日。

某为了多拉货物，购买了一辆擅自加轴的改装东风牌重型厢式货车。4月5日，周某某开着这辆改装车到达州拉到了一笔生意，当天装载了原煤47.61吨准备运回成都，而这个重量几乎是货车核定载重量的4倍。由于当天成南高速路上车行缓慢，到晚上9点左右，周某某驾车行至距大英出口约5公里处，此时的周某某因疲劳驾驶已处于打瞌睡状态，因刹车不及，他突然撞上了前方的集装箱货车，致前方3辆汽车追尾相撞。随后，周某某所驾货车失控向左侧翻，将超车道上两辆捷达轿车压在车下，同时又与另一车道内一车擦挂并致前后两车连续相撞，猛烈撞击后，车辆燃起了大火，最终造成6人死亡，其中一辆车内祖孙三代5人全部遇难。该起特大车祸还造成4人重伤，7车不同程度受损。车祸发生后，成南高速堵塞近8个小时。经鉴定，周某某所驾车辆在出事前存在重大安全隐患。承办该案的大英县检察院检察官认为，周某某明知自己的车辆进行过改装且安全性能不佳，在严重超载的情况下上路行驶具有很大的危险性，并有可能发生危害社会的结果。但周某某为了片面追求经济效益，无视法律法规的规定，仍然坚持上路行驶，酿成特大交通事故，由此说明周某某主观上对发生的危害结果持放任态度，具有危害公共安全的故意，符合以危险方法危害公共安全罪之规定，遂对周某某以涉嫌该犯罪向法院提起公诉。①

（2）因超载撞车时跳离而引发伤亡后果。2010年3月5日晚上，一辆运载水泥的大货车在324国道岑溪市路段侧翻，并阻断右向车道。为了吊出已经侧翻的货车，司机梁某聘请附近村民为其搬运车载货物。被告人莫某某在晚上8时30分驾驶严重超载的粤QY2129号重型厢式货车行驶至事故路段。他对路面上设置的三角形警示标志视而不见，也不听从他人指挥。当发现将要撞车时，莫某某慌忙跳离驾驶室，导致失控的重型厢式货车带着巨大惯性先后撞上一辆正在施救的无号牌吊车以及数辆货车、摩托车和路面人群，造成7人当场死亡、2人经抢救无效死亡、2人轻伤以及5车不同程度损坏。事故发生后，莫某某如实向警方交代了其弃车逃生导致发生特别严重后果的事实。梧州市中级法院认为，莫某某为个人安危而跳离所驾驶车辆，主观上具有危害公共安全的故意，客观上实施了侵犯不特定多数人生命和财产安全的行为，已经构成以危险方法危害公共安全罪，因后果特别严重，影响特别恶劣，论罪应当判处死刑。但是莫某某乃间接故意犯罪，且有自首情节。2010年11月26日，广西梧州市中级法院依法作出一审宣判，适用以危险方法危害公共安全罪判处莫某

---

① 刘德华等：《司机超载致6人死亡 被以危害公共安全罪起诉》，载《成都商报》2010年12月10日。

某死刑,缓期2年执行,并剥夺政治权利终身。①

(3)因超载被扣留而引发在高速公路上以高度危险的方法驾驶车辆并挤撞警车。2011年11月29日晚上,贵州人田某开一辆江西牌照的重型半挂大货车,装了近50吨重镍,沿着申嘉湖高速往杭州方向开,路过浙沪交界处、姚庄镇境内的申嘉湖检查站时,货车因超载被上海青浦交警扣留。因货物价值高,田某要求在车上看货,上海交警答应了。11月30日凌晨,田某用备用钥匙偷偷开走货车并沿申嘉湖高速往湖州方向逃跑。上海交警发现后,立马出动两辆警车在申嘉湖高速天凝出口一带路边设岗,试图叫停货车。田某不但不理睬,还加速逃离。随后,田某又突然转入常台高速。常台高速只有两条车道,比较窄,警车借机超越了田某的货车并减速,警方希望靠两辆并排的警车挡住田某的去路,迫使他停车。怎料,货车向两辆警车径直开来,"砰"的一声,一辆警车被撞向高速路边护栏,另一辆警车因为挡在货车面前被惯力顶出一段距离。警车被撞变形,田某吓坏了,弃车逃跑,直到得知车上交警没受伤,才回到现场接受处理。田某的辩护人认为,田某只有妨害警察执行公务的故意,建议以妨害公务罪对其定罪处罚。法院审理认为,田某为逃避公安机关追查,在高速公路上以高度危险的方法驾驶车辆并挤撞警车,构成以危险方法危害公共安全罪,判处其有期徒刑2年10个月。②

(六)危险驾驶能否构成以危险方法危害公共安全罪的"危险方法"问题

关于危险驾驶能否构成以危险方法危害公共安全罪的"危险方法"问题,刑法学界主要有如下三种观点:

1. 肯定说。在讨论危驾肇事案件时,有人经常将危险驾驶与放火、决水、爆炸以及投放危险物质等危险方法危害公共安全的行为视为同类,从而主张将诸如醉驾、飙车等高危驾车肇事行为定性为以危险方法危害公共安全罪。许多学者认为,危险驾驶机动车辆的社会危害性是显而易见的,由于在交通道路上行驶的机动车辆具有面向公众、难以控制等特点,因此,危险驾驶实际上与放火、决水、爆炸以及投放危险物质等行为并没有本质的区别。行为人明知自己的行为会造成严重人身、财产损失的危害后果,却持一种"听之任之"的态度,也就是说,肇事者实施相关高危驾车行为时,放任了对他人生命健康安全的保障,置道路上行驶的其他机动车及驾驶员、他人的生命及财产安全于不顾。据此,可以判断肇事者对危害结果的发生在主观上具有故意,这种主观过

---

① 张江元等:《广西梧州一司机弃车逃生致9死2伤被判死缓》,载中国广播网,2010年11月27日。

② 吴海婕等:《高速公路上超载货车撞堵截警车》,载《青年时报》2012年4月21日。

错已经超出了疏忽大意的过失或者过于自信的过失。① 从这些观点中不难看出，对于高危驾车肇事案件中行为人主观故意的认定，在很大程度上完全是由行为人实施的危险驾驶行为本身的危险性所决定的，而这种情况在放火、爆炸等犯罪中对于行为人的主观故意认定上是不会存在任何问题的。

2. 否定说，认为将危险驾驶与放火、决水、爆炸以及投放危险物质等危险方法危害公共安全的行为视为同类的观点是不可取的。尽管危险驾驶与放火、决水、爆炸以及投放危险物质等行为具有基本相同的危险性，但是，危险驾驶与以危险方法危害公共安全的方式具有本质的区别：即危险驾驶行为的重点在于驾驶，虽然危险驾驶行为本身具有相当的危险性特征，但是这种危险性主要体现在驾驶中的违规上，而行为人的驾驶行为本身并不存在有明显的"加害性"，这与放火、决水、爆炸以及投放危险物质等行为在具有危险性的同时，又具有明显"加害性"的特征完全不同。而且，放火、决水、爆炸以及投放危险物质等危险方法危害公共安全行为的危险性主要体现在"加害性"上。也正因为如此，当行为人实施放火、决水、爆炸以及投放危险物质等行为时，由于这些危险方法"加害性"特征的存在，就决定了行为人主观上不可能对危害结果的发生持否定态度。因为，如果是持否定态度的，行为人就不可能实施这些具有明显"加害性"特征的危险行为。但是，高危驾车肇事案件中行为人的行为则不同，行为人实施危险驾驶行为时，尽管驾驶机动车辆存在一定的危险性，但是这种危险性实际上是驾驶行为本身固有的，而并非由其"加害性"所带来的。由于驾驶行为本身并不具有明显的"加害性"，在这种情况下，行为人对于危害后果的态度完全可能持否定的态度，且行为人主观上尤以过于自信过失居多。

从总体上看，眼下处理高危驾车肇事案件之所以会出现定性不一、量刑悬殊的情况，重要的原因可能还在于将危险驾驶行为的危险性与放火、决水、爆炸以及投放危险物质等危险方法危害公共安全行为的"加害性"混淆了。在处理高危驾车肇事案件时，判断行为人主观罪过形式必须以驾车行为本身的特性为依据，既不能不看高危驾车行为具有的危险性，而将其与诸如过失致人死亡、过失致人重伤等犯罪行为同等对待，也不能不顾高危驾车行为不具有"加害性"，而将其与诸如放火、决水、爆炸以及投放危险物质等危险方法危害公共安全行为视为同类。正确认识危险驾驶行为的危险性，同时确切理解一般驾驶行为不具有"加害性"的特征，我们在处理高危驾车肇事案件时就不难取得一致的看法并得出正确的结论。根据高危驾车存在有危险性且一般又不

---

① 赵晓秋：《"飙车族"飙出的法律风险》，载《法律与生活》2009年第11期。

具有"加害性"的特征,我们对于高危驾车肇事案件的处理,只有在有充分证据证明行为人违章驾车的动机已经偏离了驾车本身并具有利用机动车辆实施加害行为的情况下,才能认定行为人主观上具有故意,进而认定其行为构成以危险方法危害公共安全罪,反之,对于高危驾车肇事行为发生严重结果的只能以交通肇事罪处理。至于肇事者是醉酒,还是无证,抑或是飙车,只是交通肇事中的违规程度不同,其都只能作为量刑情节考虑而不能作为影响定罪的因素。①

3. 折中说,认为危险驾驶行为通常表现为违反交通运输法规无证驾驶、醉酒驾驶或超速行驶等,当危险驾驶行为造成了致人伤亡或重大财产损失的严重后果构成犯罪时应该如何定性,是否适用以危险方法危害公共安全罪,这关键在于考量危险驾驶行为是否属于本罪的"危险方法",危险驾驶肇事的主观心态是间接故意还是过于自信。在危险驾驶肇事的案件中通常可以推定行为人对伤亡的实害后果持轻信的态度。多数人在飙车或醉驾之前都心存侥幸,认为自己驾驶技术高超或者认为这个时间不会有人出现;在事故发生之际通常紧急刹车或改变方向;在事故出现之后多表现得非常懊悔并积极抢救伤者。例如,孙某某在肇事之后显得惊慌失措并大声呼救,希望人群中的医生出来抢救伤者,这些事实都反映出行为人对结果的排斥反对心态。此外,放任心态的前提是行为人认为行为的结果无害于己,在危险驾驶肇事中往往行为人本人也会受到人身财产损害。但凡一个正常的人都不会冒着生命危险去伤害别人的利益。行为人之所以选择这样的行为通常是基于相信坏的结果不会出现,结果的出现往往在行为人的意料之外,这说明行为人主观认识上出现了错误的估计,因而难以推定行为人对结果有放任的心理。据此,在危险驾驶肇事中一般推定行为人对结果是过于自信的过失。只有在有充分证据证明行为人长期仇视社会,不自尊不自爱,对伤亡后果漠然视之、置之不理,才可认定为间接故意。②

笔者赞同危险驾驶能够构成以危险方法危害公共安全罪"危险方法"的肯定说观点,主要理由是:

1. 危险驾驶的适用范围。危险驾驶到底包括多少行为,这在目前的刑法条款、司法解释规定与学理中列举是很不一致的,主要有:(1)两种行为说,这是依据《刑法修正案(八)》规定的危险驾驶罪只对醉酒驾车、飙车两种危险驾驶行为所得结论。(2)五种行为说,这是依据2000年11月10日最高人

---

① 刘宪权:《处理高危驾车肇事案件的应然标准》,载《法学》2009年第9期。
② 刘雅婷:《以危险方法危害公共安全罪的特征分析》,载《沈阳大学学报》2011年第2期。

民法院《关于审理交通肇事刑事案件具体应用法律若干问题的解释》第 2 条第 2 款规定：交通肇事致 1 人以上重伤，负事故全部或者主要责任，并具有下列情形之一的，以交通肇事罪定罪处罚：一是酒后、吸食毒品后驾驶机动车辆的；二是无驾驶资格驾驶机动车辆的；三是明知是安全装置不全或者安全机件失灵的机动车辆而驾驶的；四是明知是无牌证或者已报废的机动车辆而驾驶的；五是严重超载驾驶的等五种行为。（3）六种行为说，在今后三年全国范围内将持续开展实施的"文明交通行动计划"中，中央文明办、公安部明确把"酒后驾驶、超速行驶、疲劳驾驶、闯红灯、强行超车、超员"列为六大危险驾驶行为，动员全社会共同抵制。① （4）十种行为说，"高速公路十大高危驾驶行为"：一是超速行驶；二是疲劳驾驶；三是货车超限超载；四是近距离跟车行驶；五是主线随意停车；六是频繁穿插变更车道；七是倒车，逆向行驶，穿越中央隔离带调头；八是酒后驾车；九是不按规定使用安全带；十是客车超员。②

有学者认为，所谓危险驾驶，指驾驶机动车过程中制造为社会所不容许的交通危险的行为，主要包括无证驾驶、超速驾驶（包括飙车）、酒后驾驶（包括醉酒驾驶）、疲劳驾驶、吸食毒品或服用镇静类药物后驾驶、超载驾驶、明知是存在安全隐患的车辆而驾驶等行为。③ 危险驾驶行为外延广，不仅包括醉酒驾车和飙车，还包括吸食毒品后、无驾驶技术驾车等具有高度危险性的驾驶行为。无驾驶技术驾车行为应属于危险驾驶行为，因为无驾驶技术的驾驶者，明知自己无驾驶技术水平还要上路驾驶，在客观上已经使不特定多数人的生命和健康遭到威胁，具有严重的社会危害性。该类行为虽未造成实害结果，但已危及到生命、健康、重大财产安全，应予以刑罚处罚。④ 笔者认为，对于危险驾驶行为具体应如何理解，主要应依据我国道路交通安全法的相关规定来认定，可以说，凡是违反道路交通安全法的闯红灯、强行超车、超员、超速、醉酒等驾驶行为均属于危险驾驶行为。

2. 危险驾驶罪的危险驾驶与以危险方法危害公共安全罪"危险方法"的关系。有学者认为，如果危险驾驶行为造成实际损害，驾驶人对侵害法益的具

---

① 雷霆：《六大危险驾驶行为到底险在哪》，载《新商报》2010 年 7 月 19 日。
② 《"高速公路十大高危驾驶行为"排名》，载《钱江晚报》2008 年 2 月 27 日。
③ 郑创彬：《危险驾驶行为定性研究》，载《河北公安警察职业学院学报》2002 年第 2 期。
④ 张秋：《危险驾驶行为定性研究》，载《河南科技大学学报》（社会科学版）2011 年第 3 期。

第一部分 以危险方法危害公共安全罪基本理论与司法认定精要

体的危险具有故意,但对致人伤亡等实害结果仅具有过失,那么构成危险驾驶罪和第 115 条第 1 款的以危险方法危害公共安全罪的法条竞合犯,由于第 115 条第 1 款的法定刑较高,所以应以第 115 条第 1 款的以危险方法危害公共安全罪定罪处罚。最后,如果危险驾驶行为造成实际损害,驾驶人对侵害法益的实害结果具有故意,那么构成危险驾驶罪和第 115 条第 1 款的以危险方法危害公共安全罪的法条竞合犯,由于第 115 条第 1 款的法定刑较高,所以应以第 115 条第 1 款的以危险方法危害公共安全罪定罪处罚。① 笔者认为,危险驾驶罪的危险驾驶与以危险方法危害公共安全罪"危险方法"并非交叉的"法条竞合犯"关系,而应是相互排斥的对立关系。即危险驾驶作为"危险方法",如果构成危险驾驶罪,那就不构成以危险方法危害公共安全罪;相反,如果构成以危险方法危害公共安全罪,那就不构成危险驾驶罪。危险驾驶罪与以危险方法危害公共安全罪的这种相互排斥的对立关系,直接体现在两罪的法定刑规定上。危险驾驶罪的法定刑仅为拘役刑,而以危险方法危害公共安全罪的法定刑则为"三年以上十年以下有期徒刑"与"十年以上有期徒刑、无期徒刑或者死刑"两个量刑幅度。

在司法实践中,界定危险驾驶罪的危险驾驶与以危险方法危害公共安全罪"危险方法"的关系,可以参照如下观点:并不是只有当危险驾驶行为造成了重大伤亡结果,且行为人对伤亡结果具有故意时,才能认定为以危险方法危害公共安全罪。事实上,以下三种危险驾驶行为,都成立以危险方法危害公共安全罪。(1) 危险驾驶行为不仅具有与放火、爆炸等行为相当的具体的公共危险,而且造成了致人伤亡的实害结果,行为人对伤亡结果具有故意(此时属于故意的基本犯)。(2) 危险驾驶行为具有与放火、爆炸等相当的具体的公共危险,行为人对该具体的公共危险具有故意。例如,在高速公路上逆向追逐竞驶的,即使没有造成严重后果的,也应当适用刑法第 114 条。(3) 危险驾驶行为具有与放火、爆炸等相当的具体的公共危险,行为人对该具体的公共危险具有故意,客观上造成致人伤亡的实害结果,行为人对实害结果具有过失(此时属于结果加重犯)。例如,因醉酒而丧失驾驶机动车的能力,却在大雾天驾驶机动车高速行驶,导致他人伤亡的,即使对伤亡结果仅有过失,也不能仅认定为交通肇事罪,而应认定为以危险方法危害公共安全罪。②

3. 危险驾驶行为依照以危险方法危害公共安全罪处理的根据问题。刑法

---

① 张健:《危险驾驶罪与以危险方法危害公共安全罪区分》,载《检察日报》2011 年 8 月 10 日。

② 张明楷:《危险驾驶罪及其与相关犯罪的关系》,载《人民法院报》2011 年 5 月 11 日。

第114条、第115条第1款规定的以危险方法危害公共安全罪，其适用范围较宽泛，多种危险驾驶行为都可能包括在内，但将危险驾驶行为纳入以危险方法危害公共安全罪中还必须有一定的根据。目前所见到的根据有两种：刑法司法解释根据与行政管理法规根据。笔者认为，根据刑法司法解释将危险驾驶行为依照以危险方法危害公共安全罪处理，这是不存在任何问题的；而如果根据行政管理法规将危险驾驶行为依照以危险方法危害公共安全罪处理，却是存在问题的。具体理由是：

（1）刑法司法解释根据。2009年9月8日，最高人民法院召开新闻发布会，就醉酒驾车犯罪的法律适用等问题提出了指导性意见，并公布了两起醉酒驾车犯罪典型案例。最高人民法院《关于醉酒驾车犯罪法律适用问题的意见》指出，行为人明知酒后驾车违法、醉酒驾车会危害公共安全，却无视法律醉酒驾车，特别是在肇事后继续驾车冲撞，造成重大伤亡，说明行为人主观上对持续发生的危害结果持放任态度，具有危害公共安全的故意。对此类醉酒驾车造成重大伤亡的，应依法以以危险方法危害公共安全罪定罪。根据刑法第115条第1款的规定，醉酒驾车，放任危害结果发生，造成重大伤亡事故，构成以危险方法危害公共安全罪的，应处以10年以上有期徒刑、无期徒刑或者死刑。①在一般情况下，醉酒驾车行为和采用放火、决水、爆炸等危险方法危害公共安全的行为在性质上有差异，前者毕竟是一种交通行为，而后者本身就是犯罪行为。因此，不能把醉酒驾车行为简单地归结在以危险方法危害公共安全罪里面，一律认定为以危险方法危害公共安全罪。醉酒驾车行为在何种情况下与放火、决水、爆炸等危害公共安全行为在性质上相当，要在具体的案件中，根据行为的时间、地点、方式、环境等具体情况来判断，不能单纯以危害后果为准来判断醉酒驾车行为是否构成以危险方法危害公共安全罪。②

（2）行政管理法规能否作为定罪量刑根据问题。2012年7月28日，国务院公布的《关于加强道路交通安全工作的意见》中指出：严厉整治道路交通违法行为。"加强公路巡逻管控，加大客运、旅游包车、危险品运输车等重点车辆检查力度，严厉打击和整治超速超员超载、疲劳驾驶、酒后驾驶、吸毒后驾驶、货车违法占道行驶、不按规定使用安全带等各类交通违法行为，严禁三轮汽车、低速货车和拖拉机违法载人。依法加强校车安全管理，保障乘坐校车学生安全。健全和完善治理车辆超限超载工作长效机制。研究推动将客货运车

---

① 黄金：《醉酒驾车统一量刑标准并严惩》，载《中国联合商报》2009年12月28日。
② 高贵君：《〈关于醉酒驾车犯罪法律适用问题的意见〉的理解与适用》，载《人民司法》2010年第1期。

辆严重超速、超员、超限超载等行为列入以危险方法危害公共安全行为，追究驾驶人刑事责任。"国务院公布的《关于加强道路交通安全工作的意见》属于行政管理法规性质，它对交通行政管理部门处理"道路交通违法行为"无疑具有直接的指导作用。但是，行政管理法规能否作为司法机关定罪量刑的根据呢？答案应当是否定的。笔者认为，国务院公布的《关于加强道路交通安全工作的意见》其中的"将客货运车辆严重超速、超员、超限超载等行为列入以危险方法危害公共安全行为，追究驾驶人刑事责任"规定，是完全有必要性与具有可行性的，但这些规定的内容却不能得以直接参照适用，而应由最高人民法院、最高人民检察院通过司法解释来体现，才能合理合法地得到贯彻执行。

4. "高危驾驶"通常是采用以危险方法危害公共安全罪定性处理。有学者认为，在危险驾驶肇事的情况下，危险驾驶行为通常不属于以危险方法危害公共安全罪的"危险方法"，对严重的损害后果通常无法推定为故意，因而不构成以危险方法危害公共安全罪。退一步讲，如果危险驾驶行为造成严重后果的构成以危险方法危害公共安全罪，然而本罪要处罚危险犯，对于危险驾驶行为尚未造成严重后果的也要以本罪论处，这显然不具有规范评价的合理性。故此，对于危险驾驶肇事的案件，以构成交通肇事罪为常态，以构成以危险方法危害公共安全罪为例外。① 笔者认为，上述观点将两个层次的问题混为一谈，并不可取。第一个层次要解决的问题是，对于危险驾驶行为尚未造成严重后果的，这需要考察是符合危险驾驶罪的构成要件，还是符合刑法第114条以危险方法危害公共安全罪的构成要件，并非一定是要以以危险方法危害公共安全罪论处。第二个层次要解决的问题是，对于危险驾驶行为已经造成严重后果的，这需要从主观罪过形式上来考察是符合交通肇事罪的构成要件，还是符合刑法第115条第1款以危险方法危害公共安全罪的构成要件，并非一定是要以交通肇事罪论处。换言之，上述观点所得结论："对于危险驾驶肇事的案件，以构成交通肇事罪为常态，以构成以危险方法危害公共安全罪为例外"，这是带有片面性与偏见性的。

实际上，"高危驾驶"可能造成交通事故，可能危及不特定多数人的生命健康安全或重大财产损失，应为驾驶常识甚至生活常识。高危驾驶可能构成交通肇事罪、以危险方法危害公共安全罪，还可能不构成犯罪，但三者行为人在主观上有一点是共同的，即对高危驾驶可能造成的危险后果是明知的；不同的

---

① 刘雅婷：《以危险方法危害公共安全罪的特征分析》，载《沈阳大学学报》2011年第2期。

只是对实害结果的态度不同。直接故意以高危驾驶方法危害公共安全罪是明知行为会造成危害公共安全的实害后果，并且追求该后果的发生，这种情况无论是否发生危害后果，都应定以危险方法危害公共安全罪；间接故意以高危驾驶方法危害公共安全是明知自己的行为会造成危害公共安全的后果，却放任并最终导致了后果的发生，如发生交通事故后不计后果地逃逸，在逃逸过程中又连撞带刮致多人伤亡，在司法实务中通常以"以危险方法危害公共安全罪"定罪量刑，或者以此罪与交通肇事罪并罚；如果在主观上对实害结果的发生轻信能够避免，结果造成损害后果的发生，则应定交通肇事罪；如果行为人主观上对实害后果存在过失，但没有实害结果的发生，则不构成犯罪。

"高危驾驶"属于危险犯吗？从立法本意上讲，刑法第114条规定的危险犯，实质上是通过立法的手段，将危害公共安全犯罪未遂形态既遂化。即立法机关基于危害公共安全是一种极为严重的犯罪，为强化对社会的保护，加大对该类行为的打击力度，将危害公共安全的未遂犯罪直接以立法的方式将其按既遂犯处理。我们知道，危险行为并不必然造成危险后果，如不按规定管理、使用有毒物品是危险行为，一旦失控即极有可能造成危害公共安全的危险结果或实害结果；但也存在一种可能，即行为人不按规定管理、使用有毒物品，却侥幸没有出现失控或其他有害结果，即行为危险、结果安全。刑法第114条所涉投放危险物质、放火、决水等均系危险行为，这些行为只有具备"足以危害公共安全"的危害后果时，才能构成危害公共安全罪中的危险犯；如果行为人虽有投放危险物质、放火、决水行为，但不可能危害公共安全，如在无人区或具备安全保障的试验区为前述行为，或虽在公共场所为前述行为，但尚不具备危害不特定多数人的生命、健康、重大公私财产安全的可能性（如有毒物质本身的毒性、数量、浓度尚不足以危及公共安全），则因不可能危害公共安全，而不构成危害公共安全罪。

此类犯罪在直接故意形态下一般不难认定，而间接故意则比较困难，对"高危驾驶"也不例外。司法实践中，办案人员往往要通过对行为的方式、手段、环境、结果的综合分析，才能认定行为人对造成危害社会后果的主观心态。实际上是根据行为的结果，认定行为人心态；在其他犯罪构成要件成立的情况下，如果危害结果发生了，就认定行为人放任了危害结果的发生，如果危害结果最终并未发生，就不能也无须认定行为人对危害结果存在放任心态，从而构成间接故意犯罪。鉴于此，间接故意犯罪不存在未遂形态。应当说，认定行为人是否具有间接故意，行为本身的危险程度是一种重要参数。只有行为本身是高度危险的，才可能认定行为人存在造成社会危害后果的间接故意。如果行为本身并不危险，就无从推定行为人存在造成危害社会后果的故意。如果只要存在发生危险结果的可能性,就定以危险方法危害公共安全罪,则几乎所有发生在公共场合的高危行为都可以认定为危害公共安全罪。这样的结果,就使刑法第114条设定的"以危险方法危害公共安全罪"成为一个口袋罪。事实上,我们在适用"以危险方法危害公共安全罪"这一罪名时应当格外慎重。①

(七)"生产地沟油"能否构成以危险方法危害公共安全罪的"危险方法"问题

"地沟油"是从下水道及地沟中的泔水油里提炼出来的,卫生方面完全不合格,细菌含量超标。其中的主要有害物质之一是毒性很强的黄曲霉素,除了远期的致癌性之外,也可能造成急性中毒。"地沟油"属于在高温下反复使用的油脂,高温造成氧化,发生很多种化学反应,可能产生很多对人体有害的物质,人食用勾兑地沟油的食用油后,最初会出现头晕、头疼、恶心、呕吐、腹泻等中毒症状,长期食用,轻者会使人缺乏营养、加速衰老,重者将导致肠道和心血管疾病,破坏消化道黏膜,内脏严重受损甚至致癌。与此同时,"地沟油"还含有大量的食物残渣以及调味料,这些杂质能够加速油脂腐败变质。据有关方面不完全统计,我国部分人一年食用的"地沟油"达300万吨之多。由于缺少法律法规,究竟预防、鉴定和打击"地沟油"属于谁管,许多部门在相互推诿。鉴于此,要严厉惩罚兑制、生产"地沟油"的违法犯罪行为,建议国家立法机关尽快立法,并将兑制、生产"地沟油"的违法犯罪行为归入以危险方法危害公共安全罪中,以便从严从快惩罚此种犯罪。②

效仿治理"醉驾"对"地沟油"进行定罪,全国人大代表、广东海洋大学食品科技学院食品质量与安全系主任雷晓凌建议,"应加大违法成本,让违法者不想违法,才能有效治理食品安全",希望在治理食品安全方面可以仿效治理醉驾一样在全国上下来一场声势浩大的治理活动。雷晓凌留意到,在醉驾的定罪中提到"醉酒驾车造成重大伤亡的,应依法以危险方法危害公共安全罪定罪"。她建议,在对食品安全事件进行量刑或司法解释时,可考虑结合对社会的影响、对人民生命财产的影响来定罪,最高人民法院可以"地沟油"事件为典型案例进行司法解释和定罪,完善相关审理规则,加大宣传推广。③2011年9月30日,兰州市政府召开严厉打击"地沟油"违法犯罪专项工作

---

① 赵恒:《"高危驾驶":法律不会坐视不管》,载正义网,2003年1月28日。
② 薛灵:《建议对生产"地沟油"的行为按"以危险方法危害公共安全罪"定罪》,载河南法院网,2010年3月23日。
③ 郑佳欣等:《雷晓凌代表建议效仿治理醉驾对地沟油定罪》,载《南方日报》2012年3月13日。

会，启动"地沟油"专项整治，严厉打击非法提炼、生产、销售和使用"地沟油"的违法犯罪行为，防止"地沟油"回流餐桌。同时提出，保持"地沟油"打击高压态势，检察机关等司法机关要事先介入，对违法制售"地沟油"案件，要以危害公共安全犯罪论处。①

但是，最新发布的司法解释性文件却未采用上述建议，即适用以危险方法危害公共安全罪来惩处生产、销售和使用"地沟油"的违法犯罪行为。2012年2月24日，最高人民法院、最高人民检察院、公安部联合下发《关于依法严惩"地沟油"犯罪活动的通知》，其中明确规定，对于利用"地沟油"生产"食用油"的，依照刑法第144条生产有毒、有害食品罪的规定追究刑事责任；明知是利用"地沟油"生产的"食用油"而予以销售的，依照刑法第144条销售有毒、有害食品罪的规定追究刑事责任；虽无法查明"食用油"是否系利用"地沟油"生产、加工，但犯罪嫌疑人、被告人明知该"食用油"来源可疑而予以销售的，经鉴定，检出有毒、有害成分的，依照刑法第144条销售有毒、有害食品罪的规定追究刑事责任；属于不符合安全标准的食品的，依照刑法第143条销售不符合安全标准的食品罪追究刑事责任；属于以假充真、以次充好、以不合格产品冒充合格产品或者假冒注册商标，构成犯罪的，依照刑法第140条销售伪劣产品罪或者第213条假冒注册商标罪、第214条销售假冒注册商标的商品罪追究刑事责任。对于国家工作人员在食用油安全监管和查处"地沟油"违法犯罪活动中滥用职权、玩忽职守、徇私枉法，构成犯罪的，依照刑法有关规定追究刑事责任。

而在司法实践中，对生产销售"地沟油"犯罪案也未采用以危险方法危害公共安全罪定性，而是适用了生产、销售有毒、有害食品罪来判刑。例如，2012年6月7日，贵阳市花溪区人民法院公开宣判贵州省第一起生产销售"地沟油"犯罪案件。2009年年底，被告人伍某某系贵阳花溪卫远饲料油加工厂合伙人，伙同他人（在逃）共同出资在贵阳市花溪区孟关乡成立贵阳花溪卫远饲料油加工厂，投产后由于饲料油没有销路，伍某某与他人共谋用潲水油、劣质猪皮油（统称毛油）加工成猪油进行销售。2010年6月至2011年8月，伍某某从他人处收购潲水油、劣质猪皮油等非食品原料，生产加工"食用油"24.6吨，并销售至多家餐馆。法院审理认为，被告人伍某某用餐厨垃圾、废弃油脂、各类肉及肉制品加工废弃物等非食品原料，生产加工"食用油"进行销售，其行为已构成生产、销售有毒、有害食品罪。为严惩"地沟

---

① 唐华伟：《兰州：制售"地沟油"按危害公共安全罪处罚》，载《科技鑫报》2011年9月30日。

油"犯罪,坚决打击"地沟油"进入食用领域的各种犯罪行为,切实保障人民群众的生命健康安全,遂依法作出判决:被告人伍某某因犯生产、销售有毒、有害食品罪被判处有期徒刑3年6个月,并处罚金30万元。①

笔者认为,"两高"与公安部发布的惩处生产、销售和使用"地沟油"的司法解释性文件,虽然对当前的治理生产、销售和使用"地沟油"的违法犯罪行为有一定的积极作用与实用价值,却不过是出于权宜之计而出台的,其中有的罪名适用并不十分准确、恰当,"地沟油"虽有一定的毒害性,但却又不能完全等同于有毒有害食品。从长远考虑,有必要在刑法中单设独立罪名来惩处生产、销售和使用"地沟油"的违法犯罪行为,因为目前司法解释性文件涉及的罪名种类太多,因而会使法官、检察官在理解与适用上障碍重重。但是,在刑法中单设独立罪名来惩处生产、销售和使用"地沟油"的违法犯罪行为之前,还是采用以危险方法危害公共安全罪判处此类生产、销售和使用"地沟油"的违法犯罪行为比较妥当。

五、以危险方法危害公共安全罪的主体问题

在以危险方法危害公共安全罪的主体构成方面,有必要探讨如下三个问题:一是已满14周岁不满16周岁的人能否作为以危险方法危害公共安全罪主体;二是乘客作为以危险方法危害公共安全罪的主体问题;三是行人作为以危险方法危害公共安全罪的主体问题。

(一)已满14周岁不满16周岁的人能否作为以危险方法危害公共安全罪的主体问题

有学者认为,根据1979年刑法第14条第2款的规定,已满14周岁不满16周岁的人,犯杀人、重伤、抢劫、放火、惯窃罪或者其他严重破坏社会秩序罪,应当负刑事责任。由于以危险方法危害公共安全罪危害公共安全,可以视为杀人、重伤、抢劫、放火、惯窃罪以外其他严重破坏社会秩序的犯罪,因而按照1979年刑法的规定,已满14周岁不满16周岁的人,应当承担以危险方法危害公共安全罪的刑事责任。1997年刑法则将相对负刑事责任年龄阶段的人承担刑事责任的范围限定在故意杀人、故意伤害致人重伤或者死亡、强奸、抢劫、贩卖毒品、放火、爆炸、投毒罪八种重罪之中。因此,以危险方法危害公共安全罪的主体只能是已满16周岁、具有刑事责任能力的自然人。根据全国人大常委会法制工作委员会2002年7月24日颁布的《关于已满十四周

---

① 《生产销售"地沟油"被告获刑3年半罚30万》,载《科技鑫报》2012年6月9日。

岁不满十六周岁的人承担刑事责任范围问题的答复意见》的有关内容，刑法关于相对负刑事责任人应当承担刑事责任的八种犯罪，是指具体犯罪行为而不是具体罪名。因此，已满14周岁不满16周岁的人在以放火、决水、爆炸、投放危险物质以外的危险方法危害公共安全的过程中，故意杀人、故意伤害致人重伤的，可以故意杀人罪或者故意伤害罪追究其责任。①

此种肯定已满14周岁不满16周岁的人能够作为以危险方法危害公共安全罪主体的观点，仅得到少数学者的支持，例如有学者的赞同观点是：以危险方法危害公共安全罪的主体应该扩大化，应该将已满14周岁不满16周岁的未成年人纳入惩罚范围。从已满14周岁不满16周岁未成年人自身的角度看，在这个阶段里的人已经接受了一定程度的教育，具有一定的知识储备，在日常生活学习的过程中也接触到一些法律知识，了解哪些行为可能是犯罪，对自己的行为后果有认定的预测能力，有良好的控制辨认能力。同时，随着社会生活水平的提高，现在的未成年人相较于以前的同龄人是更加的成熟聪明，因此对自己的行为有时了解得十分透彻，只因为法律的滞后性未将人的变化发展考虑其中就否认这个阶段人的危险性及行为所造成的危害后果。②

而刑法学界的通说观点则是否定说，即认为以危险方法危害公共安全罪的主体是一般主体，即16周岁以上精神正常的人。限制刑事责任年龄者即14周岁以上不满16周岁的人，不应在该罪名之下受刑事责任的追究，这是该罪和爆炸罪、放火罪、投毒罪的区别。③ 毫无疑问，此种否定说的观点更符合刑法第17条第2款规定。刑法第17条第2款规定了故意杀人罪、故意伤害罪、强奸罪、抢劫罪、贩卖毒品罪、放火罪、爆炸罪、投毒罪等，而其中虽然包括了刑法第114条与第115条的放火罪、爆炸罪、投毒罪三项罪名，但却不包括以危险方法危害公共安全罪。因此，既然刑法第17条第2款规定排除了以危险方法危害公共安全罪，那就不能追究已满14周岁不满16周岁的人而构成的以危险方法危害公共安全罪。在此有困惑的是，不能采用以危险方法危害公共安全罪追究，而能否采用刑法第17条第2款规定的故意伤害罪来追究已满14周岁不满16周岁的人所触犯的以危险方法危害公共安全罪的刑事责任呢？对此，下列惠州市中院判决的邢某遇害案中的被告人之一林某某的定性，就作出了肯定性回答。

---

① 董玉庭主编：《公共安全罪立案追诉标准与司法认定实务》，中国人民公安大学出版社2010年版，第65页。

② 邓映：《以危险方法危害公共安全罪的研究》，载《大观周刊》2010年第37期。

③ 石芳：《"以危险方法危害公共安全罪"探讨》，载《人民法院报》2002年1月7日。

第一部分　以危险方法危害公共安全罪基本理论与司法认定精要

2011年4月13日22时许,被告人林某某伙同蔡某某、黄某泉在惠东县稔山镇竹园村委石头岭村林某某家中商定去厦深铁路工地偷铁,林某某在家中拿了一把西瓜刀藏在身上。当三人步行至惠深沿海高速公路圭景河大桥旁边时,被告人林某某提议在高速公路边朝过往车辆投掷石头砸车玩,蔡、黄均表示同意。三人在高速公路下寻得若干混凝土石块,钻过公路防护网走到圭景河大桥往深圳方向桥头处,伺机向途经该处的车辆正面投掷混凝土石块。当晚23时许,当车牌号为粤B0202S的大众途锐吉普车往深圳方向行驶途经该地时,被告人林某某持混凝土石块向该车投掷,石块穿过车辆右前挡风玻璃,砸中坐在副驾驶室座位上的被害人邢某左下颌面部,司机黄某见邢某受伤,立即驾车送邢某去大亚湾霞涌医院抢救。林某某与黄某泉、蔡某某则继续在高速公路上朝过往车辆投掷石头,其中,黄某泉砸中一辆本田奥德赛小车,该车副驾驶室门上A柱的三角玻璃被砸碎;蔡某某砸中一辆五菱荣光面包车右后侧部位。随后,林某某、蔡某某、黄某泉走出公路边,见现场地上有细碎的玻璃和带血的纸巾,感到害怕,立即逃离现场。2012年7月12日,惠州市中院一审以故意伤害罪判处被告人林某某有期徒刑12年,另两名被告人黄某泉、蔡某某犯以危险方法危害公共安全罪,分别被判处有期徒刑10年、有期徒刑6年。同时,三名被告及其附带民事诉讼被告人共同连带赔偿附带民事诉讼原告人经济损失人民币968086.45元。①

林某某、黄某泉与蔡某某三人应属共同犯罪,都应当定性为以危险方法危害公共安全罪,仅仅因为林某某的刑事责任年龄不符合刑法第17条第2款规定,才出现对3人分别定罪。即在判决中,之所以对被告人林某某以故意伤害罪判处,另外两名被告人黄某泉、蔡某某认定以危险方法危害公共安全罪判处,其关键就在于:林某某是1996年出生的,不满16周岁。这在庭审辩护词及其法院的判决中都得到证实。其辩护人辩称,"案发时被告人林某某未满16周岁,对于事物的判断和成年人有区别,被告人林某某归案后积极交代自己的罪行,有悔罪表现,且是初犯,本着对未成年人保护的原则,希望对其减轻处罚。"法院认为:"被告人林某某无视国家法律,在高速公路上故意向过往车辆投掷石块,造成一人死亡。由于其犯罪时不满16周岁,具有法定从轻处罚情节,应依法从轻处罚。"②

有学者详细解释了法院之所以对被告人林某某以故意伤害罪,而不采用以

---

① 秦仲阳、李有军:《歌手丛飞遗孀邢丹遇袭致死案3名被告人获刑》,载《广州日报》2012年7月12日。

② 林霞虹、秦仲阳:《扔石砸车小青年服判不上诉》,载《广州日报》2012年7月13日。

危险方法危害公共安全罪定性的主要理论根据：本案由于林某某的投掷石头导致邢某死亡，出现了他人死亡的严重危害社会的结果，而直接造成这一结果的是林某某的行为。毫无疑问，林某某应当对邢某死亡结果承担刑事责任。实际上，由于造成了致人死亡的社会危害结果，林某某的行为同时触犯了两个罪名，即刑法第115条规定的以危险方法危害公共安全罪和故意伤害致人死亡罪，属于一行为触犯两罪名，刑法上称之为想象竞合犯。一般的，想象竞合按照罪重的定罪处罚。相比较而言，林某某触犯的第115条以危险方法危害公共安全罪，刑期是10年以上有期徒刑、无期徒刑或者死刑；但故意伤害致人死亡的，也是在10年以上有期徒刑、无期徒刑或者死刑幅度内量刑。以危险方法危害公共安全罪相对于故意伤害罪而言，属于特殊犯罪，对于一般犯罪与特殊犯罪出现竞合的，一般按照特殊犯罪处理，即以刑法第115条规定的以危险方法危害公共安全罪定罪处罚。但本案中，林某某实际上已满14周岁，不满16周岁，在刑法上属于限制行为能力人，依据我国刑法的规定，已满14周岁，未满16周岁的人只对故意杀人、故意伤害致人死亡、爆炸、放火、投放危险物质罪、决水、强奸、抢劫共8种犯罪承担刑事责任。如果认定以危险方法危害公共安全罪的话，林某某就有可能不被追究刑事责任；而如果以故意伤害致人死亡罪论定的话，就应当承担刑事责任。因此，从罪责刑相适应的角度出发，应以故意伤害致人死亡罪追究林某某的刑事责任。①

但笔者认为，对于1997年刑法第17条第2款所列的8种情形究竟是指罪名还是指犯罪行为，在认识上存在重大分歧。有人认为是指8种具体的罪名，也有人认为是指8类犯罪行为，还有人认为一部分是指罪名另一部分是指犯罪行为。之所以会出现这种认识上的混乱局面，主要是因为我国现行的刑法立法不太完善，而前述刑法解释性文件又加剧了这种混乱。前述刑法解释性文件采用的是"犯罪行为说"，但笔者认为，"罪名说"才是科学的。如果"犯罪行为说"能够成立的话，那么上述大量犯罪的最低刑事责任年龄都将变成14周岁，犯罪者的数量将大幅度上升，这显然是荒谬的，既不符合世界刑事立法的潮流，也不符合立法者修订刑法的本意。②

（二）乘客作为以危险方法危害公共安全罪的主体问题

在司法实践中，经常存在这样的情况：乘客因为某种原因，对司机或者公交不满，在车辆行驶的过程中，对司机进行打骂，导致行驶中的公交车偏离行驶路线，造成人员伤害或者路边物品的损失。这样的行为，与放火、决水、爆

---

① 林燕等：《飞石致邢丹罹难的少年如何定罪处罚》，载法制网，2011年4月26日。
② 陈志军：《我国相对刑事责任立法之检讨》，载《法商研究》2005年第6期。

炸、投毒的危险性相当，且行为的社会危害性达到相当严重的程度，所以可以构成以危险方法危害公共安全罪。

案例一，被告人王某某于2005年11月5日搭乘瓯海公交公司505路中巴车时，以上厕所为理由突然要求中途下车。当他的要求被拒绝后，即用右手拳头击打正在驾车行驶的驾驶员董某头部，致使董某当即对车辆失去控制，撞上另一侧反方向车道上正常行驶的菲亚特轿车，两车的经济损失经鉴定为43832元。鹿城区人民法院审理认为，王某某明知其对驾驶员的殴打行为可能会造成车辆失控，从而危害道路上不特定多数人员的生命及财产安全，却放任了这种结果的发生，危害公共安全，故以危险方法危害公共安全罪，判处王某某有期徒刑6年。①

案例二，2008年4月4日晚8时许，被告人贺某某酒后与女友等数人，在武汉光谷关山大黄村站乘坐一辆702路专线车前往武珞路。上车后，贺某某因刷卡问题与驾车司机高某发生纠纷，后被劝阻。晚9时许车行至鲁巷加油站附近时，贺某某要求高某停车，因未到站遭拒后，贺某某用拳头击打高某右部胸肩处，致使车辆操作失控，冲入马路右侧人行道，将正在行走的谭某某（系湖北省气象局高级工程师）撞倒。谭经医院抢救无效死亡。案发后，贺某某主动向公安机关投案自首。经法院调解，此案民事赔偿部分达成协议。由702路车营运公司赔偿35万元，贺某某赔偿2.2万元。武汉市硚口区法院认为，贺某某因琐事殴打正在驾驶公交车的驾驶员，致使公交车失控，造成一名行人死亡、多名司乘人员受伤、车辆受损，其行为已构成以危险方法危害公共安全罪。案发后，贺某某主动投案，并赔偿被害人亲属部分经济损失，酌情作出从轻判处8年的处罚。②

案例三，2010年5月28日早上，农某某在柳州市汽车总站搭乘往金城江的桂B18686号客车，当车辆驶进马山高速加油区加油时，农某某从自己的座位（倒数第三排左侧）走到副驾驶座来坐，经司机韦某某阻止，其又回到自己座位。当车子行至金宜公路宜州市德胜镇榄树村路段时，农某某再次离开座位走到司机旁边问司机到金城江还有多久，司机韦某某答可能还要20分钟，然后农某某就在三号座位坐下。9点30分左右，当车子行至德胜垃圾场路口附近时，农某某突然上前抢司机方向盘，用右手抓住方向盘右侧向上推，同时左手扼住司机韦某某的脖子，车子失去控制往左侧行驶，越过中间隔离带，冲

---

① 包珍珍、陈东升：《乘客拳打公交车司机 被控危害公共安全获刑6年》，载《法制日报》2006年5月30日。

② 余皓等：《失控公汽撞死女高工案一审宣判》，载荆楚网，2009年2月1日。

到对面道路，撞到对向正常行驶在快车道上的桂 ALJ631 号丰田越野车，造成越野车上司机李某某当场死亡，越野车乘客施某某、黄某受伤，越野车损坏的重大事故。事故发生后，宜州市公安局交通警察大队接到报案进行处理，查清是车上乘客农某某抢方向盘导致的事故，遂移送到宜州市公安局德胜派出所作为刑事案件处理。同日，农某某因涉嫌以危险方法危害公共安全罪被宜州市公安局刑事拘留。经鉴定为无刑事责任能力人，公安机关撤销案件。①

但是，也有乘客导致车辆操作失控而被定为交通肇事罪的。

案例四，2001 年 3 月 30 日上午，被告人陆某某驾驶无人售票公交车行驶到市区某站时，被告人张某某乘上该车。因张某某上车后始终站在车前门第二台阶处影响到乘客上车，陆某某叫张某某往车厢内走，但张某某未予理睬。当再次要求张某某往里走时，张某某不仅不听劝告，反以陆某某出言不逊为由，挥拳殴打正在驾车行驶的陆某某，击中陆某某的脸部。陆某某被殴后，置行驶中的车辆于不顾，离开驾驶座位，抬腿踢向张某某，并动手殴打张某某，张某某则辱骂陆某某并与陆某某厮打在一起。这时公交车因无人控制偏离行驶路线，有乘客见公交车前出现车辆、自行车，惊呼"当心，车子！"但为时已晚，公交车接连撞倒一相向行驶的骑自行车者，撞坏一辆出租车，撞毁附近住宅小区的一段围墙，造成骑自行车的被害人龚某因严重颅脑损伤致中枢神经功能衰竭而当场死亡，撞毁车辆及围墙造成物损 21288 元。2001 年 11 月 19 日，上海市中级人民法院一审判决：被告人陆某某犯以危险方法危害公共安全罪，判处有期徒刑 8 年，剥夺政治权利 2 年；被告人张某某犯交通肇事罪，判处有期徒刑 3 年。

有学者认为，本案被告人陆某某因与乘客张某某发生争执，遭到张某某的殴打，竟然置正在行驶中的公交车于不顾，离开驾驶室与张某某互殴。法院认定该行为是一种足以危及公共安全的高度危险方法，但从另一方面看，也可以视为一种严重违反交通规则的行为。所以，对陆某某以以危险方法危害公共安全罪定罪是正确的。被告人张某某的行为，其殴打正在驾驶车辆的陆某某，这种行为既可以说是一种危及公共安全的危险行为，也可以说是一种严重违反交通规则的行为。虽然张某某作为正常人明知不能侵犯正在驾驶车辆的驾驶员，却挥拳殴打并继而与其扭打在一起，但对于发生的危害结果即对已经发生的危害公共安全的结果而言，张某某对此主观上并没有直接故意或者间接故意，所以明显是一种过失心态，应当以交通肇事罪定罪处罚，而不再是以危险方法危

---

① 陈忠强、赖艳军：《精神病人抢方向盘 引发一死两伤事故》，载广西法院网，2011 年 12 月 28 日。

害公共安全罪。①

但笔者认为，被告人张某某的行为与案例一被告人王某某的行为、案例二被告人贺某某的行为并无本质性差异，都属于违反《中华人民共和国道路交通安全法》第 66 条规定的行为，该条规定是乘车人不得有影响驾驶人安全驾驶的行为。而从定性来看，被告人张某某被定为交通肇事罪，而案例一被告人王某某的行为、案例二被告人贺某某的行为则被定为以危险方法危害公共安全罪。以笔者所见，被告人张某某的行为也应定性为以危险方法危害公共安全罪。主要理由是："被告人张某某应当知道殴打正在驾车的驾驶员会导致车辆失控等各种危险因素的发生，为泄愤，却不计后果拳击陆某某，造成陆某某失去理智与张某某互殴，最终导致严重后果的发生，其行为与本案结果存在着必然的联系，故对被告人张某某也应以以危险方法危害公共安全罪处罚。"②

（三）行人作为以危险方法危害公共安全罪的主体问题

据《重庆商报》报道，2010 年 1 月 21 日，重庆律师李帅上书全国人大常委会，建议对行人横穿公路引发重特大伤亡事故的，以危险方法危害公共安全罪论罪。在近几年的司法实践中，已将醉酒驾车肇事后置死伤者于不顾，继续驾车致多人伤亡；盗窃路面井盖；驾车故意在交通拥挤路段"碰瓷"等行为，定性为以危险方法危害公共安全罪。现行法律、法规对横穿公路的行为只规定了民事责任，没有规定对引发重特大交通事故的横穿公路行为追究刑事责任。近年来，行人横穿公路引发重特大交通事故的新闻不绝于耳。这些人在横穿公路之前，是应当预见到可能出现的重特大交通事故的结果的，但依然放任了横穿公路的行为。如果造成重特大伤亡事故，其行为危害了不特定人群的生命安全，符合刑法中以危险方法危害公共安全罪的构成要件。③

但从司法实践来看，行人导致重大伤亡事故的行为却并非被定为以危险方法危害公共安全罪。例如，江苏省南京市浦口区人民法院判处的"马路乞丐"拦车强讨案。2003 年 8 月 1 日凌晨，孙某某在浦合公路上拦车要钱，致车辆追尾，造成第三辆车驾驶员死亡、同车人受伤；同年 9 月 28 日，孙某某在浦合公路上以同样方法拦车要钱，驾驶员王某为避让孙某某，造成车辆失控，将在路边的宋某某撞死，马某某、驾驶员王某同时受伤。2004 年 6 月 1 日，孙

---

① 王海文、刘建：《司机离驾驶座与乘客打斗 行驶中公交车失控酿命案》，载《法制日报》2004 年 11 月 20 日。

② 金泽刚：《公交车司机与乘客斗殴引发交通事故的定性》，载《河南公安高等专科学校学报》2002 年第 5 期。

③ 《行人横穿公路引发重特大车祸》，载《焦作日报》2010 年 1 月 23 日。

某某被浦口区检察院以涉嫌犯有"以危险方法危害公共安全罪"向浦口区人民法院提起公诉。被告人孙某某在法庭上说，他拦车 500 多辆，所拦车多为货车。上述两起车祸与他没有任何关系，都是驾驶员车技不熟、违章驾驶造成。指定辩护人辩称，检方指控罪名不成立：本案适用法律不当，被告人在主观上没有危害公共安全的故意，所实施的行为不符合以危险方法危害公共安全罪的构成要件，交通事故的发生，与驾驶处置不当密不可分，驾驶员也有过错。法院采信了被告人孙某某及其指定辩护人的意见，以交通肇事罪判处被告人孙某某有期徒刑 3 年。①

有学者认为，法院认定被告人孙某某构成交通肇事罪不妥，理由如下：（1）被告人孙某某不符合交通肇事罪的主体资格。交通肇事罪的主体为年满 16 周岁、具有刑事责任能力的一般主体。本案中被告人孙某某为乞讨上路强行拦车，根据《中华人民共和国道路交通安全法》第 63 条规定：行人不得跨越、倚坐道路隔离设施，不得扒车、强行拦车或者实施妨碍道路交通安全的其他行为。不管孙某某拦车是乞讨还是乘车，都应属于行人一类。虽然最高人民法院《关于审理交通肇事刑事案件具体应用法律若干问题的解释》将主体扩及乘车人的范围，但其对扩大的主体进行了限定，且仅以共犯论处。在现行法律、司法解释未作明确的规定下，对交通肇事罪主体不应作扩大解释，为此，行人不宜作为交通肇事罪的主体。（2）本案中，被告人孙某某同样的强行拦车，同样造成交通事故伤亡，但因第一次事故中加入了第三辆车驾驶员的过失的共同作用从而认定孙不构成犯罪，对第二次事故则以孙某某制造了险情，造成驾驶员措手不及酿成交通事故而认定其构成交通肇事罪。结果的发生有时是一因、有时是多因的共同作用，本案第一次事故是因孙某某的强行拦车与驾驶员的过错共同作用引发的，都属事故发生的直接原因，由于存在其他原因的共同作用从而认定孙某某不构成犯罪，而对第二次事故却认定构成交通肇事罪，这就造成法律适用上的不一致。

被告人孙某某的行为构成过失以危险方法危害公共安全罪：（1）从主观方面来看，本案被告人为了乞讨采取强行拦车的方法，违反交通法规是故意的，但对交通事故后果则仅存在过失。（2）在客观方面，本案的关键是被告人上路拦车行为是否与放火、决水、爆炸、投毒的危险性相当、足以危害公共安全的行为。由于"其他危险方法"在未引起严重后果之前往往难以明确显示其危害公共安全的性质，所以在司法实践中一般当用其他危险方法造成严重

---

① 赵兴武等：《马路强讨引发交通肇事 南京一乞丐被判三年刑》，载《人民法院报》2004 年 7 月 30 日。

后果时才追究刑事责任。本案在客观方面：被告人上路拦车引起两次交通事故，造成2人死亡3人受伤的严重后果，其行为危险性应与决水、失火、爆炸、投毒相当，被告人实施了这种危险方法；已经造成了危害公共安全的严重后果，致不特定的多数人重伤、死亡，如果未造成危害结果或危害结果不严重，均不构成本罪；严重后果是因被告人强行拦车的危险行为所造成的。①

笔者认为，无论对被告人孙某某定性交通肇事罪，还是定性过失以危险方法危害公共安全罪，这两个罪名都有不妥之处；在此方面，检察机关采用以危险方法危害公共安全罪提起公诉的定性是准确的。主要理由是：

（1）上述法院认定的被告人孙某某构成交通肇事罪与学者主张的构成过失以危险方法危害公共安全罪，都是建立在被告人孙某某主观上为过失的心理态度基础上的，但这实际上是与本案被告人的主观要件不相符合的。本案被告人孙某某"拦车500多辆"，目的是索要财物，但却置驾驶员与其他行人的生命、健康安全而不顾，即是一种"放任这种后果发生"的间接故意心理态度。因为"以危险方法危害公共安全罪是指故意以放火、决水、爆炸、投毒以外的并与之相当的危险方法，足以危害公共安全的行为。在此案中，孙某某拦车要钱，经公安部门多次教育仍旧不改，且引发两起重大交通事故，其行为危害了他人的人身安全，并且造成了严重的危害结果，构成以危险方法危害公共安全罪"②。因此，对被告人孙某某应当定性为以危险方法危害公共安全罪，该罪大多情形都是以间接故意构成的。

（2）被告人孙某某与指定辩护人的辩称很荒唐。被告人孙某某在法庭上说，他拦车500多辆，所拦车多为货车。上述两起车祸与他没有任何关系，都是驾驶员车技不熟、违章驾驶造成。指定辩护人辩称，"被告人在主观上没有危害公共安全的故意，所实施的行为不符合以危险方法危害公共安全罪的构成要件，交通事故的发生，与驾驶处置不当密不可分，驾驶员也有过错"。根据《中华人民共和国道路交通安全法》规定，行人不得跨越、倚坐道路隔离设施，不得扒车、强行拦车或者实施妨碍道路交通安全的其他行为。驾驶员驾驶车辆行驶中处于高度紧张，由于被告人孙某某的"强行拦车"而妨碍了驾驶员驾驶车辆，所造成的伤亡事故应由被告人孙某某直接承担责任。至于驾驶员车技是否熟练、驾驶处置是否妥当，这在受到"强行拦车"的外界干扰情形下是很难作出客观评价的。即使是驾驶员车技再熟练、驾驶处置再妥当，当其受到"强行拦车"的外界干扰，也难以保证不发生致人伤亡事故。

---

① 彭箭：《马路强讨引发交通事故行为的定性》，载正义网，2004年4月1日。
② 殷文静等：《这名"拦路虎"究竟该当何罪》，载《江南时报》2004年4月1日。

六、以危险方法危害公共安全罪的主观方面问题

以危险方法危害公共安全罪的主观方面要件主要包括动机与罪过形式两方面。在以危险方法危害公共安全罪的主观方面要件的认定中，应重点考察以危险方法危害公共安全罪的犯罪动机，犯罪动机的好坏虽然不影响定罪的性质，但却对量刑的轻重有较大的影响作用。在以危险方法危害公共安全罪的罪过形式认定中，应重点把握两个界限：一是直接故意与间接故意的界限，此种界限界定的结果虽然都是定性为故意形式的以危险方法危害公共安全罪，但如界定为间接故意的以危险方法危害公共安全罪，可能会比界定为直接故意的以危险方法危害公共安全罪处刑要轻。二是间接故意与过于自信过失的界限，此种界限界定的结果：将涉及以危险方法危害公共安全罪的罪与非罪的界限。即如果行为人主观上构成间接故意，那将构成以危险方法危害公共安全罪；如果行为人主观上构成过于自信过失，那将不能构成以危险方法危害公共安全罪。而在后者行为人主观上构成过于自信过失，那将不能构成以危险方法危害公共安全罪的情形下，并非是根本上不构成犯罪，只是不能构成以危险方法危害公共安全罪，但却可能构成过失以危险方法危害公共安全罪、交通肇事罪、重大责任事故罪、过失致人死亡罪等罪。

（一）以危险方法危害公共安全罪的犯罪动机问题

以危险方法危害公共安全罪的动机是多种多样的，如为报复泄愤而驾车撞人、为防盗而私拉电网等。概括来说，行为人有出于非法的目的和动机，如泄愤报复、牟取暴利、毁灭罪证等；但在有些情况下，行为人也可能是出于合法的目的和动机，如为了防盗而架设电网等。犯罪目的和动机如何，并不影响此罪的成立，但在量刑时应给予考虑。① 危险驾驶中飙车与超速的动机有其独特性：飙车的人为了寻求刺激、争强好胜、刻意炫耀而不顾他人安危；超速行驶一般不具备这些动机。飙车挑战汽车时速极限，超速对抗车道时速限制。超速一般针对某一辆汽车行驶状态而言；飙车多三五成群，追赶别挤。从引发的后果来看，飙车多造成死伤惨重的重大损失，超速则不然。以危险方法危害公共安全罪的常见动机有：

1. 发泄私愤。被告人林某水因家庭琐事而对其妻林某某不满，于是砸坏家中物品，向林某某要了2000元。9时许，林某水驾驶自家的东风牌大卡车

---

① 鲍遂献、雷东生：《危害公共安全罪》，中国人民公安大学出版社2003年版，第67页。

从家里出发,欲去购买毒品吸食。其间,林某水想起妻子林某某对其不忠,曾闪过自杀的念头。林某水驾车行至乐东县九所镇中灶村路段时,车辆撞上路边的电线杆后停下。林某水没有下车察看,便重新启动车辆朝公路驶去。其时公路两旁有大量群众正在进行瓜菜交易。林某水驾车驶上公路之后,加大油门向前方瓜菜交易点路段疾驶,在路旁进行瓜菜交易的群众见状纷纷四处逃散,躲避危险。林某水没有采取任何措施,继续驾车向瓜菜交易点路段驶去。汽车撞倒、碾轧过停放在路旁的摩托车后,冲向瓜菜交易点,碾过堆放的瓜菜,冲进公路旁的旱稻田里,将正在跑往旱稻田里躲避危险的陈某某撞倒。之后,林某水驾车拐上公路逃离现场。事故造成陈某某被撞伤致失血性休克死亡及经济损失5119元。经鉴定,林某水所驾驶的车辆的转向系、制动系均不符合技术参数规范要求,林某水有完全刑事责任能力。法院审理后认为,被告人林某水因家庭矛盾,为发泄私愤竟驾驶汽车在人群集中的场所横冲直撞,危及不特定多数人的人身、财产安全,且已实际造成1人死亡、财产损失5119元的严重后果,其行为已构成以危险方法危害公共安全罪,一审判决林某水无期徒刑,剥夺政治权利终身。①

2. 烧车泄愤。被告人陈某与妻子闹离婚后性格变得暴躁,发起脾气来经常没人劝得住。2011年2月17日18时许,陈某在住处吃晚饭时喝了七八两52度白酒后,打电话给妻子的朋友曾某,想让曾某帮忙劝妻子回家。曾某没有理他,令陈某感到非常气愤,在酒精的刺激下,产生了烧车泄愤的念头。当天20时许,陈某驾驶自己的白色汽车来到兴城搬运大楼附近,拿出车上备用油桶中的柴油泼到车厢上,用火机点燃毛毡引燃泼到车厢上的柴油。陈某驾驶车厢着火的汽车沿兴城闹市区转了一圈,在县城文化广场附近停了下来。路过的群众巫某见状过去劝阻陈某,陈某不听,反而拆了车油箱的螺丝,用塑料箱接了剩下的柴油泼到汽车上致使整车着火。巫某见火势较猛打电话报警。民警和消防队员接报后赶到现场扑救。醉酒的陈某用脚踢消防人员并扬言说,就是要把车烧了,谁救火他就跳进火里。现场火势愈来愈大,民警和消防队员先设法将陈某控制住,再把火势扑灭。法院认为,被告人陈某在公共场所点火焚烧自己驾驶的车辆泄愤,其行为已构成以危险方法危害公共安全罪。陈某辩护人提出,陈某犯罪动机不明显,自我发泄,借酒消愁自焚车辆的犯罪情节轻微,因与事实不符,未被采纳。法院一审认定以危险方法危害公共安全罪判处陈某有期

---

① 《为泄私愤驾车肇事构成以危险方法危害公共安全罪》,载天涯法律网,2002年1月7日。

徒刑3年。①

3. 争吵泄愤。犯罪嫌疑人李某某，男，1973年8月8日出生，元氏县赵同乡池村人，元氏县南佐镇盛兴煤场铲车司机。2010年8月1日中午，煤场经理张某为李某某送行（李某某提出辞职，当日上午已结完工资）。席间，李某某喝了不少白酒。15时许，元氏县前仙村钱某来煤场拉煤，李某某负责装车。钱某指责李某某把煤矸石和煤面装进了车里，双方由此发生口角，继而推搡拉扯，后被煤场老板张某拉开。李某某恼羞成怒，驾驶铲车将煤场内的简易房屋推倒，致正在房内休息的山东客户丁某被砸身亡。之后，李某某驾驶铲车冲上井元路（井陉—元氏）南佐路段及南佐镇村内，先后撞毁数十辆各类机动车，撞坏简易房屋及门脸等10余间。案发当时有8名群众先后死亡，20余人受伤，后又有3名群众因伤势严重不治身亡。当晚8时对李某某的酒精检测显示，其血液中的酒精含量为154mg/100ml，属于醉酒状态。李某某因涉嫌以危险方法危害公共安全罪，被元氏县公安局刑事拘留。②

（二）以危险方法危害公共安全罪中的直接故意与间接故意的界定问题

在罪过形式理论中，直接故意是故意犯罪的主要表现形式或者典型的形式，因为人通常都是在意欲支配下故意实施犯罪追求犯罪结果的。因为对犯罪结果存在意欲，该犯罪故意明确而坚定，容易认定。间接故意犯罪是故意犯罪的特殊表现形式。虽然分则条文中规定的故意犯罪，一般都包括直接故意和间接故意，但是实际发生的故意犯罪大多数是直接故意犯罪，间接故意为数不多，因为犯罪人通常是为了追求某一个犯罪结果、实现特定犯罪目的而故意犯罪的。把故意划分为直接故意与间接故意，是根据刑法第14条的规定所作的理论上的概括，在刑法条文上统称为故意犯罪。在其他方面的情况相同的条件下，直接故意比间接故意的主观恶性程度要严重，因此，在它支配下实施犯罪行为的社会危害性也较为严重。这是在量刑时必须考虑的，但是也不能把这种区别绝对化。③

1. 直接故意与间接故意的区别。作为犯罪故意的具体类型，直接故意与间接故意两者在认识因素与意志因素上都有一定的不同之处：（1）在认识因素方面有所不同。直接故意的认识因素，既包括行为人明知自己的行为"必然发生"危害社会的结果，也包括明知自己的行为"可能发生"危害社会的

---

① 毛一竹、孔博：《广东男子醉酒烧车闹市区招摇 被判危害公共安全罪》，载新华网，2011年5月12日。

② 《河北元氏铲车撞人案死亡人数增至11人》，载《西安日报》2010年8月4日。

③ 阮齐林：《刑法学》，中国政法大学出版社2008年版，第133页。

结果，即包括认识到危害结果发生的必然性或可能性两种情形。间接故意的认识因素，则限于行为人明知自己的行为"可能发生"危害社会结果的情况，即只包括认识到危害结果发生的可能性的情形。由此可以看出，对于间接故意而言，不存在"必然发生+放任发生"的形式，当行为人明知其行为必然发生危害社会的结果而仍实施相应的行为，则其意志因素不可能是放任，而是希望。（2）在意志因素方面明显不同。直接故意的意志因素是希望，即行为人积极地追求危害社会结果的发生。间接故意的意志因素是放任，即行为人对危害社会结果的发生听之任之的态度，结果发生与否都不违背行为人的意志。由于意志因素上的差异，行为人在意志支配下的行动也就明显不同。在直接故意支配下，行为人对危害社会结果积极追求，在行动选择上往往会排除障碍、创造条件；而在间接故意支配下，行为人对危害社会的结果是否发生采取无所谓的态度，因而不会想方设法排除障碍而积极追求或者努力阻止特定危害结果的发生。①

例如，2011年5月5日早上，郑某驾驶客车行至荣昌县双河街道土地坳路段时，发现不遵守班次提前发车的汤某驾驶另一客车超载行驶，影响其客源，遂心生不满，想要逼停汤某驾驶的客车。郑某在驾驶客车从左侧超越汤某驾驶的客车后，立即将车驶入公路右车道挡在汤某所驾驶客车的前面，汤某见状立即将车驶入公路左车道，郑某随即又驾车驶入公路左车道并急刹车，汤某避让不及致使两车追尾，造成两辆客车上共24名乘客不同程度受伤。荣昌交巡警经勘查现场后认定，郑某对此次事故承担全部责任。法院经审理认为，郑某驾驶公共汽车，在道路上故意危险驾驶导致与他人驾驶的公共汽车相撞，并造成多名乘客受伤及车辆受损，其行为已触犯刑法第114条规定。鉴于郑某有自首情节，并在赔偿了24名受伤乘客的全部经济损失后得到了乘客和客车挂靠公司负责人的谅解，遂采用以危险方法危害公共安全罪对其减轻处罚，判处其有期徒刑2年。② 此案郑某的主观心态显然是直接故意，因为"发现不遵守班次提前发车的汤某驾驶另一客车超载行驶，影响其客源，遂心生不满，想要逼停汤某驾驶的客车"，特别是有了"想要逼停汤某驾驶的客车"的表述，那就可以认为行为人是在追求并想方设法实现"逼停汤某驾驶的客车"，这正是直接故意的构成特征。

为了依法严惩醉酒驾车犯罪案件，最高人民法院于2009年9月11日作出

---

① 冯军、肖中华主编：《刑法总论》，中国人民大学出版社2008年版，第217~218页。
② 王小辉、陶瑕霜：《司机赌气故意危险驾驶 追尾伤人获刑两年》，载重庆新闻网，2012年7月19日。

《关于醉酒驾车犯罪法律适用问题的意见》。其中明确规定：行为人明知酒后驾车违法、醉酒驾车危害公共安全，特别是在肇事后继续驾车冲撞、造成重大伤亡，说明行为人主观上对持续发生的危害结果持放任态度，具有危害公共安全的故意。对此类醉酒驾车造成重大伤亡的，应依法以危险方法危害公共安全罪定罪。为了正确认定此类案例，最高人民法院又于2009年公布了两起醉驾案例，被告人黎某某和被告人孙某某都是在严重醉酒状态下驾车肇事，连续冲撞，造成重大伤亡。其中黎某某驾车肇事后，不顾伤者及劝阻他的众多村民安危，继续驾车行驶，致2人死亡，1人轻伤；孙某某长期无证驾驶，多次违反交通法规，在醉酒驾车与其他车辆追尾后，为逃逸继续驾车超限速行驶，先后与4辆正常行驶的轿车相撞，造成4人死亡、1人重伤。被告人黎某某和被告人孙某某在醉酒驾车发生交通事故后，继续驾车冲撞行驶，其主观上对他人伤亡的危害结果明显持放任态度，具有危害公共安全的故意，二被告人的行为均已构成以危险方法危害公共安全罪。① 如果说，孙某某对比亚迪轿车上被害人的伤害主观上还存在排斥心理的话，那么，他对造成后边4辆车上的被害人的死亡或重伤却是一种放任的心理。按正常人的思维可以想象，孙某某肇事后为逃避法律的制裁选择逃逸并放任了对其他道路参与人员可能造成的伤害，其行为符合以危险方法危害公共安全罪的犯罪主客观条件。因此，成都中院认定孙某某构成以危险方法危害公共安全罪是正确的。②

2. 直接故意和间接故意不能并存。2005年11月18日凌晨，新蔡县公安机关对黄某书执行逮捕后，被告人黄某洲伙同他人应黄某书母亲的请求欲以集体上访的形式，向新蔡县委施加压力，为达到对黄某书从轻或不处理的非法目的，于当日上午10时许，被告人黄某洲即驾驶自家农用机动三轮车，载着其父黄某轩等七八个人随同本村委十余辆机动三轮车，百余名村民准备到县城上访。途经化庄乡街北通往新蔡县栋城路口处，事先等候在此处的新蔡县委及化庄乡工作人员进行拦截和劝阻；坐在黄某洲三轮车上的被告人黄某轩等人叫喊"别停车，撞过去"。而后，被告人黄某洲加速撞向路旁劝阻的人群。化庄乡工作人员邹某君、赵某芳轻伤，李某平被撞倒在地。被告人黄某洲、黄某轩被当场抓获，邹某君、赵某芳、李某平被送往新蔡县人民医院住院治疗。被告人黄某洲犯以危险方法危害公共安全罪，被判处有期徒刑5年；被告人黄某轩犯

---

① 温东玉：《交通肇事罪与以危险方法危害公共安全罪之别》，载中国法院网，2012年7月11日。

② 王某、宋浙平：《从胡某案和孙某某案看交通肇事罪与以危险方法危害公共安全罪的区别》，载中国法院网，2009年7月29日。

以危险方法危害公共安全罪,被判处有期徒刑3年。就本案而言,被告人黄某洲、黄某轩等百余人在去县委聚集的途中被县、乡工作人员劝阻后,为了泄愤报复,发泄不满情绪,驾驶机动三轮车,加速撞向劝访的人群,这一行为,危害的是不特定多人的生命、健康的安全,符合以危险方法危害公共安全罪的特征。① 从本案的"为了泄愤报复,发泄不满情绪,驾驶机动三轮车,加速撞向劝访的人群"的表述来看,似乎应当界定为是直接故意;但实际上,认定为间接故意更符合其主观心态。被告人黄某洲伙同他人是在上访遇截的情形下,而只顾去县城上访才驾驶机动三轮车撞向人群的,即撞人并非是被告人黄某洲所追求的目的,而是追求上访行为而放任了危害结果的发生。

另外,在认定以危险方法危害公共安全罪的行为人主观心态时,直接故意与间接故意两者只能择一而存在,不能得出直接故意与间接故意并存的结论。例如,2002年8月31日上午,当被告人嵇某经营的苏N03397号中巴车行驶至泗阳县来安乡境内的陈大园加油站附近的徐淮公路段时,嵇某因驾车超载(核载29人,实载61人)被泗阳县交通运输管理部门查获。当执法人员对其进行处理时,被告人嵇某拒不服从处理,并说"要撞车,将事情搞大"。在车内尚有30余名乘客的情况下,被告人嵇某驾驶该车突然向其前方的一辆红旗轿车撞去,致使该红旗轿车和交通稽查车均受到不同程度的损坏,坐在交通稽查车内的一名稽查队员头部受伤。主观方面,被告人嵇某具有直接故意和间接故意。嵇某不服交通运输管理,说"要撞车,将事情搞大",说明其主观上认识到自己将要实施的行为有严重的社会危险性,对公共安全造成一定的威胁,对于被撞的轿车及车内人员受伤,具有希望造成损害、伤亡的直接故意,对于自己所驾驶的车辆中的乘客及过往车辆、行人可能造成的损害具有放任其发生的间接故意。②

笔者认为,上述案例认为被告人嵇某主观方面具有直接故意和间接故意,这是不能成立的。以危险方法危害公共安全罪的主观心态或者是直接故意,或者是间接故意,两种故意形式不可能兼顾而并存。从上述案例的表述内容来看,其中,"嵇某不服交通运输管理,说'要撞车,将事情搞大',说明其主观上认识到自己将要实施的行为有严重的社会危险性,对公共安全造成一定的威胁,对于被撞的轿车及车内人员受伤,具有希望造成损害、伤亡的直接故

---

① 《黄海洲、黄守轩以驾车撞人的方法危害公共安全案》,载新蔡县法院网,2011年8月31日。

② 张远山、赵春秀:《不服交通管理驾车撞车定性为以危险方法危害公共安全罪》,载中国法院网,2012年3月26日。

意",此种将"嵇某不服交通运输管理"认定为是"直接故意",这是极不准确的。"嵇某不服交通运输管理"相当于交通肇事罪中的"违反交通管理法规",它仅仅是构成交通肇事罪的前提条件,但却不是构罪的主观要件。而从上述案例的后半部分表述内容来看,"对于自己所驾驶的车辆中的乘客及过往车辆、行人可能造成的损害具有放任其发生的间接故意",这才是以危险方法危害公共安全罪的主观心态。

3. 主观心态是直接故意还是间接故意的界定。2009 年 8 月 5 日 12 时许,被告人张某某为朋友送行,在其家中大量饮酒。18 时许,张某某驾驶车牌号为黑 G96H17 号路虎越野车送朋友回家,之后为将该车入库,又沿鸡西市鸡冠区由北向南行驶。当车行至夜市跃进街与沿河北路交叉路口处时,刮碰行人万某右腿后停下,万某表妹张某到车前阻止该车前行,引来许多群众围观。此时鸡冠区公安分局南山派出所民警张某文途经此处,了解情况后,维持现场秩序,万某遂上车坐到副驾驶位置,张某某开车准备前行至跃进桥南侧与万某商议赔偿事宜,启车时车向后倒了一下,轧到正在车后侧行走的行人江某右脚,江某及其父母上前与车内的张某某交涉。此时民警张某文来到车旁,表明身份后与万某、江某父母协商让二人先行到医院检查再作处理。万某下车后,张某某不顾前方夜市人群密集,启车向前冲去,撞倒围观群众及附近商贩多人,吉普车撞击跃进桥东侧商贩摊床和人行道沿被迫停下。造成被害人王某军当场死亡;被害人刘凤芹被他人送往医院经抢救无效死亡;现场另有 23 人受伤,16 人经鉴定为轻微伤;被撞毁的商贩摊床及物品,经鉴定直接经济损失为人民币 6389 元。现场民警与接警公安干警将张某某抓获。

鸡西市中级人民法院审理认为,被告人张某某明知无证驾驶、酒后驾驶车辆违法,醉酒驾车会危害公共安全,却在醉酒后在人群密集的道路上驾驶车辆,在先后刮碰两名行人后,继续驾车,造成重大伤亡,致 2 人死亡、7 人轻伤、16 人轻微伤,直接财产损失人民币 6389 元,被告人张某某的行为表明其主观上对持续发生的危害结果持放任态度,具有危害公共安全的故意,其行为构成以危险方法危害公共安全罪。辩护人提出张某某实施犯罪行为时,主观心态是间接故意,应与直接故意犯罪的主观恶性有所区别。经查,被告人张某某对其醉酒驾车造成的危害公共安全后果持放任的态度,属间接故意。在量刑时,应与以制造事端为目的而恶意驾车撞人并造成重大人员伤亡后果的直接故意犯罪有所不同,此节辩护理由成立。鉴于张某某系间接故意犯罪,主观恶性、人身危险性有别于直接故意伤害;能够如实供述其犯罪事实,认罪态度好;积极赔偿被害人的经济损失,真诚悔罪;被害人或被害人亲属对张某某均表示谅解,故对张某某可依法从轻处罚。根据被告人张某某的犯罪事实、情节，依法认定被告人张某某犯以危险方法危害公共安全罪，判处有期徒刑15年，剥夺政治权利5年。

本案在审理过程中，存在被告人在实施犯罪行为时，主观心态是直接故意还是间接故意。实践中，区分被告人实施犯罪行为时主观心态是直接故意还是间接故意，主要是审查被告人对危害后果的认识。直接故意犯罪，行为人对危害结果的发生有明确的认识，并持追求态度，应当表述为"必然、可能发生+希望发生"。间接故意犯罪，行为人对危害结果的认识是可能发生持放任态度，应当表述为"可能发生+放任发生"。结合本案，对犯罪主观心态的认定有两种观点：一种观点认为，本案应认定为直接故意犯罪。被告人张某某明知无证不能驾驶，却无视交通法规和公共安全，在人群密集的道路上醉酒驾驶，尤其是在他先后刮碰两名行人后，突然启车冲向人群，造成2人死亡、7人轻伤、16人轻微伤的严重后果，应当认为，在他启车的瞬间，作为受过一定教育，具有完全刑事责任能力的人，他完全能够预见到危害后果的必然发生而不是可能发生，他虽然辩解自己对危害结果持一种放任态度，但间接故意对危害结果认识只能是可能发生而不是必然发生，被告人在明知必然会发生危害结果的情况下，辩解是放任的心态不符合客观实际。另一种观点认为，本案应认定是间接故意犯罪。被告人在极度醉酒状态下，其辨认和控制能力必然受到影响而有所减弱，对危害后果持一种放任态度而不是积极追求。

笔者同意第二种观点，理由是：被告人张某某在人群密集的道路上醉酒驾驶，并在先后刮碰两名行人后，突然启车冲向人群，此时如果被告人意识非常清楚，没有醉酒，其主观心态很明显是直接故意。因为无论被告人怎样辩解，作为一名具有完全刑事责任能力的成年人，他应当预见驾驶路虎这种外型较大的车辆，近距离冲向密集的人群，一定会造成人员伤亡的后果，这是一个必然的结果。对一个必然产生的后果，被告人辩解实施行为时对危害后果的意识因素只是一种放任是不能成立的，应认定对行为结果是积极追求的。而本案的情况并非如此，被告人案发时，血液中酒精含量高达198mg/100ml，属严重醉酒驾车，在公安机关对其提审时，已无法正常供述案件事实，思维混乱，被告人在此状况下驾驶车辆，其辨认和控制能力必然受到影响而有所减弱。同时，现场有证人证实，被告人在启车时，曾呼喊让周围的群众闪开，到案后，始终供述其启车的目的是为了离开现场过桥解决问题。同时，本案的危害后果是在极短的时间内发生的，现有证据无法证实，车辆启动后在持续加速，车辆鉴定书证实车辆撞击障碍物停下时，车速度仅为37.8～49.2km/h，以上证据表明，被告人是在严重醉酒状态下，一脚踩住油门启动车辆，车还没有达到最大速度时就撞到被害人停下，说明被告人主观心态不是积极追求而是一种放任。综上，案发时被告人因为辨认和控制能力受到醉酒的严重影响，对危害结果的认识不是必然而是可能发生，主观心态应认定为间接故意而不是直接故意。①

（三）以危险方法危害公共安全罪中的间接故意与过于自信过失的界定问题

在界定以危险方法危害公共安全罪的间接故意能否成立时，应特别注意间接故意与过于自信的过失的区别，二者的差异主要在于：（1）从认识因素上来看，在间接故意的情况下，行为人对可能发生的事实并未有错误的认识和估计，即发生危害结果情况下，行为人的主观认识与客观结果之间并未产生矛盾，主观与客观是一致的。而在过于自信的认识上，虽然也预见到危害结果发生的可能性，但主观上认为，由于自己能力、客观有利条件、经验等因素，实施行为时，危害结果实际发生的可能性很小，即对可能性转化为现实性的客观事实产生了错误认识。在危害结果发生时，主客观是不一致的。（2）从意志因素来看，在间接故意的情况下，行为人对危害结果的发生不存在希望或不希望的心理状态，其主观上是持放任态度，即行为人认为，危害结果的发生与否不违背其主观心态。而在过于自信的情况下，危害结果的发生是违背行为人主观意愿的。其主观上对结果的发生是持不希望、反对的态度，并且行为人也在积极地利用各种有利条件，尽可能地避免结果发生。②

公共安全领域责任事故犯罪与"以危险方法危害公共安全罪"在构成要件上具有很大的重合性，区别的关键在于行为的主观方面。因此，犯罪主观方面是正确界定以危险方法危害公共安全罪与相关公共安全领域责任事故罪认定的关键。如果在行为人明知自己的行为可能导致危害社会结果的发生，并且放任危害结果的发生，就可以认定为间接故意，而不是过失犯罪，应当界定为以危险方法危害公共安全罪。在司法实践中，如果存在下列情形：（1）行政机关的行政执法检查、整改通知、行政处罚决定；（2）生产作业过程中工作人员的报告、汇报；（3）相关联受害人、群众组织的申诉、控告等，犯罪行为人既不采取有效地整改和防范措施，致广大职工的生命安全和公司财产安全于危险状态，片面追求效益和利益的最大化，依然积极实施了违章生产作业、引

---

① 闫广丹：《以危险方法危害公共安全罪犯罪主观心态认定及量刑适用之探讨》，载黑龙江法院网，2011年10月19日。

② 黄维智、叶锐：《浅析以危险方法危害公共安全罪》，载《贵州警官职业学院学报》2010年第3期。

第一部分　以危险方法危害公共安全罪基本理论与司法认定精要

起传染病传播、排放倾倒或处置有毒有害物质等危害公共安全的行为，就可以推定其主观上是间接故意，正如"平顶山9·8矿难"判决一样，应当正确界定该类犯罪为以危险方法危害公共安全罪。①

案例一，2009年11月10日19时许，被告人马某醉酒后驾驶豫K30730蓝色解放牌货车由北向南逆向行驶至长石公路石固镇中岳店村路段时，与宋某驾驶的二轮摩托车相撞，造成宋某因抢救无效死亡、二轮摩托车损坏的交通事故。后马某驾车向南逃逸，将该二轮摩托车拖拽60余米。马某在逃逸的过程中又先后与侯某夫妇驾驶的电动三轮车、陈某驾驶的豫K81105号五菱之光面包车、张某停放在路边的豫KF9939号宝来轿车发生相撞，撞后马某继续驾车向南行驶，后在长石公路石固镇朝阳村南段撞到隔离护栏，因车辆行驶不动而被迫停下。造成陈某受轻微伤、张某的豫KF9939号宝来轿车受损伤（经鉴定损失为6980元）的严重后果。

河南长葛市法院认为，被告人马某醉酒后驾驶机动车逆行与他人驾驶的二轮摩托车相撞后，不但没有停车，而是继续向前行驶，又先后撞击他人驾驶的电动三轮车、面包车及停放在路边的轿车，后因车辆撞到隔离护栏行驶不动才被迫停下，造成一人死亡，一人受轻微伤及车辆受损的严重后果。被告人马某身为有驾照的司机，明知酒后驾车违法、醉酒驾车会危害公共安全，却无视法律醉酒驾车，放任危害结果的发生，并在肇事后继续驾车连续冲撞多个车辆及行人，危害不特定多数人的生命、健康安全，其行为已构成以危险方法危害公共安全罪。考虑到被告人马某犯罪时处于醉酒状态，对自己行为的认识和控制能力有所减弱，此次事故是在醉酒致辨认和控制能力下降的情况下酿成的，被告人主观上并不希望和积极追求严重危害结果的发生，与以危害公共安全为目的恶意驾车撞人并造成重大伤亡后果的直接故意犯罪相比，马某犯罪的主观恶性相对较低。综上，2010年9月5日，法院一审以危险方法危害公共安全罪，判处被告人马某有期徒刑11年，剥夺政治权利2年。②

案例二，2006年11月17日晚，被告人赵某与朋友在青岛市热河路30号新龙源大酒店就餐。当晚20时30分许，赵某与朋友欲离开酒店。因该酒店其他客人停放的车辆阻碍了赵某的车辆驶出，赵某与该酒店保安人员秦某某发生争执，并将秦某某面部致伤。后被告人赵某欲驾驶鲁UW0585号黑色马自达6

---

① 张伟：《论以危险方法危害公共安全罪的司法界定与运用》，载《公民与法》（法学版）2011年第8期。

② 葛梅安：《长葛市法院以"以危险方法危害公共安全罪"判处司机11年》，载河南法院网，2010年9月19日。

型轿车离开，秦某某趴在该车发动机盖上阻止其离去。被告人赵某见状仍驾车沿热河路由北向南逆向行驶，并且为了达到将秦某某甩下车的目的，被告人赵某开车快速行驶并左右晃动。当车行至无棣路路口附近时，将行人周某某、原某某夫妇撞死，并将秦某某从车发动机盖处甩下致伤。被告人赵某未减速停车，继续驾车行驶至胶州路与聊城路路口处，撞在了他人汽车的尾部。后赵某拨打了"110"电话报警，被随后赶至的公安人员当场抓获。经法医鉴定，死者周某某系因较大钝性外力作用致严重颅脑损伤死亡；死者原某某系因较大钝性外力作用致创伤失血性休克死亡；秦某某之伤构成轻微伤。

本案争议的焦点：被告人赵某的行为是故意还是过失？公诉机关认为，被告人赵某在明知其车前发动机盖上有人无法正常驾驶的情况下，仍驾车在单行线上逆向快速行驶，其在主观上是间接故意。被告人赵某及其辩护人认为被告人赵某主观上不是故意，因赵某认为其了解车辆性能，驾驶技术较好，轻信能够避免危害结果发生，其行为属于过于自信的过失。法院经审理认为，被告人赵某明知酒后不准驾车、明知车辆前发动机盖上趴着人、明知其驶入车道系繁华街道单行线禁止逆向行驶、明知其快速行驶左右摆动的车辆系高度危险的交通工具，其行为可能会危及车前盖上及周边不特定人员及车辆的安全，但其在与保安秦某某发生争执后赌气强行驾驶车辆驶入热河路机动车道单行线，逆向快速行驶。其间，为达到摆脱车前盖上趴着的秦某某，其不停地左右打方向，置周边不特定人员及其车辆的安全于不顾，放任危害结果的发生，直至造成二死一伤的严重后果。故被告人赵某主观上是间接故意，其行为符合以危险方法危害公共安全罪的构成要件。

综合全案，被告人赵某的行为构成以危险方法危害公共安全罪，并造成了2人死亡、1人轻微伤的严重危害后果，事实清楚，证据充分，依法应予以惩处，但其主观上是放任危害结果的发生，与积极追求、希望危害结果的发生是有区别的，又鉴于被告人赵某具有投案自首、积极赔偿、认罪态度好、被害人亲属请求对其从轻或减轻处罚等情节，法院对其从轻处罚，依法判决：被告人赵某犯以危险方法危害公共安全罪，判处有期徒刑11年，剥夺政治权利2年。[①]

案例三，劳某从2009年2月开始，便在自家屋中生产私炮，他雇用多人，也包括小孩。2010年8月22日上午，加工场所发生燃烧爆炸，在现场的工人以及在屋外的人员中，共有8人死亡、3人重伤、5人轻伤、1人轻微伤，其中4名童工被烧伤，事故中7间房屋坍塌。事后统计，事故中的受伤人员发生

---

① 陈勇、张毅民：《赵萍被判11年 法院详解四焦点》，载《青岛早报》2007年3月24日。

第一部分　以危险方法危害公共安全罪基本理论与司法认定精要

抢救费、医疗费共计172万元。劳某一审被判决以危险方法危害公共安全罪，判处有期徒刑11年，剥夺政治权利2年；犯雇用童工从事危重劳动罪，判处有期徒刑3年，并处罚金人民币2万元。决定执行有期徒刑14年，剥夺政治权利2年，并处罚金人民币2万元。①

本案在审理中，被告人劳某辩解称：其炮竹加工点并非设在公共场所，不构成以危险方法危害公共安全罪；其属于主观过失而非主观故意，因其是在自己家人生活、居住场所从事炮竹加工生产，其亲人均在此地生活，危害的结果是违背其意愿的。但这种辩解并不符合案情。本案被告人私设的炮竹加工点生产加工炮竹发生燃烧、爆炸，造成不特定多人伤亡结果的行为，符合该罪构成要件。劳某明知生产加工炮竹属于易燃易爆危险工种，却在未取得安全生产许可证，且明知其住处周围有其他村民住宅的情况下，仍在其住处设置炮竹加工点，雇请未经生产安全教育、培训的村民在其加工点作业。被告人的炮竹加工点有三个通道，平时闲人、小孩可随意进入，被告人是一名具有初中文化程度的完全民事行为能力人，从其年龄、智力、社会阅历和生产加工炮竹的经验来看，其应当预见在其住处私设炮竹加工点，会危及不特定多人的生命、健康或者重大公私财产的安全。但其为追求暴利，对加工场所基本没有采取安全生产防范、管理措施，作业人员未经安全培训，进出人员无人管理、监督。没有采取安全技术措施保管、存放炮饼、火药、引线等易燃易爆危险物品，其在主观上放任危害公共安全结果的发生，属间接故意，非属主观过失。②

七、以危险方法危害公共安全罪的共同犯罪形态问题

（一）以危险方法危害公共安全罪的共同犯罪构成特征问题

2005年2月13日下午5时许，被告人吴某驾驶苏N01406号中巴客车载7名乘客从沭阳县客车站发车返回宿迁市区，在行驶至沭阳县步行街时，车主王某发现从沭阳提前发车的被告人丁某驾驶的苏N01397号中巴客车，即唆使被告人吴某驾车追赶，后两车互不相让，不顾车上乘客安全并排高速行驶。期间，王某从其乘坐的中巴车副驾驶位置持铁锤将丁某所驾中巴车的左倒车镜砸坏。两车行驶至沭阳收费站时，仍然互不相让，均不顾车上乘客及

---

①　莫小松、赵子钦：《村民在家加工私炮发生爆炸致8人死获刑14年》，载《法制日报》2011年5月3日。

②　张均英：《被告人的行为构成以危险方法危害公共安全罪》，载钦州市中级法院网，2011年11月16日。

收费站工作人员等20余人生命安全,高速同时冲入收费车道,被告人吴某驾驶的中巴车撞上收费岗亭,致使该岗亭和苏N01406号中巴车报废,并致苏N01406号中巴车上乘客南某某骨盆及胸部多处损伤、刘某某左上肢及脊柱损伤、胡某某面部及肢体多处损伤、施某全身多处损伤,均构成轻伤。经宿迁市宿豫区价格认证中心鉴定,岗亭损失为131464元、苏N01406号中巴车损失为26485元。

宿迁市宿豫区人民检察院以被告人吴某、王某、丁某犯以危险方法危害公共安全罪向宿豫区人民法院提起公诉。三被告人对公诉机关指控的事实和罪名均未提出异议。被告人吴某的辩护人提出:被告人吴某主观上没有危害公共安全的故意,其行为不构成以危险方法危害公共安全罪,应以交通肇事罪论处。宿豫区人民法院经审理认为,被告人吴某、王某、丁某驾驶公共交通运输工具时,不顾公共安全,在公路上高速行驶,互相追逐,致多人轻伤,并致公私财产遭受损失,其行为均已构成以危险方法危害公共安全罪。鉴于三被告人当庭自愿认罪,积极赔偿被害人经济损失,酌情予以从轻处罚。据此,依据刑法第114条、第25条第1款规定,于2005年11月24日作出判决:采用以危险方法危害公共安全罪,分别判处被告人吴某有期徒刑4年,被告人王某有期徒刑4年,被告人丁某有期徒刑3年6个月。

笔者认为,上述吴某、王某、丁某三被告人具备以危险方法危害公共安全罪的共同犯罪构成的主客观要件,因而成立以危险方法危害公共安全罪的共犯。具体理由是:

1. 共同犯罪行为,成立以危险方法危害公共安全罪共犯的客观要件。"实际上,共同犯罪行为并不是像现有共同犯罪理论所主张的只是整个共同犯罪行为的一个部分,而是共同犯罪人利用其他共犯人的行为并将其作为自己行为的一部分而形成的一个有机行为整体。换言之,各个共同犯罪人的行为在相互利用其他共同犯罪人行为的基础上成立自己独立的行为。"① 在上述案件中,被告人吴某驾驶苏N01406号中巴客车载7名乘客从沭阳县客车站发车返回宿迁市区,在行驶至沭阳县步行街时,车主王某发现从沭阳提前发车的被告人丁某驾驶的苏N01397号中巴客车,即唆使被告人吴某驾车追赶,后两车互不相让,不顾车上乘客安全并排高速行驶。从该案吴某、王某、丁某三被告人的共同犯罪行为来看,被告人吴某、王某的驾车追赶行为与被告人丁某的驾车追赶行为相互对应,如果缺乏其中之一方的驾车追赶行为,另一方的驾车追赶行为也就不存在了。正是由于吴某、王某、丁某三被告人的相互对应的共同犯罪行

---

① 陈世伟:《共同犯罪行为新论》,载《河北法学》2007年第5期。

为，才具备了成立以危险方法危害公共安全罪共犯的客观要件。

2. 共同犯罪故意，成立以危险方法危害公共安全罪共犯的主观要件。根据刑法第 25 条的规定，共同犯罪是指二人以上共同故意犯罪，各共同犯罪人必须具有共同犯罪的故意。所谓共同犯罪的故意，是指各共同犯罪人通过意思联络，知道自己是和他人配合共同实施犯罪，认识到共同犯罪行为的性质以及该行为所导致的危害社会的结果，并且希望或者放任这种结果的发生。如果行为人并不了解他人真正的犯罪意图，不清楚他人所实施的犯罪行为的性质，而是被他人蒙骗或者出于自己的错误认识，在错误理解犯罪性质的情况下参与他人实施的犯罪，则不能认定该行为人与他人实施了共同犯罪，而应当依据该行为人的犯罪实际情况，按照主客观一致的原则正确定罪处罚。① 在上述案件中，吴某、王某、丁某三被告人的驾车追赶行为，反映在这三被告人的主观心理态度上是间接故意的放任特征，即只顾争强斗气，而不顾车上众多乘客安全，并且，最终也造成了"致多人轻伤，并致公私财产遭受损失"的危害后果。虽然此种危害后果的发生并非是吴某、王某、丁某三被告人所希望且积极追求，而属于间接故意的放任，但这也具备了成立以危险方法危害公共安全罪共犯的主观要件。

（二）以危险方法危害公共安全罪的共同犯罪人分类问题

我国刑法第 25 条规定了共同犯罪的概念，第 26 条至第 29 条分别规定了主犯、从犯、胁从犯、教唆犯及其处罚。学界通说观点认为，我国刑法将共同犯罪人划分为主犯、从犯、胁从犯和教唆犯四类，这种划分同时采用了两个标准：对主犯、从犯、胁从犯是以犯罪人在共同犯罪中的作用为划分根据，而教唆犯则是以其在共同犯罪中的独特分工为划分根据。② 也有学者主张，实际上我国刑法对共同犯罪人的分类同时采用了三个标准：主犯与从犯的划分是以其在共同犯罪中所起作用的大小；胁从犯与主犯、从犯的区分是以其参与犯罪的自愿程度；而教唆犯与其他三种共同犯罪人的区分则是以其在共同犯罪中的分工不同。③ 实际上，不论是两个标准还是三个标准，最终在我国刑法中都是将共同犯罪人划分为主犯、从犯、胁从犯和教唆犯四类。"这样的分类方法，贯彻执行了区别对待的原则，较好地体现出各共同犯罪人在共同犯罪中的罪责，

---

① 李杰：《论共同犯罪中共同故意的认定》，载《人民司法》2009 年第 8 期。
② 高铭暄、马克昌主编：《刑法学》，中国法制出版社 1999 年版，第 303 页。
③ 刘之雄：《胁从犯立法之反思》，载《湖北警官学院学报》2002 年第 2 期。

便于正确地定罪、量刑。"①

在认定以危险方法危害公共安全罪的共同犯罪方面，尤其要确定各个共同犯罪人的种类划分，这是进一步确定各个共同犯罪人刑事责任大小的前提条件。例如，北京特大"碰瓷"团伙以危险方法危害公共安全案的众多共犯的种类划分问题。自2004年4月以来，31名被告人纠集在一起，先后组成以北京无业人员李某、顾某某、英某某和辽宁省无业人员卜某某等人为首的两个团伙，在北京市二环路、三环路、四环路等城市主干道以及部分高速公路上多次故意制造交通事故，并以此向事故的另一方当事人索要钱财。其采用的作案方法主要是，由被告人李某等人驾车在道路上寻找外省市进京的中、高档小轿车并尾随其后，当前车正常变更车道时，突然加速撞向前车侧后方，造成前车变更车道时未让所借车道内行驶的车辆先行的假象；事故发生后，其他被告人轮流冒充驾驶人，待到达事故现场的交通民警作出前车负全部责任的认定后，以此要挟甚至采用威胁的方法，向被害人索要钱财。31名被告人先后制造对方负全部责任的事故220余次，非法获利共计人民币51万余元。

北京市朝阳区人民法院经审理认为，被告人李某、顾某某、英某某等31人为达到非法占有的犯罪目的，竟在城市道路上故意制造了大量的交通事故。其所采用的驾车突然加速撞向正在正常变更车道的其他车辆的方法，有可能使受到撞击的车辆失去控制，进而危及其他不特定多数人的人身、财产安全，按照牵连犯择一重罪处断的原则，本案31名被告人的行为均已构成以危险方法危害公共安全罪，依法应予惩处。关于被告人李某、英某某、秦某、卜某某、满某、王某某、刘某某的辩护人所提被告人的犯罪行为侵害的是特定对象，不足以危害公共安全，因此不构成以危险方法危害公共安全罪的辩护意见，法院认为，被告人李某等人所采用的是危险的犯罪方法。这种方法之所以危险是由该方法本身及犯罪行为发生时所处的环境决定的。受到撞击的车辆在城市道路上失去控制进而造成不特定多数人的死伤或者公私财产遭受重大损失，是具有现实的可能性的。辩护人只是片面地强调直接侵害对象的特定性，而忽视了被告人主观上对上述可能发生的危险所采取的是一种放任的态度。因此，对以上辩护人提出的关于本案定性的辩护意见，不予采纳。被告人李某、顾某某、英某某、卜某某、孙某为犯罪团伙的组织者、纠集者及犯罪行为的主要实施者，在所参与的共同犯罪中起主要作用，系主犯，应按照其参与的或者组织、指挥的全部犯罪处罚；本案的其他被告人在"事故"发生后，或提供驾照冒充驾

---

① 孟昭晖：《共同犯罪认定中的几个问题》，载《天津市政法管理干部学院学报》2008年第S1期。

驶人，或在向被害人索要钱财时在一旁站脚助威，在共同犯罪中起次要作用，系从犯，依法应当从轻或者减轻处罚。①

笔者认为，上述北京特大"碰瓷"团伙以危险方法危害公共安全案，首先在"碰瓷"方式构成以危险方法危害公共安全罪的定性上是值得肯定的。但是，在认定以危险方法危害公共安全罪的共同犯罪人的种类划分上却有不足之处。其中存在的主要问题在于：（1）北京特大"碰瓷"团伙成员多达31名，但是划分种类却仅仅是主犯与从犯两种：即被告人李某、顾某某、英某某、卜某某、孙某为犯罪团伙的组织者、纠集者及犯罪行为的主要实施者，在所参与的共同犯罪中起主要作用，系主犯；而除这5名主犯之外的其他被告人，共计26人，在"碰瓷事故"发生后，或提供驾照冒充驾驶人，或在向被害人索要钱财时在一旁站脚助威，在共同犯罪中起次要作用，系从犯。此案在划分种类上，显然是欠缺胁从犯和教唆犯两类。（2）此种划分过于简单化。在被告人李某等5名主犯中，还应当进一步确定首要分子与主犯的种类，两者在承担刑事责任上也有重要区别：即首要分子按集团所犯全部罪行处罚，而对于主犯一般按照其所参与的或者组织、指挥的全部犯罪处罚。在除5名主犯之外的26名从犯中，也应当进一步确定所起的犯罪作用大小，以便为合理分担刑事责任而打下良好基础。

（三）指使醉驾者逃逸能否构成以危险方法危害公共安全罪共犯问题

2011年1月15日，被告人李某某醉酒驾车，致一轻伤、二轻微伤。事故发生后，李某某即刹车减速，在副驾位置的被告人朱某某见状说："三哥，赶紧跑。"并指示道路叫其开车南逃。李某某遂驶上乡道，行至拐弯处时，因车速过快冲出道路，撞向路边小店，致一死亡、一重伤。李某某刹车打方向，直至车头撞树才停下。朱某某遂扳下车后牌照，对站在车旁发呆的李某某说："走！"二人遂逃离现场。李某某当晚投案自首，其在寻衅滋事罪的缓刑考验期。江苏省涟水县人民法院经审理认为：被告人主观上对他人的生命财产安全持放任态度，构成以危险方法危害公共安全罪；被告人朱某某明知李某某饮酒后不能开车，却事后指使其继续开车逃逸，严重危及公共安全，对于第二损害结果的发生构成以危险方法危害公共安全罪的共犯。对李某某撤销缓刑，将新罪与前罪并罚。李某某系主犯，应当按照其所参与的全部犯罪处罚；朱某某系从犯，依法应当从轻处罚。李某某能自首，依法可以从轻处罚；朱某某归案后认罪态度较好，酌情从轻处罚。遂于2011年6月20日判决：撤销对李某某的

---

① 石岩、尹亦农：《北京特大"碰瓷"案宣判 31人共作案220次获刑》，载中国法院网，2007年9月27日。

缓刑；李某某犯以危险方法危害公共安全罪，判处有期徒刑13年，剥夺政治权利3年，与前罪拘役6个月并罚，决定执行有期徒刑13年，剥夺政治权利3年；朱某某犯以危险方法危害公共安全罪，判处有期徒刑10年，剥夺政治权利2年。

  本案的特别之处是，在醉驾者发生第一事故后，乘车人指使肇事者逃逸，又发生重大事故，其指使行为是以交通肇事罪论处，还是认定以危险方法危害公共安全罪的共犯？公诉机关认为：被告人李某某明知醉酒驾驶会危害公共安全，却无视法律醉酒驾车，致一人轻伤、二人轻微伤，且在肇事后继续驾驶冲撞，致一人死亡、一人重伤；被告人朱某某两次指使被告人李某某肇事后逃逸，二被告人行为应当认定以危险方法危害公共安全罪追究其刑事责任。被告人李某某的辩护律师认为：被告人李某某的行为不构成以危险方法危害公共安全罪，理由是其无犯罪故意，遇到急转弯路面系致人死亡的原因。被告人朱某某的辩护律师认为：被告人朱某某与李某某不属共同犯罪，其行为不构成犯罪，理由是：控制车辆的系李某某而非朱某某。

  有学者认为，被告人朱某某指使李某某继续驾车逃逸构成以危险方法危害公共安全罪共犯，主要理由是：

  1. 在发生第一事故时，行为人李某某已刹车减速，而在乘坐人朱某某的指使下选择逃逸，这是否意味着，李某某的第一次肇事行为与后续肇事行为独立存在，应以交通肇事罪的构成来判断，而不能与后续肇事行为作为一个整体以以危险方法危害公共安全罪来判断。李某某的第一次肇事行为不能独立存在，因为朱某某的指使并不具有"指示、命令、威胁"等性质，而更多地体现的是一种"提醒、劝说、促成"的教唆行为。而李某某作为完全刑事责任能力人，其不仅有能力对事故所造成的危害结果作出理性的判断，而且有能力对他人这种教唆实施与否作出选择，即驾车逃逸与否的最终决定权在于控制车辆的驾驶人李某某，而非乘坐人朱某某；朱某某的教唆行为虽然强化了其犯罪意图，但起到的是促进和次要而非决定的作用。因而行为人李某某与其后续肇事行为的主观心态具有连续性和一致性，即非另起犯意。这也是本案区分主从犯的关键。

  2. 由于第一次碰撞事故发生后，驾驶人应当认识到醉酒引发了该事故，理应停车，且负有抢救的义务，而其弃之不理，仍选择在醉酒这种高度危险的情况下逃逸，其对后续行为产生的危害结果处于放任心态，进而否定了其连续碰撞行为过失心态的存在；虽然乘坐人朱某某没有第一肇事行为，但其在现实情况下，应该意识到继续行驶极有可能再次威胁他人生命、财产安全，且在驾驶人李某某发生第一事故后即刹车减速的情况下，非但不积极劝说李某某施救

第一部分　以危险方法危害公共安全罪基本理论与司法认定精要

以及自身从道义出发协助营救,反而指使李某某继续驾车逃逸,其主观上反映出一种对危害结果发生的放任心态,客观上促使了李某某放任后续行为的危害结果的发生。且在二人行为共同作用下,导致第二次碰撞而发生重大事故,是为共同犯罪。①

笔者完全赞同上述观点的看法,认为被告人朱某某指使李某某继续驾车逃逸应当构成以危险方法危害公共安全罪共犯。在此需要明确,如果在交通肇事罪中一行为人指使另一行为人继续驾车逃逸,这是否构成交通肇事罪的共犯,学界争议很大,而该争议主要源于2000年11月15日最高人民法院《关于审理交通肇事刑事案件具体应用法律若干问题的解释》第5条第2款规定:"交通肇事后,单位主管人员、机动车辆所有人、承包人或者乘车人指使肇事人逃逸,致使被害人因得不到救助而死亡的,以交通肇事罪的共犯论处。"当然,此种"交通肇事罪的共犯"之所以会引发争议,还主要归咎于"过失犯罪能否成立共犯"。由于立法条款中对"过失犯罪成立共犯"是否定性的,而在司法解释中却加以肯定,这势必导致立法规定与刑事司法解释不统一,甚至是将刑事司法解释凌驾于立法规定之上,有刑事司法解释超越其职权的现象存在。但是,在以危险方法危害公共安全罪中一行为人指使另一行为人继续驾车逃逸,此种情形对于指使行为人与被指使行为人的主观态度而言,均为对危害结果的发生是持放任性的故意。由此可见,在以危险方法危害公共安全罪中,指使者与被指使者即可构成以危险方法危害公共安全罪的共犯。

(四)以危险方法危害公共安全罪的共犯刑事责任分担问题

2009年7月22日上午9时许,被告人王某某、刘某某,原系禹州市三窑沟矿业有限公司井下采煤队正、副队长,两人在禹州市三窑沟矿业有限公司煤矿井下11010采面采煤期间,将两台瓦斯传感器的进气孔堵塞,致使传感器不能准确测到井下瓦斯浓度,导致瓦斯传感器失灵,上传数据失真,井下矿工的生命安全及矿井受到瓦斯超标燃烧的威胁。原判认为,被告人刘某某、王某某违反安全操作规程,采用堵塞瓦斯传感器进气孔的手段,将两台瓦斯传感器的进气孔堵塞,导致瓦斯传感器失灵,致使井下不特定多数人的生命安全及财产安全受到严重威胁,其行为已构成以危险方法危害公共安全罪,系共同犯罪。被告人刘某某在案发后经过公安机关侦查,已经初步掌握其案件的基本事实,公安干警通过该煤矿的相关人员传讯并带被告人到公安机关说明情况,被告人刘某某能如实供述当时的情况,但是不能认定被告人刘某某自首。被告人王某

---

① 马作彪:《指使醉驾者逃逸危害公共安全构成以危险方法危害公共安全罪共犯》,载《人民司法》2011年第12期。

某主动到公安机关投案,应认定为自首的辩护意见与查明的事实不符,不予采信。庭审中二被告人认罪态度较好,有悔罪表现,可酌情从轻处罚。遂判决:被告人刘某某犯以危险方法危害公共安全罪,判处有期徒刑4年;被告人王某某犯以危险方法危害公共安全罪,判处有期徒刑4年。

被告人刘某某上诉及其辩护人辩护均称,一审判决定性错误,量刑过重,应认定为自首。

被告人王某某上诉及其辩护人辩护均称,上诉人的行为不构成以危险方法危害公共安全罪,即使予以处罚,也应认定自首,给予减轻处罚。经二审审理查明,2009年7月22日上午9时许,上诉人刘某某、王某某在禹州市三窑沟矿业有限公司煤矿矿井下11010采面采煤期间,将两台瓦斯传感器的进气孔堵塞,导致传感器不能准确测到井下瓦斯浓度,导致瓦斯传感器失灵,上传数据失真,井下矿工的生命安全及矿井受到瓦斯超标燃烧的威胁。案发后,上诉人刘某某、王某某于2009年7月30日自动投案,如实供述了自己的犯罪事实。法院认为,上诉人刘某某、王某某将井下两台瓦斯传感器的进气孔堵塞,导致瓦斯传感器失灵,致使井下不特定多数人的生命安全及财产安全受到严重威胁,其行为已构成以危险方法危害公共安全罪,系共同犯罪。原判定罪准确。上诉人刘某某、王某某自动投案,如实供述自己的犯罪事实,是自首,可以从轻处罚。原判没有认定二上诉人自首不当,量刑重。"应认定自首,处罚过重"的上诉理由及其辩护人的辩护意见成立,予以采纳。"上诉人的行为不构成以危险方法危害公共安全罪"的上诉理由及其辩护人的辩护意见不能成立,不予采纳。判决如下:上诉人(原审被告人)刘某某犯以危险方法危害公共安全罪,判处有期徒刑3年;上诉人王某某犯以危险方法危害公共安全罪,判处有期徒刑3年。

笔者认为,原判与二审均认为,被告人刘某某、王某某违犯安全操作规程,采用堵塞瓦斯传感器进气孔的手段,将两台瓦斯传感器的进气孔堵塞,导致瓦斯传感器失灵,致使井下不特定多数人的生命安全及财产安全受到严重威胁,其行为已构成以危险方法危害公共安全罪,系共同犯罪,这是值得肯定的。但是,在认定被告人王某某、刘某某两人成立共同犯罪之后的量刑,无论是一审判处的有期徒刑4年,还是二审判处的有期徒刑3年,都没有区分出共同犯罪人之间的责任大小与轻重。确定共同犯罪及其划分主犯、从犯等共犯的种类,其重要作用与功能,就是要使不同的共犯承担大小与轻重不同的责任。如果确定了共同犯罪,但却未能在最终的责任大小与轻重上体现出来,那将会使所确定的共犯失去其应有的价值。以笔者所见,被告人王某某、刘某某,原系禹州市三窑沟矿业有限公司井下采煤队正、副队长,从两人的职务身份可以区分并认定：被告人王某某应是主犯，刘某某应是从犯，这样就可以合理分配两人的责任大小与轻重。例如，可对作为主犯的被告人王某某判处有期徒刑3年，而对作为从犯的被告人刘某某判处有期徒刑2年10个月。

八、以危险方法危害公共安全罪的停止形态问题

刑法第114条、第115条分别规定了以危险方法危害公共安全罪的危险犯与实害犯两种停止形态，这实际上表明了以危险方法危害公共安全罪在犯罪构成上的一个重要构成特点，不以是否造成严重危害后果为构成要件。只要行为人的行为，足以造成不特定多数人的生命、健康或重大公私财产损害，有这样的危险状态存在，即构成本罪既遂，未造成重大损失的，属危险犯，在3年以上10年以下量刑；已实际造成致人重伤、死亡或者使公私财产遭受重大损失的，则属实害犯，在10年以上有期徒刑、无期徒刑或者死刑幅度量刑。[①]

（一）以危险方法危害公共安全罪是否存在犯罪中止形态问题

2011年4月，在成都高新区一加油站内，吸毒男子周某手持打火机和加油枪，威胁工作人员马上报警，不然就点燃油枪。随后他躲在一辆轿车里，与警方对峙半小时后才走下车。此案于11月21日在高新区法院公开审理，对于周某的行为是放火罪还是以危险方法危害公共安全罪，以及被告人是否符合法律规定的犯罪中止，控辩双方进行了激烈辩论。

辩护人认为，本案罪名应定放火罪，并且应认定为犯罪中止。理由在于：（1）公诉机关指控被告人涉嫌以危险方法危害公共安全罪的罪名不当。依据公诉人指控的事实，倘若被告人构成犯罪，其行为所涉嫌的罪名应当是放火罪，而不是以危险方法危害公共安全罪。只有采用放火、决水、爆炸、投放危险物质的方式以外的危险方法危害公共安全构成犯罪的，才适用"以危险方法危害公共安全罪"这一罪名。而本案中，被告人涉嫌以打火机点燃加油枪这一行为采用的显然是放火的方法，因此即便被告人的行为构成犯罪，涉嫌的罪名也只能是放火罪，而不是公诉机关指控的罪名。（2）本案被告人完全符合法律规定的犯罪中止的情形。犯罪中止的关键在于中止行为的自动性。引起犯罪中止的原因多种多样，不管是什么原因引起行为人中止犯罪行为，只要是行为人自愿放弃犯罪就应认定为犯罪中止。本案中，警察到现场后只是对被告人进行劝说，并没有对其实施强制或控制，被告人在时间上和空间上都完全具

---

① 张远山、赵春秀：《不服交通管理驾车撞车定性为以危险方法危害公共安全罪》，载中国法院网，2012年3月26日。

备点火的条件,如果被告人不是在主观上自愿放弃犯罪,那么他完全可以不费吹灰之力将加油枪点燃,达到犯罪的既遂,但被告并没有这么做。被告人在认为可以继续实施犯罪的情况下而不愿意继续实施犯罪、自动放弃犯罪行为,因此被告人行为完全符合犯罪中止的条件。应依法对其免予刑事处罚。①

但是,法院却否决了辩护人的主张。对吸毒男子周某威胁烧加油站一案,2011年12月5日,成都高新区法院公开开庭宣判,周某犯以危险方法危害公共安全罪,考虑到危险状态持续的时间相对较短、案发现场人员的密集程度相对较低,再加上本人有悔罪表现,判处其有期徒刑3年。但法院最终没有认定周某走出轿车的行为是犯罪中止,并对本案定罪量刑的多个焦点,作出了详细说明。"他的行为已经脱离了纯粹的口头威胁。"主审法官说,周某将打火机靠近加油枪,其行为本身就已经超过了加油站放火、防爆的最低防控标准,因此并非一般违法行为,而应是犯罪行为。"不能仅凭他具有点火意图,就认为是放火罪。"在罪名认定上,法院认为,周某的行为是多个危险行为及其呈现状态的集合,其后果不可预测,已非放火手段可以单独评断,不宜单纯凭一种手段认定为放火罪或爆炸罪。案发时间是加油站正常营业时间,其财产及相关人员的人身安全已面临现实危险,因此定性为以危险方法危害公共安全罪。"他在警方劝解下走下轿车,只能说是悔罪表现。"案发时,周某在警方劝解半小时后,放下油枪走下车。法院认为,周某在将打火机靠近油枪时,就已经使公共安全处于危险状态,属于犯罪既遂,因此最终未采纳辩方律师提出的犯罪中止的建议。②

笔者认为,类似上述"以打火机点燃加油枪"的行为,实践中均是采用以危险方法危害公共安全罪处理的。例如,张建勋点燃自家液化气罐案的定性。被告人张建勋在与其亲属发生纠纷后,产生泄愤报复想法,气急败坏不计后果,点燃自家液化气罐,并扬言炸死他人,其实施行为是以引火物质直接点火,极有可能造成火灾,表面上与放火罪相符。但全面分析液化石油气罐化学属性,它既不能等同于直接被引火物质点燃焚烧的公私财物,也不能归为可以直接引发的爆炸物品,同炸药或自制的爆炸装置是有区别的。因此本案认定放火罪或爆炸罪均缺乏犯罪构成要件。理由是:液化石油气本身具有可燃性,但又属易爆物品,被告人点燃的气罐内经鉴定存有液化石油气,如罐体燃到一定

---

① 成安、朱婕:《周某以危险方法危害公共安全案一审辩护词》,载四川刑事律师网,2011年11月23日。

② 肖翔:《吸毒男威胁烧加油站 以危害公共安全罪获刑3年》,载《华西都市报》2011年12月6日。

温度加之外界气压适当其内部液化石油气急剧膨胀为气体，当罐体承受不住压力时就产生迸裂，此时气罐就变成爆炸物。而据消防专业人士介绍，被告人以及邻居所住的房屋的建材有极强易燃性，加之面积普遍较小且无间隔，如不及时灭火被告人家起火后很快形成大面积火灾并难以扑救，肯定会造成严重损失。综上，被告人行为一方面可引发火灾，另一方面不排除爆炸后果的出现。因此无论出现其中一种后果还是两种后果同时出现，都会使邻居财物遭受毁损或多人伤亡。而这种后果是本案被告人主观上认识不到事先又无法确定的，而且无法预料和控制。从被告人实施行为看，完全符合同放火、决水、爆炸、投放危险物质相类似的"危险方法"。以此为据认定其构成"以危险方法危害公共安全罪"定性是准确的。①

至于辩护人认为，被告人周某"以打火机点燃加油枪"的行为完全符合法律规定的犯罪中止的情形，但法院却认为，周某在将打火机靠近油枪时，就已经使公共安全处于危险状态，属于犯罪既遂。笔者赞同法院判定犯罪既遂的意见。事实上，被告人周某"以打火机点燃加油枪"的行为已构成刑法第114条规定的危险犯既遂。在刑法学界，对以危险方法危害公共安全罪的危险犯是否存在中止形态颇有争议性。笔者认为，以危险方法危害公共安全罪的危险犯只能构成既遂，而不宜将其视为中止形态。主要理由是：危险犯中止说明显与犯罪停止形态理论相违背，因为在犯罪既遂之后不可能再返回去成立犯罪中止；对此，不能将作为中止犯成立条件之一的"在犯罪过程中"扩张解释为在犯罪既遂之后，因为这样解释非但没有充足的理由，反而会破坏犯罪停止形态理论的统一性；将法定危险状态的出现解释为危险犯的成立条件而非既遂条件也不足以证明应成立危险犯的中止，因为这样做仍然无法否定行为人的行为已经完全充足了"危险犯"的所有构成要件的事实。②

（二）以危险方法危害公共安全罪是否存在犯罪未遂形态问题

被执行人吴某暴力抗拆一案中，吴某一家为钉子户，周围住户均拆迁安置完毕，其家距离一化工厂仅数十米远，在法院对其强制执行的过程中，吴某伙同其妻张某将事先准备的液化气罐及汽油搬至其家三楼的一房间里，欲以点燃液化气及汽油的方式阻止执法人员强行拆迁。当执法人员到吴某家中要强制拆除吴某的房屋时，吴某一家人均锁在存放液化气及汽油的三楼房间内，并由吴某的子女挡住房门，后由张某将液化气罐搬至窗户边，并打开阀门放出液化

---

① 《本案应定以危险方法危害公共安全罪》，载法律教育网，2003年12月23日。
② 周铭川：《论法定危险状态出现之后能否成立中止犯》，载《上海交通大学学报》（社科版）2012年第3期。

气，扬言要放火烧，民警打破窗户玻璃将该液化气罐夺下。在民警从窗户欲夺下张某手中的液化气罐，吴某子女数人反抗并用玻璃碎片刮伤民警。后在工作人员劝解下，吴某妻子、子女等人撤出房间。民警在现场进一步排除险情时，发现吴某锁在该房间的卫生间内并有液化气及汽油味，民警立即强行开启卫生间的门，吴某见状将事先准备的汽油泼在自己的身上，并手持打火机欲点火，民警立即夺下吴某手中的打火机，并将吴某强行带离卫生间。该案的危险评估结论：案发时吴某往身上倒了大量汽油，并手持打火机威胁要点燃汽油，若吴某一旦点火，会马上引起火灾。火灾烘烤液化石油气钢瓶，温度达到55摄氏度，液化石油气钢瓶就会发生爆炸火灾，液化石油气钢瓶的热辐射及受热爆炸形成的冲击波，影响不到某炼油厂油罐区，但液化石油气钢瓶爆炸碎片可能落到距离吴某家几十米外的炼油厂。

有学者认为，以危险方法危害公共安全罪的危险犯存在未遂形态，并且上述案件构成以危险方法危害公共安全罪未遂。学界否定者的观点认为以危险方法危害公共安全罪不存在未遂状态，即造成足以危害公共安全的危险状态时，就是危险犯的既遂，反之则不构成犯罪。一方面，这种观点混淆了以危险方法危害公共安全罪的构成要件，将足以造成危害公共安全的危险作为犯罪的构成要件，而实际上这是一种类推解释。在以危险方法危害公共安全罪的要件中加上"足以造成危害公共安全的危险"作为构成要件，是不当的类推，也违反了我国罪刑法定、禁止类推的原则。另一方面，这种观点还混淆了犯罪构成要件与犯罪既遂条件的区别，即"足以危害公共安全的危险状态"既是以危险方法危害公共安全罪的处罚根据，也是以危险方法危害公共安全罪的成立要件，即只有当行为具有造成公共安全危险时，才能成立本罪，而不管将这种危险理解为行为的属性，还是理解为作为结果的危险，都成为犯罪的要件，而非既遂的标志，这必然导致未遂、预备、中止不符合犯罪构成要件的结论，显然不能令人接受。①

笔者认为，以危险方法危害公共安全罪的危险犯不存在未遂形态，并且上述案件也不构成以危险方法危害公共安全罪的未遂，主要理由在于：

1. 从法定刑设置来看，无论是单独考察本罪的法定刑规定，还是比较考察本罪与其他犯罪法定刑的规定，本罪中的"危险方法"都应理解为可能致使不特定或多数人重伤、死亡或者公私财产遭受重大损失的行为。一方面，根据刑法第114条、第115条的规定，构成以危险方法危害公共安全罪"尚未造

---

① 丁婧歆：《以危险方法危害公共安全罪是否存在未遂状态》，载《中国检察官》2011年第16期。

成严重后果的,处三年以上十年以下有期徒刑","致人重伤、死亡或者使公私财产遭受重大损失的,处十年以上有期徒刑、无期徒刑或者死刑。"可以看出,本罪属于危险犯,即使是尚未造成严重后果的,起刑点也在3年以上,致人重伤、死亡或者使公私财产遭受重大损失的,处刑最轻也须10年以上,更有可能重至死刑。可以说刑法对于本罪规定的法定刑是十分严苛的。根据罪责刑相适应原则,十分严苛的刑罚必然应对具有非常严重社会危害性的犯罪。如果危险行为仅可能造成行为对象的轻伤或者一般财产损失,那么既无必要在犯罪构成上设置为危险犯,亦不应在法定刑上设置过分严重的法定刑,否则即有违罪责刑相适应这一刑法的基本原则。① 既然刑法分则将危险犯用单列条文的形式加以规定并设置了独立的法定刑,可见危险犯是既遂犯。立法者之所以对危险犯作如此规定,无非是要提示司法机关对那些社会危害性特别严重的危害公共安全的犯罪,即使未造成实害结果,也应追究刑事责任。同时,对这类未遂犯罪(危险犯)直接依照独立的法定刑裁量即可,而不必再引用刑法总则中关于未遂犯处罚的原则进行裁量。这样规定可以杜绝对此类犯罪作更大从宽处罚的可能,这是司法实践必须遵守的。②

2. "危险犯未遂说"有明显的缺陷。首先,把犯罪"未得逞"解释为是未达到行为人预期的犯罪目的,会得出一些不合理的结论。例如,行为人破坏轨道,意图使挂有十节车厢的一旅客列车全部坠入山沟,造成车毁人亡的严重后果。但实际上只导致一节车厢倾覆,死伤数人。行为人自以为未达到预期的目的而感到很遗憾。如果以此为由而认定为不构成破坏交通设施罪既遂,显然是不合理的。其次,认为危险犯是实害犯的未遂犯的结论,这也存在误解。③ 规定实害犯的法条与规定危险犯的法条之间是一种相互排斥的关系,而并不存在从属或竞合的交叉关系。"以我国刑法第114条与第115条为例。一般认为,两个条文之间具有竞合关系,前者为补充法,后者为基本法。其实不然,因为第115条以'致人重伤、死亡或者使公私财产遭受重大损失'为要件,第114条以'尚未造成严重后果'为适用前提。二者既相互衔接,又相互排斥;其间既无遗漏,也无重叠交叉。既然如此,就不能认为二者之间存在法条竞合关系。"④

---

① 冯江菊:《以危险方法危害公共安全罪中"危险方法"之界定》,载《法学与实践》2008年第4期。
② 胡东飞:《危险犯应属实害犯的未遂形态》,载《中国刑事法杂志》2001年第4期。
③ 刘明祥:《论危险犯的既遂、未遂与中止》,载《中国法学》2005年第6期。
④ 张明楷:《刑法分则的解释原理》,中国人民大学出版社2004年版,第287~288页。

九、以危险方法危害公共安全罪的死刑适用问题

刑法第114条规定，以其他危险方法危害公共安全，尚未造成严重后果的，处3年以上10年以下有期徒刑；刑法第115条规定，以其他危险方法危害公共安全，致人重伤、死亡或者使公私财产遭受重大损失的，处10年以上有期徒刑、无期徒刑或者死刑。司法实践中，对以其他危险方法危害公共安全的行为，如果造成了不特定的多数人重伤、死亡或使公私财产遭受重大损失的严重后果，则在较重的量刑档次内裁量刑罚。如果以其他危险方法危害公共安全，没有致人重伤、死亡或者使公私财产遭受重大损失，但致人轻伤的，或者使公私财产遭受较大损失的，则在较轻的量刑档次内裁量刑罚。其中，比较值得明确并应探讨的是以危险方法危害公共安全罪的死刑适用问题。

（一）醉驾构成的以危险方法危害公共安全罪是否适用死刑问题

2009年9月11日，最高人民法院在其出台的《关于醉酒驾车犯罪法律适用问题的意见》（以下简称《醉酒驾车法律意见》）指出：对于醉酒驾车案件，"具体决定对被告人的刑罚时，要综合考虑此类犯罪的性质、被告人的犯罪情节、危害后果及其主观恶性、人身危险性。一般情况下，醉酒驾车构成本罪的，行为人在主观上并不希望，也不追求危害结果的发生，属于间接故意犯罪，行为的主观恶性与以制造事端为目的而恶意驾车撞人并造成重大伤亡后果的直接故意犯罪有所不同，因此，在决定刑罚时，也应当有所区别。此外，醉酒状态下驾车，行为人的辨认和控制能力实际有所减弱，量刑时也应酌情考虑"。《醉酒驾车法律意见》的如此表述，包含两层含义：首先，醉酒驾车在一般情况下，虽然属于故意犯罪之危害公共安全罪，但系间接故意，较之于直接故意，主观恶性较轻；其次，醉酒状态下行为人的辨认和控制能力实际有所减弱，量刑时也应酌情考虑。即似乎应当考虑从轻处罚，至少是不从重处罚。

《醉酒驾车法律意见》之所以作出上述解释，主要是考虑到行为人醉酒驾车构成以危险方法危害公共安全罪的，虽然往往情节比较恶劣，后果严重，社会危害性大，但要看到，此类犯罪一般系间接故意犯罪，行为人主观上并不希望也不追求危害结果发生，与蓄意杀人和恶意驾车撞击车辆或行人的直接故意犯罪不同。相比之下，此类犯罪行为人的主观恶性不是很深，人身危险性不是很大。因此，综合考察醉酒驾车犯罪行为人的主观恶性、人身危险性及其犯罪行为的社会危害性，此类犯罪行为人一般不属于刑法规定的罪行极其严重的犯罪分子，不属于适用死刑的对象。从贯彻宽严相济刑事政策、严格控制和慎重适用死刑出发，一般不适用死刑。但是，对于醉酒驾车犯罪情节特别恶劣，造

成的后果特别严重的,如醉酒驾车肇事后,不顾拦阻,或抗拒检查、抓捕,或为逃避处罚,继续驾车撞击车辆、行人,造成特别严重后果的,也不排除依法适用死刑的可能。①

有学者认为:《醉酒驾车法律意见》一方面将孙某某、黎某某等系列案件认定为"在肇事后继续驾车冲撞,造成重大伤亡,说明行为人主观上对持续发生的危害结果持放任态度,具有危害公共安全的故意"。"对此类醉酒驾车造成重大伤亡的,应依法以危险方法危害公共安全罪定罪。"即将此类案件作为重罪处理;另一方面,又认为"行为的主观恶性与以制造事端为目的而恶意驾车撞人并造成重大伤亡后果的直接故意犯罪有所不同","行为人的辨认和控制能力实际有所减弱,量刑时也应酌情考虑"。如此理解和把握宽严相济刑事政策,是否逻辑严密,法理妥贴,或许需要进一步深入论证和说明,才能消除人们对其矛盾之处的疑惑。但是,《醉酒驾车法律意见》作为最高审判机关出台的针对醉酒驾车类罪案的指导性文件,不能不对具体的醉酒驾车案件的量刑产生直接影响,将基本上不考虑适用死刑(包括死缓)。如果行为人具有报警、救护伤员、支付费用的补救性行为,将更难适用死刑(包括死缓)。具体到孙某某、黎某某醉酒驾车的案件而言,对其不判处死刑,主要理由是:首先,孙某某、黎某某系间接故意犯罪,又处于辨认和控制能力较弱的状态,主观恶性较小。其次,行为人孙某某、黎某某充分认识到其犯罪行为的危害性,多次向被害人家属和社会表示忏悔,补偿了被害人家属经济损失,取得了被害人家属谅解,对被其以危险方法危害公共安全的犯罪行为所破坏的社会关系起到了一定的修复作用。综合以上因素考虑,行为人孙某某和黎某某都不属于罪行极其严重的犯罪分子,对其判处无期徒刑,而非死刑是于法有据的。

应当看到的是,《醉酒驾车法律意见》对于醉酒驾车,构成以危险方法危害公共安全罪的案件是否适用死刑,并没有作出明确规定,更没有一概而论。对相关具体案件的行为人是否适用死刑,不能仅仅考量犯罪主观方面或者客观方面的个别情节、因素,而应当结合犯罪分子的主观恶性、人身危险性和犯罪行为社会危害性三方面进行综合把握。在理论研究和司法实践中,有意见认为醉酒驾车案件有以下情节的,即便是有行为人对被害人家属实施经济赔偿等酌定从轻情节,也仍然需要考虑适用死刑:(1)在醉酒驾车(间接故意)已经造成严重伤亡后果的前提下,为抗拒抓捕继续驾车冲撞,又造成严重伤亡后果的;(2)行为人曾经因为酒后驾车肇事造成严重后果,依法受到刑罚惩处,

---

① 高贵君等:《〈关于醉酒驾车犯罪法律适用问题的意见〉的理解与适用》,载《人民司法》2010年第1期。

刑满释放后不思悔改而再次醉酒驾车，导致严重后果的；（3）醉酒驾车肇事后逃逸，在潜逃期间再行醉酒驾车，导致严重后果的。①

笔者不赞同上述观点所认为的《醉酒驾车法律意见》"对于醉酒驾车，构成以危险方法危害公共安全罪的案件是否适用死刑，并没有作出明确规定"。事实上，《醉酒驾车法律意见》的规定很明确：醉酒驾车构成本罪的，行为人在主观上属于间接故意犯罪，行为的主观恶性与以制造事端为目的而恶意驾车撞人并造成重大伤亡后果的直接故意犯罪有所不同，因此，"在决定刑罚时，也应当有所区别"。此处的刑罚应当有所区别，显然是指是否适用死刑上的差异。而且，最高人民法院在其出台的《醉酒驾车法律意见》之后，所附加的成都"孙伟铭醉驾案"和广州"黎景全醉驾案"两起由死刑改判无期徒刑案件，直接表明或者体现了最高人民法院《醉酒驾车法律意见》所持有的态度，即醉酒驾车构成"以危险方法危害公共安全罪"的，一般可以判处最高无期徒刑，而不判处死刑。在《醉酒驾车法律意见》发布之后而判处的南京张某某醉酒驾车案，以及北京陈某醉酒驾车案，最终都是判处最高无期徒刑，而不是判处死刑，这可谓是法院直接依据《醉酒驾车法律意见》而作出的判决结果。

在南京张某某醉驾案判处结果宣告之后，南京中院副院长吴文康指出，法院以"以危险方法危害公共安全罪"对张某某判处无期徒刑，并不是对成都"孙某某醉驾案"和广州"黎某某醉驾案"两起案件量刑幅度的简单沿用。虽然张某某案在3起案件中造成的后果最为严重，但另两起案件也各有恶劣的情节，成都的孙某某长期无证驾驶，多次违反交通法规，在醉酒驾车与其他车辆追尾后，为逃逸而继续驾车超限速行驶，造成了重大危害后果；广州的黎某某在醉酒驾车肇事后，所驾车辆被卡在路边的花地上，但其不顾伤者及周围劝阻群众的安危，继续驾车冲撞，致劝阻群众被撞身亡。"行为的危害后果并不是决定被告人刑罚的唯一标准。"吴文康说，被告人张某某归案后能如实供述自己的罪行，认罪态度较好，主动赔偿，有悔罪表现；其在醉酒致辨认和控制能力下降的情况下酿成惨祸，主观上并不希望和积极追求严重危害结果的发生，与以危害公共安全为目的恶意驾车撞人并造成重大伤亡后果的直接故意犯罪相比，张某某犯罪的主观恶性与人身危险性有所不同。综合以上情节，法院经慎重研究，决定判处张某某无期徒刑。②

---

① 蒋凡：《醉酒驾车犯罪若干法律适用问题研究》，载《犯罪研究》2010年第5期。
② 《为何适用"以危险方法危害公共安全罪"》，载《中国青年报》2009年12月24日。

第一部分 以危险方法危害公共安全罪基本理论与司法认定精要

笔者认为，南京中院以"以危险方法危害公共安全罪"对张某某判处无期徒刑，无论是否属于对成都"孙某某醉驾案"和广州"黎某某醉驾案"两起案件量刑幅度的简单沿用，都无可置疑地表明了最高人民法院出台《醉酒驾车法律意见》的价值之所在：即具有醉驾案不判死刑的标杆作用。换言之，如果最高人民法院不出台《醉酒驾车法律意见》，不仅仅是"孙某某醉驾案"和广州"黎某某醉驾案"两起案件都得执行死刑判决，而且，比"孙某某醉驾案"和广州"黎某某醉驾案"后果更加严重的南京张某某醉驾案，以及北京陈某醉驾案，都有可能被判处死刑。毫无疑问，正是由于最高人民法院出台了《醉酒驾车法律意见》，才使得各地审判机关参照所规定内容而减少了对醉驾者判处死刑的比例。

最后，还应当明确的是，2009年9月11日最高人民法院出台的《醉酒驾车法律意见》是仅具有指导性的醉驾处理意见，特别是其中的"将基本上不考虑适用死刑"，并非是带有强制性的命令规定。即如果认为最高人民法院出台的《醉酒驾车法律意见》是带有强制性的命令规定，那么自最高人民法院出台的《醉酒驾车法律意见》发布之日即2009年9月11日以后，对醉驾者就不应当再适用以危险方法危害公共安全判处死刑了。但事实并非如此，在《醉酒驾车法律意见》发布之日2009年9月11日以后，仍有不少地方法院适用以危险方法危害公共安全判处了醉驾者死刑。例如，2010年3月21日晚，安徽阜阳市双清路发生一起严重车祸，阜阳太和人董某酒后驾驶小型越野客车在撞倒一人后，不顾同车人劝阻，继续驾车飞奔，又连续撞倒10人，导致2人死亡、7人受伤的严重后果。2010年11月16日，阜阳市中级人民法院对这起案件进行宣判：董某以危险方法危害公共安全被判死刑，并赔偿受害人及家属154万余元。①

（二）直接故意与间接故意构成的以危险方法危害公共安全罪的死刑适用问题

刑法理论上把犯罪故意区分为直接故意与间接故意这两种类型进行研究，具有重要的意义，有助于司法实践中对故意犯罪案件区分危害程度予以轻重不同的处罚，这是区分和研究故意两种类型的主要实践意义。两种故意形式由于认识因素尤其是意志因素不同，而影响和决定了行为人主观恶性以及行为的客观危害程度有所不同。在绝大多数情况下，直接故意的社会危害性要大于间接故意。根据罪责刑相适应原则的要求，对直接故意犯罪的量刑一般应重于间接

---

① 孙叶：《安徽一司机以危险方法危害公共安全罪被判死刑》，载中国广播网，2010年11月17日。

故意犯罪。① 直接故意构成的以危险方法危害公共安全罪可考虑适用死刑。2009 年 6 月 22 日，李某某请假要求次日休息得到批准，但翌日下午，车队长打电话给李某某并安排其替 889 路公交车另一司机顶班，李某某碍于情面勉强答应。23 日 18 时 25 分许，李某某因不满加班且交班又晚点，独自将刚下完客的粤 L36217 车驶离火车站广场，沿 889 路公交车运营路线急速行驶，未采取任何避让措施，先后造成 28 辆机动车受损及 4 名被害人死亡和多名被害人受伤。惠州中级人民法院一审，以危险方法危害公共安全罪判处李某某死刑，剥夺政治权利终身。②

2008 年 7 月，南京中北巴士公司驾驶员王某某与同事杨某发生纠纷并互殴，杨某被殴打致轻伤。没有构成伤残的王某某认为自己应当构成工伤，多次堵门要求公司满足他的要求。2009 年 4 月 13 日，王某某再次到公司堵门要求解决问题，因没有得到满意的结果，产生了驾驶公交车杀人报复单位及社会的念头。当晚 9 时多，王某某从公司红山路停车场私自开出一辆 114 路公交车，故意将车撞向多名在车站等车的乘客，将 1 男 1 女撞倒后，又撞倒驾助力车的男子孙某富，致使孙某富被拖行 5 公里后死亡。后群众及警务亭保安拦截，将王某某抓获。2009 年 12 月 11 日，南京中院一审以"以危险方法危害公共安全罪"判处王某某死刑，剥夺政治权利终身。王某某不服，提起上诉。江苏省高级人民法院审理后驳回上诉，维持原判，并依法报送最高人民法院复核。最高人民法院复核后认为，第一审判决、第二审裁定认定的事实清楚，证据确实、充分，定罪准确，量刑适当，审判程序合法。据此，核准对王某某的死刑判决，并下达执行死刑命令。③

众所周知，间接故意的主观恶性明显是要小于直接故意，对于主观恶性不同的被告人适用同样的刑罚是不合理的，正如我国刑法分则第 2 章"危害公共安全罪"中规定的如放火、爆炸、以危险方法危害公共安全一样。在量刑的规定上仅区分了故意与过失，而对于间接故意与直接故意未作明确的区分，因此，造成了孙某某案（由于案件造成严重后果）一审不得不适用死刑的局面。因此，有必要对我国刑法的相关规定进行完善，从而使我国对间接故意的危险犯的处罚更加合理。可以考虑，对于类似于以危险方法危害公共安全罪的危险犯，可考虑在刑罚规定上，将直接故意与间接故意明确作出区分，明确规

---

① 赵秉志主编：《刑法新教程》（第 3 版），中国人民大学出版社 2009 年版，第 103 页。

② 秦仲阳：《惠州公交司机不满加班撞死 4 人一审被判死刑》，载《广州日报》2009 年 12 月 31 日。

③ 《因泄愤故意撞死人 公交司机伏法》，载《南方都市报》2010 年 10 月 17 日。

定主观罪过为间接故意的,一般情况下不宜适用死刑,以此明确区分间接故意危险犯与直接故意危险犯的刑罚幅度,这样也合乎我国关于适用死刑的相关刑事政策。①

行为人是认识到危害后果必然发生而积极追求,还是认识到危害后果可能发生而予以放任,反映出两种不同程度的主观恶性。区分直接故意还是间接故意,对于量刑特别是适用死刑有着非常积极的意义。直接故意者多数出于报复社会的动机,行为人在清醒状态下即有预谋地选择了驾车横冲直闯、危害公共安全、伤及无辜群众的方式发泄私愤,饮酒仅是为了壮胆。这种极度蔑视社会秩序和他人生命、积极追求危害后果发生的主观心态非常恶劣。如果造成严重的伤亡后果,对其适用死刑并无不当。间接故意者事先并无预谋,而是在酒精的影响下,情绪发生变化,好感情用事,一时冲动决定酒后驾车,在驾车时因辨认能力和控制能力减弱而造成危害后果,但其内心深处并不希望也不追求这种危害结果发生,只是为了实现驾车这一目的,而置可能造成的危害后果于不顾,故其主观恶性相对小于直接故意。此外,行为人虽系间接故意,但其在酒后驾车已经造成严重伤亡后果的情况下,为抗拒抓捕,继续驾车横冲直闯,又造成严重的伤亡后果的,主观恶性要大于肇事后没有逃逸的行为人。对此种情况的被告人,可以考虑判处其死刑。②

例如案一,2009年1月24日下午,被告人魏某某在滑县万古镇饮酒后,驾驶车牌号为豫J90153的小型普通客车,于当天下午6时30分,在途经万古镇、高平镇,行至滑县孟高公路高平镇苗东村路段时,发生第一起交通事故,将路边一对老年夫妇撞伤。这对老年夫妇因伤重死亡,魏某某的车辆也被损坏。首起交通肇事发生后,魏某某没有停车对被撞的老年夫妇进行抢救,而是继续驾车向西加速逃逸。高速行驶的客车行驶至滑县高平镇东留寨村大街后,先后又撞上该村8名群众,并与同向行驶的牟某驾驶的摩托车发生追尾,继而推着摩托车行进。最后撞到公路北侧一座庙宇的屋角后,客车因毁损严重无法行驶,被迫停止。第二起事故导致6人死亡、一人轻伤、两人轻微伤。法院经审理认为,在第一起事故中,被告人魏某某违反交通运输管理法规,酒后驾驶汽车致两人死亡并逃逸,负事故的全部责任,情节特别恶劣,其行为已构成交通肇事罪;第一起事故发生后,被告人魏某某为逃避法律的制裁驾车加速逃

---

① 黄维智、叶锐:《浅析以危险方法危害公共安全罪》,载《贵州警官职业学院学报》2010年第3期。

② 曾琳:《酒后驾车构成以危险方法危害公共安全罪的情形和死刑适用》,载《人民司法》2009年第21期。

逸，其行为本身已对不特定多数人的生命、健康和财产安全构成威胁，客观上导致6人死亡3人受伤、公私财产受损的严重后果，其行为构成以危险方法危害公共安全罪。且被告人魏某某当庭认罪态度不好，依法应予严惩。法院一审判决，被告人魏某某犯以危险方法危害公共安全罪，判处死刑，剥夺政治权利终身。犯交通肇事罪，判处有期徒刑6年。数罪并罚，决定对魏某某执行死刑，剥夺政治权利终身。①

例如案二，2009年8月底，捕前系吉林省永吉县金家乡中心小学职工的张某某，其儿子上了大学，在家无事可做的他想出去散散心并试着找找工作。他9月初来到北京后，在逛超市时买了一把餐刀，准备带回家用，但他平时就把刀随身带在身上。他在北京始终没有找到适合自己的工作。9月17日，他退房离开旅社，独自来到前门大栅栏，傍晚在一家东北饭馆吃饭，喝了两小瓶二锅头和1瓶啤酒，后继续在大栅栏转悠。张某某称，当时喝得有些迷糊，记不清是有人撞他，还是他撞别人，总之他在与对面走过来的男子碰了一下后，突然转身回来，从包里拿出尖刀，拽下包装盒，从后面扎了那个人的下身，扎完后，他就拿着刀往前跑，谁挡在他前面他就扎谁。案发后，北京市公安局法医精神病学鉴定中心鉴定意见证明：被鉴定人张某某实施违法行为时处于普通醉酒状态，辨认、控制能力存在，具有完全责任能力。2010年11月8日，北京市一中院对张某某审理后认为，张某某酒后在公共场所持刀随意刺扎多人，致2人死亡、6人重伤、3人轻伤、5人轻微伤，严重危害公共安全，其行为已构成以危险方法危害公共安全罪，犯罪性质极其恶劣，后果特别严重，社会危害性极大，依法应予严惩。因此，法院一审以犯以危险方法危害公共安全罪判处张某某死刑，同时赔偿各被害人以及各被害人家属经济损失共计105万余元。张某某上诉后，北京市高院维持了一审判决。② 张某某酒后乱扎，主观上虽系间接故意，但其在酒后乱扎人已经造成严重伤亡后果，应被判处死刑。

（三）以危险方法危害公共安全罪中死缓的适用问题

2010年11月28日中午，刘某某与同学聚会时饮用了大量白酒和啤酒。当日18时许，他又赶至滨城区的某饭店饮酒。20时许，刘某某酒后拿起朋友留在饭桌上的车钥匙驾驶轿车离开饭店。当他驾驶该车沿滨州市滨城区渤海七路由南向北行至黄河五路路口南侧约50米处时，与在其前方正常等待信号灯

---

① 张志立、张尚兰：《河南首次以危害公共安全罪判醉驾者死刑》，载《大河报》2009年9月11日。

② 《北京前门持刀刺死2人伤14人男子被执行死刑》，载《京华时报》2012年5月13日。

的杨先生驾驶的出租车追尾,将该车撞坏。肇事后,他被赶至现场的朋友叫下车,后又趁机进入驾驶室驾车逃逸,并掉头沿渤海七路由北向南行驶。当行至渤海七路与黄河三路交叉口北约20米处时,刘某某又将正常同向骑电动车行驶的郝先生撞伤。借着酒劲的他继续驾车向南冲行,在将骑自行车正常前行的姜沿沿撞伤后,又将骑电动车的贾某某母女撞倒,致两人死亡。撞倒贾某某母女俩后的刘某某继续驾车拖拽着被害人的电动车强行前冲,又将杨女士驾驶的别克汽车左后轮撞坏。当冲行至"李氏餐厅"门口处时,他驾驶的轿车失控,冲入人行道,将停在该餐厅门口的一辆汽车和一辆电动车撞坏,并致路边的行人程女士受伤。"事故共造成2人死亡,4人受伤,还有一定金额的直接经济损失,后果可以说非常严重。"案发后,刘某某仍处于不清醒状态,被交警当场抓获。经检测,刘某某血液中乙醇含量为226.9mg/100ml,属醉酒驾车。2011年6月27日上午,滨州中级法院对"11·28"酒后疯狂驾驶连续冲撞多人的肇事案作出一审判决:被告人刘某某犯以危险方法危害公共安全罪,判处死刑,缓期两年执行,剥夺政治权利终身,并赔偿受害人及其亲属经济损失775407元。①

从被告人刘某某的后果来看,"事故共造成2人死亡,4人受伤,还有一定金额的直接经济损失,后果可以说非常严重";比较2009年南京"6·30"特大醉驾肇事案的被告人张某某造成后果"先后撞倒9名路人,并撞坏路边停放的6辆机动车,造成5人死亡、4人受伤",显然是被告人张某某造成的后果比被告人刘某某造成的后果更严重。但是,在刑事责任的承担上,被告人刘某某的刑事责任要重于被告人张某某的刑事责任。被告人刘某某被判处死刑,缓期两年执行,剥夺政治权利终身,并赔偿受害人及其亲属经济损失775407元;被告人张某某被判处无期徒刑,剥夺政治权利终身。原因可能是张某某认罪态度较好,事后积极进行民事赔偿;而被告人刘某某可能在认罪态度、事后赔偿等方面表现不积极,从而使"法院根据被告人刘某某的犯罪事实、犯罪性质、情节以及对社会的危害程度",依法作出了比较张某某醉驾肇事案较重的一审判决。

但是,对被告人刘某某的死缓判决则又是比立即执行的死刑更轻的判决。在以危险方法危害公共安全罪中把握死缓的适用,应根据刑法第48条规定:"死刑只适用于罪行极其严重的犯罪分子。对于应当判处死刑的犯罪分子,如果不是必须立即执行的,可以判处死刑同时宣告缓期二年执行。"虽然刑法第

---

① 张卫建:《醉驾致两死四伤 刘金全以危害公共安全罪判死缓》,载《齐鲁晚报》2011年6月29日。

48条规定了"罪行极其严重"与"不是必须立即执行"两个死缓条件，但由于"罪行极其严重"同时也是立即执行死刑的条件，因此，实践中把握死缓的条件应重点放在"不是必须立即执行"的理解与适用上。笔者认为，判断"不是必须立即执行"可以考虑如下内容：（1）罪行尚未达到最严重的程度；（2）在共同犯罪中不是起最主要作用的犯罪分子；（3）犯罪后有投案自首情节或立功表现，或者有其他悔过表现的；（4）被害人有一定过错；（5）基本事实清楚、基本证据确实充分，但个别情节不够清楚，个别证据无法查清，为留有余地；（6）犯罪是由于同村近邻等人民内部矛盾所引起，加上有关部门处理不当，从而激化矛盾，导致犯罪行为发生；（7）在逃期间，从事过有益于国家或人民的重大事情；（8）鉴于国际影响，考虑到政治斗争的形势，或者出于保存活证据和另案线索的需要；（9）犯罪人的年龄、智力以及自身技能等情况的影响；（10）根据我国少数民族、宗教、华侨政策。①

另外，在判断罪该处死的犯罪人是否属于"不是必须立即执行"时，除了要考虑犯罪行为的社会危害性程度之外，还需要考虑犯罪人的主观恶性、年龄、智力、人身危险性表现、平时一贯表现、罪后表现（如罪后抢救被害人、归案后认罪悔罪态度较好）；犯罪人及其家属积极进行民事赔偿的态度，被害方的宽恕；被害人的过错、案发的起因；自首行为、立功表现；破案线索的需要、犯罪情节的证据缺陷；外交政策和民族、宗教、华侨政策；贯彻"少杀"政策的需要等因素。只有在综合考察罪行的社会危害性程度和影响死缓适用从宽因素的基础上，才能作出是否对死刑犯予以宽恕的决定，即是否对其适用死缓。对于罪该处死的犯罪人，如果犯罪行为的社会危害性刚刚达到或略微超过"罪行极其严重"的下限标准，那么只要有一个法定从轻情节或者数个酌定从轻情节的，就可以考虑适用死缓；如果犯罪行为的社会危害性虽不过分超过但较大的超过"罪行极其严重"的下限标准，则需要有多个法定从轻情节或者多个法定和酌定从轻情节才能考虑适用死缓。②

---

① 张正新：《中国死缓制度的理论与实践》，武汉大学出版社1998年版，第161~162页。

② 任志中：《死刑适用问题研究》，知识产权出版社2012年版，第225页。

典型案例诉辩审评

案例1：陈某醉酒驾驶案
——以危险方法危害公共安全罪与交通肇事罪的界限

一、基本情况

案　　由：以危险方法危害公共安全

附带民事诉讼原告人：陈某邦，75岁，1935年7月10日出生于江西省武宁县，汉族，中专文化，退休教师，住江西省武宁县东林乡中学宿舍；系被害人陈某宁之父。

附带民事诉讼原告人：徐某梅，70岁，1940年11月18日出生于江西省武宁县，汉族，中专文化，退休教师，住址同陈某邦；系被害人陈某宁之母。

附带民事诉讼原告人：陈某瑞，7岁，2004年4月29日出生于北京市，汉族，住北京市朝阳区广渠东路；系被害人陈某宁之女。

附带民事诉讼原告人暨陈某瑞的法定代理人：王某，33岁，1977年7月8日出生于黑龙江省鸡西市，汉族，大学文化，公司职员，住址同陈某瑞；系被害人陈某宁之妻。

被告人：陈某，男，31岁，1979年12月14日出生于湖南省津市市，汉族，初中文化，无业，暂住北京市朝阳区广渠路某号。因涉嫌犯交通肇事罪，于2010年5月10日被羁押，因涉嫌犯以危险方法危害公共安全罪，于同年6月12日被逮捕。

二、诉辩主张

（一）人民检察院指控事实

北京市人民检察院第二分院以京检二分刑诉〔2011〕59号起诉书指控被告人陈某犯以危险方法危害公共安全罪，于2011年4月21日向本院提起公诉。在诉讼过程中，附带民事诉讼原告人陈某邦、徐某梅、陈某瑞、王某向本院提起附带民事诉讼。本院依法组成合议庭，公开开庭合并审理了本案。北京市人民检察院第二分院指派代理检察员叶萍出庭支持公诉，附带民事诉讼原告人陈某邦及上述附带民事诉讼原告人的诉讼代理人邢赫尘，被告人陈某及其辩护人暨诉讼代理人陆骏峰到庭参加诉讼。附带民事诉讼原告人徐某梅、王某、陈某瑞因故未能到庭。本案现已审理终结。

北京市人民检察院第二分院起诉书指控：被告人陈某于2010年5月9日5时36分许，饮酒后超速驾驶英菲尼迪牌小型轿车，在本市朝阳区东大桥路由北向南行驶至建国门外大街永安里路口，违反交通信号，直接撞上前方等候交通信号放行的被害人陈某宁驾驶的菲亚特牌小型轿车，继而又撞向正常行驶的639路公交车左前侧，后被迫停止。被告人陈某弃车逃逸。事故造成陈某宁、陈某玮因颅脑损伤经抢救无效死亡，王某重伤，刘某臣受伤。

针对指控的事实，公诉机关当庭宣读、出示了被害人陈述、证人证言、现场勘验、检查笔录、物证、书证、鉴定结论、视听资料、被告人供述等证据。据此，公诉机关认为，被告人陈某无视国法，明知酒后不能驾驶机动车，却违反交通法规驾车超速行驶，致二人死亡、一人重伤，严重危害了公共安全，其行为触犯了《中华人民共和国刑法》第115条第1款之规定，犯罪事实清楚，证据确实、充分，应当以以危险方法危害公共安全罪追究其刑事责任。

四名附带民事诉讼原告人要求被告人陈某赔偿死亡赔偿金、丧葬费、医疗费、被扶养人生活费、误工费等各项经济损失共计人民币608.67万元。

（二）被告人辩解及辩护人辩护意见

在法庭审理中，被告人陈某提出其对危害结果的发生不是故意的辩解，其辩护人陆骏峰的辩护意见为，陈某在主观上是过失而不是间接故意，且其行为的危险性尚未达到危害公共安全犯罪的危险程度，应当以交通肇事罪对陈某定罪量刑。

三、人民法院认定事实和证据

（一）认定犯罪事实

经审理查明：2010年5月9日5时36分许，被告人陈某酒后驾驶车牌号为京N79L86的英菲尼迪牌小型轿车，在本市朝阳区东大桥路超速由北向南行驶至建国门外大街永安里路口时，违反交通信号，从后面冲撞等候交通信号放行的陈某宁（男，殁年35岁）驾驶的车牌号为京F30020的菲亚特牌小型轿车，继而又撞向正常行驶的车牌号为京AB1129的639路公交车左前侧后，被迫停止行驶，陈某弃车逃逸，造成陈某宁、陈某玮（女，殁年6岁）均因颅脑损伤经抢救无效死亡,王某(女,33岁)重伤,刘某臣(男,69岁)受伤,陈某于当日16时许被公安机关抓获归案。

另查明:被告人陈某的行为确给附带民事诉讼原告人陈某邦、徐某梅、陈某瑞、王某造成了一定的经济损失。在本案审理过程中,陈某邦、徐某梅委托王某与被告人陈某及其家属协商,双方已就附带民事部分达成调解协议。

(二)认定犯罪证据

上述事实有下列证据证实:

1. 被害人王某陈述:其和丈夫陈某宁2010年5月9日凌晨抱二女儿陈某玮去了儿研所,看完病从医院出来,其丈夫开车,其抱孩子坐后排,之后就什么也不知道了。

2. 被害人刘某臣陈述:其坐在639路公交车右边靠近车头的位置,听到"嘭"的一声后就被从座位上甩下来了,感觉右肋部撞到了座位上,后急救车把其送到了朝阳医院。

3. 证人张某的证言证实:2010年5月9日5时35分左右,其驾驶一辆639路公交车从西边过来行至永安里路口,等东西方向的红灯变绿灯后准备转弯,听见一声撞击声,看见在路口北侧有一辆小白车被一辆黑色小轿车撞出去了,小白车在路口转了好几圈,与此同时,黑色小轿车前部撞在其驾驶的公交车左前侧。其赶紧刹车下车,直奔白车前,看见车上有一个小女孩在后排座右侧,一个女的在后排左侧挤在那里动不了,一个男的在司机位置一动不动。其看见黑车内有一个女的从后门左侧出来,有两个男的从后边下来,开车的是个男的,后来听乘客说女的跟司机打车走了。其车上有一个老头受伤了,当时天已经亮了,视线良好,晴天。

4. 证人薛某的证言证实:2010年5月8日晚上10点多种,其和赵某莹打车去三里屯,打电话约了陈某和赵某到蓝蛙酒吧给其过生日。5月9日1点多钟,陈某和赵某先后去了。其要了几杯马天尼洋酒,赵某莹要了一瓶酒,等陈某来时其喝完一杯了,赵某莹喝了快半瓶,陈某来后四人一起将剩下的红酒都喝了。然后其说换个热闹点儿的地方,决定去工体的VICS酒吧。四人上了陈某开的车,陈某又接了许某,先将赵某放到COCO酒吧,四人到了VICS酒吧,其印象中桌子上大概有三四瓶酒,最后有些晕,喝了多少记不起来了,陈某和许某都喝了,具体喝多少不清楚。赵某莹和她男朋友先走,后赵某又来了,赵某好像自己喝了点,又待了十几分钟,陈某说"走吧,累了"。四人就从酒吧出来,陈某开车,上车边放歌边跟着唱,唱着唱着其向前一扭脸,正看到撞在前面车的尾部。其下车后赵某就说让其带陈某去医院,然后其和陈某打车离开,先去陈某住的地方,待了有一个多小时后又打车去了垂杨柳医院,医生让陈某留院观察一下,他没留,又打车回了陈某住处。

5. 证人赵某莹的证言证实聚会并喝酒的情况,与薛某证实的情况相同。

6. 证人赵某的证言证实聚会并喝酒的情况,与薛某证实的情况相同。赵某还证实,其感觉走着走着车子"咣当"两下停下了,没感觉陈某有刹车打方向的举动。下车后,其看到陈某特别害怕,就说"你喝了酒先上旁边躲躲去",又跟薛某说"你扶他走",后看两人打车走了。

7. 证人许某的证言证实:2010年5月9日凌晨3点多种,其正在睡觉,陈某打电话说出来玩儿,后开车接上其,车上有薛某、赵某莹、赵某,四人先把赵某放到工体COCO酒吧,又去了VICS酒吧。到酒吧四人上了五瓶洋酒,这期间也有别的人来喝酒,其和陈某、赵某莹、薛某喝了两瓶多一些,赵某莹先走了,后赵某过来了,赵某又喝了一点儿。陈某说"累了,咱们走吧",四人上了陈某开的车,不知道怎么就出事儿了,当时感觉两下撞击声。下车后其看到薛某和陈某打的走了,其和赵某一直在现场。

8. 交通事故报警记录证实:2010年5月9日5时38分至51分,分别有3名目击群众报案称,2010年5月9日5时36分许在本市朝阳区永安里路口发生了交通事故。

9. 道路交通事故现场勘查笔录、现场照片及交通事故现场图证实:事故时间为2010年5月9日5时35分;现场位于有信号灯控制的朝阳区建国门外大街永安里路口,沥青路面,道路平坦,视线良好,交通标志、标线齐全;路面有英菲尼迪车和菲亚特车轮胎挫印痕迹及散落碎片。

10. 道路交通事故认定书证实:陈某饮酒后驾驶机动车、超速行驶、违反交通信号是此事故形成的全部原因,且发生交通事故后弃车逃逸。陈某为全部责任。

11. 道路交通事故车辆技术检验报告证实:车牌号为京N79L86的英菲尼迪小型轿车制动系工作有效。

12. 车辆行驶速度鉴定意见书证实:案发时陈某驾驶的小型客车(车牌号:京N79L86)前端经过参照线一、参照线二之间的行驶速度约为"110.6~121.7公里/小时"。

13. 工作记录证实:经测量北京市朝阳区东大桥路使馆东口路口南侧停止线到北京市朝阳区建国门外大街永安里路口北侧停止线的距离为421米。根据现场勘查,现场挫印痕无法确定英菲尼迪轿车的刹车痕迹。办案民警从VICS酒吧调取了陈某等人在酒吧饮酒的监控录像,从北京市公安局调取了事发地点由北向南的监控录像和由南向北的监控录像。

14. 事故现场录像,VICS酒吧监控录像分别证实:事故发生的全过程;

陈某与薛某、许某、赵某等人在 VICS 酒吧饮酒的情况。

15. 酒精检验报告分别证实：2010 年 5 月 9 日 16 时 23 分抽取陈某静脉血，未检出酒精；2010 年 5 月 9 日 6 时 25 分抽取赵某静脉血，检出酒精含量为 83.7mg/100 ml；2010 年 5 月 9 日 6 时 20 分抽取许某静脉血，检出酒精含量为 59.5mg/100ml；2010 年 5 月 9 日 10 时 38 分抽取薛某静脉血，未检出酒精。

16. 法医病理鉴定意见书、死亡医学证明书、火化证明证实：根据尸表检验结合鉴定材料，陈某宁、陈某玮符合颅脑损伤死亡；二人尸体现已火化。

17. 诊断证明书、法医学鉴定意见书证实：王某胸外伤、双侧血肿、双肺挫伤、右侧肋骨骨折、失血性休克、左小腿不全离断，左胫腓骨开放粉碎性骨折、腰椎横突骨折；所受损伤属重伤。

18. 诊断证明书证实：刘某臣右肋软组织损伤，可能肋骨骨折。

19. 损害赔偿协议、工作记录证实：经陈某与刘某臣协商，陈某一次性赔偿刘某臣医药费、误工费共计人民币 4500 元；刘某臣表示不再进行伤情鉴定。

20. 扣押、移送物品、文件清单证实：涉案黑色英菲尼迪牌小型轿车一辆（车牌号：京 N79L86）、陈某的机动车驾驶证一本现已扣押在案。

21. 涉案车辆保险查询情况证实：涉案三辆车均有保险。

22. 就诊记录证实：陈某于 2010 年 5 月 9 日 17 时 16 分到垂杨柳医院就诊，未发现身体有明显异常。

23. 到案经过、补充到案经过证实：办案民警于 2010 年 5 月 9 日 9 时 30 分许到陈某居住地，经多次敲门无人应答后，在其家门口蹲守；当日 16 时许陈某从家里出来时被办案民警抓获。

24. 户籍材料证实陈某的身份情况。

25. 被告人陈某供述：2010 年 5 月 8 日晚，薛某打电话叫其给她过生日。其到三里屯蓝蛙酒吧找到薛某、赵某莹后赵某也来了。其到时薛某她们已经要了红酒，还有半瓶的样子，四人把剩下的红酒给分了，其喝了一点儿，后来其把赵某放在 COCO 酒吧门口，又接上许某，去了 VICS 酒吧，在 VICS 要了帝王（洋酒）和菊花蜜（饮料），把两种兑在一起喝，其喝了菊花蜜，中间也喝了些兑的洋酒，具体喝了多少说不清。5 月 9 日早上 5 点多种。其驾驶京 N79L86 黑色英菲尼迪轿车，车上副驾驶坐薛某，后排左边是赵某，右边是许某，估计当时车速有 80~90 公里/小时。在前一个路口的时候，其看到这个路口是绿灯，几个人在车上边聊边逗，其还回头看他们，等回过头再看前边时，就只看到白色轿车已经特别近了，也顾不上看灯了，就只顾着打轮和踩刹车了。其只觉得把白色车撞出去了，然后就撞在公交车上了。其当时分神了，没提前发现路口车辆。出事后其有些懵了，就和薛某打车走了，先回了家，又去了垂杨柳医院，之后又回了家。其没有采取救助措施，没有拨打报警电话。

26. 附带民事诉讼原告人向法庭提供了户籍证明等证据以证实其身份。

27. 附带民事诉讼双方当事人于2011年5月19日达成的调解协议的主要内容为：（1）被告人及其家属支付给附带民事诉讼原告人3662629元作为经济补偿，该项金额包括被告人及其家属所应支付的所有费用；（2）附带民事诉讼原告人建议法院能够依法公平公正处理此案，并尊重法院的判决结果；（3）附带民事诉讼原告人对被告人及其家属积极赔偿的事实给予确认。

以上证据经庭审举证、质证，本院审核属实，予以确认。

四、判案理由

北京市第二中级人民法院认为，被告人陈某无视国家法律和公共安全，酒后驾驶机动车，超速行驶，并违反交通信号，先后冲撞等候信号灯放行的小轿车及正常通行的公交车，造成二人死亡、一人重伤、一人受伤的严重后果，且弃车逃逸，其行为已构成以危险方法危害公共安全罪，依法应予惩处。北京市人民检察院第二分院指控陈某犯以危险方法危害公共安全罪的事实清楚，证据确实、充分，指控的罪名成立。陈某所提其对危害结果的发生不是故意的辩解，辩护人所提陈某在主观上是过失而不是间接故意，且其行为的危险性尚未达到危害公共安全犯罪的危险程度，应当以交通肇事罪对陈某定罪量刑的辩护意见，经查，陈某作为一名机动车驾驶员，在城市主干道上酒后驾车、严重超速和违反交通信号，在连续冲撞两辆机动车造成严重后果后，亦未采取任何救助措施及报警，而是弃车逃逸，显见其对他人生命和公共安全的漠视，主观上系间接故意；客观上危害了公共安全并造成了严重后果，故上述辩解及辩护意见不能成立，法院均不予采纳。因陈某的犯罪行为给附带民事诉讼原告人陈某邦、徐某梅、陈某瑞、王某造成的经济损失应依法合理赔偿。本院对双方达成的调解协议审查后认为，该调解协议主体合格、意思表示真实、内容合法，不持异议。

五、定案结论

2011年5月20日，北京市第二中级人民法院根据陈某犯罪的事实、性质、情节和对于社会的危害程度，以及附带民事诉讼原告人的经济损失情况，依照《中华人民共和国刑法》第115条第1款、第57条第1款、第64条、第

61条、第36条第1款,《中华人民共和国民法通则》第119条,《最高人民法院关于审理人身损害赔偿案件适用法律若干问题的解释》第17条之规定,判决如下:

1. 被告人陈某犯以危险方法危害公共安全罪,判处无期徒刑,剥夺政治权利终身。

2. 被告人陈某赔偿附带民事诉讼原告人陈某邦、徐某梅、陈某瑞、王某各项经济损失共计人民币366万元。

3. 随案移送的黑色英菲尼迪牌小型轿车一辆予以没收,陈某的机动车驾驶证一本退还公诉机关处理。

陈某上诉以后,2011年7月13日,北京市高级人民法院作出终审判决,维持对陈某判处无期徒刑,剥夺政治权利终身的原判。

六、法理解说

"陈某醉驾案"发生于南京张某某醉驾案、成都孙某某醉驾案、广东佛山黎某某醉驾案之后,但同样存在是应当定性为以危险方法危害公共安全罪,还是应当定性为交通肇事罪的争议。此外,在"陈某醉驾案"(2011年7月13日)同期判处的"何某醉驾案"(2011年7月30日),以及稍早于"陈某醉驾案"而判处的"李某某醉驾案"(2011年1月30日),这两个醉驾案虽然与"陈某醉驾案"大体相同或类似,但却采用了交通肇事罪的罪名定性,因而与"陈某醉驾案"定性为以危险方法危害公共安全罪而形成了明显对照。事实上,这种由不同地区的不同法院对大体相同或类似的醉驾案在适用罪名上的差异状况(也广泛存在于醉驾之外的案件中),很有必要值得比较分析、探讨,以便找出其中存在的原因,从而有利于在此后判处同类醉驾案时加以克服或避免。

(一)陈某的行为能否定性为以危险方法危害公共安全罪问题

肇事者陈某在被控以危险方法危害公共安全罪出庭受审时,一再强调自己并非主观故意:"我不是飙车,一切只是意外!"而其辩护律师也对罪名提出异议,认为陈某的行为只构成交通肇事罪。在法庭上,控辩双方就陈某是否构成"以危险方法危害公共安全罪"还是交通肇事罪展开激烈的辩论。焦点一:主观动机是否危害社会。检察官表示,陈某在连续工作8小时后彻夜狂欢饮酒,加之为抢灯又加速、违规强行超车并回头与同车人聊天,造成的危害结果是必然的。而陈某的辩护律师则认为,陈某的行为更符合交通肇事罪的构成要件。律师称,陈某没有主观恶意,该结果的发生是违背其意志的。焦点二:是否放任危害结果的发生。根据陈某在法庭的陈述,他发现前方的白车后下意识地打轮,带了脚刹车。而公诉人指出,根据现场勘查,无法检测出刹车的痕迹。陈某发现白车后没有明显的打轮避让,而是按既定的行驶路线驾驶。此外,撞车后没有报警和查看救助伤者,而是从容地打车离开,对他人的生命持漠视的态度。其行为不仅使被害人失去了被救助的最佳时机,而且主观恶意明显。对此,辩护律师认为,陈某在主观上不具有危害公共安全的危险性。"难道说违反道路交通法而酒后超速驾车就造成危害公共安全吗?"律师质疑说。①

笔者认为,在法庭辩论中涉及的两个焦点:主观动机是否危害社会与是否放任危害结果的发生,它直接关联着陈某行为是构成"以危险方法危害公共安全罪"还是交通肇事罪,因此,即使是在案件审完之后,也有必要予以深入探讨。具体内容是:

1. 主观动机是否危害社会问题。犯罪动机是推动犯罪人实施犯罪行为的内心起因,由此来看,犯罪动机都是有害于社会的,至于刑法理论中的好的动机与坏的动机之分类并不科学,而且还容易得出矛盾性结论:坏的动机产生坏的犯罪,这是非常合乎常理的;但是,如果将这句话变成"好的动机产生坏的犯罪",或者"坏的动机产生好的犯罪",这都是超乎常理的。另外,学界通说认为,犯罪动机只存在于直接故意犯罪中,间接故意与过失犯罪则不存在犯罪动机,但这种观点早已突破,例如有不少学者就认为,间接故意也存在犯罪动机。犯罪动机具有主观恶性是不言而喻的,但学界有许多学者认为,犯罪动机也可以是"中性的",即无所谓善恶;有些学者甚至认为犯罪动机也可以是善的。② 但是,这种观点却是不具有说服力的。"通常所谓的犯罪意图或意向就是犯罪动机。犯罪动机具有主观恶性和有意识性的特点,不存在所谓中性的或善的犯罪动机。"将犯罪动机作中性化理解,其错误犹如将犯罪等同于一般行为一样显而易见。动机中包含满足行为人需要的行为指向以及行为手段与方式,而这种指向和手段与方式具有道德和价值的评判性。犯罪动机作为推动犯罪人实施犯罪行为的内心起因,其包含的满足行为人需要的行为指向和手段与方式,具有与刑事法律的对抗性以及应受惩罚性,即具有犯罪性。犯罪动机在心理驱动机制上与一般行为动机并无区别,但在具体表现形式上有其自身特点,即具有危害社会和他人的违法犯罪目的并与满足需要的违法犯罪手段与方

---

① 《属交通肇事罪还是危害公共安全罪?》,载《宝安日报》2011年5月21日。
② 冯亚东、张丽:《期待可能性与犯罪动机》,载《北京大学学报》(哲学社会科学版)2008年第6期;王敏:《关于犯罪动机的跨学科研究》,载《西南政法大学学报》1999年第3期。

式相联系。①

　　陈某的辩护律师认为,"陈某没有主观恶意,该结果的发生是违背其意志的"。笔者认为,这种观点是站不住脚的。在醉驾致人重伤死亡的结果已发生的情形下,还在谈论是否具有主观恶意,甚至还要否认陈某的主观恶意,这是没有任何价值的辩解。而且,主观恶意只有大小之分,却不存在有无主观恶意问题。陈某醉驾导致的重大伤亡后果,虽然不是积极追求的,但也不能否认其主观恶意。有无主观恶意是与其醉驾导致的重大伤亡后果相关联的。"在间接故意犯罪中,犯罪人虽然从事和追求的是另一目的行为(既可能是犯罪目的行为,也可能是非犯罪目的行为)或者非目的行为,对于自己行为可能发生的危害结果已经有所认识(预见),但是,在感情上放任这种结果的发生,在意志上不采取任何避免行动,而是持有一种听之任之、放任不管的不负责任的心态。这里,犯罪动机虽然不如直接故意犯罪那么明确,但是犯罪动机是客观存在的。犯罪人完全有可能避免和防止危害结果的发生,但他却有意识地通过不作为的手段与方式放弃了对危害结果发生的避免行为,而是将心理活动指向其他方向。这种不作为手段与方式内含了犯罪人对法律的蔑视态度。因此,犯罪动机也是明确的,主观恶性是显然的。"②

　　2.是否放任危害结果的发生问题。有学者认为,陈某因严重违反交通运输管理法律法规造成了这次重大交通事故的发生,其主观方面符合交通肇事罪的肇事逃逸的主观方面。陈某酒后驾车,在城区交叉路口路段遇红灯本应减速至停驶,却以超过110公里的速度超速行驶,把停在前面等候通行的菲亚特轿车撞飞了,接下来,又高速冲向正常行驶的公交大巴,自己的车都撞得面目全非,他当然知道自己交通肇事了,也亲眼见到了事故的严重程度。因此,陈某当然有义务立即下车实施紧急救助。但陈某连看都没看一眼那受伤严重的一家三口就逃离现场,致两被害人因不能得到及时救助而死亡。由此可见,陈某在明知已经导致事故发生后,却没有履行相关的救助义务,具有逃避法律追究的主观目的,符合交通肇事逃逸的主观构成条件。③从该学者的结论性观点来看,陈某肇事行为构成的是交通肇事罪,而且还是符合交通肇事罪的加重量刑幅度:"交通运输肇事后逃逸或者有其他特别恶劣情节的,处三年以上七年以下有期徒刑;因逃逸致人死亡的,处七年以上有期徒刑"。

---

①　陈和华:《犯罪动机理论问题之再思考》,载《华东政法大学学报》2010年第5期。
②　陈和华:《犯罪动机的本源、性质和形成》,载《政法论丛》2010年第2期。
③　李奕洲:《从个案谈交通肇事逃逸的认定》,载《佳木斯教育学院学报》2010年第5期。

笔者认为，上述观点认为陈某在明知已经导致事故发生后，却没有履行相关的救助义务，具有逃避法律追究的主观目的，符合交通肇事逃逸的主观构成条件，实际上是认为陈某的主观方面为过失（疏忽大意的过失与过于自信的过失），主要是符合过于自信的过失，却并非是间接故意的放任危害后果的发生。其辩护人陆骏峰认为，陈某应当被认定交通肇事罪，而非以危险方法危害公共安全罪。许兰亭认为，陈某被定以危险方法危害公共安全罪，主要是其大量饮酒后，在明知后果时还驾车行驶在闹市区，造成了严重后果，"其主观上有无造成这一后果的愿望"与"其是否放任了这一后果的发生"是两个问题。公诉人指出，陈某酒后驾车超速、强行超车、无视交通信号，还回头和车内人说笑，已经侵害到了不特定多数人的安全。事发后，交管部门也未在现场提取到刹车痕迹。其主动实施一系列危险行为，并对危害结果采取放任态度，事后对伤者不管不问，构成间接故意，涉嫌以危险方法危害公共安全罪。陈某的辩护律师称，事故危害结果的发生并非陈某本意，也无飙车逗乐戏谑动机，属主观过失。另外，陈某也无对社会不满，无危害公共安全的动机，事发时，采取了打轮和刹车的措施，主观上试图避免车祸发生。因此，陈某的行为应涉嫌交通肇事罪。①

但笔者从陈某的供述肇事经过中可以推知，陈某的肇事行为应构成间接故意的放任，却并非是符合过于自信的过失特征。在法庭上，陈某供述说，2010年5月9日凌晨，他先是和朋友去某餐吧喝了小半杯红酒，3点37分左右，又和朋友来到了工体附近的酒吧为朋友庆祝生日。喝完酒后大约到了凌晨5点27分，他们开车离开酒吧。当时，车里开着音响，所有人都非常兴奋。在事故发生的前一个路口，陈某为了抢一个灯超了一辆货车，之后他向远处的永安里路口看了一眼，是绿灯，于是他没有减速，也没有注意到路口处的一辆菲亚特轿车。"车上的人一直在吼、逗，吵着要换音乐，我就扭头和他们说话，当我回过头的时候，白色菲亚特就在眼前了。"陈某回忆说，当时他下意识地打轮，带了脚刹车，但撞车已无法避免。② 从陈某的供述中可以看出，陈某在喝完酒后驾车过程中"车里开着音响"，一直沉浸在"为朋友庆祝生日"狂欢中，至于醉驾是否会发生危害公共安全的后果，早已置之脑后而忘乎所以了。这种心理状态完全符合放任的特征，而不符合轻信能够避免的过于自信过失的特征。

---

① 陈博、朱燕：《辩护律师认为长安街酒驾车祸案犯涉交通肇事罪》，载《新京报》2011年5月18日。

② 《长安街"酒驾超速"案激辩案件定性》，载《法制日报》2011年5月18日。

当然，对于醉驾行为，到底是应认定为作为过失犯罪的交通肇事罪或者过失以危险方法危害公共安全罪，还是作为故意犯罪的以危险方法危害公共安全罪，取决于行为人对醉驾行为及其危害结果的主观心理态度。根据刑法立法及理论，主观心理态度有故意（直接故意与间接故意）与过失（疏忽大意的过失与过于自信的过失）之分。就醉驾行为而言，行为人在主观心理状态上，不可能是明知自己的行为会发生恶性交通事故的结果而希望该结果的发生，也不会是应当预见自己的行为会发生恶性交通事故的结果而因疏忽大意而没有预见到，应当只涉及在明知自己的行为会发生恶性交通事故结果的情况下，到底是放任该结果的发生，还是轻信能够避免？在当前理论上和实践中，很多人认为是前者，表现在醉驾者在饮酒时明知自己的醉酒行为会导致恶性交通事故的结果，而仍饮酒致醉以放任如此结果的发生。笔者也赞成是"放任"，但不同意以上成立"放任"的理由（表现）。依罪刑法定原则关于"行为时"的要求，醉驾者在饮酒时的主观心理状态，不是犯罪主观方面的内容；醉驾行为的主观方面内容，应是醉驾者在醉酒驾驶机动车辆时，对自己的行为及其可能导致恶性交通事故的主观心理状态。在现实中，醉驾者在醉驾时肯定不希望恶性交通事故的发生，他们一般也都自信其醉酒时的驾驶行为"是不会出事的"。但不能由此就认为，醉驾者对恶性交通事故的发生，持的不是"放任"而是"轻信能够避免"的心理态度。①

区分间接故意和有认识过失的关键在于如何理解"放任"。间接故意的行为人认识到结果可能发生，而以认可的态度予以容忍、纵容；有认识过失则是行为人认识结果发生的可能性，但不同意其发生，而且真的相信结果不会发生，不是不太明确地相信不会发生构成要件结果。间接故意的"放任"并不完全等同于听任，而是在认真地估算之后所作的"听任"。如果没有进行认真估算就贸然行动，即使表面上看像是"听任"结果发生，也不能评价为放任。当行为人真的估算构成要件有可能实现时，为了达成原定目标，仍然实施行为，即表示接受犯罪最终会实现的结果，不管这个结果是不是行为人所喜欢的，故构成间接故意；反之，如果行为人虽然预见结果发生的可能性，但并不真的认为结果会发生，也没有在必要时接受结果发生的心理准备，只是轻率地相信结果不会发生，则是有认识过失。相信结果不会发生和希望结果不发生并不相同，相信结果不会发生，通常是高估自己左右事态的能力，因此并没有认真估算结果的实现可能性，从而欠缺故意；但认真估算结果发生可能性，并且没有相信结果不会发生，却始终可能希望走运而结果不发生，因此单纯地希望

---

① 石经海：《醉驾行为定性之我见》，载《人民检察》2010年第6期。

结果不发生并不能排除故意。①

(二) 陈某的行为能否定性为交通肇事罪问题

2011年5月20日，一审宣判后，陈某通过法官表示，他将提起上诉。陈某的律师说，这个刑期出乎了他与陈某以及家属之前的预料，"确实是过重了"。首先，判处这样的罪名确实存在问题，如果能够定性为交通肇事罪，在法律上来说他和陈某比较认同；如果被认定为危害公共安全，在情理上也在意料之中，但是能够判处这么重的刑罚，在心理上难以接受。如果能够有二审的话，他希望能更为清楚地表述关于罪名的观点。②但是，有二审也未接受变更罪名的诉讼请求。一审宣判的3天后，陈某认为量刑过重，向北京市高级人民法院提出了上诉。其辩护人陆骏峰认为，陈某应当被认定交通肇事罪，而非以危险方法危害公共安全罪。北京市高级人民法院受理此案后审查了全部案卷材料，决定不开庭审理，并于2011年7月13日上午作出维持原判的裁定。③

笔者认为，陈某酒后超速驾驶造成重大伤亡的行为，虽然其行为属于"一次冲撞"造成重大伤亡结果，但依法应当认定为以危险方法危害公共安全罪，不应认定为交通肇事罪。交通肇事罪与以危险方法危害公共安全罪的区别主要是行为人主观方面是"过失"还是"间接故意"，即对于可能造成重大伤亡的危害结果，行为人是"事先预见到，但轻信能够避免"的"过于自信的过失"，还是"明知极有可能发生危害结果，但为追求驾驶这一目的，放任危害结果的发生"的"间接故意"。在实践中，二者的判断标准存在很多主观判断的因素，界限也比较模糊。对于"一次冲撞"行为，可以通过以下几点来判断行为人的主观心态。第一，饮酒程度，包括饮酒量、血液酒精含量、饮酒后的身体状况；第二，是否具有超速等违章驾驶行为；第三，是否有酒后肇事的先例；第四，酒驾的路况和时间；第五，是否有经人劝阻仍然坚持酒驾的情况；第六，事发时是否有采取规避行为；第七，肇事后是否有采取救助行为。

酒后驾驶极有可能造成重大伤亡事件，已经成为社会共识，任何人不能简单以"轻信能够避免"为由减轻自己的罪责。如果行为人在醉酒的情况下在交通要道采取超速、逆行等违章驾驶行为，直接造成重大伤亡事件，尽管行为人对酒后驾驶行为可能造成重大伤亡的危害结果并非积极追求，但其为了追求驾驶这一目的，而放任危险结果的发生，在主观上就不能为交通肇事罪的

---

① 郑四海：《关于间接故意和过于自信过失的区别》，载宁海新闻网，2012年2月23日。

② 王秋实：《英菲尼迪车祸案司机陈某被判无期表示要上诉》，载《京华时报》2011年5月21日。

③ 张媛：《陈家终审维持原判被判无期》，载《新京报》2011年7月14日。

"过失"所能包容，应当认定行为人具有"间接故意"，其罪过内容的变化必然导致定罪的变化。在酒后驾车行为中，对于一般饮酒后驾驶机动车辆行为，驾车者的辨认和控制自己行为的能力虽然有所减弱，但一般还是能够操作驾驶的。应当说，驾驶者凭其日常经验和技术而轻信能够避免恶性交通事故发生，是有一定客观根据的，只不过高估了这个"根据"。因此，在这种情况下，驾驶者的主观心理状态一般属于过于自信的过失。而对于醉酒后驾驶机动车辆行为，驾车者虽然具有一定的辨认能力，但其操作车辆的能力往往很弱甚至几近丧失，没有轻信能够避免恶性交通事故发生的客观根据，其对醉酒驾车行为导致恶性交通事故的发生，在实质上属于"放任"的间接故意。既然醉驾者对恶性交通事故的发生在主观方面是间接故意，则醉驾行为就不应当认定为交通肇事罪和过失以危险方法危害公共安全罪，而应认定为相应的故意犯罪。①

从陈某案的审理过程中可以发现，案发当天陈某大量饮酒后驾驶英菲尼迪轿车，在交通繁忙时段、交通要道上超速行驶，且在驾驶过程中无视交通信号，违规强行超车并回头与同车人聊天，陈某在前方信号灯为红灯时，仍高速向前行驶，直接撞上受害者所驾车辆，在撞上公交车后才被迫停下。事发后，交管部门也未在现场提取到刹车痕迹。当时，陈某既未实施救助行为也未报警。这些客观行为无不说明一点，即陈某对公共交通安全的极度漠视，明知自己的行为极有可能造成重大伤亡的后果，仍然不管不顾，恣意驾驶车辆，最终酿成惨案。这种心态已经不能为交通肇事罪的"过失"所能包容，应当评价为以危险方法危害公共安全罪的"间接故意"。因此，尽管陈某不具备'二次冲撞'的情节，也应当认定其行为构成以危险方法危害公共安全罪。②

（三）"陈某醉驾案"与"何某醉驾案"适用罪名差异问题

广西北流市司机何某醉酒后超速驾驶，在经过人行横道时撞到3人 致3人当场死亡。何某肇事原因调查：何某驾车超速行驶，该路段每小时限速40公里，何某实际速度为每小时56公里；何某是酒醉后驾车，血液检出乙醇定性含量为137mg/100ml；何某驾车遇行人在通过人行横道时，没有停车让行。由此，认定何某承担这起事故的全部责任。2011年7月，法院以"交通肇事罪"判处何某有期徒刑4年半。广西宏凯律师事务所律师马金文说，本案以交通肇事罪起诉有些不妥。"从情理上来说死了3人，判4年半难以安抚受害者家属情绪。"马金文认为，司机喝醉酒后驾驶机动车，在主观上持放任态

---

① 石经海：《醉驾行为定性之我见》，载《人民检察》2010年第6期。
② 吴燕武：《严惩酒驾造成重大伤亡的犯罪行为——陈家酒驾肇事案评析》，载《中国社会科学报》2011年6月2日。

度，属于间接故意，符合我国刑法规定的"以危险方法危害公共安全罪"的构成要件。他认为，由于我国法律对交通肇事涉及"以危险方法危害公共安全罪"与"交通肇事罪"界定比较模糊，所以目前我国不少地方大多以交通肇事来定罪量刑。被害人家属陈某俭说，法院的判决量刑太轻，适用法律不当。7月12日，他们已向北流市人民检察院提起刑事抗诉的建议；7月18日，北流市人民检察院答复称其可向玉林市中级人民法院或玉林市人民检察院提出申诉。目前，陈某俭家人正准备提出申诉。①

同样在2011年7月，北京陈某酒驾案终审宣判，陈某酒后驾车冲过十字路口时撞车致两死一伤，以"以危险方法危害公共安全罪"判处无期徒刑，并赔偿被害人家属366万元人民币。两起案件惊人的相似，但定罪量刑却有惊人的差距。广西北流市法院相关负责人在接受采访时说：法院之所以作出4年半有期徒刑的判决，将其定性为交通肇事罪而不是危害公共安全罪，是认为被告人属于自首，又积极作出赔偿。广西北流市法院刑庭审判员李智勇说：两罪的区别在于是否具有主观故意，交通肇事属于过失犯罪，危害公共安全罪属于直接故意犯罪，肇事司机自首以及积极赔偿，说明他没有主观故意。刑法关于故意或者过失的认定是以犯罪嫌疑人或者被告人对犯罪结果的主观态度而定，而不是以事后是否自首或者赔偿态度而定。可以说，对北京陈某主观故意的认定理由完全适合对广西何某的主观认定。

"何某醉驾案"与"陈某醉驾案"有着惊人的相似之处，而北流何某案既是醉驾，又超速行驶，还是在人行道上撞人，并导致3人死亡，性质非常恶劣，虽然有"自首情节"并主动赔偿部分经济损失，但只判4年半明显过轻。同在一个国度，同是适用同一法律、同一种犯罪构成，为什么陈某案构成以"以危险方法危害公共安全罪"，而何某得以"交通肇事罪"判处？我国法律对交通肇事涉及"以危险方法危害公共安全罪"与"交通肇事罪"唯一的界定标准就是"是否故意"。如何判断故意与否？如此模糊，实在难以把握，当然只能由法官"自由裁量"，也才致目前我国不少地方大多以交通肇事来定罪量刑。现在，有律师认为，就"何某醉驾案"，司机喝醉酒后驾驶机动车，危害了不特定的多数人的生命健康权，在主观上持放任态度，属于间接故意，符合我国刑法规定的"以危险方法危害公共安全罪"的，以"以危险方法危害公共安全罪"起诉较为合适。这能被采纳吗？②

需要指出，广西法院针对"何某醉驾案"所给出的解释根本不具有合理

---

① 《广西版陈家醉驾撞死3人被判刑4年半》，载《中国社会科学报》2011年6月2日。
② 《法院量刑不考虑醉驾，何来恰当》，载红网，2011年7月30日。

性：肇事司机有自首情节、且给予部分赔偿，可认定其为交通肇事罪而非危害公共安全罪；由于"醉驾入刑"条款2011年5月才开始正式实施，故法院未考虑"醉驾"因素。这种解释既不沾边，也不搭界。对于醉驾案的定罪，主要是依据行为人对其行为的主观心理态度是故意还是过失来认定的，这与行为人犯罪以后的有无自首情节，以及是否对被害人的经济损失给予了赔偿，均无任何相关性。另外，何某醉驾案发生在"醉驾入刑"条款正式实施之前，但这也不是以交通肇事罪名给醉驾司机定罪的理由。从司法实践上看，鉴于恶性交通肇事案的不断发生，将危害公共安全罪引入到醉驾案量刑中，早有先例。而且先例很多，比如，北京陈某醉驾案、佛山黎某某醉驾案、成都孙某某醉酒案、南京张某某醉驾案，其当事人都被判处无期徒刑（有的还是死刑改无期徒刑），而法院仅判决何某4年半有期徒刑。同样是醉驾致死，同样是2011年5月1日以前发案，有的被处以重刑，有的被轻判，如何服众？法律面前人人平等的内涵之一，就是同样的犯罪行为应受到同样的处罚，如果说北流法院的判决合理合法的话，陈某、黎某某、孙某某、张某某们该作何感想？法律尊严又该何处安放？①

笔者认为，不可否认，"何某醉驾案"与"陈某醉驾案"中的事实与情节的确有诸多共性，但这两个案件在最终的罪名认定及其量刑结果上却差之千里：何某醉驾以"交通肇事罪"判处4年半有期徒刑；而陈某醉驾则采用"以危险方法危害公共安全罪"判处无期徒刑。造成这种差异的根本原因可能是多方面的，但首当其冲的是"法官的判案水平有待提高"。例如，上述提到的法官的理解与适用法律的水平不高，将肇事司机有自首情节且给予部分赔偿作为定性为交通肇事罪而非危害公共安全罪的依据等，如此不能准确理解法条含义，难免出现适用法律不一致的现象。正如有学者所作分析："我们知道，我国现阶段的许多立法都以'宜粗不宜细'为其指导思想，因而，不少法律条款都是原则性的抽象规定，这就为法官理解和适用法律留下了较大的自由空间。不同的法官在处理案件时，依据自身的法律知识和审判经验，从良知和正义出发，对同一法律条款完全可能存在不同的理解，因而也就可能出现不同的裁判结果，这应当是法官行使法律赋予的自由裁量权的正常现象。另外，法官对证据进行审查、判断和分析，在此基础上认定事实，也会出现同样的情况。"②

另外，广西法院所解释的"何某醉驾案"定性原因之一："醉驾入刑"条

---

① 叶祝颐：《醉驾撞死三人判刑四年半难以服众》，载四川新闻网，2011年7月30日。
② 黄娟、张永泉：《西政博士谈司法公正》，载《人民法院报》2001年3月29日。

款 2011 年 5 月才开始正式实施，故法院未考虑"醉驾"因素。这种解释更显露出"法官的判案水平有待提高"。2011 年 2 月 25 日通过、2011 年 5 月 1 日才开始正式实施的"醉驾入刑"条款，指的是《刑法修正案（八）》设置的危险驾驶罪，其中将"醉驾"作为构成犯罪的两大行为要件之一。但是，危险驾驶罪的设置只适用于有危险驾驶的危险行为，所判处的刑罚也是很轻的刑种拘役（刑期不超过 6 个月）；却不适用于有危险驾驶的危险行为而导致人员伤亡或者重大公私财产损失的实害结果情形。对于后者的实害结果情形，如果在主观方面界定为过失心理态度，那就定为交通肇事罪；否则，如果在主观方面界定为故意心理态度，那就定为以危险方法危害公共安全罪。而此种无论定为交通肇事罪还是定为以危险方法危害公共安全罪，都与 2011 年 5 月 1 日才开始正式实施的"醉驾入刑"条款不相关。

而与"何某醉驾案"定性相关的《醉酒驾车犯罪法律适用问题指导意见》，这是由最高人民法院作出的带有司法解释性的文件，直接对"何某醉驾案"的判处具有指导意义，但是广西法院在阐释"何某醉驾案"定性时就根本没有提到过。这是在避重就轻还是在躲避问题，那就不得而知了。2009 年 9 月 8 日，最高人民法院就专门召开过新闻发布会，公布了两起醉驾致死案件。广东、四川两省高级人民法院当天分别作出终审判决，对被告人黎某某和孙某某分别以以危险方法危害公共安全罪，判处无期徒刑。最高人民法院审判委员会专职委员黄尔梅指出，今后，对醉酒驾车肇事造成重大伤亡，依照刑法第 115 条第 1 款的规定，按以危险方法危害公共安全罪定罪，以有效打击、预防和遏制醉酒驾车犯罪多发、高发的态势。何某不仅醉驾，而且超速，遇行人通过人行横道不让行，这不是以危险方法危害公共安全又是什么？① 很显然，按照最高人民法院作出的《醉酒驾车犯罪法律适用问题指导意见》，"何某醉驾案"理当定性为以危险方法危害公共安全罪，如果当时广西法院作出如此判决结果，那就不会招致众多非议或指责，也就不会与"陈某醉驾案"定性为以危险方法危害公共安全罪发生矛盾了。

（四）"陈某醉驾案"与"李某某醉驾案"适用罪名差异问题

"李某某醉驾案"发生于 2010 年 10 月 16 日晚，李某某酒后驾车到河北大学新校区生活区，将两名女生撞倒后被保安和学生扣留。警方经对李某某采血并对所驾车辆进行检测，鉴定为醉酒超速驾驶。其中一名伤者陈某凤因抢救无效死亡。案发后，李某某家属对受害者家属积极赔偿，赔偿死者陈某凤家属 46 万元，伤者张某晶 9.1 万元，取得对方谅解。法庭鉴于李某某认罪态度较

---

① 叶祝颐：《醉驾撞死三人判刑四年半难以服众》，载四川新闻网，2011 年 7 月 30 日。

好，其亲属积极赔偿被害人损失，酌情从轻处罚。此案于2011年1月26日在河北省望都县人民法院公开开庭审理。望都县人民检察院以交通肇事罪起诉李某某，列举了相关犯罪事实。李某某当庭认罪，对犯罪事实供认不讳。望都县人民法院30日以交通肇事罪判处犯罪嫌疑人李某某有期徒刑6年。李某某对判决没有发表意见。

"李某某醉驾案"宣判后，针对有关为什么有的人醉酒驾车致人伤亡构成以危险方法危害公共安全罪，而李某某醉酒驾车致人死亡只以交通肇事罪定罪的提问，望都县人民法院书面答复如下：（1）并非所有醉驾致人伤亡的犯罪，都一律以"以危险方法危害公共安全罪"定罪。以危险方法危害公共安全罪是指故意使用放火、决水、爆炸、投放危险物质以外的其他危险方法危害公共安全的行为；交通肇事罪是指违反交通运输管理法规，因而发生重大交通事故，致人重伤、死亡或使公私财产遭受重大损失的行为。醉酒驾车是一种危害公共安全的危险行为，但并非所有醉酒驾车造成人员伤亡的犯罪，都一律按照以"以危险方法危害公共安全罪"定罪处罚。（2）李某某犯罪属于过度自信的过失，证据不能证明其对后果持希望或放任的态度。最高人民法院2009年印发了《关于醉酒驾车犯罪法律适用问题的意见》。即行为人醉酒驾车"肇事后继续驾车冲撞，造成重大伤亡，说明行为人主观上对持续发生的危害结果持放任态度，具有危害公共安全的故意。对此类醉酒驾车造成重大伤亡的，应依法以'以危险方法危害公共安全罪'定罪"。本案中，被告人李某某违反交通法规醉酒驾车，在他人善意提醒其慢速行驶时，过于相信自己的驾驶技术，称"没事"，轻信能够避免危害后果的发生，属于过度自信的过失。现有证据不能证明李某某对其驾车撞倒被害人陈某凤、张某晶的结果持希望或者放任的态度。李某某肇事后，亦无出于逃逸等目的，不顾道路上行驶的其他车辆及行人安全，继续驾车冲撞，造成更为严重后果的行为。因此，李某某的行为不符合上述《意见》规定的构成以危险方法危害公共安全罪的情形，对其行为应认定为交通肇事罪。[①]

需要指出，望都县人民法院的书面解释仍有疑惑，甚至有人在网上称为"最可怕的法院的解释"。本案中，被告人李某某违反交通法规醉酒驾车，在他人善意提醒其慢速行驶时，过于相信自己的驾驶技术，称"没事"，轻信能够避免危害后果的发生，属于过度自信的过失。凡喝醉酒的人，你问他你醉了吗？他肯定对你说：我没醉！你叫他别开车，他说：我很清醒。这大概就是属

[①] 《李启铭醉驾肇事获刑6年 积极赔偿成轻判理由》，载《京华时报》2011年1月31日。

于"过度自信"。所以醉酒驾驶是属于过度自信的过失。如上述的司法解释成立,凡醉酒驾驶像李某某那样撞死人的,均可以定性为"属于过度自信的过失"吗?这样的解释不仅荒诞,更令行者恐惧!

比较"陈某醉驾案"与"李某某醉驾案"的判决结果:(1)相同点:北京长安街英菲尼迪车主肇事案与李某某醉驾案都是醉酒驾驶并且超速,北京长安街英菲尼迪车主肇事案因逃逸,未检测到血液中酒精浓度,但其车速为110~121公里/小时,超速57%;而李某某醉驾案驾驶人血液中酒精含量每百毫升达151毫克,驾驶车速为45~59公里/小时,校园限速5公里/小时;另外两案件都造成了人员的伤亡,驾驶人在肇事后为逃避法律追究其刑事责任都有逃逸行为,事后两案件行为人的认罪态度都良好,都表明自己的行为有过错,愿意接受法律的惩罚,他们对伤亡人员家属作了积极的赔偿。(2)不同点:北京长安街英菲尼迪车主肇事案案件发生的原因是由于驾驶人员无视交通信号灯,造成了两死两伤,并且有一人重伤;而李某某醉驾案则是在校园里飙车,行为人没有无视交通信号灯,造成了一死一伤。事后行为人被有关机关逮捕检察院起诉到法院后北京长安街英菲尼迪车主肇事案的行为人被法院以以危险方法危害公共安全罪的罪名判处无期徒刑,剥夺政治权利终身,并没收肇事车辆;而李某某醉驾案则以交通肇事罪判处行为人有期徒刑6年。(3)在被告人李某某的判决文书中还提到他认罪态度好,这也是没有判处交通肇事罪顶格的7年有期徒刑的依据;长安街醉驾案被告人陈某的判决文书中没提他认罪态度好,但是记者在报道中也提到,他的妻子一直都在看望伤者、赔偿伤者,陈某也十分悔恨。①

从"陈某醉驾案"与"李某某醉驾案"的判决结果来看,最重要的差异应是罪名不同:"陈某醉驾案"定性为以危险方法危害公共安全罪,而"李某某醉驾案"定性为交通肇事罪。既然"陈某醉驾案"与"李某某醉驾案"都属于醉驾案,那就应当统一两者的定性。对此,有两种统一方式:(1)统一定交通肇事罪,按照这种统一方式,应当将"陈某醉驾案"的以危险方法危害公共安全罪,一律统一改为按"李某某醉驾案"的交通肇事罪来定性,如此定性会有利于保护被告人的合法权益。(2)统一定以危险方法危害公共安全罪,按照这种统一方式,应当将"李某某醉驾案"的交通肇事罪,一律统一改为按"陈某醉驾案"的以危险方法危害公共安全罪来定性,如此定性会有利于保护被害人的合法权益。

对醉驾案是选择统一定交通肇事罪,还是选择统一定以危险方法危害公共

---

① 《长安街醉驾案判决的困惑》,载腾讯网,2011年5月22日。

安全罪，这在不同的学者、律师、检察官与法官之间，难免有不同的选择。笔者认为，这种选择不应是凭空的或者是感情用事的表现，而必须是由法条、司法解释或者刑法理论根据的。如果依据2009年最高人民法院《关于醉酒驾车犯罪法律适用问题的意见》作出选择，对醉驾案选择统一定以危险方法危害公共安全罪是比较合理的。在最高人民法院《关于醉酒驾车犯罪法律适用问题的意见》中至少有三处谈到醉驾案的定性要求：（1）"行为人明知酒后驾车违法、醉酒驾车会危害公共安全，却无视法律醉酒驾车，特别是在肇事后继续驾车冲撞，造成重大伤亡，说明行为人主观上对持续发生的危害结果持放任态度，具有危害公共安全的故意。对此类醉酒驾车造成重大伤亡的，应依法以以危险方法危害公共安全罪定罪。"（2）"一般情况下，醉酒驾车构成本罪的，行为人在主观上并不希望，也不追求危害结果的发生，属于间接故意犯罪"。（3）"为依法严肃处理醉酒驾车犯罪案件，遏制酒后和醉酒驾车对公共安全造成的严重危害，警示、教育潜在违规驾驶人员，今后，对醉酒驾车，放任危害结果的发生，造成重大伤亡的，一律按照本意见规定，并参照附发的典型案例，依法以以危险方法危害公共安全罪定罪量刑。"

最后，还应当明确，对醉驾案选择统一定性为以危险方法危害公共安全罪，并非是"以刑定罪"从重选择的表现。有学者认为，从行为人醉酒驾车肇事案件看，如果按照以刑定罪的解释观念，那么在后果极其严重、民愤极大的情况下，司法机关必定先入为主地认定对行为人应当施以重刑，而要弥合刑法规范与公众情感之间的鸿沟就必然从其他刑法条文中寻找依据，这样，对行为人按照"以危险方法危害公共安全罪"定罪量刑就成为理所当然的选择。但是，如果根据以罪定刑的解释观念，那么就无法得出醉酒（非故意致醉情形）驾车肇事行为构成以危险方法危害公共安全罪的结论。① 笔者认为，上述学者的"以刑定罪"与"以罪定刑"的提法均不可取。在罪与刑的关系上，当然是先考虑如何定罪，后考虑定罪之后如何量刑问题。而考虑如何定罪也不是"以刑定罪"，而是以是符合"以危险方法危害公共安全罪"还是符合交通肇事罪的犯罪构成为标准。由于醉驾案的行为人主观上放任危害结果发生的表现比较明显，因而笔者倾向于对醉驾案选择统一定性为以危险方法危害公共安全罪的罪名。

---

① 吴科鹏：《醉酒驾车肇事案件罪刑评价应统一》，载浙江检察网，2011年5月19日。

案例2：张某某醉酒驾驶案
——以危险方法危害公共安全罪与交通肇事罪的界限

一、基本情况

案　由：以危险方法危害公共安全

被告人：张某某，男，汉族，1966年4月10日出生于江苏省南京市，中专文化，建筑工程承包人，住江苏省南京市某区某街道某路某号某幢某室。2009年7月1日因涉嫌犯交通肇事罪被刑事拘留，同年7月16日因涉嫌犯以危险方法危害公共安全罪被逮捕。

二、诉辩主张

（一）人民检察院指控事实

江苏省南京市人民检察院指控，被告人张某某在2009年6月30日中餐及晚餐间大量饮酒，后于当日20时许，在深度醉酒的状态下独自驾驶一辆别克君越轿车沿南京市江宁区金盛路从"徐州土菜馆"由南向北行驶的过程中连续肇事，致5人死亡、2人轻伤、2人轻微伤，6辆机动车不同程度受损。

为证实上述指控的事实，公诉机关当庭宣读了被告人张某某的供述笔录，被害人张某、李某影、王某福、洪某时等人的陈述笔录，证人于某勇、贾某号、姜某、黄某、易某根等人的证言笔录，抓获经过、接受刑事案件登记表、门诊病历、户籍资料、车辆信息资料、物证检验意见书、物证检验报告书、物证鉴定书、道路交通事故车（物）损失价格鉴定结论书、车辆技术鉴定书、交通事故检验评估意见书、别克君越轿车（车牌号为苏ATH 900）的安全气囊感应器和诊断模块中的数据读取结果及分析意见、现场勘验检查工作记录，并出示了刑事摄影照片、现场图等证据。公诉机关认为，被告人张某某明知酒后驾车违法，醉酒驾车危害公共安全，却醉酒驾车，肇事后继续驾车冲撞，造成重大人员伤亡，其行为已触犯《中华人民共和国刑法》第115条第1款之规定，构成以危险方法危害公共安全罪。

（二）被告人辩解及辩护人辩护意见

被告人张某某对公诉机关指控的事实不持异议，未提出辩解意见。

被告人张某某的辩护人提出：（1）被告人张某某的行为应构成过失以危险方法危害公共安全罪；（2）被告人张某某归案后认罪态度较好，已部分偿还了政府为其垫付的赔偿款，悔罪态度较好，请求法院酌情对被告人张某某从轻处罚。

三、人民法院认定事实和证据

（一）认定犯罪事实

经审理查明：2009年6月30日中午，被告人张某某在南京市江宁区高尔夫（南京）房地产有限公司项目部食堂与汤某兵等人吃饭并饮用了一瓶"老村长"牌白酒。其中，被告人张某某饮用了约150ml白酒。18时许，被告人张某某邀请汤某兵、于某勇等人在南京市江宁区东山街道金盛路的"徐州土菜馆"吃饭。席间，被告人张某某共饮用了2杯多"今世缘"牌白酒（每杯约160ml）、2杯杨梅酒及1瓶啤酒。经鉴定：案发当晚，被告人张某某血样中的乙醇含量为381.5mg/100ml。

当日20时许，被告人张某某在醉酒的状态下独自驾驶一辆别克君越牌轿车（自动挡，车牌号为苏ATH900）从"徐州土菜馆"门口沿南京市江宁区金盛路由南向北行驶。当车驶出约137.5米时，撞倒了行人张某（男，27岁）。被告人张某某在意识到肇事后，向左打方向继续向前行驶，车辆越过路中黄色双实线后驶入逆行车道，先后撞击金盛路西侧的1辆保洁车及西瓜摊主李某影（女，30岁）和王某福（男，45岁）。

继而，被告人张某某向右打方向继续向前行驶。当车行驶至路中黄色双实线西侧附近时，撞击了骑自行车的沈某（女，殁年48岁），致沈某被抛出约20米坠地后死亡，沈某所骑自行车被抛落在一辆由北向南正常行驶的桑塔纳牌轿车（出租车，车牌号为苏A90972）的引擎盖上。

此后，被告人张某某穿越路中黄色双实线驶入正常行驶车道，与路东侧的一辆奥德赛牌轿车（车牌号为浙JLY376）相擦后，先后撞击了郑某（孕妇，殁年28岁）、康某东（男，殁年27岁）夫妻及骑电动自行车的汪某水（男，殁年56岁）。郑某被撞后抛落至路东侧停放的一辆北京现代牌轿车（车牌号为苏APV926）的后车厢上又坠落地面当场死亡，胎儿由腹中脱出；康某东被撞入路东侧停放的一辆江淮牌轿车（车牌号为苏A07C18）的后车厢内，经医院抢救无效死亡；汪某水当场死亡。

其后，被告人张某某继续驾车向北行驶。当车行驶至金盛路华联超市附近时，又撞倒董某忠（男，殁年25岁）、洪某时（女，26岁）夫妻，致董某忠死亡。

之后，被告人张某某继续驾车向北行驶，又撞上停在金盛路东侧的一辆东风雪铁龙牌轿车（车牌号为苏AFG309）的尾部，致该车与前方停放的一辆骊威牌轿车（车牌号为苏AFW065）追尾。此时，被告人张某某所驾车辆的安全气囊弹开，在继续向北行驶了437米后，停在金盛路明月港湾幼儿园门前，后被公安机关抓获。

被告人张某某在上述连续肇事的过程中，共造成5人死亡、4人受伤及6辆机动车不同程度受损。经法医鉴定：张某、王某福的损伤程度为轻微伤；李某影、洪某时的损伤程度为轻伤；沈某符合车辆作用致胸腹部闭合性损伤而死亡；郑某符合车辆作用致创伤性休克而死亡；康某东符合车辆作用致颅脑损伤而死亡；汪某水符合车辆作用致颅脑损伤合并创伤性休克而死亡；董某忠符合车辆作用致颅脑损伤合并胸部闭合性损伤而死亡。经车损价格鉴定：6辆机动车的损失共计人民币54359元。

（二）认定犯罪证据

上述事实，有公诉机关当庭宣读、出示并经质证的下列证据证实：

1. 被告人张某某供述，2009年6月30日中午，与汤某兵等人在公司食堂吃饭，喝了一瓶"老村长"牌白酒（酒精度42%），其约喝了三四两。当晚5时许，其驾驶别克君越牌轿车（车牌号为苏ATH900）到金盛路的"徐州土菜馆"请于某勇等人吃饭。席间，点了3瓶"今世缘"牌白酒（酒精度40%），后酒店又赠送了1桶自制的杨梅酒。其约饮用了2杯多白酒、2杯杨梅酒及1瓶啤酒。当晚8时许，晚饭结束。其驾驶别克轿车由南向北行驶，准备回金盛路北端的家。当时，轿车的前挡风玻璃上有雨水，透过玻璃往外看到的人和物体都很模糊，其未开雨刮器，也未系安全带，起步时油门踩得很重，车速很快就达到30~40迈。往北开了没多远，感觉车的右侧撞了一个东西，不是人就是车，即往左打方向，开了没多远又撞倒了西瓜摊前的两个人，此时的车速在70迈以上。其感到出事了，就往右打方向。之后，左边碰到东西就往右打方向，右边碰到东西就往左打方向，具体撞了什么记不清了。直到撞到一辆汽车后，车上的安全气囊弹开，其酒醒了一半，意识到出了大纰漏，遂赶紧踩刹车往右靠边停车，后被民警抓获。

南京市公安局江宁分局刑警大队提取说明、刑事摄影照片及南京市公安局物证鉴定所宁公物鉴（化）字〔2009〕223号物证检验报告书，证实公安机关依法提取了被告人张某某案发当晚饮用的称为杨梅酒的液体及饮酒所用的酒杯。经测量,上述提取的酒杯容量为 168 毫升,所提取的被称为杨梅酒的液体中乙醇的含量为 19.492mg/100ml。

南京市公安局江宁分局交通巡逻警察大队事故科情况说明及南京市公安局物证鉴定所宁公物鉴(化)字〔2009〕1201 号物证检验报告书证实,南京市公安局江宁分局交通巡逻警察大队事故科民警于 2009 年 6 月 30 日 21 时许,将被告人张某某带至南京市江宁区医院开发区分院抽血,后将所采血样送检;经鉴定,上述提取的张某某血样中的乙醇含量为 381.5mg/100ml。

2. 证人汤某兵、于某勇、陆某林、何某平、杨某明等人的证言笔录,证实案发当日与张某某吃饭及饮酒的情况与张某某的供述基本一致;并证实张某某当晚开了一辆别克君越轿车。

3. 被害人张某陈述,2009 年 6 月 30 日晚 8 时许,其与妻子陈某沿金盛路由南向北行走(其走在路的外侧)时,突然一辆汽车从后面将其撞倒在地。

南京市公安局江宁分局宁公江刑(物)鉴(法检)字〔2009〕211 号物证鉴定书,证实张某的损伤程度为轻微伤。

证人陈某的证言笔录,证实案发当晚张某被撞受伤的经过与张某的陈述基本一致。并证实听周围群众讲,肇事车在撞倒张某后又继续往北行驶,车速很快。

4. 被害人李某影陈述,2009 年 6 月 30 日晚 8 时许,其在金盛路西侧卖西瓜,不知怎么就被撞了。后听其他人讲,其是被一辆车撞的。

南京市公安局江宁分局宁公江刑(物)鉴(法检)字〔2009〕269 号物证鉴定书,证实李某影的损伤程度为轻伤。

5. 被害人王某福陈述,2009 年 6 月 30 日晚 8 时许,一辆轿车由南向北先撞倒了一名卖西瓜的女子(系李某影),接着又撞倒自己及自己的西瓜摊,肇事车没有停车,继续向北行驶。

南京市公安局江宁分局宁公江刑(物)鉴(法检)字〔2009〕210 号物证鉴定书,证实王某福的损伤程度为轻微伤。

证人赵某、易某根的证言笔录,证实 2009 年 6 月 30 日晚 8 时许一辆黑色轿车沿金盛路由南向北行驶,车速很快。该车从东侧正常行车道斜开到西侧逆向车道后,撞倒了李某影和王某福,又继续快速向北行驶。证人易某根还证实,肇事车在撞倒王某福后向北行驶到马路中间时,又将一名女子撞飞。

6. 证人沈某评的证言笔录,证实 2009 年 6 月 30 日晚 8 时看到一辆黑色轿车沿金盛路由南向北行驶时,先撞倒了金盛路西侧的西瓜摊及西瓜摊附近的一男一女,接着向右打方向撞飞一名骑自行车的妇女,该车的车速至少在 90 迈以上。撞完妇女后，肇事车驶回正常行车道并继续向北行驶时，在路东侧又撞倒一男一女（女子是孕妇）。并证实肇事车在整个撞击过程中没有减速，刹车灯也没有亮过。

7. 被害人戴某陈述，2009年6月30日晚8时许，其驾驶桑塔纳牌3000型出租车（车牌号为苏A90972）沿金盛路由北向南行驶时，先听到"轰"的撞击声，接着肇事车就快速与其会车向北行驶。之后，肇事车又撞车又撞人，具体撞了多少人、多少车不清楚。其车的前引擎盖、中网、保险杠、牌照都有损坏。

证人黄某的证言笔录，证实肇事的黑色轿车将骑自行车的人（系沈某）连人带车撞飞后，该人的自行车砸在了一辆出租车（戴某所驾）的前盖上。

南京市江宁区价格认证中心道路交通事故车（物）损失价格鉴定结论书、南京市江宁区道路交通事故车辆损失鉴定清单，证实车牌号为苏A90972的车辆损失为人民币695元。

8. 被害人洪某时陈述，2009年6月30日晚8时许，其与丈夫董某忠沿金盛路步行回家。突然听到身后有响声，回头就看见一辆黑色轿车冲来，将其丈夫撞飞并将其刮倒，接着该车又撞了前方一辆白色的轿车。肇事车的车速很快。

南京市公安局江宁分局宁公江刑（物）鉴（法检）字〔2009〕212号物证鉴定书，证实洪某时的损伤程度为轻伤。

南京市公安局江宁分局宁公江刑（物）鉴（法验）字〔2009〕56号物证鉴定书，证实董某忠符合车辆作用致颅脑损伤合并胸部闭合性损伤而死亡。

9. 证人贾某号的证言笔录，证实2009年6月30日晚8时许听到华联超市的南方"呼"的一声响，然后就看到一辆自行车被抛至空中，骑自行车的人也同时被抛起来，落在路中双黄线西侧，当场死亡。此人所骑的自行车砸落在一辆出租车上。随后，肇事车向北行驶，又撞到沿路边行走的一男一女（女子是孕妇），男子被撞进了路边一辆车的后车厢，孕妇被撞落在一辆车的后备厢上并滑落在地，当场死亡。之后，肇事车继续向北行驶，在华联超市附近又撞倒3个人。此时，肇事车仍未停车，又撞上停放在华联超市门口的一辆车的车尾部，后继续向北行驶。肇事的黑色轿车车速很快。

10. 证人潘某华的证言笔录，证实2009年6月30日晚8时许，先听到"呼"的一声响，然后就看到一辆自行车飞起来，一名女子倒在路中双黄线西侧。接着北面又传来"呼、呼"两声响，一名女子倒在路东侧一辆轿车的后面，一名男子则倒在路中的双黄线上，该男子的北面倒着一辆电动自行车。其往北跑，又发现在华联超市门口东侧的机动车道上躺着一名男子。这时，周围群众发现有一个人被撞进了一辆车的后车厢内,其即和群众将该人救出并放到"122"车上。肇事的黑色轿车车速很快,接近100迈。

证人张立义的证言笔录,证实案发当晚黑色轿车肇事的经过,与证人贾某号、潘某华的证言证实的情况基本一致。

11. 证人姜某的证言笔录,证实案发当晚其接报警后赶到事故现场,发现现场共有6辆机动车受损,其中一辆广本奥德赛牌轿车的后视镜被刮掉,车主是外地人。

南京市江宁区价格认证中心江宁价认车鉴字〔2009〕374号道路交通事故车(物)损失价格鉴定结论书、南京市江宁区道路交通事故车辆损失鉴定清单、车牌号为浙JLY376的车辆信息资料,证实车牌号为浙JLY376的本田奥德赛牌轿车的车辆信息情况及车损为人民币3216元。

12. 被害人杨某的陈述笔录及车辆信息表,证实2009年6月30日晚8时许,其将一辆北京现代索纳塔牌轿车(车牌号为苏APV926)停在金盛路华联超市门口时,有一个人被肇事车撞到了其车的后挡风玻璃上,将后挡风玻璃全部撞碎,后车厢撞变形。

南京市江宁区价格认证中心江宁价认车鉴字〔2009〕383号道路交通事故车(物)损失价格鉴定结论书、南京市江宁区道路交通事故车辆损失鉴定清单,证实车牌号为苏APV926的轿车车损为人民币9281元。

13. 被害人刘某的陈述笔录及车辆信息表,证实2009年6月30日晚8时许,其驾驶东风雪铁龙牌轿车(车牌号为苏AFG309)在金盛路华联超市门前停车时,突然被什么东西从后方重重地撞了一下,并导致其车向前滑行与前方的一辆尼桑轿车追尾。后听周围群众讲,是一辆黑色别克轿车撞的。

南京市江宁区价格认证中心江宁价认车鉴字〔2009〕391号道路交通事故车(物)损失价格鉴定结论书、南京市江宁区道路交通事故车辆损失鉴定清单,证实车牌号为苏AFG309的车辆损失为人民币30302元。

14. 被害人刘某泽的陈述笔录及车辆信息表,证实2009年6月30日晚,其将尼桑轿车(车牌号为苏AFW065)停放在金盛路华联超市门口路边时被其他车撞了。周围群众讲,是一辆黑色轿车先撞了停在其车后的爱丽舍轿车,爱丽舍轿车又追尾撞的。

南京市江宁区价格认证中心江宁价认车鉴字〔2009〕282号道路交通事故车(物)损失价格鉴定结论书、南京市江宁区道路交通事故车辆损失鉴定清单,证实车牌号为苏AFW065的车辆损失为人民币650元。

15. 证人施某新的证言笔录,证实2009年6月30日晚,其驾驶出租车经过金盛路明月港湾时,看到一辆黑色轿车从旁驶过,该车的前保险杠拖在地上，引擎盖破损。其感觉不正常，就超过该车后下车招手示意驾驶员停车。后该车驾驶员将车停下后下了车。其问他是否出事了，他说是，并用手指着南面。这时，一辆奥拓牌汽车开过来，车上下来一男一女，男子（系黄某）抓住刚才那辆车的驾驶员说他在南面已经撞死了4个人，并让同来的女子去叫警察。随后，警察赶来将那名驾驶员带走。

证人黄某的证言笔录，证实其与妻子徐某发现黑色轿车肇事后即追赶肇事车辆，后在金盛路明月港湾幼儿园门口发现该车已靠金盛路东侧停下，肇事车的驾驶员也下了车。随后，由其看住肇事司机，徐某喊来警察将肇事司机带走。

抓获经过，证实被告人张某某的归案经过与证人黄某、施某新的证言所证实的情况基本一致。

16. 南京市公安局江宁分局交通巡逻警察大队情况说明，证实被害人沈某、康某东、郑某、汪某水、董某忠的尸体经各自亲属辨认的情况。

证人郑某润、杨某、汪某红的证言笔录，证实对各自亲属的遗体进行了辨认。

17. 南京市公安局江宁分局宁公江刑（物）鉴（法验）字〔2009〕55、57、58、59号物证鉴定书分别证实，康某东符合车辆作用致颅脑损伤而死亡；沈某符合车辆作用致胸腹部闭合性损伤而死亡；汪某水符合车辆作用致颅脑损伤合并创伤性休克而死亡；郑某符合车辆作用致创伤性休克而死亡。

18. 南京市公安局江宁分局公（江）勘〔2009〕1566号现场勘验检查工作记录，证实公安机关于2009年6月30日21时20分开始对本案的案发现场进行勘查，在案发现场提取了被害人沈某、郑某的尸体、苏ATH900别克轿车1辆、蓝色保洁车1辆、新耐迪牌自行车1辆、不同型号的受损轿车6辆、DBR牌电动车1辆、血迹若干及安全气囊等物。

南京市公安局物证鉴定所宁公物鉴（法证）字〔2009〕1399号物证检验报告书，证实：（1）苏ATH900号车前挡风玻璃右侧上毛发、浙JLY376号车行李箱门上及前引擎盖上血痕、苏A07C18号车行李箱内血痕的DNA与1号男性尸体（系康某东）血样的DNA相同；（2）金盛路中心路灯031号路段路面血痕的DNA与4号男性尸体（系汪某水）血样的DNA相同；（3）苏ATH900号车前保险杠上血痕、苏APV926号车行李箱门上血痕的DNA与5号女性尸体（系郑某）血样的DNA相同；（4）金盛路"卡柏"洗衣店对面马路西侧路面血痕的DNA与伤者李某影血样的DNA相同。

19. 南京市公安局物证鉴定所宁公物鉴（痕）字〔2009〕101号物证检验意见书，证实：（1）肇事车辆前部的受检痕迹，符合与受检人力三轮车的正面前部撞击、与受检女式自行车的右侧撞击、与受检电动自行车的右侧撞击所形成;(2)肇事车辆右侧部位的受检痕迹符合与受检轿车(车牌号为苏AFG309)的左侧后部撞击所形成。

20. 南京市江宁区价格认证中心江宁价认车鉴字〔2009〕384号道路交通事故车(物)损失价格鉴定结论书、交通事故车辆损失鉴定清单、苏A07C18车的车辆信息资料,证实牌号为苏A07C18的江淮牌轿车的车辆信息资料及车损为人民币10215元。

21. 南京市公安局交通管理局车辆管理所车辆技术鉴定书,证实车牌号为苏ATH900的别克牌SGM7240ATA车辆肇事后,前轮后移,前保险杠、前照灯、右后视镜脱落,前脸、前风窗玻璃、右前翼子板损坏,前气囊、右侧气囊开启。

南京市公安局江宁分局交通巡逻警察大队关于"6·30"事故责任认定分析意见结论为:被告人张某某应当承担事故的全部责任。

22. 刑事摄影照片,证实肇事的别克君越牌轿车(车牌号为苏ATH900)的安全气囊感应器拆卸、采集及了解数据读取的过程。

上海通用汽车公司苏ATH900别克君越轿车安全气囊感应器和诊断模块中数据的读取结果、扬州大学机械工程学院关于苏ATH900别克君越轿车安全气囊感应器记录数据的分析意见,证实:(1)该车前部感应器模块每工作一次的记录时间为5秒,数据记录历经时间共计7秒,在7秒时间内运行的距离为164.4米;(2)该车在安全气囊弹爆前7秒时间内油门开度始终为96%,接近全开状态,属于加速行驶状态;(3)该车在安全气囊弹爆前7秒时间内未采取任何制动措施,其制动开关始终处于关闭状态;(4)安全气囊感应器模块工作的7秒时间内,该车行驶距离为164.4米,结合现场勘测,该车撞击环卫车(西瓜摊旁)至撞击苏AFG309轿车的行驶距离为155.6米,可以推定,安全气囊感应器模块7秒工作时间内的数据是从环卫车南8.8米开始记录。

23. 证人徐某的证言笔录,证实苏ATH900号别克君越轿车上的安全气囊感应器数据是通过其公司的"CDR"碰撞数据读取设备采集而来。这些数据在安全气囊引爆后被冻结住,不能被删除和修改,非常精确、唯一。通过对该车安全气囊感应器数据读取后发现:该车节气门开度96%,代表油门踏板基本踩到底。发动机转速4864转,代表碰撞前五组发动机转速的数据(每组1秒)。数据表中"off"代表发生碰撞前8秒未使用刹车。该车的安全气囊引爆时,会影响驾驶员的视线,影响操作,对驾驶员形成惊吓。

扬州大学机械工程学院〔2009〕第22号交通事故检验评估意见书,证实苏ATH900号轿车在发生事故时的行驶车速在90千米/小时。

24. 南京市公安局交通管理局事故科会同南京市公安局江宁分局交通巡逻警察大队关于别克君越轿车行驶速度、距离、时间的试验情况证实，公安机关采用与被告人张某某案发当晚所驾车辆同品牌同型号的车辆试验张某某在第一次撞击到第二次撞击之间的行驶状况的经过。

25. 南京市江宁区人民政府东山街道办事处（以下简称东山街道）与本案各被害人或被害人亲属达成的代被告人张某某先行垫付本案相关赔偿款的调解书，证实案发后东山街道共计代张某某向本案各被害人或被害人亲属垫付了赔偿款人民币300余万元。

张某某均表示认可。

被害人或被害人家属收到赔偿款的相关凭证，证实各被害人或被害人家属收到东山街道代张某某垫付的相关赔偿款的情况。

26. 南京市江宁区人民法院〔2009〕江宁民一初字第2347—2356号民事调解书，证实东山街道已将被告人张某某诉至法院，被告人张某某与东山街道已达成了由张某某返还东山街道代为垫付的相关赔偿款的协议。

南京市江宁区人民法院〔2009〕江宁执字第4148、4149号民事裁定书，证实该院已经执行了被告人张某某所有的3处房产，扣除银行贷款，被告人张某某已返还东山街道代其垫付的赔偿款共计1110380元。

本案另有接受刑事案件登记表、刑事摄影照片、现场勘查笔录、现场图、被告人张某某的户籍资料及驾驶证信息、被害人沈某、康某东、汪某水等人的户籍资料、门诊病历、车牌号为苏ATH900的车辆信息等证据在卷佐证。

上述证据来源合法并均经庭审质证，证据之间能相互印证，应当作为定案的证据予以采信，南京市中级人民法院予以确认，本案事实清楚，证据确凿充分，足以认定。

四、判案理由

南京市中级人民法院认为，被告人张某某明知酒后驾车违法、醉酒驾车会危害公共安全，却无视法律醉酒驾车，放任危害结果的发生，并在肇事后继续驾车连续冲撞多名行人及车辆，其行为构成以危险方法危害公共安全罪，且造成包括一名怀孕妇女在内的5人死亡、4人受伤及数辆机动车受损的严重后果，依法应予严惩。被告人张某某在案发当日中午及晚间大量饮酒系其自主行为，案发时其血液中的乙醇含量高达381.5mg/100ml，属于醉酒状态。在此状态下，其作为一个合法申领了驾驶执照的成年人，却无视法律规定和不特定多数人的生命财产安全醉酒驾车，尤其是在肇事后继续驾车冲撞，造成重大人员伤亡，说明其主观上对持续发生的危害后果持放任态度，具有危害公共安全的故意，故对辩护人提出的构成过失以危险方法危害公共安全罪的辩护意见，本院不予采纳，公诉机关指控的罪名正确，本院予以支持。

在本案中，被告人张某某归案后能如实供述自己的罪行，对起诉书指控的犯罪事实供认不讳，认罪态度较好；对东山街道代其向被害人或被害人亲属垫付的赔偿款均表示认可，其已向东山街道返还垫付款人民币110余万元，并主动表示将进一步清理其债权，以继续偿还东山街道代为垫付的赔偿款，有悔罪表现；其在醉酒致辨认和控制能力下降的情况下酿成惨祸，主观上并不希望和积极追求严重危害结果的发生，与以危害公共安全为目的恶意驾车撞人并造成重大伤亡后果的直接故意犯罪相比，张某某犯罪的主观恶性相对较低。综合以上情节，应酌情对被告人张某某从轻处罚。故对辩护人请求酌情从轻处罚的辩护意见，法院予以采纳。

五、定案结论

南京市中级人民法院为维护社会秩序，保护社会公共安全，惩罚刑事犯罪，依照《中华人民共和国刑法》第115条第1款、第57条第1款之规定，判决如下：

被告人张某某犯以危险方法危害公共安全罪，判处无期徒刑，剥夺政治权利终身。

六、法理解说

张某某醉酒驾车案，主要涉及定性依据问题。在该案审理过程中，曾有以危险方法危害公共安全罪、过失以危险方法危害公共安全罪与交通肇事罪的定性分歧之争。最终，南京中级人民法院依据2009年9月11日最高人民法院《关于醉酒驾车犯罪法律适用问题的意见》（以下简称《醉驾犯罪法律适用意见》），采用了以危险方法危害公共安全罪作为张某某醉酒驾车案定性结论，这是比较恰当、准确的处理结果。

（一）适用"以危险方法危害公共安全罪"罪名定性的依据问题

在张某某醉酒驾车发生后的侦查阶段，检察机关以涉嫌"以危险方法危害公共安全罪"来批捕，对此，有学者提出定该罪名值得商榷，认为张某某醉酒驾车仍然只能构成交通肇事罪。因为本案同样是行为人虽然存在违章的故意（醉酒驾车），但他对造成多人死伤的后果不可能持希望或放任的态度，而只能是疏忽大意或过于自信的过失心态。将醉酒驾车按"以危险方法危害公共安全罪"处理混淆了过失与故意。从根本上说，刑法上的故意和过失都是针对行为人对结果的态度，在交通肇事中，行为人违章的故意并不能代表其对结果的过失。假如现行交通肇事罪的法律规定不合理，或者刑罚偏轻，可以考虑通过完善立法的渠道来弥补。对于民意中的"仇富"、"仇官"心理，社会的治理者也当认真对待，切实解决官商勾结、权力干预司法等问题。但就司法而言，它必须在现有法律框架内活动，否则即使一时满足了民意诉求，解决了个案的公正，也因它破坏了法律的严肃性而伤及法治的根基，那绝对不是社会的福音。①

但是，南京中级人民法院最终判决还是认定张某某醉酒驾车构成"以危险方法危害公共安全罪"，主要理由是：行为人明知酒后驾车违法、醉酒驾车会危害公共安全，却无视法律醉酒驾车，特别是在肇事后继续驾车冲撞，造成重大伤亡，说明行为人主观上对持续发生的危害结果持放任态度，具有危害公共安全的故意。对此类醉酒驾车造成重大伤亡的，应依法以"以危险方法危害公共安全罪"定罪。从张某某案庭审查明的事实来看，张某某在案发当日的中午及晚间均自主饮酒，属于醉酒状态，其作为一个合法申领了驾驶执照的成年人，却无视法律规定和不特定多数人的生命财产安全醉酒驾车，尤其是在肇事后继续驾车冲撞，造成重大人员伤亡和财产损失，说明其主观上对持续发生的危害后果持放任态度，具有危害公共安全的故意。而"交通肇事罪"和"过失以危险方法危害公共安全罪"均以行为人主观上是过失为构成要件，因此，应当正确理解《醉驾犯罪法律适用意见》的精神，今后并不是凡是酒后或醉酒驾车肇事的行为都一律认定为"以危险方法危害公共安全罪"。依据刑法罪刑相适应的原则，只有在醉酒驾车后放任危害结果发生并造成重大伤亡后果时，才能以"以危险方法危害公共安全罪"来定罪处罚。"本案的判决正是在这一意见的指导下完成的。"②

从上述理由中不难看出，南京中级人民法院之所以认定张某某醉酒驾车构成"以危险方法危害公共安全罪"，其主要依据是《醉驾犯罪法律适用意见》，其中明确指出：醉酒驾车肇事后继续驾车冲撞，放任危害后果的发生，造成重大伤亡，应当依照刑法第115条第1款的规定，按以危险方法危害公共安全罪定罪。但是，有学者对此定案依据的效力却提出了如下质疑：（1）从法律适用中的"法不溯及既往"原则来分析，《醉驾犯罪法律适用意见》是在9月11

---

① 刘仁文：《取消以危险方法危害公共安全罪》，载《新京报》2009年7月25日。
② 《为何适用"以危险方法危害公共安全罪"》，载《中国青年报》2009年12月24日。

日发布的，而张某某案件发生于 6 月 30 日，所以《醉驾犯罪法律适用意见》不能作为司法依据。恰恰相反，张某某案件是《醉驾犯罪法律适用意见》出台的一个极其重要的原因，两者的前因后果关系必须要明辨。（2）《醉驾犯罪法律适用意见》以肇事后继续驾车冲撞作为定罪客观条件，明显存在问题。肇事后驾车继续冲撞，表述上似乎没有问题，但是在实践中，一具体案件发展到哪一步是肇事后，或者说撞了几个人定为之前的肇事，难道撞了一个人之后继续撞到第二个人就是继续冲撞，或者说是以两个人为界限，又或者以继续前行的距离为标准，这样存在科学界定的问题。①

笔者赞同南京中级人民法院认定的张某某醉酒驾车构成"以危险方法危害公共安全罪"的判决，而认为上述学者的两点质疑不具有合理性与科学性，因而是不可取的。主要理由是：

1. 刑事司法解释的溯及力是"从旧兼从轻"。不可否认，刑事司法解释有溯及力，而且其溯及力也必须遵循"从旧兼从轻"原则，即应与刑法第 12 条规定的刑法的溯及力保持一致性。就刑事司法解释对所解释的刑法规定实施以后自身发布实施以前所发生的行为是否有溯及力这种情形而言，无论司法解释在颁布之时是否被规定有溯及力，同样应当以从旧兼从轻原则为基准，只有在司法解释的适用对行为人有利时才具有溯及力。当然，这种情形下司法解释的溯及力与刑法本身的溯及力不同，因为对案件本身适用的还是同一刑法条文，不同的只是司法解释颁行前后对刑法条文理解上的差异。因而在某种意义上说，这里所谓的溯及力也并非本来意义上的溯及力，自然不适用禁止溯及既往。但如果司法解释对一项规则的理解比现行司法机构的理解更不利于被告时，则不能让被告接受这个对自己不利的解释，也就是说，不能让重于其前刑法适用的司法解释溯及既往，毕竟司法机关对刑法条文理解的缺失如果让处于刑事被告地位的行为人承担，则显失公平，也难以维系正义。②

《醉驾犯罪法律适用意见》可以适用于此前的醉酒驾车犯罪行为的处理，这是依据 2001 年最高人民法院、最高人民检察院《关于适用刑事司法解释时间效力问题的规定》第 2 条所规定的刑事司法解释溯及力原则："对于司法解释实施前发生的行为，行为时没有相关司法解释，司法解释施行后尚未处理或者正在处理的案件，依照司法解释的规定办理。"在《醉驾犯罪法律适用意见》之前，没有"醉酒驾车犯罪"的相关司法解释，因此，《醉驾犯罪法律适

---

① 洪良友：《论司法的社会效果——由张明宝案引发的思考》，载《成都理工大学学报》（社会科学版）2010 年第 3 期。

② 黄明儒：《刑事司法解释的溯及力辨析》，载《时代法学》2007 年第 6 期。

用意见》可以适用于尚未处理或者正在处理的"醉酒驾车犯罪"案件。而且,《醉驾犯罪法律适用意见》中的有些内容体现了从轻处理原则,例如:"一般情况下,醉酒驾车构成本罪的,行为人在主观上并不希望、也不追求危害结果的发生,属于间接故意犯罪,行为的主观恶性与以制造事端为目的而恶意驾车撞人并造成重大伤亡后果的直接故意犯罪有所不同,因此,在决定刑罚时,也应当有所区别。此外,醉酒状态下驾车,行为人的辨认和控制能力实际有所减弱,量刑时也应酌情考虑。"①

2. "二次冲撞"定性间接故意的科学性问题。在现实的机动车交通事故中,现在经常出现一种在交通事故发生后由于非交通事故的原因而导致的机动车再次撞击现象。这种现象,因其异于单纯的交通违法或意外的过错产生撞击,所以无论在交通事故发生后由于非交通事故的原因而导致机动车再次撞击,统称为"交通事故的二次撞击"。但是,在交通事故中二次撞击现象的成因中,"主观故意"和"主观过失"属于逻辑学上的矛盾关系,即二者不可同真,不可同假,必有一真必有一假。也就是说,当交通事故中出现二次撞击现象的时候,如果不能证明对方的主观故意,则说明对方起码是主观过失。②"二次冲撞"在主观上是"主观故意"还是"主观过失",这涉及是定性为交通肇事罪,还是定性为"以危险方法危害公共安全罪"的罪名问题。

在《醉驾犯罪法律适用意见》中规定:"行为人明知酒后驾车违法,醉酒驾车会危害公共安全,却无视法律醉酒驾车,特别是在肇事后继续驾车冲撞,造成重大伤亡,说明行为人主观上对持续发生的危害结果持放任态度,且有危害公共安全的故意。对此类醉酒驾车造成重大伤亡的,应依法以危险方法危害公共安全罪定罪。"据此,在酒后驾车构成的"二次冲撞"情形,如果行为人实施第一次肇事行为已经发生危害后果,并且行为人已认识到其行为的现实危险性后,仍继续实施这一危险行为,则应认定为放任的故意,以危险方法危害公共安全罪定罪。③ 在"二次冲撞"情形下,行为人醉酒驾车发生一次碰撞后,本该认识到其醉酒驾车行为具有高度的危险性,会造成对他人生命的伤害,然而,其对此漠然置之,不顾道路上行驶的其他车辆及行人的安全仍然继续驾车行驶,以致再次肇事,冲撞车辆或行人造成更为严重的后果。此种情形之下,行为人将他人的生命置于高度危险之中,其本人已经没有能力对这种危险予以控制,危险随时随地都会发生,却依然不管不顾、置之不理。这种状

---

① 蒋凡:《醉酒驾车犯罪若干法律适用问题研究》,载《犯罪研究》2010年第5期。
② 乐民:《交通事故中二次撞击现象的法律分析》,载法律教育网,2008年8月15日。
③ 何昭瑾:《对酒后驾车法律适用的理性思考》,载《上海城市管理》2010年第6期。

态，明显反映出行为人完全不计自己醉酒驾车行为的后果，对他人伤亡的危害结果持放任态度，主观上具有危害公共安全的间接故意，应定以危险方法危害公共安全罪。应该说，在目前刑法规定的范围内，这样处理是最符合罪刑相适应原则的，也最能有效惩治和预防醉酒驾车犯罪。①

从公诉机关认定的案件事实来看，张某某醉酒驾车行为构成"二次冲撞"是毫无疑问的。事实上，不仅仅是"二次冲撞"，而是多达"四次冲撞"。2009年6月30日晚上，被告人张某某在中午已经饮用白酒的情况下，继续邀集9人饮酒吃饭，前后共饮用白酒（包括杨梅酒）近800毫升、啤酒一瓶，随后在其已深度醉酒的情况下驾车从江宁区金盛路由南向北行驶，在驶出137.5米后将1位行人撞倒（"一次冲撞"）。张某某意识到发生撞击后并未停车，反而向左打方向穿越路中间双黄线逆行将两名路人撞伤（"二次冲撞"）。张某某此时仍未采取制动措施，而是向右打方向继续加速行驶，在双黄线附近撞击一骑自行车女性致其身亡（"三次冲撞"），回到正常行驶车道内在与路边汽车相擦后，连续撞倒5人、撞击多辆机动车（"四次冲撞"），在其驾驶的别克汽车安全气囊弹开后，又继续行驶了437米才将车辆停下。由此可见，公诉人的如下结论是完全正确的："被告人张某某明知酒后驾车违法、醉酒驾车会危害公共安全，却醉酒驾车，肇事后继续驾车冲撞，造成重大人员伤亡，犯罪事实清楚、证据确实充分，应当按刑法第115条第1款规定，以以危险方法危害公共安全罪追究其刑事责任。"

（二）以危险方法危害公共安全罪与过失以危险方法危害公共安全罪的界定问题

在张某某案件审理的法庭辩论阶段，公诉人提出了3点意见：按照《醉驾犯罪法律适用意见》的相关解释，醉酒驾车特别是在肇事后继续驾车冲撞，造成重大伤亡，说明行为人主观上对持续发生的危害结果持放任态度，具有危害公共安全的故意。其侵犯的客体是不特定的多数人的生命财产安全，正因为本罪所规定的行为极易造成群死群伤的严重后果，刑法为此设定了严厉的法定刑，以达到震慑犯罪、保障公共安全的目的。因此，对被告人的行为按以危险方法危害公共安全罪定罪符合刑法规定。

对公诉人指控的罪名，辩护人提出了不同意见，认为其本人对危害结果的发生没有主观故意，属于"过于自信"的过失，应当以刑法第115条第2款以"过失以危险方法危害公共安全罪"，对其从轻处罚。公诉人对此发表辩论意见认为：从张某某离开酒店时和朋友道别、能正常发动汽车、撞人后打方向

---

① 高贵君等：《醉酒驾车犯罪的法律适用问题》，载《法学杂志》2009年第12期。

盘避让、安全气囊弹开后能自行停车并正常下车等情节及相关技术鉴定发现张某某在连续驾车冲撞期间并未采取任何刹车制动措施，油门处于全开状态等证据，均可证明张某某属于持放任的间接故意，如果其之前主观上有"希望"或"追求"危害结果发生，则属于故意杀人罪，两项罪名有本质的区别。①

公诉人指控的罪名以危险方法危害公共安全罪与辩护人提出的过失以危险方法危害公共安全罪，这两罪的区别有二：（1）在客观上都表现为使用其他危险方法危害公共安全的行为。但前者必须发生致人重伤、死亡或者使公私财产遭受重大损失的严重后果，才构成犯罪；后者只要实施危害公共安全的行为，即使尚未造成严重后果，也构成犯罪。（2）在主观上，前者由过失构成；后者则出于故意。在实践中，对间接故意实施的与出于过于自信过失构成的上述犯罪比较难以区分。二者行为人对其行为可能造成的危害公共安全的严重后果均已预见（尽管认识程度不同），而且都不希望结果发生。但前者虽不希望却未采取避免结果发生的任何措施，而是心存侥幸任其发生。危害结果发生与否均不违背行为人的意愿。后者行为人则采取一定的措施，或者相信具有可能防止结果发生的主、客观条件，只是过高地估计和轻信了这些条件，才使得危害结果未能避免，发生这种危害结果违背行为人的意愿。

从上述案情来看，很显然，张某某的连续驾车冲撞属于持放任的间接故意，因而不能定为过失以危险方法危害公共安全罪，而只能界定为以危险方法危害公共安全罪。实际上，以危险方法危害公共安全罪与过失以危险方法危害公共安全罪两罪的主要区别在主观上，即在主观上为故意的构成以危险方法危害公共安全罪，而在主观上为过失的构成过失以危险方法危害公共安全罪。但从司法实践来看，如果在交通运输中因过失而导致人员重伤、死亡或者使公私财产遭受重大损失的严重后果的，一般也是按"交通肇事罪"而不按"过失以危险方法危害公共安全罪"定罪处理。从理论依据上来看，"交通肇事罪"中的"交通肇事"也是"过失以危险方法危害公共安全罪"中的一种具体"危险方法"，属于特别法条的"特别规定"；而"过失以危险方法危害公共安全罪"带有普通法条的特点，它只能适用于除了失火、过失决水、过失爆炸、过失投放危险物质等以外的而在危害性上相当的其他过失危险方法。如果不符合"交通肇事罪"构成要件，才可以考虑能否按"过失以危险方法危害公共安全罪"来定罪处理。

例如，某地在 2005 年某月某日，甲某与乙某驾驶二轮摩托车到一村庄偷

---

① 丁国锋：《南京"6·30"特大醉驾肇事案开庭》，载《法制日报》2009 年 11 月 28 日。

东西时被村民发现，甲某驾驶二轮摩托车后坐乙某沿国道从南往北逃走，村民组织两辆车去追赶，一辆为小车，一辆为货车，当小车追赶超过二轮摩托车时，摩托车掉头又往南逃跑，小车上的人就打电话给货车的人拦住摩托车，货车上的人接到小车上的人的电话后下来拦摩托车，但是摩托车逃跑了，小车也紧接着追赶，摩托车见小车紧追，又掉头往北逃，小车的人发现后又打电话给货车上的人，叫他拦住摩托车，货车上的人鉴于上次没拦住，就想用车挡住公路，同时摩托车也从南边很快就过来了，货车上的人也不能确定就是要追的摩托车，但货车驾驶员驾驶货车逆向行驶，想拦住对面那辆摩托车，结果两车相撞，造成摩托驾驶员死亡，两车受损的后果。案件发生后，对此案定性存在两种观点：（1）认为货车驾驶员看见对面来车，而故意违反交通安全法律、法规，逆向行驶，造成严重后果，且主观也没有故意，因此构成交通肇事罪。（2）认为货车驾驶员在对面来车的情况下，采取逆向行驶的方法用车拦截对面来车，想让对方车辆停下来，并且也没有完全封死公路，摩托车还可以通行，主观上没有剥夺他人生命的故意，是一种过失行为，构成过失以危险方法危害公共安全罪。

笔者同意第二种观点。该案中货车驾驶员的行为侵犯的客体是公共安全，这点交通肇事罪和过失以危险方法危害公共安全罪是相同的，主观上两者都是持过失心态，但两者的客观要件不同，交通肇事是违反交通运输管理法规，而过失以危险方法危害公共安全是指危险方法，交通肇事罪客观要件违反的目的是通行，争夺通行权或其他，目的只针对交通本身，而不针对对方。过失以危险方法危害公共安全罪客观要件是在特定的条件下，行为人发出的行为对对方有一定目的性或很大危险性，就本案而言，货车驾驶员逆向行驶的目的是想通过此方式拦住摩托车，而不是想绕过障碍物或其他逆向行驶，因此，不符合交通肇事罪的客观要件。而该案发生的地点是国道而不是一般道路，国道车辆多，本案中货车驾驶员发现对面来车时也不能肯定是要追的那辆摩托车而采取逆向行驶拦截方法，显然是对一种不特定人员的安全侵害，是一种对公共安全的危害，因此，从犯罪构成要件，该案都符合过失以危险方法危害公共安全罪。①

（三）张某某醉酒驾车能否定性为交通肇事罪问题

有学者认为，张某某醉酒驾车只能构成"交通肇事罪"，将飙车肇事或醉驾肇事以"以危险方法危害公共安全罪"来处理，除了混淆了刑法上的过失与故意，还将带来如下难题：首先，交通肇事罪本来就要求以违反交通运输管

---

① 《本案定交通肇事罪还是过失以危险方法危害公共安全罪》，载椒江新闻网，2009年10月9日。

理法规为前提，飙车、醉驾正属于违反交通运输管理法规的行为，如果我们把它们单独拿出来，以"以危险方法危害公共安全罪"论处，势必造成交通肇事罪被架空。其次，如果我们把飙车、醉驾行为扩大解释为"其他危险方法"，那么按照刑法第 114 条的规定，"以危险方法危害公共安全罪"是要处理危险犯的，也就是说，只要实施了这种行为，即使"尚未造成严重后果"，也构成犯罪，而这在目前现实中显然不是这样处理的。这也从反面说明，平时我们并没有把飙车和醉驾这类行为等同于"以危险方法危害公共安全罪"中的"其他危险方法"，因为这里的"其他危险方法"是与"放火"、"决水"、"爆炸"、"投毒"放在同一个条文中的，根据刑法解释中的可比性原则，飙车和醉驾确实还不能和这些行为相提并论。那种以"以危险方法危害公共安全罪"来处理飙车肇事或醉驾肇事的主张，超出了立法原意和常规性的解释。①

另有学者认为，在张某某案中，现有证据不能证明他有这样的故意。这里讲的不是张某某关于醉酒驾车的故意，而是他关于撞车撞人后果的故意。按照刑法理论，犯罪故意包括直接故意和间接故意；犯罪过失包括疏忽过失和轻率过失。其中，间接故意和轻率过失的主观状态具有一定的相似性，因为这两种行为人都应该预见可能发生的危害后果，但是前者对后果发生的态度是放任，后者的态度是轻信可以避免。张某某对于撞车撞人的后果具有何种心理状态？由于缺乏能够证明他具有放任心态的直接证据，如口供，司法人员只能根据间接证据和经验法则进行推断。现有的间接证据只能证明他是违章醉酒驾车，造成汽车失控，然后发生撞车和撞人的后果。在这种情况下，我们很难说开车人对于撞车和撞人的后果采取了放任的态度。根据刑事诉讼对于犯罪构成要件事实的认定都要遵循"疑罪从无"的原则，只要公诉方的证据不足以证明被告人具有放任的心态，就应该认定其不具有这种心态。换言之，即使法官认为被告人的心态可能是放任，也可能是轻率，那也应该按照"存疑从轻"的原则认定其心态为轻率过失，因而只能认定其犯有交通肇事罪。②

根据《醉驾犯罪法律适用意见》的规定，"行为人明知饮酒驾车违法、醉酒驾车会危害公共安全，却无视法律、醉酒驾车，特别是在肇事后继续驾车冲撞，造成重大伤亡，说明行为人主观上对持续发生的危害结果持放任态度，具有危害公共安全的故意"。醉酒驾车构成以危险方法危害公共安全罪的主观方面表现为间接故意。问题在于肇事后继续驾车冲撞的过程中，行为人在主观上只可能存在间接故意的心理，而不可能是基于过于自信的心理吗？对于放任和

---

① 刘仁文：《取消以危险方法危害公共安全罪》，载《新京报》2011 年 7 月 25 日。
② 何家弘：《张明宝醉驾案判决的反思》，载东方法眼网，2010 年 1 月 18 日。

自信的界限从理论是不难理解的,但是在实际的案件中如何区别则是一个较为复杂的难题。间接故意犯罪与过于自信的过失犯罪都发生了危害社会的结果,在认识因素上都属于对结果的发生有所认识,但是在意志因素上却截然不同。按照我国刑法的通说,放任对结果的态度表现为听之任之,既不希望也不反对、排斥;而自信对结果的态度则不仅不是希望,更是反对,结果的发生是由于行为人过高估计阻碍结果发生的各种主客观因素所致。在法定犯中,过失犯罪往往都存在明知故犯的先在事实,通常表现为对有关行政法律、法规的故意违反,如"行为人明知饮酒驾车违法、醉酒驾车会危害公共安全,却无视法律、醉酒驾车",但是此种故意只能存在于醉酒驾车行为之中,而不能支配对重大伤亡结果的态度,因此不能以结果的发生来逆推行为人对结果的发生一定是持放任的心理。而且,单凭认识因素认定间接故意,有推卸控方证明责任的嫌疑。①

还有学者认为,故意以驾车撞人的危险方法危害公共安全的犯罪,应定为"以其他危险方法危害公共安全罪"。这是说得通的,但是实践中在认定以驾车撞人危险方法危害公共安全罪时,对故意的判断是存在问题的。故意是犯罪主观因素中的认识因素,是指明知自己的行为会发生危害社会的结果,并且希望或者放任这种结果发生的心理态度,是对犯罪后果的一种认知状态。但是"高度醉酒者存在意识障碍,对自己的行为无辨认和控制能力,属于无刑事责任能力人"。②同时,醉酒驾车犯罪基本上是突发性犯罪,行为人事前既无犯意,亦无犯罪动机,事后往往称自己肇事时头脑一片空白、没有记忆,因此,司法实践中准确认定醉酒驾车犯罪行为人的主观罪过形式非常困难,实践中的做法倾向于根据交通肇事后果,推定犯罪人的主观状态,有客观归罪的倾向。此外,将主观状态是故意还是过失作为区分以危险方法危害公共安全罪和交通肇事罪的标准,并不严密,这是因为交通肇事后的逃逸也符合故意的特征,这警示我们,不能因为在交通肇事中存在故意,就武断地认定为危害公共安全,事实可能是一次冲撞后为了逃逸而造成二次冲撞,导致伤亡扩大,但此时仍然在交通肇事罪的范畴之内。③

笔者认为,上述诸位学者的观点可分为两类:一是认为张某某醉酒驾车只

---

① 夏明圣、魏在军:《醉酒驾驶犯罪的刑法完善》,载《苏州大学学报》(哲学社会科学版)2010年第5期。

② 高贵君等:《醉酒驾车犯罪的法律适用问题》,载《法学杂志》2009年第12期。

③ 洪良友:《论司法的社会效果——由张某某案引发的思考》,载《成都理工大学学报》(社会科学版)2010年第3期。

能构成"交通肇事罪",二是认为醉酒驾车中的主观状态是故意难以证明。包括张某某醉驾类案件在内,之所以在定性中产生是构成"交通肇事罪"还是构成"以危险方法危害公共安全罪"的分歧,主要原因实际上是在行为人的主观状态是难以证明或者判断的。这在实践中需要依据具体情况而加以作出具体判断。主要理由是:

1."二次冲撞"不宜视为由交通肇事罪转化为以危险方法危害公共安全罪。举例来说:被告人甲某夜间驾驶机动车辆发生交通事故致行人乙某死亡,在事故中车灯损坏,甲某为逃逸和为避免车牌被后面车辆看见,在照明严重不足的情况下驾车高速行驶,之后又连续不断发生车祸,沿途撞死撞伤行人丙、丁等十余人。对于这样的案例,认定其第一起造成乙某死亡的行为仍是交通肇事罪,其后连续发生的数起事故,涉嫌对撞死撞伤行人丙、丁等十余人具有间接故意,成立以危险方法危害公共安全罪。因为被告人甲某在夜间车灯损坏视线不良、高速行驶的情况下,已知一而再、再而三发生撞击仍然继续行驶,足以证明甲某对此后事故后果持放任态度。后来的行为,被认定为以危险方法危害公共安全罪,是因为甲某对后来发生的驾车致人死伤的结果具有间接故意。也就是说,如果行为人对自己驾车行驶所造成的众人死伤的后果没有达到"明知且放任"程度的,仍属于过失犯罪即交通肇事罪范围的问题。何种情况下可认定肇事者对众人死伤后果具有"明知且放任"的心态?很难一概而论。对于南京"6·30"交通事故案,检察机关以涉嫌"以危险方法危害公共安全罪"批准逮捕,大约是认为该案肇事者对造成众人死伤后果涉嫌具有"明知且放任"的心态。如果经法院审判认定该案肇事者对造成众人死伤后果具有"明知且放任"的心态,则成立以危险方法危害公共安全罪;如果认定不具有该种"明知且放任"的心态,则仍然只能成立交通肇事罪。①

2."交通肇事罪"与"以危险方法危害公共安全罪"的分歧难点在于区分间接故意和过于自信的过失,二者的区别在于:第一,在意志因素上,间接故意是持一种放任的态度,行为人对危害结果不追求,但真发生了也不违反其意志;而过于自信的过失的行为人则不希望危害结果发生,也就是说危害结果的发生是根本违背其主观意志的。第二,在认识因素上,间接故意是一种明知可能会发生的心态;而过于自信的过失在认识因素上是预见到可能会发生而轻信能够避免。但是司法审查是一种事后行为,如何通过事后的行为来判断行为人在案发时的一种主观心态?要采取一种客观的标准,即行为人是否采取了可能避免危害结果发生的措施。当人们普遍认为按照行为人所采取的措施去行事

---

① 《专家谈恶性交通肇事行为如何定罪》,载法制网,2009年9月8日。

时，避免危害结果发生的概率极低甚至是没有可能性的话，那么我们完全可以断定行为人对于该危害结果的发生是持放任的态度的，行为人关于过于自信的表述也是没有任何凭借的。遗憾的是，在南京"6·30"案件中，我们没有看到行为人采取了任何措施来避免发生侵害不特定多数人生命健康的危害结果。无论是谁，按照行为人的行为方式去行为，都有可能造成同样甚至更严重的危害后果。这足以认定行为人的主观恶性和人身危险性远远超出了过于自信的过失。①

3. 醉酒驾驶、飙车等危险驾驶行为在什么情况下可以构成以危险方法危害公共安全罪，对此可分为三种情形加以判定：第一，行为人因怀有对社会的仇恨心理，为了报复社会、制造混乱，而无视交通规则，驾驶车辆在大街上超速行驶，横冲直撞，对公共安全造成威胁或者产生实际危害结果的。第二，行为人根本就不具备熟练的驾驶技术而执意要行驶，而且还要超速行驶，作为一个正常人，他对自己的行为会发生危害公共安全的结果是有认识的，但却置公共安全于不顾，仍然驾驶并超速行驶，显然对自己行为所发生或可能发生的危害结果抱有一种无所谓的放任态度，这属于间接故意。第三，行为人因饮酒、吸毒等原因使自己的身心状态已经难以正常操控车辆的运行而仍然飙车，此时行为人的超速行驶行为就已经具备了危害不特定多数人生命健康和公私财产安全的危险。按照原因自由行为理论，对饮酒或者吸毒后飙车的，其主观方面仍认定为故意犯罪。但是，如果行为人具备驾驶技术和驾驶资格，飙车时处于正常的身心状态，在正常行驶时能够操控车辆的运行，只是由于为了寻求刺激或者争强好胜而超速行驶的，那么行为人此时虽然对飙车行为的违法性质是有认识的，但通常都是自认为驾驶技术好，能够避免交通事故的发生，从刑法规范的角度评价，这属于过于自信的过失。在这种情况下，不能认定为以危险方法危害公共安全罪。②

（四）刑法第114条与第115条规定的关系问题

有学者认为，以危险方法危害公共安全罪是危险犯，而《醉驾犯罪法律适用意见》中以严重后果作为定罪的构成要件，明显是不合理的。在张某某案件当中，法院之所以会定以危险方法危害公共安全罪，最主要的一个根据就是该案件造成了5死4伤的恶果。以结果作为定罪的依据，这显然与危险犯的

---

① 《专家谈恶性交通肇事行为如何定罪》，载法制网，2009年9月8日。
② 刘耀光：《论危险驾驶与交通肇事罪和以危险方法危害公共安全罪的关系》，载河南法院网，2011年8月5日。

性质相悖，并且具有客观归罪之嫌。①另有学者认为，刑法第114条与第115条的规定是相互衔接的，第115条第1款规定的犯罪是第114条规定之犯罪的"结果加重犯"。按照最高人民法院1997年12月11日公告的《关于执行〈中华人民共和国刑法〉确定罪名的规定》，第114条和第115条第1款的罪名都是放火罪、决水罪、爆炸罪、投毒罪和以危险方法危害公共安全罪，区别是后者造成了严重后果，所以要加重处罚。由此可见，凡是构成第115条第1款的犯罪都应该首先符合第114条的规定。在本案中，如果张某某因醉酒驾车造成严重后果的行为可以构成第115条规定的犯罪，那些醉酒驾车但"尚未造成严重后果"的行为就应该构成第114条规定的犯罪。换言之，如果法官可以依据第115条的规定判处张某某死刑的话，那么法官就同样可以依据第114条的规定判处那些"尚未造成严重后果"的醉酒驾车人3年以上10年以下的有期徒刑。虽然这种解释可以满足国人目前要求严惩醉酒驾车人的呼声，但是它显然不符合第114条和第115条的立法本意，而且也很难在司法实践中适用。②

笔者认为，在分析张某某因醉酒驾车造成严重后果的行为性质时，上述观点中至少有两个问题需要深入探讨：一是刑法第115条第1款规定的犯罪是否刑法第114条规定之犯罪的"结果加重犯"；二是危险驾驶罪能否适用刑法第114条规定问题。

1. 刑法第115条第1款规定的犯罪是否属于刑法第114条规定之犯罪的"结果加重犯"问题。上述观点认为，刑法第114条和第115条的规定是相互衔接的，第115条第1款规定的犯罪是第114条规定之犯罪的"结果加重犯"。此种观点的理由是：从广义上说，危险犯和实害犯都被认为是结果犯，虽然危险犯不像实害犯那样以结果的发生为犯罪的既遂，但是危险犯（包括具体的危险犯和抽象的危险犯）也可以发生一定的危害结果，即危险行为所达到的一种足以发生实害结果的危险状态。这种危险状态作为基本犯的基本危害结果，显然要比发生人员重伤、死亡的结果要轻微，所以说危险犯可以构成结果加重犯的基本犯。刑法第114条和刑法第115条的规定是基本犯和加重结果犯的关系，正是因为危险犯发生了具体的危险结果，所以相比危险状态而言危险更加深了一步，所以不管是从基本构成，还是主观心态方面来看，实害犯都可以称之为危险犯的结果加重犯。③"无论危险犯是否属于结果犯，危险犯都可

---

① 洪良友：《论司法的社会效果——由张明宝案引发的思考》，载《成都理工大学学报》（社会科学版）2010年第3期。
② 何家弘：《杀还是不杀，是个法治问题》，载《法学家茶座》第28辑。
③ 谭秀君：《结果加重犯的立法完善》，载《湖南警察学院学报》2002年第2期。

以成为结果加重犯的基本犯。就危险犯与实害犯关系而言,实害犯的法定刑之所以被加重,绝不是无缘无故的,而是与罪质的变化密切相关的;实害犯与危险犯相比,在罪质上发生了一定程度的变化,而这种变化就是由超出了危险犯的罪质范围的实害结果引起的。这样,将实害犯视为危险犯的结果加重犯就有充分的理由。"①

笔者认为,刑法第115条第1款规定的实害犯具有相对独立性,不属于刑法第114条规定之犯罪的"结果加重犯"。自从刑法实施之后,理论界对于刑法第114条与第115条第1款的规定一直存在诸多的争议。而这些争议的焦点核心集中体现于这两个条文的关系,即刑法第114条和第115条第1款到底是不同的两个构成要件,还是一个构成要件在两个条文中的分段表述。② 事实上,不论如何理解这两个法条的关系,都必须结合立法精神才能明确立法原意。既然在立法表现形式上,刑法第114条与第115条是分为两条来规定,那就应当从此种分立的角度来理解。以笔者所见,按照目前我国刑法理论中的既遂形态通说观点,刑法第114条与第115条各自具有独立的既遂形态,刑法第114条是危险犯,而刑法第115条第1款则是实害犯。危险犯与实害犯两者都是独立的既遂停止形态,一旦构成了刑法第114条的危险犯,就不可能再继续发展而转变为刑法第115条第1款的实害犯。而如果构成了刑法第114条的危险犯,那就按照刑法第114条规定的"尚未造成严重后果的,处三年以上十年以下有期徒刑"来处罚;如果构成了刑法第115条的实害犯,那就按照刑法第115条规定的"致人重伤、死亡或者使公私财产遭受重大损失的,处十年以上有期徒刑、无期徒刑或者死刑"来处罚。刑法第115条已经不是危险犯而是实害犯,所以不能视为刑法第114条危险犯的结果加重犯。

2. 危险驾驶罪能否适用刑法第114条规定问题。"如果法官可以依据第115条的规定判处张某某死刑的话,那么法官就同样可以依据第114条的规定判处那些'尚未造成严重后果'的醉酒驾车人3年以上10年以下的有期徒刑。"而醉酒驾驶单独成罪,突破了以危险方法危害公共安全罪口袋罪的束缚。但从广义上来说,醉酒驾驶也可以说是以"危险方法"实施的危害公共安全的犯罪。二者在侵害的法益方面并无不同,均危及不特定多数人的生命财产安全。区分二者的关键在于可否将醉驾行为理解为危害公共安全罪的"其他危险方法"。在一般情况下,醉驾行为不能被解释为"其他危险方法"。因

---

① 王志祥:《论结果加重犯的构造》,载《北方法学》2009年第1期。
② 陈玮:《刑法第114条、第115条第1款之放火罪解释论》,载《湖南警察学院学报》2011年第2期。

为刑法将"以危险方法危害公共安全罪"与放火罪、决水罪、爆炸罪和投放危险物质罪规定在同一条文（第114条、第115条）中，则只能认为该罪是关于第114条和第115条的兜底规定，而不能将之扩大到"危害公共安全罪"整章的所有犯罪。但并非一切醉驾行为均只能成立危险驾驶罪而不能成立以危险方法危害公共安全罪。例如，行为人醉酒后，在人口高度密集的闹市区驾驶，其已丧失驾驶机动车的能力。此时，该醉驾行为与放火、决水等行为的性质相当，故成立两罪的法条竞合。根据《刑法修正案（八）》第22条第2款的规定，应按照以危险方法危害公共安全罪定罪处罚。除此之外，在行为的性质上，二者也有所不同。以危险方法危害公共安全罪的行为具有明显的"加害性"，即行为人通过利用放火、决水、爆炸等危险方法，使其加害性的目的变成现实，在主观上对危害结果的发生往往持积极追求态度，而醉驾行为，其主观罪过为间接故意，对危害结果的发生持的是放任态度。①

有学者认为，在《刑法修正案（八)》增设危险驾驶罪之前，大多数造成严重后果的醉酒驾驶行为都是以以危险方法危害公共安全罪定罪处罚的。这表明危险驾驶罪和以危险方法危害公共安全罪之间存在某种联系，即两罪之间的层层递进的关系，具体而言：（1）如果危险驾驶行为只有侵害法益的抽象的危险，那么只构成危险驾驶罪，不构成以危险方法危害公共安全罪。（2）如果危险驾驶行为具有侵害法益的具体的危险，那么构成危险驾驶罪和第114条的以危险方法危害公共安全罪的法条竞合犯，由于后者法定刑为3年以上10年以下有期徒刑，所以应以第114条的以危险方法危害公共安全罪定罪处罚。（3）如果危险驾驶行为造成实际损害，驾驶人对侵害法益的具体的危险具有故意，但对致人伤亡等实害结果仅具有过失，那么构成危险驾驶罪和第115条第1款的以危险方法危害公共安全罪的法条竞合犯，由于第115条第1款的法定刑较高，所以应以第115条第1款的以危险方法危害公共安全罪定罪处罚。（4）如果危险驾驶行为造成实际损害，驾驶人对侵害法益的实害结果具有故意，那么构成危险驾驶罪和第115条第1款的以危险方法危害公共安全罪的法条竞合犯，由于第115条第1款的法定刑较高，所以应以第115条第1款的以危险方法危害公共安全罪定罪处罚。②

笔者认为，上述学者所认为的"危险驾驶罪和以危险方法危害公共安全

---

① 刘渊：《"醉驾"犯罪若干争议问题研究》，载《辽宁公安司法管理干部学院学报》2012年第2期。

② 张健：《危险驾驶罪与以危险方法危害公共安全罪区分》，载《检察日报》2011年8月12日。

罪之间存在层层递进的关系",这种观点在理解两罪要件上有误。从立法规定的两罪法定刑来看,构成危险驾驶罪仅为拘役刑;而构成以危险方法危害公共安全罪,按刑法第114条规定是"尚未造成严重后果的,处三年以上十年以下有期徒刑",按刑法第115条规定是"致人重伤、死亡或者使公私财产遭受重大损失的,处十年以上有期徒刑、无期徒刑或者死刑"。危险驾驶罪和以危险方法危害公共安全罪不可能存在法条竞合犯关系,而只能是相互排斥的对立关系。如果从两罪"层层递进的关系"来看,只能理解为:危险驾驶行为在构成以危险方法危害公共安全罪之前可以成立危险驾驶罪,此时应当单独按危险驾驶罪定性处理;而危险驾驶行为在构成以危险方法危害公共安全罪之后,就不可能再构成危险驾驶罪了,此时应当单独按以危险方法危害公共安全罪定性处理。

案例3：胡某飙车肇事案
——以危险方法危害公共安全罪与交通肇事罪的界限

一、基本情况

案　　由：交通肇事

被告人：胡某，因涉嫌犯交通肇事罪于2009年5月8日被刑事拘留，同年5月17日被逮捕。

二、诉辩主张

（一）人民检察院指控事实

杭州市西湖区人民检察院以杭西检刑诉〔2009〕256号起诉书指控被告人胡某犯交通肇事罪，于2009年7月3日向本院提起公诉。本院于同日立案，并依法组成合议庭，于同月15日公开开庭审理了本案。杭州市西湖区人民检察院指派检察员葛淑芳、孙军，代理检察员许航出庭支持公诉，被害人诉讼代理人魏勇强，被告人胡某及其辩护人高尔文，鉴定人傅和平、王慧忠到庭参加诉讼。现已审理终结。

公诉机关指控，2009年5月7日晚，被告人胡某驾驶经非法改装的车辆，从杭州市机场路前往西城广场看电影，沿途与同伴驾驶的车辆严重超速行驶，时有相互追赶，当晚20时08分，被告人胡某驾车行驶至文二西路德加公寓西区大门口人行横道时，未注意观察路面动态，车头右前端撞上由南向北行走的被害人谭某，致其颅脑损伤死亡。被告人胡某负事故的全部责任。为证实指控的犯罪，公诉人当庭宣读和出示了相关书证、证人证言、被告人供述，鉴定结论、现场勘查笔录和视听资料，公诉机关认为，被告人胡某的行为已触犯《中华人民共和国刑法》第133条之规定，构成交通肇事罪，且其驾驶非法改装的车辆严重超速并时有与他人相互追赶等，提请法院依法从重判处。

（二）被告人辩解及辩护人辩护意见

被害人诉讼代理人认为，被告人胡某肇事时的主观心态是过失，过失以危险方法危害公共安全罪与交通肇事罪有交叉关系，根据罪刑法定原则，被告人胡某的行为可以交通肇事罪定罪，但其有飙车等严重危害社会的行为，应认定为有其他特别恶劣情节，要求在3至7年有期徒刑的幅度内量刑。

被告人胡某辩称，起诉书指控其驾驶非法改装的汽车及案发前与同伴相互追赶不符合事实。

辩护人认为，被告人胡某的行为构成交通肇事罪，胡某有自首情节，认罪态度较好，其亲属已代为赔偿被害人亲属损失，要求从轻处罚；公诉人建议从重处罚及被害人诉讼代理人认为有其他特别恶劣情节的意见均缺乏事实和法律依据。辩护人当庭提交了交通事故赔偿调解书、补充协议、赔偿凭证、收条。

三、人民法院认定事实和证据

（一）认定犯罪事实

杭州市西湖区人民法院经审理查明，2009年5月7日晚，被告人胡某驾驶经非法改装的浙A608Z0蓝瑟翼豪陆神红色三菱牌轿车，与同伴驾驶的车辆从杭州市江干区机场路出发，前往西湖区文二西路西城广场，想看看该广场是否在放映名为《金钱帝国》的电影。在途经文晖路、文三路、古翠路、文二西路路段时，胡某与同伴严重超速行驶并时有互相追赶的情形，当晚20时08分，胡某驾车途经文二西路德加公寓西区大门口人行横道时，未注意观察路面行人动态，致使车头右前端撞上正在人行横道上由南向北行走的男青年谭某，谭某被撞弹起，落下时头部先撞上该轿车前挡风玻璃，再跌至地面。事发后，胡某立即拨打120急救电话和122交通事故报警电话。谭某经送至院抢救无效，于当晚20时55分因颅脑损伤而死亡。事发路段标明限速为每小时50公里。经鉴定，胡某当时的行车速度在每小时84.1公里至101.2公里之间，对事故负全部责任。

另查明，案发后胡某亲属与被害人亲属已就民事赔偿达成协议，胡某亲属已赔偿并自愿补偿被害人亲属经济损失共计人民币1130100元。

（二）认定犯罪证据

上述事实，有当庭出示并经法庭质证的下列证据予以证实：

1. 案发现场监控录像证实，2009年5月7日晚20时08分自东向西行驶的红色轿车在杭州市文二西路德加公寓西区门口人行横道上撞上行人，随后肇事车辆制动停车及肇事司机下车查看被撞人员。

2. 证人陈某、吴某玲证实，案发当晚20时许，其在杭州市文二西路北侧的紫桂公寓门口行走时，目击浙A608Z0红色三菱轿车撞上行人，行人被撞弹起，落下时撞上该轿车前挡风玻璃，再跌至地面。陈某遂打电话报警。

3. 公安机关接警记录、案发经过以及提取的手机通话清单证实，案发当晚20时09分、20时13分，杭州市西湖区公安分局交通警察大队先后接到陈某、胡某的报警；当晚20时09分，胡某的手机拨打了120急救电话；当警方到达现场时，伤者已被送往医院救治，胡某在现场等候处理。

4. 公安机关现场勘查笔录及图片证实，事发路段为东西双向6条机动车道，路面平坦，视线良好，北侧为紫桂花园小区大门，南侧为德加公寓西区大门，两门间有南北向人行横道，设有注意行人标志和限速每小时50公里的标志；肇事车辆浙A608Z0蓝瑟翼豪陆神三菱牌轿车前保险杠右侧有撞击痕迹，右侧前翼子板顶端变形，右前大灯破碎，引擎盖右侧变形，前挡风玻璃右侧破碎，右前上角附着毛发，右侧后视镜向后折；现场提取了胡某血样。

5. 死亡医学证明书及尸体检验报告证实，被害人谭某案发当晚20时23分由120急救车送入浙江省立同德医院，20时55分因颅脑损伤而死亡。

6. 乙醇检验报告证实，案发现场从胡某身上提取的血样中未检出乙醇成分。

7. 道路交通事故车辆技术检验报告及质量鉴定报告证实，肇事车辆的转向、制动性能符合安全技术要求，发动机进排气系统、前照灯、悬挂、轮胎与轮辋、车身内部已在原车型的基础上被改装或部分被改装；事故路段行车速度在每小时84.1公里至101.2公里范围内。

8. 道路交通事故认定书证实，胡某驾车过程中存在严重超速，行驶中未注意观察路面行人动态，行经人行道未停车让行，遇紧急情况未采取有效措施等道路交通安全违法行为；在事故中，胡某承担全部责任，谭某无责任。

9. 证人李某伟、江某兵、张某、胡某斌证实，案发当晚他们在文二西路德加公寓西区路段看见有红色跑车由东向西行驶，在人行横道处发生车祸，肇事司机停车后走到被撞倒地者旁边打电话，之后就有交警和救护车赶到；事发时肇事车速度很快，经过人行横道时未减速，排气管声音特别响。

10. 证人尤某恩、金某坤证实，案发当晚他们在文二西路德加公寓西区路段看见两辆红色跑车并排由东向西行驶，两辆车前后追逐，幅度不超过一个车身，另有一辆黑色的车离两车约十几米远，随后发生了车祸。

11. 证人孔某伟证实，案发当晚19时30分左右其与朱某科、胡某、袁某波从机场路出发去文二西路西城广场欲看电影，胡某驾驶浙A608Z0号轿车，其驾驶浙AL7C25号轿车，朱某科坐在其车上的副驾驶室位置，袁某波驾驶浙

AMU373 号轿车；其与胡某驾驶的车辆在前，袁某波驾驶车辆跟在后面，沿着机场路、文晖路、文三路、古翠路、文二西路行驶，沿途超越其他车辆，相互之间超越的情形不多，当遇到红灯时均停车等候；当其由东向西行驶至文二西路德加公寓门口时，看见有行人由南向北过马路即制动让行，其右边车道胡某的车辆当时未减速而撞上行人；事发时视线良好。前方车辆不多，事发前 4 人均未饮酒；其驾驶的车辆与胡某驾驶的车辆属同一车型，均为红色，但引擎盖颜色和车身标贴略有不同。

12. 证人袁某波证实，案发当晚 19 时 30 分左右，其与胡某、孔某伟及孔的朋友 4 人在机场路用餐后一起去西城广场想看电影，胡某驾驶浙 A608Z0 号红色三菱跑车，孔某伟驾驶浙 AL7C25 号红色三菱跑车，两车型号、颜色相同，其驾驶浙 AMU373 号马自达 6 型轿车；胡某与孔某伟的车况较好，一直开在前面，其因路线不熟，就始终跟在后面；胡某和孔某伟沿途遇红灯均停车，但有时也相互追赶；遇到车多时速度不快，车少时速度就很快；到达事发地时胡某与孔某伟的车基本并排，其车在胡某的车后，看见孔某伟的刹车灯亮时，胡某的车就撞上了行人，随后胡某的车刹车灯亮并靠右侧停下；案发当时光线良好，道路上车辆情况一般。

13. 证人朱某科证实，案发当日 19 时以后，其与孔某伟、胡某及一个开马自达 6 轿车的人从机场路出发去城西；车行至文二西路时，胡某的车在中间车道，其乘坐孔某伟的车在左侧车道，孔某伟见人行横道上有人，马上踩了刹车，此时看见胡某的车撞了人；胡某当时没有踩刹车，他一定没有注意到这个行人。

14. 道路监控录像证实，事故发生前，胡某与同伴驾驶的车辆沿途时有超车，但在各交叉路口没有违反交通信号灯指令的情况。

15. 证人余某证实，案发当晚其驾车驶经文二西路丰潭路口时遇红灯，后面两辆红色跑车以很快的速度超车并停在其前方等候，绿灯亮后两车飞快地开走；当其行至德加公寓附近时，其中的一辆红色跑车已经肇事。

16. 胡某驾驶证、行驶证以及车辆信息证实，肇事车辆经过年检，胡某具有驾驶资格。

17. 户籍证明、工作证明及情况说明证实，被害人谭某和被告人胡某的身份情况。

18. 被告人胡某的供述，案发当晚其驾驶浙 A608Z0 号红色三菱轿车从机场路出来，沿文晖路、文三路、古翠路、文二西路驶向西城广场看看该广场是否在放映《金钱帝国》的电影，同行的还有孔某伟驾驶的浙 AL7C25 号红色同型号轿车和袁某波驾驶的浙 AMU373 号马自达 6 型轿车；当晚 20 时 05 分左右,其驾车由东向西行驶至文二西路德加公寓西区门口时在人行横道处撞上行人。其当即停车查看并拨打120急救电话和122报警电话;碰撞瞬间其才发现对方,当时未饮酒,身体状态良好;伤者送往医院后,其在现场等候交警处理;事发时天晴、路平、视线好,前方同向没有车辆,其在三车道的中间道上,孔某伟在其左后侧,袁某波在后面;其未注意限速标志,当时是超速的,因同伴不认识路,沿途基本都是其在前,途中也曾被孔某伟超过;其车辆性能较好,自认驾车水平较高,一路上只要有条件就超车;肇事车是2008年10月从朋友处购买的,购买前已经过改装。

19. 交通事故损害赔偿调解书、补充协议、赔偿凭证、收条等书证证实,胡某亲属已支付被害人亲属共计人民币1130100元。

本案事实清楚,证据确实、充分,足以认定。

四、判案理由

关于被告人胡某就起诉书指控其驾驶非法改装汽车及案发前与同伴相互追赶两节事实提出的异议,经查,第一,检验鉴定报告证实胡某驾驶的汽车经过非法改装,胡某在购买该车后也明知原车主对车辆经过非法改装;第二,根据在案的监控录像和证人孔某伟、袁某波等人证言,足以认定案发前被告人胡某与同伴车辆沿途有相互超越、追赶的事实,胡某对此亦曾供认在案,故其就起诉书指控事实提出的异议不能成立,不予采信。

法院认为,被告人胡某违反交通运输管理法规,因而发生重大事故,致一人死亡并负事故全部责任。其行为已构成交通肇事罪。公诉机关指控的罪名成立,被告人胡某肇事后及时报警并在现场等候,该行为属于履行道路交通安全法规定的义务,且刑法已将交通肇事后逃逸的行为规定为加重情节,依法不应将肇事后报警并在现场等候的行为重复评价为自动投案。辩护人提出胡某有自首情节的理由不能成立,不予采纳。被告人胡某案发后虽未逃避法律追究,其亲属也能积极赔偿被害人亲属的经济损失,但胡某无视交通法规,案发时驾驶非法改装的车辆在城市主要道路上严重超速行驶,沿途时而与同伴相互追赶,在住宅密集区域的人行横道上肇事并致人死亡,犯罪情节严重,并造成恶劣的社会影响,故公诉机关建议对被告人胡某从重处罚的理由成立,应予支持;辩护人要求从轻处罪的理由不足,不予采纳。胡某的行为不符合司法解释关于交通肇事罪其他特别恶劣情节的具体规定,被害人诉讼代理人认为本案应当认定为有其他特别恶劣情节,在3至7年有期徒刑幅度内量刑的意见缺乏事实和法律依据,亦不予采纳。

五、定案结论

杭州市西湖区人民法院依照《中华人民共和国刑法》第133条、第61条和最高人民法院《关于审理交通肇事刑事案件具体应用法律若干问题的解释》第2条第1款第1项之规定，判决如下：

被告人胡某犯交通肇事罪，判处有期徒刑3年。

六、法理解说

2009年5月7日20时08分，胡某驾驶经非法改装的三菱轿车，途经市区文二西路一人行横道时，未注意观察路面行人动态，撞上正在人行横道上由南向北行走的浙江大学毕业生谭某。事发后，胡某立即拨打120急救电话和122交通事故报警电话。谭某经送医院抢救无效死亡。案发后胡某亲属与被害人亲属达成协议，胡某亲属赔偿被害人亲属经济损失113万元。杭州市西湖区人民法院一审以交通肇事罪判处被告人胡某有期徒刑3年。胡某飙车肇事案虽早已终审维持原判，但在审理过程中所遇到的飙车肇事能否定性以危险方法危害公共安全罪、肇事后及时报警并在现场等候能否构成自首、积极赔偿被害人家属的经济损失能否从轻处罚、交通肇事罪的"有其他特别恶劣情节"具体应用等问题却仍有必要加以探讨，这将对此后解决类似飙车肇事案有参考或借鉴价值。

（一）胡某飙车肇事能否定性以危险方法危害公共安全罪问题

胡某飙车肇事终审不定以危险方法危害公共安全罪而定交通肇事罪，其基本理由是：本案具备了一切交通肇事罪的犯罪特征。案发当晚，胡某在超速驾车过程中未违反交通信号灯指令，遇红灯时能够停车，肇事时没有注意观察前方路面情况而撞上在人行横道上行走的男青年谭某，撞人后立即踩刹车并下车查看谭某的伤势情况，随即拨打了120急救电话以及122报警电话，并留在现场等候处理。这一系列行为反映了胡某肇事时主观上既不希望事故发生，也不放任事故的发生，对被害人谭某的死亡其内心是持否定和排斥态度，是一种过失的心态。① 胡某在路上飙车，应当是基于对自己驾驶技术的自信或者是对道路的熟悉，认为不会发生这么严重的后果，甚至连交通事故也不会发生。这

---

① 方益波、余靖静：《杭州飙车案审判长详解审判结果：缘何判三年》，载新华网，2009年7月20日。

样，间接故意也排除了。① 胡某案事故现场留有刹车痕就充分表明他当时采取过一些自以为可能避免事故发生的措施。无论这些措施是否足以消除危险或客观上有没有避免事故发生，都充分表明他主观上对撞人的后果是排斥的而不是"希望或者放任"的。②

笔者认为，上述认定胡某飙车肇事构成交通肇事罪的观点不太妥当，应当以危险方法危害公共安全罪确定其行为性质，其基本理由是：

（1）以危险方法危害公共安全罪和交通肇事罪都属于刑法分则第二章"危害公共安全罪"中的罪名，也就是说，从广义上来说，"交通肇事罪"也是"危害公共安全罪"。③ 二罪的主要区别是主观方面：以危险方法危害公共安全罪的主观方面为故意，包括直接故意和间接故意；交通肇事罪的主观方面为过失，包括疏忽大意的过失和过于自信的过失。从主观心态上讲，胡某的心态比较符合间接故意的心态。胡某肇事当时的时速在每小时84.1公里至101.2公里范围，而事发当时的文二西路那个时间段的限速是50公里/小时，而且是在人行密集的闹市区。也就是说，以公安机关认定的最低时速每小时84.1公里算，他超速60%以上，以认定的最高时速每小时101.2公里算，他超速是100%以上。以这样高的时速在闹市区超速飙车，他对于发生交通肇事的危害结果显然是明知的。"明知"是指故意，对此在刑法理论上并无异议。因为我国刑法关于犯罪故意的规定就是以"明知自己的行为会发生危害社会的结果"为其认识因素的。④ 胡某驾驶车辆，和同伴在公路上你追我赶，相互争先，将公路当作"赛道"。即"明知这是人流量拥挤的公路，却用作赛道，胡某作为成年人，明知极其可能出现车毁人亡的结果，却抱着侥幸的心理放任这种结果的发生"。⑤

（2）就肇事者胡某来说，他对于闹市区超速飙车可能危及他人安全的后果显然是"应当预见"，而且事实上也确已预见的，关键在于他对于撞死人的后果所持的心态到底是"轻信可以避免"还是"放任"其发生。有学者认为，从胡某的客观行为"刹车"来看，他是在试图阻止结果的发生，而不是放任，更不是希望。此外，事发当天晚上他在博客的留言"一片空白，闯大祸了"，

---

① 《对杭州胡斌交通事故案一审判决的看法》，载搜虎博客网，2009年7月22日。
② 郑剑锋：《"胡斌飙车案"为什么只能定性为"交通肇事罪"》，载天涯博客网，2009年5月19日。
③ 刘仁文：《取消以危险方法危害公共安全罪》，载《新京报》2009年7月25日。
④ 陈兴良：《"应当知道"的刑法界说》，载《法学》2005年第7期。
⑤ 金鸡好斗：《胡斌案应判交通肇事罪还是危害公共安全罪？》，载新浪博客，2009年8月3日。

更可印证其当时完全是过失心态。① 尽管超速行驶就有可能造成撞死撞伤人的后果，行为人对此往往有明确的认识，但一般都不会放任这种结果发生。因为行为人对放任这种结果发生将会给自己带来麻烦并有可能要进监狱也是有认识的，理智的人不会轻易作这种选择。就本案而言，也看不出胡某有放任撞死人结果发生的内在动因。②

笔者认为，"刹车"是驾车人驾驶过程中的常规行为，以事发后的"刹车"来判定胡某是在试图阻止结果的发生，因而其主观心态属过失，这是很难具有说服力的。至于"行为人对放任这种结果发生将会给自己带来麻烦并有可能要进监狱也是有认识的"，以此来推定胡某不具有"放任"的主观心态，这也是缺乏理论根据的。放任是对危害结果的一种听之任之的态度，即行为人为了追求一定的目的而实施一定行为时，明知该行为可能发生某种危害结果；行为人既不是希望危害结果发生，也不是希望危害结果不发生，但仍然实施该行为，不采取措施防止危害结果发生，而是听之任之，结果发生与否，都不违背行为人的意志。"放任"与行为人是否认识到"这种结果发生将会给自己带来麻烦并有可能要进监狱"没有必要联系。事实上，胡某作为一个"理智的人"，完全知道晚上8时在闹市区超速飙车会给公共安全带来严重威胁。特别是发生车祸后："胡某表现得满不在乎，下车打电话"。"对眼前的事故若无其事，反而抽烟谈笑，并在聊天中说到要'用钱解决'"。③ 这表明：胡某对于飙车导致发生车祸的结果，并非很在意，他追求的是飙车快感，至于撞死人，没有发生当然好，发生了也无所谓，反正能"用钱解决"，持有的是一种"放任"的态度。④ 由此可见，此案不定交通肇事罪而定以危险方法危害公共安全罪更有其充分依据。

（二）胡某肇事后及时报警并在现场等候能否构成自首问题

法院判决认为，"被告人胡某肇事后及时报警并在现场等候，该行为属于履行道路交通安全法规定的义务，且刑法已将交通肇事后逃逸的行为规定为加重处罚情节，依法不应当将肇事后报警并在现场等候的行为重复评价为自动投案，故不能认定被告人胡某有自首情节"。对此，有学者持赞同态度，认为立

---

① 张彩娟、代福华：《不要定胡斌危害公共安全罪，以法治的名义》，载大河网，2009年5月19日。

② 张立：《飙车案不构成以危险方法危害公共安全罪》，载《检察日报》2009年5月19日。

③ 《网友质疑杭州飙车案70码车速 发明新名词欺实马》，载《信息时报》2009年5月14日。

④ 杨涛：《飙车者胡斌该定何罪》，载《东方早报》2009年5月18日。

法显然是把主动接受法律追究作为一种基准状态，所以一旦交通肇事中认定自首，等于是对未逃逸这一行为进行了两次的从宽处理，属于刑法理论中的重复评价，违背了刑法设立不同法定刑的本意。① 在交通肇事后，现场等候与驾车逃逸事实上是司机仅有的两种选择，既然法律已经将逃逸作为加重处罚的情节，事实上也就意味着在现场等候已经被减轻处罚，如果再次依据同样的原因以自首的名义更大程度地减轻处罚，对事故受害者就是极大的不公，甚至已经是一种对犯罪的放纵。② 但笔者认为，上述交通肇事后报警认定为自首属于重复评价的观点难以成立，其基本理由是：

1. 刑法与道路交通安全法分别评价不属重复评价。重复评价，表面上是在定罪量刑时对存在论上的同一犯罪行为进行了重复使用，但本质上是对其所反映出来的同一不法内涵和同一罪责内涵进行了重复考量，结果导致重复处罚。禁止重复评价的本质则相应表现为禁止对反映同一不法内涵和同一罪责内涵的同一犯罪行为进行重复使用。③ 交通肇事行为的特殊性，决定了犯罪嫌疑人履行义务的行为，可以与自首行为重合；而将履行义务行为认定为自首，算不上刑法意义上的"双重评价"。④ 履行道路交通安全法的义务并不是自首的例外规定，履行报警义务并不能排斥自首规定的适用；道路交通安全法第70条规定了发生交通事故后车辆驾驶人有应当立即停车、保护现场、立即抢救受伤人员并迅速报告执勤的交通警察或者公安机关交通管理部门，但并没有规定履行或不履行上述四项义务的法律后果。⑤ 总之，将交通肇事后报警在道路交通安全法中评价为"法定义务"，在刑法中评价为自首，这属于在不同法律中分别评价，而与"同一不法内涵和同一罪责内涵的同一犯罪行为进行重复使用"的重复评价显然是不同的问题。

2. 交通肇事罪的量刑幅度内并未隐含自首情节。有学者认为，交通肇事罪中的第一量刑幅度内已经隐含了自首情节。后两个量刑幅度均是以交通肇事后逃逸为条件，之所以第一量刑幅度处3年以下有期徒刑或拘役这样较低的刑罚，是由于肇事者按照道路交通法规的规定履行了法定义务，即停车、保护现

---

① 黎琪、陈运红：《浅析交通肇事中的自首问题》，载中国法院网，2009年3月13日。
② 舒圣祥：《交通肇事罪不应适用自首减刑》，载《长江商报》2009年8月31日。
③ 王明辉、唐煜枫：《论刑法中重复评价的本质及其禁止》，载《当代法学》2007年第3期。
④ 《交通肇事后报警理当算自首》，载《新京报》2009年8月31日。
⑤ 郝传玺、锁楠：《专家称浙江规定交通肇事报警非自首有违刑法》，载《检察日报》2009年8月28日。

场并迅速向公安机关报告了事故情况,有真诚的认罪态度和悔罪表现。① 笔者认为,交通肇事罪中第一个量刑档次针对交通肇事罪的基本罪状规定了较低的刑罚,但并非"其中隐含了自首情节"。刑法对于何种情况适用自首制度,何处不适用自首制度都有明确的规定,绝不应当也不可能在某个条文中"隐含自首情节"。② 认为交通肇事罪中第一量刑幅度内隐含自首情节是对法律的曲解。事实上,在实践中,除了自首和逃逸,亦存在第三种情形,即既未自首亦未逃逸。如果未逃逸又符合自首的构成条件,理应认定为自首,可以此档法定刑为基准对犯罪分子给予从轻或者减轻的处罚。此外,将部分肇事后不逃逸的犯罪人认定为自首绝非产生轻纵犯罪的后果。自首是一个法定的"可以"从宽处罚情节,并非所有被认定为自首的犯罪都必然得到从宽处罚,对于那些于情、于法、于理都不容从轻的犯罪人,完全可以不适用从宽处罚原则。③

(三)积极赔偿被害人家属的经济损失能否从轻处罚问题

案发后胡某亲属与被害人亲属已就民事赔偿达成协议,胡某亲属已赔偿并自愿补偿被害人亲属经济损失共计人民币113万元。由此而引发的问题是:被告人积极赔偿被害人家属的经济损失能否在审判时得到从轻处罚?反对者认为,在刑法规定的"可以从轻处罚"的法定情节中,根本没有"赔偿被害人损失"一项。同时,依据刑事诉讼法的相关规定,赔偿被害人因犯罪行为所遭受的物质损失,是被告人应尽的法定义务。既然是"法定义务",就应当无条件地履行,又怎么能把它当成获得从轻处罚的"筹码"呢?刑事附带民事诉讼的司法准则是:刑事的归刑事,民事的归民事,二者适用法律不同,不可混为一谈,更不能把民事赔偿作为刑事量刑的依据。因此,即便是把"赔偿被害人损失"作为法官自由裁量范围内的"酌定从轻处罚情节",也未免"自由"得过分了。④ 实行"赔钱减刑",一些被告人就会为减刑而积极"表现",以争取从轻发落,从而逃避法律的应有制裁。从社会效果上看,"赔钱减刑"会削弱打击和预防犯罪的力度,必然导致"有钱人犯罪受到的处罚比没钱人轻"的局面,助长一些人"有钱无恐"的骄纵心态。⑤

笔者不赞同上述观点的看法,而认为案发后被告人"积极赔偿损失"可

---

① 孙启香:《浅谈交通肇事罪中自首情节的认定》,载《泰州职业技术学院学报》2008年第2期。
② 陈红艳:《过失犯罪是否成立自首之探讨》,载《怀化学院学报》2007年第5期。
③ 穆福强、彭之宇:《交通肇事罪的自首及其认定》,载《检察日报》2007年11月22日。
④ 李国民:《杜绝赔钱减刑首先要加大执行力度》,载《检察日报》2007年2月1日。
⑤ 严峻、边嘉:《"赔钱减刑"对不对?》,载《蓝盾》2007年第8期。

以作为审判时从轻处罚的量刑情节,其主要理由是:

1. 立法与司法解释依据。刑法第61条规定:"对于犯罪分子决定刑罚的时候,应当根据犯罪的事实、犯罪的性质、情节和对于社会的危害程度,依照本法的有关规定判处。"该条隐含着将人身危险性作为量刑依据的意蕴。更明确的规定来自2000年最高人民法院《关于刑事附带民事诉讼范围问题的规定》第4条:"被告人已经赔偿被害人物质损失的,人民法院可以作为量刑情节予以考虑。"2007年1月最高人民法院《关于为构建社会主义和谐社会提供司法保障的若干意见》中,提出要坚持宽严相济、确保社会稳定的要求,明确"案发后真诚悔罪并积极赔偿被害人损失的案件,应慎用死刑立即执行"。2007年9月最高人民法院作出的《关于进一步加强刑事审判工作的决定》中强调,对于具有酌定从宽处罚情节的,也要依法予以考虑;对于刑事附带民事被告人积极赔偿被害人物质损失的,可以作为量刑情节予以考虑。根据以上立法与司法解释规定的精神,法院在量刑时因被告人主动赔偿而酌情对其从轻处罚,并不是对法律的僭越。

2. 法理依据。有学者认为,当一个行为同时引起刑事和民事责任的时候,行为者需要为其行为同时承担两方面的责任。虽然刑事和民事责任都具有处罚的性质,但两者责任性质是不同的。除非立法另有规定,否则,这两种责任是不可相互取代的,赔偿并不是刑事责任减轻、从轻的理由和依据。① 笔者认为,此种否定观点并不具有合理性。因为从法理上讲,犯罪在形式上直接表现为犯罪人与被害人之间的夹杂着严惩情绪对立的一种社会冲突。刑事政策的任务就在于消解这种社会冲突,而能否消解的关键在于能否在犯罪人与被害人之间直接对立的利益冲突中寻找利益的平衡点。利益的平衡点首先表现在通过公正的刑事追诉程序给予犯罪人应得的惩罚,使被害人的报复欲望和正义诉求通过公正程序以及适当的惩罚得到满足,从而缓解被害人的复仇心理,强化其对法律的尊重和认同;其次,利益的平衡点还应当表现在通过建立合理的刑事被害人赔偿机制,补偿被害人因犯罪而遭受的损害,从而也给犯罪人一个直面悔罪、重新做人的机遇。同时,宽严相济也贯彻了教育预防为主的思路,对一些能积极悔罪、赔偿被害人损失的案件,对犯罪人从轻处罚,教育其重新做人,回归社会。② 被告人如果积极赔偿而不能得到从轻处罚,他就很难有动力主动赔偿被害人。再者,在现有的司法环境下,法院判决的赔偿数额往往难以执行

---

① 李居迁:《刑责与民责不能相互取代》,载《法制日报》2009年7月14日。
② 史小峰:《积极赔偿损失适当从轻处罚的适用依据》,载河南专家律师网,2007年9月5日。

到位，使被害人在经济上蒙受损失。这样，被害人往往在被告人刑事责任方面寻求让步以换得其民事赔偿迅速到位。①

3. 如果"积极赔偿损失"是由被告人的亲属替被告人主动交付的，能否对被告人从轻判处呢？对此，有学者持否定态度，认为亲属主动替被告人赔偿损失或退还赃款，法院对被告人从轻判处，这种从轻判处既无法律根据又无理论根据，结果只能是重罪轻判，违背罪刑相适应的原则。被告人在案发后或在刑事诉讼过程中主动退还赃款或者积极赔偿被害人的经济损失的行为，表明被告人认罪、悔罪。这一悔罪行为也同时在一定程度上减轻了其犯罪行为对侵害对象的危害程度。法院将此表现视为酌定从轻处罚情节，予以从轻判处，既符合"坦白从宽"的刑事政策，又符合罪刑相适应原则和刑法第61条规定的量刑的原则，是无可非议的。可是，亲属主动替被告人赔偿损失或退还赃款，不是被告人的行为，而是被告人亲属的行为。亲属的行为丝毫不能证明被告人的事后态度，更不能把亲属的行为作为对被告人从轻处罚的酌定情节予以考虑。②

笔者不赞同此种观点的看法，认为亲属主动替被告人赔偿损失或退还赃款并不等于"不是被告人的行为，而是被告人亲属的行为"，从司法实践来看，由于被告人在刑事诉讼过程中的不自由状况，被告人的赔偿损失往往是由被告人的亲属替被告人主动交付的，即使有自由的被告人主动赔偿损失，其钱款也可能是来自于其亲属。而且，更为关键的是，由被告人的亲属替被告人主动交付赔偿损失，这首先是经过被告人同意的，否则，被告人的亲属也不会替被告人主动交付赔偿损失。

4. 积极赔偿可以缓和被害人与被告人的紧张关系。在部分附带民事诉讼的案件中，被害人亲属基于自身经济条件的考虑，主动与被告人进行赔偿协商，在得到被告人的赔偿后，与被告人达成谅解，并请求法院对被告人酌情从轻处罚。遇到这种情况，法院从化解社会矛盾，构建和谐关系，维护当事人合法权益的角度，在适用法律时，最终会体现法律的人文关怀，并不会置情理于不顾。但是，也应当明确，被告人积极赔偿并非是"以钱买刑"。"以钱买刑"，这等于是告诉那些潜在的犯罪者，只要有钱就可以犯罪后再主动赔钱，就不用接受刑法的处罚。如果法律给了这些潜在罪犯的这个"尚方宝剑"，结果只能使那些不造成重伤害的犯罪大幅飙升。积极赔偿体现了被告人悔罪认罪

---

① 杨涛：《若百万赔偿抵扣胡斌刑责将贻害无穷》，载《东方早报》2009年5月21日。
② 《亲属主动替被告人赔偿 岂能对被告人从轻判处》，载《江苏新闻报》2003年11月20日。

的表现和态度,也意味着被害人遭受的损害得到了一定的补偿。由此而言,被告人"积极赔偿损失"可以作为审判时从轻处罚。

(四)交通肇事罪的"有其他特别恶劣情节"具体应用问题

2000年11月最高人民法院《关于审理交通肇事刑事案件具体应用法律若干问题的解释》第4条规定,交通肇事具有下列情形之一的,属于"有其他特别恶劣情节",处3年以上7年以下有期徒刑:(1)死亡2人或者重伤5人以上,负事故全部或者主要责任的;(2)死亡6人以上,负事故同等责任的;(3)造成公共财产或者他人财产直接损失,负事故全部或者主要责任,无能力赔偿数额在60万元以上的。法院判决胡某有期徒刑3年,原因是胡某的行为不符合最高人民法院《关于审理交通肇事刑事案件具体应用法律若干问题的解释》第4条关于交通肇事罪"有其他特别恶劣情节"的具体规定。

有学者认为,这一司法解释值得质疑,因为它完全按照交通肇事所造成的后果(死伤人数、财产损失)来认定被告人是否属于"有其他特别恶劣情节"。此外,还有一些情节与基本犯的性质表现不同,也应该认定为情节特别恶劣。如行为人交通肇事后,虽然不逃逸,但也不履行救助义务,实际和逃逸无异。根本不具有驾驶资格,而违章驾驶车辆,发生交通事故的;或者交通事故发生后,有意破坏、伪造现场,毁灭证据,或隐瞒事故真相,嫁祸于人的;或者严重醉酒而驾驶车辆的;等等。① 事实上,一些严重的超速驾车、醉酒驾车、驾驶改装车,虽然没有造成2人以上死亡等严重后果,但其对公共安全的潜在危险和对于民众心理的冲击仍然是巨大的,因此,司法解释理应将这些行为规定为"有其他特别恶劣情节"加重处罚,在"3年以上7年以下有期徒刑"内处罚。②

笔者完全赞同上述观点的看法,认为交通肇事罪的司法解释仅确定了三种情形属于"有其他特别恶劣情节",显然失之于范围狭窄,而除此之外的一些严重情形,例如嫁祸于人、醉酒驾车等,理所当然应纳入"有其他特别恶劣情节",因为这些情形直接体现或反映了行为人犯罪时的心态与犯罪后的悔罪态度。胡某案中虽不具有交通肇事罪司法解释限定的"有其他特别恶劣情节",但却存在一个明显的事实是,即胡某的车是经过私自改装的,"肇事车有11项改装";并且有庭审调查证明,胡某及其同伴5月7日晚在杭州市城市主干道相互追逐、相互穿插、高速行驶。③ 毫无疑问,超速驾车与驾驶改装车

---

① 张波:《加重犯构成要件的两个解释方法》,载《检察日报》2009年6月2日。
② 杨涛:《胡斌获刑三年判得算是轻还是重?》,载《新京报》2009年7月21日。
③ 《谭卓父亲:肇事三菱跑车有多处改装》,载《北京青年报》2009年7月21日。

这两种情形也有必要归入交通肇事罪的"有其他特别恶劣情节";否则,不论有无超速驾车与驾驶改装车这两种情形,均在"三年以下有期徒刑"的幅度内处罚,从而在量刑上难以有所区别,这显然是不公平、不合理的做法。

案例4：孙某某醉酒驾驶案
—— 以危险方法危害公共安全罪与交通肇事罪的界限

一、基本情况

案　由：以危险方法危害公共安全

上诉人（原审被告人）：孙某某，男，2008年12月15日因涉嫌犯交通肇事罪被刑事拘留，同月26日因涉嫌犯以危险方法危害公共安全罪被逮捕。四川省成都市人民检察院指控原审被告人孙某某犯以危险方法危害公共安全罪一案，于2009年7月22日作出〔2009〕成刑初字第158号刑事判决。原审被告人孙某某不服，提出上诉。

二、诉辩主张

（一）人民检察院意见

四川省成都市中级人民法院判决认定：被告人孙某某于2008年5月购买车牌号为川A43K66的别克牌轿车后，长期无证驾驶，并有多次交通违法记录。2008年12月14日16时许，孙某某醉酒驾驶该车从成都市成华区万年场"四方阁"酒楼送其父母去火车北站后，又继续驾车沿成龙路前往龙泉驿区。17时许，孙某某驾车在成龙路"蓝谷地"路口从后面撞上正常行驶的川A9T332比亚迪轿车尾部后继续向龙泉驿方向高速行驶，行至成龙路"卓锦城"路段时，越过道路中心双实线，猛烈冲撞对面正常行驶的川AUZ872长安奔奔轿车，接着又先后撞上川AK1769长安奥拓轿车、川AVD241福特轿车、川AMC337奇瑞QQ轿车。致川AUZ872长安奔奔轿车内驾驶员张某全、乘客尹某辉、金某民、张某秀死亡，代某秀重伤，造成公私财产损失5万余元。原判认定上述事实有公安机关的接受刑事案件登记表、鉴定结论、证人证言、被告人供述等证据证实。原判认为，被告人孙某某作为心智健全、受过一定教育的成年人，在明知驾驶车辆必须经过相关培训，并通过国家有关机关考试的情况下，仍无视国家交通安全法规，置不特定多数人的生命安全于不顾，长期无证驾驶车辆并多次违章，2008年12月14日在严重醉酒的情况下，驾车行驶于车辆、人群密集之处，并最终造成4死1重伤及他人财产损失数万元的严重后果，其行为已构成以危险方法危害公共安全罪，且情节特别恶劣，应予以严惩。依照《中华人民共和国刑法》第115条第1款、第57条第1款之规定，认定被告人孙某某犯以危险方法危害公共安全罪，判处死刑，剥夺政治权利终身。

出庭检察员提出：原判认定事实清楚，定性准确，审判程序合法。对于辩护人出示的视频证据，检察员认为，该视频所示图像不能证明孙某某所驾车辆与白色微型车发生擦刮，辩护人主张的事实没有相关证据佐证，不能认定。孙某某醉酒后驾车高速行驶，不计后果强行超车导致车辆失控才是酿成车祸的真正原因，与是否发生擦刮没有关系；专家意见的结论本身就具有不确定性，且不能作为刑事诉讼的证据使用。检察员对辩护人出示的第二组证据的真实性不持异议，但提出该组证据与本案事实不具有关联性，不能作为从轻、减轻处罚的情节。对辩护人出示的第三组证据，检察员不持异议。关于与比亚迪追尾相关证据的瑕疵问题，检察员认为证据细节上的差异，不能否定证据的真实性、客观性，也不能否定孙某某驾车与比亚迪汽车追尾后，未停车解决纠纷而是迅速离开现场这一基本事实。对于孙某某在发生车祸后下车呼叫抢救伤者的情节，检察员建议在量刑时酌情考虑。检察员提出，孙某某犯罪后果严重，应依法严惩，但鉴于孙某某属于间接故意犯罪，案发后本人并通过家人尽力赔偿被害人损失，被害人亦表示谅解，不宜判处死刑立即执行。

（二）上诉人（原审被告人）辩解及辩护人辩护意见

上诉人（原审被告人）孙某某上诉提出：（1）其不具有以危险方法危害公共安全的主观故意，一审判决定性不准，适用法律错误。其虽然从2008年7月开始无证驾驶机动车辆并多次交通违法，但主观上并非是对他人生命、健康和财产安全的漠视；事发当天其酒后驾车是违反交通管理法规，不是以汽车作为犯罪工具危害公共安全；酒后驾车追尾、超速、跨双实线发生交通事故，都是在不清醒的状态下实施的行为，没有危害公共安全的主观故意。（2）原判量刑过重。

辩护人辩护提出：（1）原判定性不准，量刑不当。孙某某犯罪时的主观心理状态应为对自己驾驶机动车的能力过于自信而轻信可以避免的过失，不是故意实施危害公共安全的行为，应以交通肇事罪施予相应刑罚。（2）原判遗漏重要事实。根据"天网"监控视频，孙某某车辆在发生交通事故前，曾与一辆白色微型车发生擦刮，导致车辆偏向，为躲避前方行人，措施失当才造成严重后果。(3) 原判认定孙某某所驾车辆与比亚迪汽车发生追尾的证据有瑕疵，证据不足；对孙某某发生车祸后要求对被害人救援的情节未予认定不当。(4) 孙某某有真诚悔罪表现。案发后其和家人积极赔偿被害人经济损失，并获得被害人方的谅解，应酌情从轻处罚。

为支持其主张，辩护人当庭出示了3组证据：

第一组："天网"监控视频光盘一张及专家意见，证明孙某某所驾别克车在发生事故前可能与一辆白色微型汽车发生擦刮，导致车辆偏向，为避让行人，孙某某操作失误引发惨案。专家认为，与白色车的擦刮是导致孙车肇事的起因，白色车主至少是知情者。

第二组：孙某某原工作单位成都奔腾公司、合作单位成都华南公司的证明及同事游某艺、李志刚和其资助对象范某琼的证词，证明孙某某的为人及生活、工作状态。

第三组：案发后，孙某某支付给被害人亲属的抢救、医疗费收条9张及为筹集赔偿款而出售孙某某房屋的买卖合同及相关单据、成都市锦江区人民法院民事调解书、被害人亲属谅解书，证明案发后，孙某某先期支付给被害人亲属11.4万元，其后，经成都市锦江区人民法院主持调解，被告人与被害人亲属自愿达成赔偿协议，由被告人赔偿被害人经济损失100万元，并于2009年9月3日支付60万元。被害人亲属联名出具了谅解书。

三、人民法院认定事实和证据

(一) 认定犯罪事实

经审理查明，2008年5月28日，上诉人（原审被告人）孙某某购买了车牌号为川A43K66的别克牌轿车。在未取得合法驾驶资格的情况下，孙某某长期无证驾驶该车，并有多次交通违法记录。2008年12月14日中午，孙某某与其父母在成都市成华区万年场"四方阁"酒楼为亲属祝寿，期间大量饮酒。16时许，孙某某驾驶川A43K66车送其父母到成都市火车北站搭乘火车，之后驾车折返至城东成龙路向成都市龙泉驿区方向行驶。17时许，行至成龙路"蓝谷地"路口时，孙某某驾车从后面冲撞与其同向行驶的川A9T332比亚迪牌轿车尾部。其后，孙某某继续驾车向前超速行驶，并在成龙路"卓锦城"路段违章越过道路中心黄色双实线，与对面车道正常行驶的川AUZ872长安奔奔牌轿车猛烈碰撞后，又与川AK1769长安奥拓牌轿车、川AVD241福特蒙迪欧牌轿车、川AMC337奇瑞QQ轿车发生碰撞及擦刮，致川AUZ872长安奔奔牌轿车内张某全及尹某辉夫妇、金某民及张某秀夫妇死亡，另一乘客代某秀重伤,造成公私财产损失共计5万余元。交通警察接群众报案后赶至现场将孙某某抓获。经鉴定,孙某某驾驶的车辆碰撞前瞬间的行驶速度为134~138公里/小时;孙某某案发时血液中的乙醇含量为135.8mg/100ml。

另查明,案发后,上诉人(原审被告人)孙某某委托其父变卖名下财产筹款,其父亲亦全力筹款,倾力赔偿被害人的经济损失,被害人及其亲属已出具谅解书。

(二)认定犯罪证据

上述事实,有下列经一、二审庭审举证质证法院予以确认的证据证实:

1. 接受刑事案件登记表,证实2008年12月14日17时许,市民周某文向公安机关电话报案:在成龙路"卓锦城"路段,一车牌号为川A43K66的轿车先后与多辆车发生碰撞,有人员伤亡。

2. 交通事故现场勘查笔录、现场示意图及照片,证实现场位于成都市成龙路"卓锦城"路口附近,该处为双向六车道,中间为双黄中心实线,左右两侧各有一条非机动车道。机动车道和非机动车道间为实体隔离绿化带,该路段全道路限速60公里/小时。

在距"卓锦城"事故现场距离约1650米的成龙路"蓝谷地"路口,川A9T332车尾部有碰撞痕迹,后保险杠印有43K66车牌反向印迹。

3. 交通事故尸表检验报告及尸检报告、尸检照片,证实:(1)张某全、尹某辉的全身受伤情况,并证实二人的死亡地点在从现场到医院的途中;(2)金某民、张某秀的全身受伤情况,并证实二人的死亡地点在成龙路"卓锦城"路口;(3)张某全系驾车时被碰撞致颅脑、胸部复合性损伤死亡;(4)尹某辉系乘车时被碰撞致颅脑、胸部复合性损伤死亡;(5)金某民系乘车时被碰撞致颅脑、胸腹部复合性损伤死亡;(6)张某秀系乘车时被碰撞致颅脑损伤死亡。

4. 成都市公安局物证鉴定所鉴定书,证实代某秀的伤情为重型颅脑外伤、右额颞硬膜下血肿、蛛网膜下腔出血、左侧创伤性湿肺、双侧胸腔积液、全身多处骨折。经治疗后左膝关节不能弯曲,左膝关节运动活动度丧失达50%以上,已明显构成肢体残疾;骨盆骨折严重变形。代某秀的伤情属重伤。

5. 唾液提取笔录及四川华西法医学鉴定中心检验报告书,证实经检验,提取的孙某某口腔唾液与川A43K66驾驶员座位气囊上血迹的DNA遗传标记一致。

6. 四川西华机动车司法鉴定所司法鉴定检验报告书,证实:(1)经对川A43K66、川A9T332、川AUZ872、川AK1769车外部相关痕迹检验,分析认为,川A43K66车先与川A9T332发生追尾,又相继与川AUZ872、川AK1769

车发生碰撞；（2）依据天网监控录像、现场图等测算，川 A43K66 车在碰撞前瞬间的行驶速度为 134～138 公里/小时；（3）经检验，未发现川 A43K66 车、川 AUZ872 车、川 AK1769 车事故前存在安全隐患。

7. 中国科学院成都分院测试结果报告，证实经检测，川 A9T332 轿车后保险杠右侧附着物与川 A43K66 轿车前保险杠车牌上提取的漆片为同种类漆。

8. 涉嫌酒后驾车人员血样提取表及四川华西法医学鉴定中心鉴定，证实 2008 年 12 月 14 日 17 时 55 分，在成都市空军医院抽取孙某某血液。同日经检验，从所送孙某某血液中检出乙醇，浓度为 135.8mg/100ml。

9. 交通事故责任认定书，证实孙某某驾驶川 A43K66 车与刘某红驾驶的川 A9T332 比亚迪牌轿车在成龙路"蓝谷地"路口发生交通事故，因孙某某未依法取得机动车驾驶证，酒后驾驶机动车，未与前车保持足以采取紧急制动措施的安全距离，且发生交通事故后驾车逃逸，负此次事故的全部责任。

10. 四川省道路交通事故物损鉴定结论书，证实经鉴定，川 A9T332 比亚迪车的损失金额为 5571 元；川 AUZ872 长安奔奔车的损失金额为 33667 元；川 AMC337 奇瑞 QQ 车的损失金额为 2080 元；机动车辆保险定损单，证实川 AK1769 奥拓车的维修费用为 7380 元；成都通海三圣汽车销售有限公司的发票，证实川 AVD241 蒙迪欧车在该公司维修，维修费用为 869 元。

11. 成都市锦江区园林林业局关于成龙路车祸绿化损毁情况的说明，证明因 2008 年 12 月 14 日的车祸造成绿化带受损，其中受损苗木的价值为 6640 元，恢复需管护的时间为 3 个月。

12. 成都市公安局交通管理局机动车驾驶证查询结果，证实孙某某未办理机动车驾驶证。

13. 成都市公安局交通管理局机动车查询记录，证实经查询，川 A43K66 别克牌轿车的车主为孙某某，产权为个人，车辆登记时间为 2008 年 5 月 28 日。

14. 川 A43K66 车交通违法未处理电子眼记录，证实川 A43K66 车从 2008 年 5 月 30 日至同年 11 月 5 日，共有 10 次交通违法记录。孙某某确认其中 4 次闯红灯及 2 次违反规定使用专用车道是其驾车所为。

15. 抓获经过，证实 2008 年 12 月 14 日 17 时 09 分，公安机关接到群众报警后，民警于同日 17 时 25 分赶到现场，将被告人孙某某抓获。

16. 户籍材料，证实被告人孙某某及被害人的身份情况。

17. 证人周某文、付某根、王某伟的辨认笔录，证实经辨认，孙某某为 2008 年 12 月 14 日 17 时许发生车祸时肇事车川 A43K66 别克车的驾驶员。

18. 证人余某林的证言，证实其是成都空军医院医护人员，2008 年 12 月

14日17时10分,接到120通知后与同事一同赶到现场,见一辆长安奔奔车被撞到绿化带,一中年男子卡在驾驶室位置,救出后医生发现该男子已死亡。

19. 证人干某友的证言,证实2008年12月14日17时许,接到120指挥中心电话后,其与医生一同赶到现场,见一辆奔奔车上有两名伤者,车旁还躺有一男一女两名死者。其与医生把女伤者送到医院。

20. 证人付某根的证言,证实2008年12月14日17时许,其驾车搭载家人沿成龙路往龙泉驿方向行驶,当车行至路口上坡处时,一辆黑色别克车从其右侧超车后随即向左变道,差点和其所驾车辆相撞。之后该车呈S形左右变道超车,其妻王某伟记下那辆车的牌号是川A43K66。行至"蓝谷地"路口时,见那里停了一辆车尾被撞坏的车,车旁一名男子称肇事车跑了。后行至"卓锦城"路口时,见对面车道停了5辆被撞坏的车,地上躺了两个人,伤情严重,即打电话报警。刚才所见那辆别克车的副驾上有名头部受伤的男子,车上只有他一个人。他下车看见奔奔车上有人受伤,就喊有没有医生。不久120和警察都到了。当时路上车比较多,天气和视线都好。

证人王某伟的证言亦证明了上述情况。

21. 证人刘某红的证言,证实2008年12月14日17时许,其驾驶川A9T332比亚迪轿车由成都市二环路沿成龙路向龙泉驿方向行驶。当车行至成龙路"蓝谷地"路口时,被一辆黑色别克车从后面追尾。别克车没有停,从右侧超车往三环路方向速度很快地跑了,其随即打电话报警。那车的牌号为川A43K66。

22. 证人周某文的证言,证实2008年12月14日17时许,其驾车从龙泉驿方向往成都市三环路方向行驶,当行至"卓锦城"路口附近时,见一辆车牌号为川A43K66的车从相向方向高速越过中心双实线,先和一辆奔奔车相撞,奔奔车被撞得腾空侧翻于机动车道与非机动车道之间的隔离绿化带上,之后川A43K66在道路上旋转,在旋转时与一辆奥拓车发生碰撞,之后又与一辆福特蒙迪欧车发生擦刮,然后再与一辆QQ车发生碰撞。被撞的4辆车当时都是与自己同向,在规定车道内行驶的。其打开川A43K66车的右侧前门,见里面只有驾驶员一个人,他坐在驾驶位置,倒在副驾位置,头部在流血。

23. 证人袁某祥的证言,证实2008年12月14日17时许,其驾车从龙泉驿往成都市三环路方向行驶,行至"卓锦城"路口处见相向方向驶来一辆别克车,车速很快地斜着越过中心双实线,撞上自己前面的奔奔车、奥拓车、蒙迪欧车和QQ车,并造成了人员死亡。奔奔车被撞到绿化带上去,那辆别克车上只看见有一个人。

24. 证人谢某新的证言,证实2008年12月14日17时许,其驾驶川

AK1769奥拓车从成都市龙泉驿方向沿着成龙路往三环路方向行驶。当行至成龙路"卓锦城"路口时,相向方向一辆黑色轿车突然越过双实线,将前面的一辆奔奔车撞飞到路边,车内有一个人被撞出来。黑色轿车继续碰撞了自己的奥拓车和身后的两辆车。肇事车驾驶员从副驾的位置上下来,头部受伤,他看见地上躺着人,就大喊找医生。当时是晴天,路面干燥,视线较好,自己的车速约30～40公里/小时,在三挡。

25. 证人蒋某平的证言,证实2008年12月14日17时许,其驾驶川AVD241福特蒙迪欧车由龙泉驿方向沿成龙路向成都市三环路方向行驶,当车行至"卓锦城"路口时,前方与其同向行驶的一辆长安奔奔车突然腾空飞起,且从车上飞出一个人来。其急忙刹车,看见是一辆黑色车先将奔奔车撞飞,又和后面的一辆奥拓车相撞,飞溅的散落物将其车灯打坏。肇事车上只有一名小伙子,他的头部受伤,因驾驶室被撞变形无法打开车门,只好从副驾的位置上下来,出来后站立不稳。肇事车的车牌号为川A43K66。

26. 证人王某的证言,证实2008年12月14日17时许,其驾驶川AMC337奇瑞QQ车沿成龙路往成都方向行驶,当行至距"卓锦城"路口约50米时,见一辆黑色轿车从相向方向越过双实线,突然撞向在自己前方同向行驶的一辆长安奔奔轿车,将该车撞上右侧机动车道与非机动车道的隔离绿化带,黑色车最后撞上其所驾奇瑞QQ车的前保险杠后停下。其下车后,见黑色轿车还撞了一辆奥拓车和一辆福特车,长安奔奔车被撞得比较严重,即打电话报警并去抢救伤员。肇事车上只有驾驶员一个人,他的头部受了伤,从副驾的位置上下来,也在喊现场有没有医生。

27. 证人孙某的证言,证实其与孙某某是父子关系。孙某某驾驶的车是孙某某于2008年5月购买的。案发当日中午11时许,孙某某驾车搭载孙某夫妻到万年场"四方阁"酒楼参加寿宴。下午16时许,孙某某开车送其夫妇到成都市火车北站坐火车回重庆。寿宴中,孙某某喝了白酒。

28. 证人游某艺的证言,证实其与孙某某是朋友关系,川A43K66别克车是孙某某购买的私车,其平常也曾借用过该车,孙某某没有驾照。

29. 被告人孙某某的供述,供认川A43K66车是其2008年5月底购买的,前期大多是请朋友代为驾驶,后来主要是自己驾驶,有时借给朋友、同事开。其一直没有驾照,也未到驾校学习,跟着朋友学了一段时间就开始开车了,也知道自己曾有驾车违法的记录,曾驾车从高速公路到重庆等地。有几次酒后也是请人代开。2008年12月14日当天事前知道要送父母离开成都,中午开车送父母到成都市二环路万年场的"四方阁"酒楼为亲戚祝寿,期间喝了些白酒。后来的事情没有记忆。

30. 成都市锦江区人民法院〔2009〕锦江民初字第2227、2228、2229、2339、2340号民事调解书，证实本案被害人亲属分别向成都市锦江区人民法院提起民事诉讼，经法院主持调解，被告人与被害人亲属自愿达成赔偿协议，由被告人赔偿被害人经济损失100万元。

31. 谅解书，证实被害人亲属韩某进、金某航、李某清、张某宇在与被告人达成赔偿协议后，孙某某之父孙某通过变卖房产及借款等方式凑齐了赔偿款。被害人亲属对孙某某予以谅解，并请求法院在量刑时对此情节予以考虑。

四、判案理由

本案事实清楚，证据确实、充分。综合二审审理中上诉人孙某某提出的上诉理由、辩护人发表的辩护意见及出庭检察员提出的检察意见，对本案的焦点问题，法院认为：

关于辩护人提出的原判存在重大事实遗漏的问题。经审查，辩护人出示的视频资料及相关分析说明不能确认孙某某所驾车辆在案发前与白色微型车发生过擦刮，也没有白色车车主的报案及相关痕迹勘验，确认该情节的依据不足，不予认定。孙某某无证、醉酒、高速危险行驶、在不具备通行条件下强行通过是车辆失去控制引发车祸的直接原因，与其所驾车辆是否与白色车发生擦刮没有因果关系。对辩护人出示的该组证据不予采信，对相应的辩护意见不予采纳。

关于辩护人出示的孙某某所在工作单位及同事、朋友、其资助对象的证明和证言。经审查，该组证据证明了孙某某案发前的生活、工作状况，但与本案事实及定罪量刑无关，不能作为本案的定案证据。

关于辩护人提出的原判认定孙某某所驾车辆与比亚迪汽车追尾的证据间存在矛盾和瑕疵问题。经审查，证人刘某红（比亚迪车驾驶员）的几次证言间确实存在细节上的差异，但不能据此否定其证明的被追尾撞击的基本事实，且该项事实的认定证据还有现场勘查笔录、相关痕迹检验及刑事科学技术鉴定结论、比亚迪汽车被撞部位也查见孙某某所驾别克车号牌痕迹等证据，足以认定。

关于孙某某行为的性质，检方主张构成以危险方法危害公共安全罪，辩方主张构成交通肇事罪。经审查，以危险方法危害公共安全罪和交通肇事罪均属于危害公共安全罪，二者的主要区别在于行为人对危害公共安全的后果所持的主观心态不同。前者为故意犯罪，行为人对危害后果持积极追求或放任的心态；后者为过失犯罪，行为人应当预见到自己的行为可能造成危害后果，因疏忽大意没有预见，或者已经预见而轻信能够避免，以致发生危害后果。从本案事实及证据证明的情况看，上诉人孙某某购置汽车以后，未经正规驾驶培训及考核获得驾驶资格证，长期无证驾驶车辆，并多次交通违法。众所周知，汽车作为现代交通运输工具，使社会受益的同时，由于其高速行驶的特性又易给社会造成危害，因此，国家历来对车辆上路行驶有严格的管理规定。孙某某作为受过一定教育、具有完全刑事责任能力的人，在明知国家规定的情况下，仍漠视社会公众和重大财产的安全，藐视法律、法规，长期、持续违法驾车行驶于车辆、人群密集的公共道路，威胁公众安全。尤其是在本次醉酒驾车发生追尾交通事故后，孙某某不计后果，以超过限速二倍以上的速度驾车在车辆、人流密集的道路上穿行逃逸，最终跨越道路黄色双实线，冲撞多辆车辆，造成4死1伤、公私财产损失数万元的严重后果。事实表明，孙某某对本次行为可能造成严重危害公共安全的后果完全能够预见，虽不是积极追求这种结果发生，但完全放任这种结果的发生，未采取任何避免的措施，其行为完全符合刑法关于以危险方法危害公共安全罪的构成规定，已构成以危险方法危害公共安全罪。辩护人提出的孙某某在犯罪主观上属于过于自信的过失的意见，不能成立。过于自信的过失是一种有认识的过失，即应当避免而没有避免。应当避免是避免义务与避免能力的统一。虽有避免义务，但没有避免能力，仍属于缺乏应当避免这一要件。在过于自信的过失中，行为人认为凭借自己熟练的技术、敏捷的动作、高超的技能、丰富的经验、有效的防范，完全可以避免发生危害结果，但实际上其过高地估计了自己的能力，因而未能防止危害结果的发生。在本案中，孙某某既没有经过专业培训，也没有通过国家专门部门考核取得机动车驾驶资格，更没有熟练的技术及对意外事件的应变处置能力，其酒后高速驾车之行为不仅完全丧失对危害的有效防范，而且大大降低其驾驭危险交通工具的能力。因此，孙某某对危害结果的发生没有避免能力，其无证、醉酒、高速驾车发生交通事故，造成重大损害结果的发生是必然的，其主观心理状态上的自信没有客观根据。

关于对孙某某的量刑。上诉人孙某某无证、醉酒、超限速驾驶机动车在道路上进行危险驾驶，致4人死亡、1人重伤，并造成直接经济损失5万余元，犯罪情节恶劣，后果严重，应依法严惩。但孙某某系间接故意犯罪，不希望、也不积极追求危害后果的发生，与驾车撞击车辆、行人并造成重大伤亡后果的直接故意犯罪有所不同，主观恶性不是很深，人身危险性不是很大；其犯罪时处于严重醉酒状态，对自己行为的认识和控制能力有所减弱；归案后，其真诚悔罪，并通过亲属尽其所能积极赔偿被害人的经济损失，被害人及其亲属因此出具了谅解书，依法可从轻处罚。基于以上因素综合衡量，孙某某尚不属罪行极其严重必须施予极刑的罪犯。

五、定案结论

综上，四川省高级人民法院认为，对上诉人（原审被告人）孙某某应以以危险方法危害公共安全罪定罪处罚。孙某某所提不是故意犯罪的辩解及其辩护人所提孙某某的行为应构成交通肇事罪的辩护意见，与查明的事实及相关法律规定不符，不予采纳。辩护人提出的原判存在重大事实遗漏的辩护意见，因证据不足且所提情节与本案事实及定性没有关联，不予采纳。孙某某及其辩护人所提的有真诚悔罪表现、原判量刑过重的意见成立，予以采纳。原判认定事实和定罪正确，审判程序合法，但量刑不当。依照《中华人民共和国刑事诉讼法》第189条第2项和《中华人民共和国刑法》第115条第1款、第57条第1款之规定，判决如下：

1. 维持四川省成都市中级人民法院〔2009〕成刑初字第158号刑事判决中对被告人孙某某的定罪部分。

2. 撤销四川省成都市中级人民法院〔2009〕成刑初字第158号刑事判决中对被告人孙某某的量刑部分。

3. 上诉人（原审被告人）孙某某犯以危险方法危害公共安全罪，判处无期徒刑，剥夺政治权利终身。

六、法理解说

2008年12月14日17时左右，成都华南信息产业公司营销总监孙某某饮酒后无证驾驶自己的别克轿车，因与一辆比亚迪轿车发生追尾，迅速驾车逃逸。车行至成都"卓锦城"路段时，孙某某驾车越过黄色双实线，先后撞向对面正常行驶的4辆轿车，共造成4人死亡、1人重伤、公私财产损失共计5万余元的严重后果。2009年7月23日，成都中院一审认定以危险方法危害公共安全罪判处其死刑；四川省高院二审作出终审判决，罪名仍定以危险方法危害公共安全罪，但量刑由死刑改为无期徒刑。孙某某醉酒驾车案有诸多问题需要研究，但本文限于篇幅仅探讨定性，即应定交通肇事罪或者应定以危险方法危害公共安全罪，还是应将交通肇事罪与以危险方法危害公共安全罪两罪实行数罪并罚。

（一）孙某某的行为能否定性为交通肇事罪问题

在案件审理中，孙某某的辩护律师坚持认为，被告人孙某某只是构成了交通肇事罪。因为事发当天，孙某某是在酒后意识很不清醒的情况下发生追尾、超速、越双实线，所以这并不是故意的行为，更没有危害公共安全的主观故意，其行为是交通肇事行为。① 这种辩护观点也得到社会上与学界中不少人的赞同，例如有学者认为，交通肇事罪也是危害公共安全罪的一种犯罪行为。而以其他方法危害公共安全罪也是与交通肇事罪并列的一种犯罪。既然已经规定了交通肇事罪，当出现交通事故造成人身、财产重大损失的时候，我们对于负事故全部责任或者主要责任的行为人第一选择适用的是交通肇事罪的条款，而不是其他的条款。同时，事故责任认定的时候已经考虑的酒后驾车、无证驾驶的行为，加大了行为人一方的责任。相关的司法解释对于酒后驾车、无证驾驶行为也在交通肇事罪的范围内作出了规定，降低了入罪门槛，加大了处罚力度。所以，既然已经有了法律的明确规定，就不应超出规定之外去求解于其他的法律条款。②

笔者认为，上述观点认为孙某某构成交通肇事罪的立法及其理论根据并不充分，其关键点主要在于：孙某某的连续撞车行为更符合间接故意的放任（放纵与放任基本等同），而绝非属于过于自信的过失。其具体理由是：

1. 犯罪故意的界定及其判断标准。有学者认为，在交通肇事案件中，行为人对违章一般都是明知故犯的，但此处的故意并非刑法分则特定罪名中主观方面要件的故意。无论交通肇事犯罪还是以危险方法危害公共安全犯罪，判断行为人对肇事结果究竟是故意（包括直接故意和间接故意）还是过失（包括疏忽过失和自信过失），都只能根据行为人的客观行为去判断，不能以肇事结果的严重与否来推定。③ 笔者认为，这段话包括犯罪故意的界定及其判断标准两层含义，应分别加以分析。第一，上述观点对犯罪故意的界定是恰当的，即认为一般生活意义上的"故意"与刑法分则特定罪名中主观方面要件的故意是不同的。犯罪故意具有社会危害性的特定内容，具体表现为对自己实施的危害行为及其危害结果在心理上持希望或放任态度。一般生活意义上的"故意"，只是表明行为人有意识地实施某种行为，但不具有上述犯罪故意的内容。例如，行为人面对正在进行的不法侵害实施正当防卫时，在一般意义上说是"故意"的，但它绝不是刑法上的犯罪故意。④ 第二，上述观点对犯罪故意

---

① 《孙伟铭昨天正式上诉要求以交通肇事罪量刑》，载《都市快报》2009 年 7 月 29 日。

② 赵虎：《不赞成定性为以危险方法危害公共安全罪》，载新浪博客网，2009 年 9 月 3 日。

③ 上海市律师协会：《交通肇事热点法律问题研讨会综述》，载东方律师网，2009 年 8 月 25 日。

④ 赵秉志主编：《刑法总论》，中国人民大学出版社 2007 年版，第 205 页。

的判断标准却不太完整,即"只能根据行为人的客观行为去判断",而将犯罪造成的结果、使用的工具、手段、以及时间、地点等排除在判断犯罪故意的标准之外。不可否认,犯罪的行为是犯罪客观方面的必备要件,它在判断犯罪故意上起着极为重要的作用;但纵然如此,也不能否认客观方面的结果、使用的工具、手段以及时间、地点等所起的判断犯罪故意的作用。正如有学者所言:人一旦形成了犯罪的决定,必然要通过实施一定的行为来实现,把其内在的隐蔽的心理态度表现为外部的犯罪活动。因此,分析和判断来把握犯罪的心理态度的办法只有一个,那就是通过对犯罪客观方面的分析来把握,犯罪的客观表现,包括犯罪的行为、造成的结果、使用的工具、手段以及时间、地点等。①

2. 醉酒后驾车是否应属于放纵(放纵与放任基本等同)行为。有学者持否定态度,认为如果大家都认为醉酒后驾车的行为就是放纵行为的话,那么以后因醉驾行为发生的重大交通事故也许都会定此罪,而交通肇事罪则"无人问津"了。如果大家都认为孙某某从撞第一辆车开始的连续撞车行为才是放纵的话,那么也许只有精神病人才会"故意"去冒生命危险撞这么多的车辆。本案中,当时孙某某很明显是受酒精作用后处于亚清醒甚至不清醒状态,因此他的连环撞车行为肯定非本人的意愿(因为他不是精神病人或者对社会有很深的仇恨),因此可以判定孙某某不是故意的。② 笔者认为,醉酒后驾车是否应属于放纵行为不能一概而论,孙某某醉酒后撞第一辆车可以说其不是故意的放纵(放任)行为,而是过失行为(疏忽大意的过失或者是过于自信的过失);但是,从撞第一辆车之后的连续撞车行为,都可称之为是放纵(放任)行为,因为孙某某只顾自己逃逸,而对他人的生命、健康及其重大公私财产置之不顾,这显然符合间接故意的放任特征,而绝非构成极力避免危害结果发生的疏忽大意的过失或者是过于自信的过失。

3. 认为孙某某的行为属于过于自信的过失欠缺依据。有学者认为,孙某某的行为从始至终都是过失,他醉酒后驾车,是出于对自己驾驶技术的自信和不会出事撞人的自信,正是由于这种自信造成悲剧的发生。③ 对于醉酒驾车,他是明知并放任的;对于撞死人,他显然出于"过于自信的过失",认为自己不可能会撞人闯祸。④ 但笔者认为,过于自信的过失,是犯罪的人过高地估计

---

① 侯国云主编:《刑法学》,中国政法大学出版社2005年版,第137~138页。
② 许鹏飞:《孙伟铭醉驾案定罪之我见》,载北大法律信息网,2009年12月1日。
③ 高清晓:《孙伟铭案一审定性以危险方法危害公共安全罪欠妥》,载新浪博客网,2009年7月29日。
④ 陈有西:《孙伟铭案:刑法理论上的争论刚刚开始》,载人民网,2009年9月11日。

了自己防止犯罪后果发生的能力,而误以为后果可以避免。因此,司法实践中,在考查该人是否属于过于自信的过失,就必须考查他的自信是否有根据。在孙某某案件中,有根据的因素应包括是否有驾照,是否具有达到了安全行驶标准的熟练驾驶技术,驾驶机动车期间是否有清醒的头脑、敏捷的动作、丰富的驾驶经验,案发时路面的具体环境,如是否处于人口密集区、车辆数量是否较多等。孙某某没有接受正规的驾驶培训,没有取得驾照,再加上醉酒驾车、超速行驶,加之事发路段属于车辆、人群密集,没有能够凭借以避免危害结果发生的条件。由此可以确认,孙某某的自信并没有客观上的根据。①

(二) 孙某某的行为能否定性为以危险方法危害公共安全罪问题

公诉人起诉孙某某不论是一审还是二审,始终是坚持定性为以危险方法危害公共安全罪罪名,这种起诉意见也为法官最后审判所采纳。有学者认为,"以危险方法危害公共安全罪"这种"口袋罪"本身就存在立法上的不合理性,应当取消;同时,从我国刑法的规定来看,放火罪、决水罪、爆炸罪等危害公共安全犯罪在主观上都要求是直接故意,因此,以危险方法危害公共安全罪的主观要件也只能是直接故意,本案中孙某某的行为即使按照以以危险方法危害公共安全罪来定性的主张者的观点,他们也只承认是间接故意,所以不宜以此罪名定罪;而从维护法院判决的稳定性来看,法院过去也不是这样认定的,只能说,过去是常态下的正常理解,现在是非常态下的"扩大解释",这种扩大解释是不恰当的。②

笔者认为,上述否定说的观点并不太妥当,对孙某某醉酒驾车定性为以危险方法危害公共安全罪既有立法根据,又有实践中的类似做法。其具体理由是:

1. 有必要保留"以危险方法危害公共安全罪"这种"口袋罪"。近年来有不少学者纷纷反对设置此种"口袋罪"。因为使用"以其他危险方法危害公共安全罪"与类罪名相同,这不符合我国使用罪名的习惯。在具体罪名中使用"其他危险方法"概念模糊,反映不出行为人到底使用了什么犯罪方法。③该罪在构成要件上与罪刑法定存在价值上的冲突。这种犯罪在立法上属于补充性类型,又被称为"不管罪"。以危险方法危害公共安全罪所处罚的行为,均

---

① 《孙伟铭醉驾案定罪之我见》,载《重庆商报》2009年7月31日。
② 柴春元等:《专家点评孙伟铭案二审判决:慎用死刑值得肯定》,载《检察日报》2009年9月9日。
③ 王英松:《对盗窃窨井盖行为的认定》,载《公安部管理干部学院山西分院学报》1999年第4期。

是刑法没有明文规定的危害公共安全行为，如果以罪刑法定来限制该罪的适用，必然会导致该罪没有任何适用的余地，成为空设。① 司法实践中常常将危害公共安全但不构成其他具体犯罪的行为，均认定为以危险方法危害公共安全罪，导致本罪囊括了刑法分则没有明文规定的、具有危害公共安全性质的全部行为（使"以其他危险方法"的表述成为危害公共安全罪的"兜底"条款）。② 但笔者认为，在刑法分则条款中保留或设置几个这种"口袋罪"不是不利于司法实践，相反则是极为有利于司法实践的操作适用。因为现实中的犯罪行为是复杂多变的，如果把罪名划分过细，列举不详尽就可能将明显具有社会危害性的某些行为排除在犯罪之外；而且某些危害行为之间确难辨清，甚至也无分辨之必要，在此情形下直接适用一个范围较广的罪名就显得非常简便自如。

2. 学界通说认为，根据刑法第 114 条、第 115 条的规定，以危险方法危害公共安全罪是指故意使用放火、决水、爆炸、投放危险物质以外的其他危险方法危害公共安全的行为。所以，该罪的主观要件是故意，包括直接故意与间接故意。③ 由此而言，上述观点显然有误：即认为"放火罪、决水罪、爆炸罪等危害公共安全犯罪在主观上都要求是直接故意，因此，以危险方法危害公共安全罪的主观要件也只能是直接故意。"此种观点将间接故意排除在以危险方法危害公共安全罪的主观要件之外，这是不妥当的。所谓间接故意，是指行为人明知自己的行为可能发生危害社会的结果，并且放任这种结果发生的心理态度。所谓放任，是指行为人对于危害结果的发生，虽然没有希望、积极地追求，但也没有阻止、反对，而是放任自流，听之任之放任它的发生。案中孙某某虽在驾车的目的方面，不是为了去危害公共安全，但其明知自己既无驾驶证，又在醉酒的状态下开车，不顾后果地超速、超线驾驶，造成多人死亡的严重后果，其主观罪过形式便是间接故意。应当说，法院对孙某某在主观罪过上的如下认定是比较合适的："被告人孙某某醉酒驾车发生交通事故后，继续驾车冲撞行驶，以致造成多人伤亡的严重后果，其主观上对他人伤亡的危害结果明显持放任态度，具有危害公共安全的故意。行为已构成以危险方法危害公共

---

① 赫兴旺：《以危险方法危害公共安全罪的司法认定》，载《法制日报》2006 年 1 月 13 日。

② 张明楷：《刑法学》（上），法律出版社 2003 年版，第 545 页。

③ 崔战伟：《以危险方法危害公共安全罪、过失以危险方法危害公共安全罪与交通肇事罪犯罪构成之辨析》，载《消费导刊》2009 年第 8 期。

安全罪。"①

  3. 醉酒驾车行为不能等同于是以危险方法危害公共安全。有学者认为，醉酒驾车实际上是行为人在自愿醉酒的状态下实施的驾车行为，由于我国刑法将醉酒人视为完全刑事责任能力人，因此，行为人在醉酒状态下驾车肇事的行为，完全可以认定主观上是犯罪故意，并继而认定构成以危险方法危害公共安全罪。另有学者认为，上述观点是不正确的，因为其实际上是将醉酒后的故意犯罪与在醉酒状态下的驾车行为混淆了。我国刑法第 18 条第 4 款规定："醉酒的人犯罪，应当负刑事责任。"由此可见，行为人的醉酒状态并不能成为决定和影响其刑事责任能力的因素，也即行为人无论是在故意或在过失的主观罪过下实施的犯罪，均不会因为醉酒的因素而影响其刑事责任的承担。但是，我们也应该看到，行为人在醉酒状态下实施相关行为时的主观罪过并不必然是故意犯罪，过失犯罪实际上存在很多。特别是在交通肇事案件中，由于驾车者通常对于违规行为所导致的后果持否定的态度，醉酒驾车者对于肇事发生的危害后果主观上也往往是持过失的主观罪过。如果在这种状态下，由于行为人的驾车行为是在醉酒状态下实施的，就认为这是故意犯罪，显然缺乏依据。②

  该学者进一步认为，法院认定"成都孙某某醉驾交通肇事案"的行为人主观上为故意是缺乏依据的。我们注意到，法院判决认定行为人主观上为故意的理由之一，是行为人不仅醉酒驾车，而且还是无证驾车。行为人在未取得驾驶证的情况下，长期驾驶机动车辆多次违反交通法规，且在醉酒驾车发生交通事故后，继续驾车超限速行驶，冲撞多辆车辆，造成多人伤亡的严重后果，说明其主观上对危害结果的发生持放任态度，具有危害公共安全的间接故意，其行为已构成以危险方法危害公共安全罪。但是，法庭的这一认定似乎没有很大的道理。实际上无论是醉酒驾车还是无证驾车均属于违反交通法规的行为，两者同时具备时无非是违规程度大小的问题，行为人对危害结果的罪过形式不会也不应该因此而有所改变。肇事者具有多次违规的情节，反映了其违规的严重程度，我们完全可以在交通肇事罪的法定刑中对其考虑从重处罚。但是，我们不能将两次"明知故犯"的过失合并成一个故意。至于发生事故后逃逸的行为，在我国刑法第 133 条交通肇事罪的规定及最高人民法院关于审理交通肇事刑事案件具体应用法律若干问题的解释，也只是将其列入交通肇事罪的从重处罚情节之中，可见从我国现行法律规定上看，我们无法找到交通肇事案中因行

---

  ① 钱俊毅、吕剑波：《从死刑到无期徒刑，被告人和受害人家属反应不一》，载《新民晚报》2009 年 9 月 8 日。

  ② 刘明祥：《有必要增设危险驾驶致人死伤罪》，载《法学》2009 年第 9 期。

为人的逃逸行为而导致改变其主观罪过的依据。①

但是，笔者却不赞同上述学者的观点，而认为从醉酒驾车形形色色的案情来看，醉酒驾车犯罪很难一律适用刑法第114条、第115条，以"以危险方法危害公共安全罪"的罪名追究刑事责任，也有可能适用刑法第133条，以"交通肇事罪"的罪名追究刑事责任。毋庸置疑的是，此二罪在客观行为特征上有颇多类似之处，就本文例举的孙某某案而言，是认定交通肇事罪，还是认定以危险方法危害公共安全罪，分歧的焦点还在于对行为人主观罪过形式的认定。在孙某某案中，案发时孙某某血液中乙醇含量为135.8mg/100ml，尚未处于重度酩酊状态。在第一次撞车（从后侧撞向与其同向行驶的一辆比亚迪轿车尾部）时，其在认识上停留在模糊的、可能性的侥幸心理主导之下，主观方面处于轻信自己驾驶技术能避免危害结果发生的过于自信的过失。同时，我们也务必从案件的整个发展过程，从孙某某后续的一系列外在客观行为去把握其内在的主观罪过形式。我们看到：在第一次撞车事件发生后，孙某某在尚未达到酩酊状态，对自己行为本身具有的危害公路交通安全以及业已出现的危害结果尚有一定感知和认识的前提下，非但没有停车报警，等待接受警方处理，反而继续以超越限速2倍以上的时速（134km/h）在公路上飙车行驶。这种对具体而实际存在的危险状态，以及具有高度盖然性的危害结果不管不顾，听之任之的行径，若仍然被认定为是过于自信的过失，将是多么苍白无力的解释！孙某某在第一次撞车后继续高速飙车，并一再撞车的行为，究其实质，只能是对道路交通公共安全的完全漠视，就主观罪过形式而论，只能认定为放任危害结果的发生，属于间接故意。②

4. 上述观点认为，对孙某某定性为以危险方法危害公共安全罪，"法院过去也不是这样认定的，只能说，过去是常态下的正常理解，现在是非常态下的'扩大解释'，这种扩大解释是不恰当的。"事实并非如此，在界定孙某某醉酒驾车为以危险方法危害公共安全罪之前，司法实践中也有作同样处理的。例如，2006年3月15日晚上11点，北京三个青年酒后在市三环主路上疯狂飙车，在城市主干道上超速行驶、相互追赶等行为已经将在该道路上行驶的其他机动车辆及驾驶员的人身及财产安全置于危险之中，这种心态的性质是"漠视不特定的公众人员的安全"。最终，北京市朝阳区人民法院一审认定3人的行为构成以危险方法危害公共安全罪，分别判处其1年至1年6个月不等有期

---

① 王瑞祥：《醉酒驾车犯罪法律适用若干问题探析》，载《天津大学学报》（社会科学版）2011年第1期。

② 蒋凡：《醉酒驾车犯罪若干法律适用问题研究》，载《犯罪研究》2010年第5期。

（三）孙某某的行为能否实行数罪并罚问题

在刑法学界，关于孙某某的行为能否以交通肇事罪和以危险方法危害公共安全罪实行数罪并罚问题，主要有肯定与否定两种认识观点：(1) 肯定说，认为孙某某实施了两个犯罪行为，违反交通管理法规，酒后超速驾驶造成严重后果是一个行为；肇事后驾车逃逸，以危险方法危害公共安全是另一个行为。因此，对被告人孙某某应以交通肇事罪和以危险方法危害公共安全罪数罪并罚。② (2) 否定说，认为"一次行为"即驾驶行为，它包括了醉驾、飙车、超速超载等违规驾驶行为；而"二次行为"，是指交通肇事之后行为人其他的、引起严重危害后果的后续行为，一般指的就是逃逸行为，而逃逸行为又包括逃逸致人死亡的行为、以危险方法逃逸的行为等。对于具体的交通肇事案件，对两次行为进行全面评价，如果"一次行为"和"二次行为"都构成犯罪，应当数罪并罚。本案中，孙某某的"一次行为"尚不足以单独构成交通肇事罪，但他肇事后，在逃逸过程中连续撞伤撞死多人，此种行为客观上已经不能再被交通肇事罪中的"逃逸"行为所涵盖，已经单独构成了以危险方法危害公共安全罪。③

笔者赞同第二种观点否定说的看法，即对孙某某的行为不能以交通肇事罪和以危险方法危害公共安全罪两罪并罚，其主要理由是：孙某某的"第二次行为"构成以危险方法危害公共安全罪，但孙某某的"第一次行为"尚不足以单独构成交通肇事罪。根据2000年11月10日最高人民法院《关于审理交通肇事刑事案件具体应用法律若干问题的解释》第2条，交通肇事具有下列情形之一的，构成本罪：(1) 死亡1人或者重伤3人以上，负事故全部或者主要责任的；(2) 死亡3人以上，负事故同等责任的；(3) 造成公共财产或者他人财产直接损失，负事故全部或者主要责任，无能力赔偿数额在30万元以上的。交通肇事致1人以上重伤，负事故全部或者主要责任，并具有下列情形之一的，以交通肇事罪定罪处罚：(1) 酒后、吸食毒品后驾驶机动车辆的；(2) 无驾驶资格驾驶机动车辆的；(3) 明知是安全装置不全或者安全机件失灵的机动车辆而驾驶的；(4) 明知是无牌证或者已报废的机动车辆而驾驶的；

---

① 李松等：《北京3青年在三环路酒后飙车被判危害公共安全罪》，载《法制日报》2008年8月7日。

② 王海锋、王彬：《交通肇事罪和以危险方法危害公共安全罪的对比》，载《河南法制报》2009年7月29日。

③ 《专家称孙伟铭醉驾案二审慎用死刑值得肯定》，载《检察日报》2009年9月9日。

（5）严重超载驾驶的；（6）为逃避法律追究逃离事故现场的。尽管孙某某案发后，被警方认定为无证醉酒驾驶机动车，越道路中心线行驶，应负事故全部责任，① 但却不具备司法解释所规定的交通肇事罪构罪要件，即孙某某的"第一次行为"仅仅是醉驾、与比亚迪追尾、超速超载等违规驾驶行为，按理只属于一般交通肇事行为，因为其并没有致人重伤、死亡和重大财产损失，其此时应承担的法律责任只是"未取得机动车驾驶证驾驶机动车"和"醉酒后驾驶机动车"的行政法律责任和承担对方财产损失的民事法律责任。因而，对孙某某的行为不能以交通肇事罪与以危险方法危害公共安全罪两罪并罚，而只能按以危险方法危害公共安全罪一罪处罚。

---

① 杨柳、李杨：《司机无证醉酒驾驶连撞 5 车撞死 4 人》，载《成都晚报》2008 年 12 月 15 日。

案例5：黎某某以危险方法危害公共安全案
——以危险方法危害公共安全罪与交通肇事罪的界限

一、基本情况

案　　由： 以危险方法危害公共安全

被告人： 黎某某，男，汉族，1964年4月30日生于广东省佛山市，初中文化，佛山市个体运输司机。因犯抢劫罪、故意伤害罪于1981年12月11日被原广东省南海县人民法院判处有期徒刑4年6个月，1985年4月9日刑满释放。因涉嫌交通肇事罪于2006年9月16日被羁押，次日被刑事拘留，同月28日被逮捕。

二、诉辩主张

（一）人民检察院指控事实

广东省佛山市人民检察院指控被告人黎某某犯以危险方法危害公共安全罪。

（二）被告人辩解及辩护人辩护意见

被告人黎某某及其辩护人辩称：黎某某与本案三被害人没有任何利益冲突，甚至和被害人梁某全还是好友，没有故意犯罪的动机，只是因为醉酒，犯罪时完全处于一种无意识状态，故只能认定为过失犯罪，而不能认定以危险方法危害公共安全故意犯罪。

三、人民法院认定事实和证据

（一）认定犯罪事实

2006年9月16日18时50分许，被告人黎某某大量饮酒后，驾驶车牌为粤A1J374的面包车由南向北行驶至广东省佛山市南海区盐步碧华村新路治安亭附近路段时，从后面将骑自行车的被害人李某霞及其搭乘的儿子陈某宇撞倒，致陈某宇轻伤。撞人后，黎某某继续开车前行，撞坏治安亭前的铁闸及旁边的柱子，又掉头由北往南向穗盐路方向快速行驶，车轮被卡在路边花地上。被害人梁某全（系黎某某的好友）及其他村民上前救助伤者并劝阻黎某某，黎某某加大油门驾车冲出花地，碾过李某霞后撞倒梁某全，致李某霞、梁某全死亡。黎某某驾车驶出路面外被治安队员及民警抓获。经检验，黎某某案发时血液中检出乙醇成分，含量为369.9mg/100ml。

（二）认定犯罪证据

上述事实，有经原审庭审质证确认，并经本院核实无误的以下证据予以证实：

1. 广东省佛山市110警情信息表及受理交通事故立案登记表，证实佛山市110指挥中心于2006年9月16日18时53分接到122报警，称佛山市南海区盐步东秀碧华村路段发生交通事故，有人受伤。指令交警部门派员及时到现场对事故进行处理，因有2人死亡，于次日以交通事故案件立案。

2. 广东省佛山市公安局南海分局交通警察大队交通事故现场勘查笔录、道路交通事故现场图及交通事故照片、佛山市公安局南海分局佛公南刑勘〔2006〕92号现场勘验检查工作笔录及照片等，证实了案发时的现场情况。

3. 广东省佛山市盐步医院的死亡证明材料，佛山市公安局南海分局交通警察大队的交通事故尸表检验笔录，南公刑技法鉴字〔2006〕3840、3839号法医学鉴定书及尸检照片，证实了被害人李某霞、梁某全的受伤情况及死亡原因。

4. 佛公南刑技法鉴字〔2006〕4163号法医学鉴定书，证实被害人陈某宇系受钝性暴力作用致右股骨近段骨折、右侧胫骨上段骨折，属于轻伤。

5. 相关车辆痕迹检验笔录及佛公刑技法诊亲字〔2006〕242号法医学鉴定书以及华南理工大学分析测试中心的分析报告单，证实了现场肇事车辆与被害人受伤及现场相关物品毁损的关系。

6. 佛山市公安局南海分局交通警察大队提供的肇事车辆粤A1J374的车辆信息、保险单等资料，证实粤A1J374面包车的所有人是黎某某，该车投保了第三者责任险（人财兼有）。

7. 佛公南刑技化鉴字〔2006〕697号刑事化验检验报告书及佛山市第三人民医院法医精神病司法鉴定所06124法医精神病司法鉴定报告书，证实黎某某案发时为急性醉酒状态。

8. 证人杜某军（治安队员）证实：2006年9月16日18时50分左右，我正在岗亭值班，看见同村的黎某某开着其粤A牌面包车往碧华村方向来，离卡位约50米远时，黎某某的车从后面撞倒了一名本村妇女骑着的单车，单车后面还搭着一个小孩。两人倒地后，黎某某没有停车，保持车速继续向前开，撞上了卡位闸门。又加油门调头往他站的卡位撞了过来，撞断了护栏。我立即躲开了，停在卡口的无牌摩托车被撞倒在地。之后，该车调头又往刚才来的地方开了过去，开了10米左右，撞上了路边的花地处，卡在那里。这时，村民陈某华和梁某全从虾场那边走出来，劝黎某某别搞这么多事。但黎某某不听，加大油门将车前后移动，四五分钟后，开车冲出花地。我和叶灿棠从后面追上去想拉他下车，但我们还没有接近，那辆车又加大油门再次冲向被撞倒的骑单车的妇女和小孩，并从那名妇女身上开了过去，还把停在路边的施救人员的两台摩托车撞倒在地上，车沿着左边车道向前开。我们在后面追，追了约40米远，见梁某全伏在地上，脚已被轧断，面部多处擦伤并流着血。前面五六米处，黎某某的面包车差点冲入旁边池塘。车卡在那里后，黎某某打开车门下车，又突然冲上停在路边的巡警车的驾驶室。我与治安队员及警察上前制止了黎某某并将黎抓获。

9. 证人叶某棠（治安队员）的证言，证实的情况与杜某军的证词基本一致。

10. 证人陈某华证实：案发当天17时许，我看见黎某某在虾场与梁某能兄弟发生争吵，梁某能兄弟将他推离虾场，后不知怎么黎某某被推倒在路边的河里，我将他拉上来，并将他们劝开。看样子黎某某喝过酒。黎某某到新公路穗盐路口取了车牌为粤A1J374的面包车，开往碧华村方向，车速非常快。后来，我听到有人叫有车撞伤了人，我开摩托车到村口治安亭铁栏时，看见一名妇女躺在马路边，旁边有一自行车车轮，并有一辆自行车被撞倒在铁栏处；陈某铿站在该女子旁边打电话；黎某某开的汽车在那名女子对面路边被东西顶住车底开不动，还在车内加油门想离开。我走到驾驶室的旁边，用砖顶住车的前轮想让他下车，但黎某某将车门锁住不让我拉开，并加大油门想走，车就横向朝着那妇女躺的地方撞去。我避开车，扶着该女子的李某超、陈某铿见状也放下该女子避开。面包车从那妇女的身上轧过去，黎某某继续往穗盐路方向开。我在后面追了约30米，见梁某全躺在地上。黎某某的车撞进一个鱼塘边。

11. 证人陈某铿证实：2006年9月16日15时至17时，我见同村的黎某某在虾场喝了很多啤酒。18时30分左右，听说黎某某与人发生争执，遂赶到虾场，见黎某某被人劝开后开着面包车离开虾场往碧华村方向驶去。接着，听到"砰"的一声响，有人告诉我说有一辆车撞倒了一个人。我出来时，看见李某霞倒在地上，有个自行车车轮停在几米远的地方，围卡闸的旁边有辆被撞烂的自行车。虾场的两个人送李某霞的儿子去医院；我与李某超扶起李某霞。

车突然又飞快地朝着我们驶过来,车的右前轮从李某霞身上轧过去。我与李某超立即走开,该面包车又撞倒了两辆摩托车。之后,我听说该车又撞倒了一个人。虾场离李某霞有五六十米远,李某霞离成利围卡闸有七八米远,李某霞第一次受伤后还是清醒的,还叫我救她。在车再次冲向李某霞前,陈某华在劝黎某某停下来,但黎某某没理会。

12. 证人李某超证实:案发当天 18 时 50 分左右,我驾驶摩托车从碧华村出来,当走到第一道不锈钢闸时,见左边门闸被撞烂了,门闸附近有一辆自行车也被撞烂。门闸前方约 10 米处停着一辆白色面包车,车头向右前方(出村方向)在路外,车尾在路面上,仍在加油倒车,但车后退不了。我的车超过了该面包车六七米时,见左边路边有一个女人倒在地上,受了伤,在她后方的地上跌落了一个自行车车轮,陈某铿站在该女子后方约两米的地方打电话。下车后,我看到伤者是妹妹李某霞,她睁开眼看了我一下,不断地喘气,不能讲话,全身擦伤。听陈某铿讲有一个小孩也受了伤被送往医院,我即报警。随后,听见周围有人喊"出事的车要逃走啦"。看见白色面包车已经倒出了路面,车头斜着向李某霞的方向行驶,距李某霞有 10 多米远时,我叫司机停车。司机是同村的黎某某,但黎某某没有停车,继续加油驶过来。陈某铿跳出路外。我想拉起妹妹,但拉不动,又见白色面包车还有两三米远就驶到了,我便躲开了。车右前边、后轮都碾轧过妹妹,之后又撞倒我停在路边的粤 YM6417 号摩托车。周围的群众说面包车又撞倒了梁某全。

13. 证人彭某兴、黄某淘的证言,其中彭某兴证实:案发当天 19 时左右,我听见后面"嘭"的一声响,看见一辆白色面包车自南向北撞向成利围卡闸,离他两三米远的地方有一个妇女倒在地上,后该车又斜向卡位的治安亭撞过去,把治安亭撞烂了;后面有一个单车儿童藤椅倒在地上。我发现藤椅里面有一个约 3 岁的男童。这时,那辆面包车倒车,将车头调向南面冲过来,我听到躺在公路上的妇女叫"救命",又连叫了几声"我的儿子"。这时,面包车冲上了在他们斜对面公路上的水生植物上,还在继续加油,但不能前进也不能后退。我马上和黄某淘将男孩送往医院。该面包车平时由碧华村村民黎某某使用。

黄某淘的证言与彭某兴基本一致。

14. 证人周惠贤的证言,证实的情况与黄某淘、彭某兴的证词相符。还证实黄某淘和彭某兴将小孩送往医院后,那名妇女还能清醒地说话。面包车仍发出很大的加油声,车轮打滑,车前后移动想驶出来。同时,面包车驾驶位的窗子是打开的,有人按着窗边跟司机讲话。面包车突然驶向我们这边,我们走入花场避开。待面包车驶过去后,见面包车将一个人向前推了大概十几米到二十米远，我没有看见那人是怎样跌倒在地的。之后，该面包车撞到路边的泥堆再次驶入虾场，停在塘边。

15. 证人黄志标证实：案发当天下午，我在虾场内见同村的黎某某和梁某全来到虾场，像是喝醉了的样子。梁某全躺在一张椅子上，黎某某与别人聊天，我搭儿子车外出。18时30分许，我接到朋友电话称黎某某跟同村的"布什"打架，回到虾场见黎某某全身湿漉漉地从虾场上到公路，还想追打"布什"他们，我与梁某全就上前劝阻。后来黎某某上了一辆白色面包车的驾驶位，梁某全走过去像是劝他，黎某某驾驶面包车很快地往碧华村方向驶去，大家说他这样子肯定会出事。随后，黎某某驾驶的面包车撞在成利围卡位闸上，陈某华、梁某全驾驶摩托车过去看。陈某华打电话说黎某某将"大眼妹"和梁某全撞伤。黎某某平时有喝酒的习惯，脾气比较暴躁，当时见他开车前怒气冲冲，走路时一拐一拐的。

16. 证人黎某钊证实：弟弟黎某某平时喝酒，醉酒后脾气很暴躁，也很冲动，但家族中没有精神病患者。

17. 上诉人黎某某供述：2006年9月16日上午，我驾驶粤A1J374面包车外出送货后与朋友梁某全等人到"锦带河"酒楼喝早茶，几个人喝了一瓶"白兰地"后，我驾车到了朋友黄某标的虾场继续喝啤酒，中午时候，我驾驶该车到了"锦带河"酒楼吃饭，又与同村朋友喝了两瓶"白兰地"。从酒楼出来时，我驾驶该面包车开了约100米即与梁某全的摩托车发生了碰撞，将梁某全及摩托车撞倒在地。梁某全声称没有事并叫我去虾场坐一下。我开车到了虾场，将车停好进去后继续喝酒，其间遇见梁某能，讨论过如何还赌债的问题。由于当时喝了太多的酒，之后的事情均记不得了。当我醒来时发现自己睡在医院，听老婆讲我开车撞伤了人。粤A1J374号白色面包车是我买来用于运输的，平时都是我自己驾驶。我与梁某全是朋友，两人没有什么矛盾。

18. 公安机关相关抓获经过说明，证实在案发现场抓获黎某某的经过。

19. 户籍证明证实黎某某及各被害人的身份情况。

20. 广东省南海县人民法院刑事判决书、广东省英德监狱犯人身份卡证实黎某某的前科犯罪情况。

四、判案理由

广东省高级人民法院审理认为，被告人黎某某醉酒驾车撞倒李某霞所骑自行车后，尚知道驾驶车辆掉头行驶；在车轮被路边花地卡住的情况下，知道将车辆驾驶回路面，说明其案发时具有认识能力和控制能力。但黎某某撞人后，置被撞人员于不顾，也不顾在车前对其进行劝阻和救助伤者的众多村民，仍继续驾车企图离开现场，撞向已倒地的李某霞和救助群众梁某全，致二人死亡，其主观上对在场人员伤亡的危害结果持放任态度，具有危害公共安全的间接故意。因此，其行为已构成以危险方法危害公共安全罪。黎某某犯罪的情节恶劣，后果严重。但鉴于黎某某系间接故意犯罪，与蓄意危害公共安全的直接故意犯罪相比，主观恶性不是很深，人身危险性不是很大，应当有所区别；犯罪时处于严重醉酒状态，辨认和控制能力有所减弱；归案后认罪、悔罪态度较好，积极赔偿了被害方的经济损失，依法可从轻处罚。

五、定案结论

2007年2月7日，佛山市中级人民法院认定，造成两死一伤严重后果的黎某某构成以危险方法危害公共安全罪，判处死刑，剥夺政治权利终身，同时判决其分别赔偿两名死者家属49万元和48万元。黎某某对死刑判决不服，提出上诉。2008年8月19日，广东省高级人民法院终审，维持了死刑判决。但最高人民法院没有核准黎某某的死刑，发回重审。广东省高级人民法院于2009年9月8日作出判决，认定被告人黎某某犯以危险方法危害公共安全罪，判处无期徒刑，剥夺政治权利终身。

六、法理解说

近年来，随着我国经济的快速发展，全国机动车辆数量和驾驶员人数猛增，无视交通管理法规酒后及醉酒驾车并造成严重后果的违法犯罪也日益增多，给社会和广大人民群众生命、健康造成严重危害。2009年全国查处酒后驾驶案件31.3万起，其中醉酒驾驶4.2万起。2010年，全国查处醉驾达8.7万起。① 而在诸多酒驾肇事案件中，可以说黎某某案在司法判决方面具有标志性的意义。

2006年9月16日18时50分左右，45岁的佛山个体户黎某某外出送货归来，喝酒后驾驶一辆面包车，撞倒了骑自行车的李某霞及其3岁的儿子陈某宇，李某霞母子二人当即倒地受伤。后黎某某不顾村民的规劝加大油门冲向人群，碾过已倒地的李某霞，撞死村民梁某全。2009年9月8日，广东省高院以黎某某犯以危险方法危害公共安全罪，判处无期徒刑，剥夺政治权利终身。

---

① 《最高法：醉酒驾车犯罪案件将统一裁判标准》，载网易新闻，2009年9月9日。

判决当日，最高人民法院就醉酒驾车犯罪有关问题召开新闻发布会，在该新闻稿中，最高人民法院解释了孙某某案、黎某某案量刑判决的理由，并且表示：今后这类案件的定罪和量刑问题将进一步统一审理的裁判标准。它们可以成为具有里程碑意义的经典判例，进而发挥标本意义，为此后类似案件的判决提供借鉴。本篇主要探讨对黎某某选择适用"以危险方法危害公共安全罪"定性的理由，以期以后司法人员在审理同类案件中能有所参考。

黎某某案争议的焦点就是定性问题，即上诉人黎某某的行为是定为交通肇事罪，还是以危险方法危害公共安全定罪。起初，警方以"交通肇事罪"拘捕了黎某某，而起诉的时候，检方将罪名变更为"以危险方法危害公共安全罪"。交通肇事罪和以危险方法危害公共安全罪的量刑差别迥异，如果行为被认定为交通肇事罪，在其没有"因逃逸致人死亡"情节的情况下，行为人将最多获刑7年有期徒刑，即便是"因逃逸致人死亡"，也最多获刑15年有期徒刑；而如果该行为被认定为以危险方法危害公共安全罪，则将被在10年以上有期徒刑直至死刑判刑。这种生死之别，也使得具体案件的审理中，罪名的认定变得至关重要。

交通肇事罪和以危险方法危害公共罪之间，最大区别在于，犯罪人的主观方面究竟是过失还是故意。这也是法官们在恶性交通肇事案件中面临的最大困惑，尤其是在严重醉酒驾车的情形中，应当如何由客观方面来推定犯罪行为人的主观方面成了定罪量刑的关键。笔者认为黎某某醉酒肇事行为的定性需要解决几个问题：一是醉酒的人是否具备刑事责任能力；二是黎某某对危害结果的主观心态；三是客观行为是否符合犯罪的构成要件。

（一）醉酒的人应负刑事责任

案发时黎某某的血液中检出乙醇成分，含量为369.9mg/100ml，处于醉酒状态，他具备刑事责任能力吗？根据醉酒状态，对应的刑事责任能力有所区别。司法精神病学上的醉酒分类，形成于1935年瑞士学者的研究。我国的司法鉴定实践中，通常用于醉酒的鉴定模式有三种，"单纯醉酒、复杂醉酒和病理性醉酒"，对应的分别是"完全责任能力、限制责任能力和无责任能力"。黎某某的法医精神病司法鉴定结论，是"未查获幻觉、妄想等精神病性症状，不属于病理性醉酒的范畴"，案发时处于"急性醉酒状态"。这意味着，他不存在免责的可能。

"醉酒的人犯罪，应当负刑事责任"，这是我国刑法第18条第4款的明确规定。这一规定从立法上推定醉酒的人仍然具有完全的责任能力，即辨认和控制自己行为的能力。然而，现代医学表明，轻度醉酒的人控制能力有所减弱，中度醉酒的人辨认和控制能力均有所减弱，高度醉酒的人有一定程度的意识障碍。也就是说，醉驾者在醉驾肇事时，并不具有完全的责任能力。根据现代刑法"责任与行为同在"的精神，我国目前对于醉酒驾驶肇事的罪责评价存在着严重的体系化问题。对于一个辨认和控制能力丧失或者受到限制的人，为何要以完全刑事责任能力人来对待？美国法学家胡萨克的一段描述与我国的刑事立法、司法现状十分契合，"一个犯罪时处于醉酒状态的被告以其行为缺乏一般犯意为由进行辩护。他胆怯地声称其判断力受到了损害，他的控制力被降低，如果他更清醒，就不会实施这一犯罪行为。假如这些声明是真实的，那么被告是否具有了一个有效的辩护，或者其行为是否含有犯意？法院几乎是一致地认为被告的辩护是无效的。然而，他们是如何（或者是否）使这一结果与正统刑法理论中的犯意要求保持一致的，却不清楚。"①

醉酒者要承担的刑事责任可以用原因自由行为理论来解决。刑法的原因自由行为，又名"自陷行为"，是指行为人由于自身罪过致使自己陷于意识不清或者行为失控的状态，并且在此无刑事责任能力或者限制责任能力的状态下实施了犯罪构成要件之行为。行为人使自己陷入无责任能力或者限制责任能力状态的行为，称为原因行为；在无责任能力或限制责任能力状态下实施的符合犯罪构成的行为，称为结果行为。②醉驾是驾驶人员酗酒这一自陷行为，造成了其在交通肇事发生时，其自身的责任能力缺失。醉驾这一原因自由行为的主体是具有完全刑事责任能力的完全责任能力人，其个人由于酗酒自陷于无责任能力或限制责任能力的状态中，而实施刑法所禁止的危害行为，并且行为人对于危害结果的避免是具有期待可能性的，则可以追究行为人的完全刑事责任。原因自由行为是否可罚在历史上出现过一定的反复但至今已为大多数国家承认其可罚性的存在。

黎某某案发时血液中酒精含量为369.9mg/100ml，属于重度酩酊，其是否还能认识到自己酒后驾车的行为会发生危害公共安全的后果？根据其供述，案发当日上午，其驾车去酒楼和朋友喝了1瓶白兰地，而后驾车去虾场和朋友喝了啤酒，中午又驾车去酒楼和朋友喝了2瓶白兰地。其从酒楼出来时，开车向前行驶约100米后，即与驾驶摩托车的梁某全发生碰撞，将梁某全和摩托车撞倒在地，其听梁某全称没事后，继续驾车去虾场喝酒，此后的事情其均供称记不清了。相关证人证实，黎某某平时有喝酒的习惯，醉酒后脾气暴躁、冲动。

---

① ［美］道格拉斯·N.胡萨克：《刑法哲学》，谢望原等译，中国人民公安大学出版社1994年版，第56页。

② 龚昕炘、刘佳杰：《交通肇事因逃逸致人死亡的法律适用分析》，或《法学杂志》2008年第6期。

案发当日，黎某某在虾场喝了第二次酒后，与同村的人发生争执和打斗，被人劝开后，黎某某开面包车快速驶向碧华村。随后，黎某某在碧华村撞了被害人李某霞母子。黎某某继续开车向前行驶，撞烂治安亭前的铁闸和柱子，其又掉转车头行驶时，车轮被卡在路边花地。围观的村民梁某等人上前劝阻黎某某，但黎某某将车门锁住不让村民拉开，且突然加大油门启动车辆。车冲出花地向正在救助李某霞的村民撞去，将李某霞和梁某全撞死。从黎某某的一系列饮酒和驾车行为分析，其在案发当日共有4次酒后驾车行为。其中，第3次酒后驾车时已经与梁某全的摩托车发生碰撞，在第4次饮酒后情绪激动、狂躁，与他人发生争执和厮打，被人劝开后，其在怒气中驾车离开，最终酿成该案的悲剧。如果说黎某某在第3次酒后驾车时还轻信自己的驾车技术不会发生危害公共安全的后果，其在撞上梁某全的摩托车后，应当而且已经认识到自己酒后控制力和辨认力减弱，驾车行为具有危险性，但其没有停止驾驶，而是继续驾车去虾场喝了第4次酒。根据原因自由行为理论，黎某某在第4次饮酒时，已经明知其醉酒后驾车会危害公共安全，却不加约束，任凭自己处于这种危害公共安全的状态之中，放任危害后果的发生，即使其后是在重度酩酊、意识混乱、辨认能力和控制能力严重下降的状态下实施了结果，根据原因自由行为理论，应该追究黎某某的刑事责任。①

（二）过于自信的过失和间接故意之争

根据黎某某对于犯罪结果的主观心态是过失还是故意，可分别对其行为定性为交通肇事罪或者以危险方法危害公共安全罪。黎某某及其辩护人均提出，黎某某与现场大部分群众都是同村村民，无怨无仇，甚至和死者梁某全还是好友。黎某某表示，自己没有故意犯罪的动机，纯粹是因为醉酒，犯罪时完全处于一种无意识状态，故只能认定为过失犯罪，而不能认定以危险方法危害公共安全罪。经鉴定，黎某某案发时的确处于急性醉酒状态，其血液中酒精的含量高达369.9mg/100ml。对此，检方认为：虽然不能肯定黎某某驾车第一次撞倒李某霞母子是不是一种故意，但其之后为逃离现场不计后果地驾车冲向人群，碾轧李某霞，撞倒梁某全，致使二人死亡，黎某某主观上已超过了过失的范畴，属于明知自己的行为会发生危害社会的结果，仍放任这种结果发生，构成间接故意，且其行为危害的是不特定多数人的人身安全，应以以危险方法危害公共安全罪定罪量刑。

交通肇事罪的主观方面一般认为是过失，犯罪过失即是指"应当预见自

---

① 曾琳：《酒后驾车构成以危险方法危害公共安全罪的情形和死刑适用——以黎景全、孙伟铭醉酒驾车案为视角》，载《人民司法》2009年第21期。

己的行为可能发生危害社会的结果，因为疏忽大意而没有预见，或者已经预见而轻信能够避免，以致发生这种结果"的心理态度。以危险方法危害公共安全罪的主观方面是故意，既可以是直接故意，也可以是间接故意。即行为人明知自己的行为会危害公共安全，并且希望或者放任这种结果发生的心理态度。间接故意的以危险方法危害公共安全罪区别于过失以危险方法危害公共安全罪。

首先需强调的是，罪过是行为人对自己的行为以及由于实施该行为所造成的危害结果的心理态度。由此可见，判断一种行为的罪过形式其核心在于行为人对结果所持的希望、放任或者违背的心理态度。因此，我们讨论醉酒驾车的主观罪过形式其着力点也应放在行为人对结果的态度上。但对于间接故意与轻信过失的区分并不容易。

1. 过于自信的过失和间接故意的区别

所谓犯罪过失，是指支配行为人实施过失犯罪的罪过形态。过于自信的过失是指已经预见自己的行为可能发生危害社会的结果，但轻信能够避免，以致发生这种结果的主观心理态度。所谓轻信，就是指轻易相信，它比较明确地表现了行为人不负责任的主观恶性。行为人虽然不希望危害结果的发生，但是他却在已经预见到危害结果发生的可能性的情况下，应该重视自己避免损害的义务而轻视了这种义务，过高估计了自己可以避免危害结果发生的可能程度，从而在缺乏充分理由和根据的情况下，不负责任地"轻信"自己避免危害结果的能力，在"重视"与"轻信"之间选择了"轻信"，因而没有付出应有的意志努力来避免危害结果的发生，导致了行为的盲目性，从而作出了错误的决定，进而实施了与应为行为相悖的行为。①

在过于自信的过失中，法律以"应当避免而没有避免"作为测量行为人意志因素的标准。在过于自信的过失中，行为人就是在预见到危害结果可能发生并且本身具有避免能力的情况下，未能利用有利条件避免危害结果的发生，因而在主观上是有过失的，应当承担刑事责任。对于在什么情况下可以说行为人具有避免能力，刑法理论界存在长久争议。

间接故意是指行为人明知自己的行为可能引起某种危害社会的结果并且有意放任这种结果的发生的主观心理态度。间接故意包含两个明显的心理特征：第一，在认识因素上，间接故意是行为人对危害结果发生的可能性或者必然性的"明知"；第二，在意志因素上，我国刑法的表述是"放任危害结果的发生"。放任结果发生说，此说认为放任并不意味着对结果的发生与否采取漠不

---

① 青锋：《罪与罚的思考》，法律出版社2003年版，第91页。

关心的态度,间接故意是"放任结果的发生",而非"放任结果不发生"。行为人在明知自己的行为可能发生危害结果的情况下,为了达到自己的既定目标,产生了自觉容忍其行为发生的心理态度。① 这种心理态度就表现为行为人认为实现其既定目的比防止危害结果的发生更重要。此外,还有人将放任置于犯罪发展过程的动态领域去考察,认为在间接故意的情形下,行为人开始所抱的意志形态的确是不希望危害结果的发生。但是由于任何间接故意都以追求某种目的为前提:行为人或者是出于追求一种犯罪结果而放任了另一种犯罪结果的发生,或者是出于非犯罪的目的放任了危害结果的发生,或者虽然没有明确的目的,在突发情绪支配下,实施了促使危害结果的发生行为。正是这种目的结果导致了行为人原先不希望的意志形态发生了性质上的变化。

有关区分间接故意与轻信过失的见解众说纷纭,莫衷一是。其中较为普遍的学说认为,对于过于自信过失与间接故意的界限,需要从认识因素和意志因素两方面进行分析:第一,认识因素上有所不同;二者虽然都是预见到行为发生危害结果的可能性,但他们对于这种可能性是否会转化为现实性,即实际上发生危害结果的主观估计是不同的。间接故意是"明知"危害结果发生的可能性;轻信的过失是"预见"危害结果发生的可能性。"明知"比"预见"要具体、要全面,说明间接故意的行为人认识到结果发生的可能性较大。第二,意志因素上根本不同。二者对危害结果的态度不同,一个是排斥反对结果的发生,一个是放任结果的发生。过于自信的过失不仅不希望危害结果的发生,而且希望避免结果的发生,其行为的发生是违背其意志的。间接故意的行为人虽不希望危害结果发生,但不反对、不排斥危害结果的发生,进而转化成放任危害结果的发生。在实践中,行为人轻信危害结果能够避免的态度,必须具体化为行为人在预见危害结果即将发生时试图避免其发生的客观行为。如果行为人在主观上认为结果不会发生是抱着纯粹侥幸心理,客观上毫无防范措施,放任危害结果的发生,那么此时应认定为间接故意,而非过于自信的过失。

2. 黎某某主观心态分析

具体到黎某某案,显然也存在意见分歧。一种意见认为,黎某某第一次撞倒李某霞母子的行为已经构成交通肇事罪,接下来,当他的车被卡住的时候,村民们上前劝阻,车窗是打开的,这也说明他不是在一个封闭的环境中。而他调头和加大油门继续行驶的行为,也说明他对外界事物是有认识的,知道被围的处境,并试图离开现场。从受害人李某霞主要是被车右后侧碾轧的情况看,

---

① 王雨田:《英国刑法犯意研究》,中国人民公安大学出版社2006年版,第195页。

黎某某当时处于调头转弯的过程中,这也说明他对于第一次撞倒李某霞的位置是有认知的,并试图绕开这个位置。综合这些,可以推定黎某某对自己的行为仍旧具备一定的辨认和控制能力,对可能发生致人死亡的后果持放任心态,属间接故意的范畴。如果不是村民躲避及时,除了2死1伤,他的行为还可能造成更为严重的后果。所以,黎某某驾车冲撞人群的行为,已经危害了不特定多数人的安全,构成了以危险方法危害公共安全罪,而且后果特别严重。

另一种意见则认为,黎某某犯的还是交通肇事罪。如果认定他第一次撞倒李某霞母子的行为是交通肇事,那意味着他的主观方面就是过失。那么,在严重醉酒的状态下,怎么来理解后续行为中,黎某某的主观方面就从过失转变成了间接故意呢?而且,并没有证据表明,黎某某有要逃逸的想法和行为,被害人是黎某某驾车再次碰撞被碾轧死亡的,不属于"行为人在交通肇事后为逃避法律追究而逃跑,致使受害人因得不到救助而死亡的情形",所以也不属于交通肇事后因逃逸致人死亡,只能在7年以内量刑。

第三种意见认为,黎某某案属于典型的交通肇事案,但后果特别严重,在刑法关于交通肇事罪法定刑没有修改的情况下,从社会效果考虑,应认定为以危险方法危害公共安全罪。

前面我们已经分析过间接故意和轻信过失二者对行为和危害结果之间的可能性大小的认识程度的不同,间接故意是明知可能性,轻信过失是预见的可能性,前者对发生的可能性比较肯定,认识程度较深,后者的认识程度较浅。而判断行为人认识程度的深浅既要考虑相关因素又要从自身条件出发。

法庭认定的事实是最先黎某某在虾场喝完酒后,驾车撞到了李某霞和她的儿子。而在此之前黎某某曾开车与梁某全的摩托车发生相撞,将梁某全及摩托车撞倒,但是梁某全声称没有事。可是说,黎某某驾车的时候能够认识到自己的行为会产生危害社会的结果,与梁某全相撞就是证明。但是根据之前的经验,黎某某认为不会发生严重的危害后果,"之前和梁某全相撞也没发生什么事啊!"所以笔者认为这时候的黎某某能够预见到自己的醉酒驾车行为会产生危害社会的结果,但是他认为凭借自己的经验是可以避免的,因而这时候黎某某主观上是过于自信的过失,是不希望这样的结果出现的。而将李某霞母子撞倒后,黎某某并没有停车,也就是并没有采取措施避免进一步的危害结果发生。接着黎某某撞上了闸门、护栏,一会儿又撞上了路边的花地处。此时,黎某某不听村民的劝阻,加大油门向后移动,开车冲出花地。在这种情况下他应该知道自己的行为会产生危害社会的严重后果,但是黎某某当时喝了酒,之前还和人打过架,难免使黎某某的脾气变得暴躁、"怒气冲冲"。黎某某虽然认识到了自己行为的严重性,但是这种强烈的情绪让他驾车加大油门继续前行,以至于碾轧过被撞倒的李某霞，撞死救人的梁某全。笔者认为在这种情形下，黎某某受醉酒和情绪的支配下，明知道自己的行为会危及不特定人的生命安全，但是并没有停止自己这种行为，而是容忍自己的行为继续，对自己行为的结果听之任之。这一系列变化过程又可细化为：行为人明知自己的行为可能会发生危害社会的结果，他并不希望危害结果发生，他也明确知道只要停止实施预定行为，这种很可能变为现实的预感就不会发生。但行为人为了既定的目的结果，在复杂的心理斗争中最终选择了执意实施预定行为。一旦决意实施，原有的不希望的意志形态就消失殆尽，进而转化为听之任之。①

当然，行为人自己的经验、认知、情绪等因素以及一些外部因素都会影响人的认知和控制能力。本案中一系列严重的后果都是在黎某某大量饮酒后造成的，那么黎某某在这种醉酒状态下是否具有认知和控制能力呢？根据证人证言可知：黎某某的车被花基卡住，"走到驾驶室的旁边，用转顶住车的前轮想让他下车，但黎将车锁住不让我拉开"。"黎不听，加大油门前后移动，四五分钟后，开车冲出花地"。由此可见，黎某某当时对自己的行为有一定的认知能力，控制能力也没有完全丧失，并不是完全处于无意识状态。

行为人的主观罪过只是抽象的思维模式，"客观的事物无法直接回答主观的性质问题，主观的心理性质应当由主观的心理事实来回答"。② 这就引出认定主观责任的矛盾所在：很难期待一个正常人的客观陈述对自己有利或者有害的事实，更何谈是一个醉酒的人。这就使得在醉酒肇事案中认定行为人主观上是过失还是间接故意变得很是困难。笔者认为既然人类的主观罪过是一种形而上的抽象思想体系，无法塑之以形、触之以物、见之以表，所以应通过现实存在的客观行为对其进行评判。这样可以避免单就主观方面谈论故意还是过失，使得间接故意和过失的区分陷入不可分解的困难中。但是，定罪和量刑具有逻辑上的先后性和因果性，必须是定罪在前而量刑在后。交通肇事罪相比以危险方法危害公共安全罪的法定刑较低。但对黎某某的行为定以危险方法危害公共安全罪，并不是仅仅考虑到交通肇事罪的量刑太低，以至于为了达到一定的社会效果而以"以危险方法危害公共安全"定罪进行处罚；而是黎某某的行为符合"以危险方法危害公共安全罪"的构成要件之客观方面。这也体现在之后的相关司法解释中。

最高人民法院于2009年9月15日下发的《关于醉酒驾车犯罪法律适用问题的意见》中也指出："行为人明知酒后驾车违法、醉酒驾车会危害公共安

---

① 陈兴良：《刑法哲学》，中国政法大学出版社1992年版，第183页。
② 刘宪权、杨兴培：《刑法学专论》，北京大学出版社2007年版，第171页。

全,却无视法律醉酒驾车,特别是在肇事后继续驾车冲撞,造成重大伤亡应认定为以危险方法危害公共安全罪。"到此,在办理危险驾驶刑事案件中认定故意与过失的司法困境是否已不复存在了呢?应该说,如何判断醉酒驾车造成严重后果的犯罪行为的罪过性质,是一个既简单又复杂的问题。

3. 从客观方面看,黎某某的行为符合以危险方法危害公共安全罪的构成要件

交通肇事罪的客观方面是指在交通运输活动中违反交通运输管理法规,因而发生重大事故,致人重伤、死亡或者使公私财产遭受大损失的行为。具体包括:(1)必须有违反交通运输管理法规的行为;(2)必须发生重大事故,致人重伤、死亡或者使公私财产遭受重大损失的严重后果;(3)严重后果必须由违章行为引起,二者之间存在因果关系;(4)违反规章制度,致人重伤、死亡或者使公私财产遭受重大损失的行为,必须发生在从始发车站、码头、机场准备载人装货至终点车站、码头、机场旅客离去、货物卸完的整个交通运输活动过程中。

以危险方法危害公共安全罪的客观方面,表现为以其他危险方法严重威胁或实际上危害了公共安全的行为。所谓"其他危险方法",是指使用与放火、决水、爆炸、投放危险物质的危险性相当的危险方法,一经实施,就可能造成不特定多数人的伤亡,或者致使公私财产遭受重大损失。对于其他危险方法应当理解为:其一,必须是除放火、决水、爆炸、投放危险物质行为的以外危险方法,否则构成以上具体的罪名;其二,必须具有与放火、决水、爆炸、投放危险物质相同或者相当的危险性,否则,不属于本罪;其三,必须危害公共安全既包括已经危害公共安全,也包括该行为具有危害公共安全可能性的情况。以其他危险方法危害公共安全的行为,可以是作为,也可以是不作为。在实践中该罪的构成条件应当重点把握两个方面:行为必须危及公共安全;其他危害公共安全的犯罪不能够适用。

交通肇事罪与以危险方法危害公共安全罪的客观方面的主要区别是,以危险方法危害公共安全罪是一种抽象的危险犯,只要行为构成了客观上的危险状态即可,至于结果发生与否只是作为量刑情节加以考虑。而交通肇事罪中行为人对危害结果主观上是过失的,造成了法定的严重后果,才能构成此罪。

对于结果犯,我国刑法界存在两种截然不同的理解:一种观点认为结果犯是指以法律规定的犯罪结果的发生作为犯罪既遂条件的犯罪;另一种观点认为结果犯是以法律规定的犯罪结果发生为犯罪成立条件的犯罪。目前,刑法学界的通说是采用第一种观点,即认为结果犯是不仅要实施具体犯罪构成客观要件的行为,而且必须发生法定的犯罪结果,才构成既遂的犯罪。学界也普遍认为

犯罪结果是指犯罪行为对刑法所保护的法益造成的实际损害事实。与结果犯必须要求具备特定的犯罪结果要件不同，危险犯是指以对法益发生侵害的危险作为处罚依据的犯罪。危险犯的社会危害性表现在行为虽未造成实际的损害结果，但使不特定人的生命、健康和重大财产安全面临威胁。危险是指具有侵害法益的可能性与盖然性的状态，犯罪行为与这种危险存在因果关系。从这种角度说，危险犯也必须具备一定的犯罪结果，即危险状态，而不是现实损害结果。对危险犯进行处罚的原因主要是：一是危险行为威胁不确定的多方利益，实质损害出现的可能性很大；二是危险状态取决于行为的危险，有行为的危险，才有危险状态；三是行为的危险与作为结果的危险有时难以区别，只能根据行为的危险认定危险状态。由于危险犯对于行为人的要求较为严苛，各国刑法对于危险犯的适用都进行了严格的限制，我国只在"危害公共安全罪"一章规定了危险犯的相关罪名。刑法理论中一般认为对于危险犯中的危险，有具体危险和抽象危险的划分。具体危险是使法益侵害的可能性具体达到现实化的程度，需要经过充分的证明和确认，是法律上认定的危险。而抽象危险是使法益发生侵害可能性，是行为可罚性的实质违法依据，是法律上推定的危险。以危险方法危害公共安全罪是具体危险犯，需要法律工作人员根据当时的具体情况断定是否存在具体危险。以危险方法危害公共安全罪是危险犯，即在尚未造成严重后果（危害公共安全的行为尚未造成他人死亡、重伤或公私财产的重大损失）的情况下，也构成本罪。同样，如果没有这种危险，则不构成本罪。司法实践中出现过的危害公共安全的危险方法大致有：私设电网危害公共安全的行为，以制、输坏血危害公共安全的行为，向人群开枪、乱砍危害公共安全以及类似"黎某某案"，以酒驾肇事作为危险方法危害公共安全的行为。

在醉酒肇事案件中，如何通过行为人的行为来判断行为人的行为是否具有危害公共安全的危险性，在司法实践中一般将形态各异的酒驾肇事案件作类型化处理，区分为相继性的酒驾肇事和一次性的酒驾肇事这两种类型。相继性的酒驾肇事指的是，肇事人在第一次肇事之后并没有因为各种原因停止下来，而是继续开车并再次造成严重后果。这种类型的酒驾肇事不是一个单独的行为，而是由两个相继的肇事行为构成。"黎某某案中，有证据表明：（1）根据法医精神病司法鉴定报告书证实，行为人黎某某案发时血液中检出乙醇成分，含量为369.9mg/100ml，处于急性醉酒状态；（2）根据现场勘验笔录证实现场的闸门被碰撞变形，木头被碰撞折断；根据尸体检验笔录可知被害人李某霞、梁某全身体多处挫伤，多处肋骨骨折；（3）根据证人杜某军、叶灿堂等人证言可以证实，黎某某首先从后面撞倒了骑车的李某霞母子，属于第一性的酒驾肇事。而将两人撞倒后，黎某某并没有停车，而是继续往前开，撞上了闸门、护栏和摩托车，接着黎某某不听村民的劝阻，加大油门碾过李某霞后撞倒梁某全，致李某霞、梁某全死亡，也就是相继性的肇事行为。以上证据表明在相继性的酒驾肇事中黎某某在第一次肇事后并没有停止继续驾驶，而是不计后果地朝人群撞去，不论是黎某某当时的状态，还是车辆当时的速度都是黎某某的行为使当时的不特定人处于危险状态，符合以危险方法危害公共安全的客观方面的要件，应以以危险方法危害公共安全罪定罪处罚。与相继性的酒驾肇事相对应的是一次性的酒驾肇事。一次性的酒驾肇事是指酒驾肇事人在第一次肇事后由于各种原因停止了继续驾驶，因而没有造成更大的伤亡和财产损失后果。这也是酒驾肇事案件中一种比较有代表性的类型。"王某斌案"就属于这种情况。在"王某斌案"中，王某斌醉酒后驾车与停在超车道上的王某勤的轿车及现场正在协商处理轻微事故的人员相撞，致6人当场死亡，王某斌等7人受伤。从"王某斌案"我们可以看出，被告人王某斌酒驾肇事整个过程持续时间很短，没有连续性，在第一次造成交通事故后肇事人停止了继续驾驶，没有造成第二次肇事。

《关于醉酒驾车犯罪法律适用问题的意见》中也指出："行为人明知酒后驾车违法、醉酒驾车会危害公共安全，却无视法律醉酒驾车，特别是在肇事后继续驾车冲撞，造成重大伤亡应认定为以危险方法危害公共安全罪。"但这并不意味着连续撞击就是故意，也有不是放任心理的。比如说，第一次发生事故之后，行为人逃跑，在逃跑过程中，另一辆车不遵守交通规则突然变道，结果撞上了肇事逃跑的车辆。这种情况能认定为故意危害公共安全吗？行为人可能有过失，但是不一定是故意。所以，不能把连续撞击都说成是间接故意，更不能说饮酒后就是间接故意。这里必须要通过主客观相统一原则来分析，通过客观来分析主观、认定主观，通过主观来印证客观，通过客观与主观相结合来认定犯罪的性质。

值得注意的是，以危险方法危害公共安全罪是一个行为犯，不是一个结果犯，不是以达到什么样的结果来定罪，而是结合当时具体情况，看行为人当时的行为是否使不特定的人处于危险之中。如果仅仅依据犯罪的结果定罪，会让人觉得交通肇事罪、危险驾驶罪和以危险方法危害公共安全罪之间的转化非常突然，没有中间状态。这也容易导致行为和结果很接近的两个案件能得出截然不同，甚至相差悬殊的判决。而这显然违背了刑法中"罪责刑相适应"原则，即行为人所受刑罚应和所实施的罪行及其所承担的刑事责任相适应的精神。

醉酒驾驶问题一再进入人们的视线，成为人们争议的焦点。大家争议的焦点不在于是否对醉酒肇事的人进行惩罚，而是如何对于醉酒肇事的人进行惩罚。一方认为，黎某某的行为完全符合刑法规定的交通肇事罪构成：行为违反交通运输管理法规（醉酒驾车），行为导致重大交通事故（本案是特大交通事故），即致人重伤、死亡或者使公私财产遭受重大损失，虽然故意违章，很难说开车人对于撞车和撞人的后果采取了放任的态度。根据刑事诉讼对于犯罪构成要件事实的认定都要遵循"疑罪从无"的原则，只要公诉方的证据不足以证明被告人具有放任的心态，就应该认定其不具有这种心态。换言之，即使法官认为被告人的心态可能是放任，也可能是轻率，那也应该按照"存疑从轻"的原则认定其心态为轻率过失，因而只能认定其犯有交通肇事罪。① 另一方认为"黎某某其主观恶性与出于发泄不满情绪或者其他不良动机而放任犯罪结果的间接故意犯罪，其不计后果继续驾车冲向现场人群，致二人死亡，其已构成以危险方法危害公共安全罪"可以看出，人们对于醉酒肇事行为的争议主要是行为主观上是故意还是过失。但是讨论一个醉酒的人当时的主观心态是故意还是过失的确是一个难题。

虽然如此，但是双方还是有共同之处的。何家弘教授也认为："若按照现在法院对交通肇事罪的判罚原则处以最多7年有期徒刑的话，我也觉得太轻。"有学者提出："与醉酒驾驶这项规定相比较，如果在没有醉酒驾驶这一情节下，那么只有死亡一人或者重伤三人以上才能够符合交通肇事罪的要求，如果在酒后驾驶的情形下，并且造成死亡一人或者重伤三人以上，负事故全部或者主要责任的，法定刑却仅仅是三年以下有期徒刑或者拘役，我国刑法法条没有对这种情况是否加重处罚作出相应的规定，因此对醉酒驾驶行为构成交通肇事罪的量刑会存在问题，并没有对醉酒驾驶行为作出应有的评价，对其的处罚很不合理并且偏轻，对驾驶人员的震慑作用不明显。"对于故意和过失之争的背后是交通肇事罪和以危险方法危害公共安全罪的量刑过于悬殊，中间缺少过渡。难怪有人提出黎某某案属于典型的交通肇事案，但后果特别严重，在刑法关于交通肇事罪法定刑没有修改的情况下，从社会效果考虑，应认定为以危险方法危害公共安全罪。可是这与罪刑法定的原则相违背。看来只能寄希望修改法律，完善我们的法律体制。

虽然有人评价最高人民法院《关于醉酒驾车犯罪法律适用问题的意见》一概认定相关醉酒驾驶行为人主观罪过为放任，系间接故意，构成以危险方法危害公共安全罪的刑法完善方法，严重违反刑法基本原则；只是暂时满足民众的"正义"诉求。可是，其对于在司法实践中对醉酒驾车犯罪的法律适用问题却是一个突破。危险驾驶罪的规定更是填补了刑事法律在醉酒驾驶方面的某些空白，对于减少交通事故的发生起到了一定的作用。但是，醉酒驾驶罪的规

---

① 何家弘：《张明宝醉驾案判决的反思》，载《东方法眼》2010年1月8日。

定还是没有解决交通肇事罪和以危险方法危害公共安全罪之间的空当。对此有人提出对危险驾驶罪的加重情节予以规定。有人认为醉酒驾驶应作为"其他特别恶劣情形"放入交通肇事罪中作为量刑情节从重处罚。① 笔者认为"危险驾驶罪"已经是一个独立的罪名，可以就"醉酒驾驶机动车"造成损害的"结果"纳入该罪范畴，并且对不同程度的损害后果设立相应的刑罚种类。就"危险驾驶罪"的法定刑种类和量刑幅度而言，总体上应当严于"交通肇事罪"而轻于"以危险方法危害公共安全罪"，以实现危险驾驶罪、交通肇事罪、以危险方法危害公共安全罪之间的衔接，解决对于醉酒肇事者的定罪量刑问题。

---

① 徐伟、林燕：《专家热议是否增设危险驾驶罪》，载《法制日报》2009年9月24日。

案例6：李某某醉酒驾驶案
——以危险方法危害公共安全罪与交通肇事罪的界限

一、基本情况

案　由：交通肇事

被告人：李某某（曾用名李某帆），男，1988年12月1日出生于河北保定市，汉族，大专文化，无业，户籍地保定市某胡同某栋某单元某号，住所地保定市小区某号楼某单元某室，2010年10月17日因交通事故逃逸被行政拘留，次日因涉嫌犯交通肇事罪被刑事拘留，同月24日被逮捕。

二、诉辩主张

（一）人民检察院指控事实

河北省望都县人民检察院以冀望检刑诉〔2011〕005号起诉书指控被告人李某某犯交通肇事罪，于2011年1月7日向望都县人民法院提起公诉。本院遵照河北省保定市中级人民法院指定管辖决定立案受理，并依法组成合议庭，公开开庭审理了本案。河北省望都县人民检察院指派副检察长许永胜、代理检察员冯国华出庭支持公诉，被告人李某某及其辩护人张金龙、高凤龙到庭参加诉讼。现已审理终结。河北省望都县人民检察院指控，2010年10月16日晚，被告人李某某在河北省保定市富海酒楼宴请盖某龙等人后，醉酒驾驶车牌号为冀FWE420的黑色大众迈腾轿车前往河北大学新校区生活区接人，并顺路送盖某龙等人回该校宿舍。（当日21时30分许，李某某驾车驶入该校生活区南门，超速行至易百超市门前，从后面将同向结伴并行的陈某凤、张某晶撞倒。李某某继续驾车行至该校馨清楼宿舍，让盖某龙下车后沿原路返回，途经事发地点仍未停车，行至生活区南门时被校保安人员拦停。）陈某凤经送医院抢救无效死亡，张某晶受轻伤。经交通管理部门认定，李某某负此次事故全部责任。对于上述指控事实，公诉机关提供了物证、书证、证人证言、被害人陈述、现场勘验检查笔录、鉴定结论、视听资料、被告人供述等证据。公诉机关认为，被告人李某某违反交通运输管理法规，醉酒、超速驾驶机动车，发生重大交通事故，致一人死亡、一人轻伤，且肇事后逃逸，其行为触犯了《中华人民共和国刑法》第133条的规定，构成交通肇事罪，提请法院依法判处。

（二）被告人辩解及辩护人辩护意见

被告人李某某对公诉机关指控的犯罪事实供认不讳。

被告人李某某的辩护人对公诉机关指控李某某犯交通肇事罪无异议，但提出李某某认罪态度好，其亲属积极赔偿被害方经济损失，取得了被害方的谅解，且其一贯表现良好，无前科劣迹，请求对其从轻处罚，并适用缓刑。

三、人民法院认定事实和证据

（一）认定犯罪事实

河北省望都县人民法院经审理查明：2010年10月16日晚，被告人李某某在河北省保定市富海酒楼宴请孟某超、盖某龙等人时大量饮酒，后李某某驾驶车牌号为冀FWE420的黑色大众迈腾轿车前往河北大学新校区生活区接人，并顺路送盖某龙等人回该校。（李某某驾车驶入该校生活区南门后，停车让盖某龙等人下车。因李某某酒后驾驶，随后驾车到达的孟某超提醒其慢速行驶，盖某龙下车后亦提醒其慢行。李某某称没事，盖某龙对李某某酒后驾车不放心，又坐到车的副驾驶位置，李某某驾车超速行驶（限速5公里/小时）。当日21时30分许，李某某驾车行至该校生活区易百超市门前时，将前面正在练习轮滑的陈某凤撞到车前机盖上后落地，并将扶助陈某凤练习轮滑的张某晶撞倒在地。肇事后，李某某继续驾车行至该校馨清楼宿舍，接上其朋友杜某宇，并催促盖某龙下车。）李某某驾车返回，途经事发地点仍未停车，行至生活区南门时被校保安人员拦停，后被带至公安机关。陈某凤因颅脑损伤，经送医院抢救无效死亡；张某晶左下肢受轻伤。

（二）认定犯罪证据

经鉴定，李某某所驾轿车碰撞前的驾驶速度为45～59公里/小时，李某某案发时静脉血中乙醇含量为151mg/100ml，系醉酒超速驾驶。经交通管理部门认定，李某某负此次事故全部责任。认定上述事实的证据有：

1. 被害人张某晶（河北大学工商学院学生）的陈述证实，2010年10月16日21时40分许，其扶着陈某凤在学校易百超市前马路右侧练习轮滑时，感到身后有光，尚未反应，其二人就被一辆黑色轿车撞飞倒地，车未停便开走了。

2. 证人李某媛（河北大学工商学院学生）的证言证实，2010年10月16日晚，其到易百超市买东西，看见一辆黑色轿车沿一鸣路拐过来，车速较快，撞到路上两个行人，其中一人被撞起来离地1~2米。肇事车没停，但撞车后明显减速。其看到躺倒在地的两个人受了伤。约21时40分，其拨打了120急救电话。

3. 证人胡某园（河北大学工商学院学生）的证言证实，2010年10月16日晚，其在生活区听到"砰"的一声，后看到两个学生躺倒在地，一辆尾号为420的黑色轿车在易百超市转弯处快速向东北行驶。其即打电话报警。该车返回经过事故现场，减速后向南门驶去。

4. 证人王某（河北大学工商学院学生）的证言证实，2010年10月16日晚，其在学校生活区易百超市南侧停车场看见一辆大众黑色轿车快速向北转弯，在超市门口将一人撞飞。其跑过去看到地上躺着两个女孩，其中一人穿轮滑鞋。车撞人后没停，继续往东行驶。三五分钟后，肇事车返回现场时没停车。其看到车前挡风玻璃碎了。

5. 证人渠某华（河北大学工商学院学生）的证言证实，2010年10月16日21时许，其在易百超市南侧停车场看到一辆黑色轿车快速行驶，在超市门口撞了一个东西，感觉被撞物从车顶飞过。其跑过去，看到地上躺着两个女孩，其中一个人穿轮滑鞋。事发后，该车没停，向前右转弯行驶。约5分钟后，该车又驶回，在大门口被学生和保安拦住，司机被带到保卫室。

证人宋某（河北大学工商学院学生）的证言证实基本一致。

6. 证人顿某影（河北大学工商学院学生）的证言证实，2010年10月16日晚，其与姜某怡在学校生活区看到一辆尾号为WE420的黑色大众车停在食堂东边路灯下。其走到弯道处时被该车超过。该车在易百超市门前撞了一人，其见该人被抛起，并听到类似刹车声。其后看到路上躺着两个女生，肇事车已驶离现场。其走到路口时看到肇事车返回，驶向大门，车前挡风玻璃碎了。肇事司机是男性。

证人姜某怡（河北大学工商学院学生）的证言证实基本一致。

7. 证人沈某然（河北大学工商学院学生）的证言证实，2010年10月16日21时30分许，其在河北大学新校区生活区易百超市门口，看见马路中间躺着两个女的。一个满脸是血，另一个躺在地上，还在打电话。其到南门后，发现一辆黑色轿车停在门口，前挡风玻璃有裂痕。

8. 证人盖某龙（河北大学工商学院学生）的证言证实，2010年10月16日晚，其在富海酒楼与李某某、孟某超等人饮酒后，李某某称到河北大学接人，顺便将其和赵某送回。李某某驾驶黑色大众迈腾轿车行至学校生活区食堂边的甬路上，其和赵某下车。孟某超也驾车赶到，并停在李某某的车右侧，与李某某隔着车窗说话。其对李某某酒后驾车不放心，又坐到车的副驾驶位置，让李某某慢点开。李某某说没事，猛踩油门向东行驶100多米后向北转弯。其发现车前甬路靠右侧有两人，与车相距二三十米，便大声喊"有人""刹车"，后感觉车紧急制动，李某某向左打方向盘，结果撞了人。一人被撞到前挡风玻璃上，将玻璃撞破。其说"出事了"，李某某可能没听见，继续向东行驶。在馨清楼下，李某某表情紧张，催其赶快下车。在其下车前，一个女生上车坐到驾驶员后排座。事发前，该车前挡风玻璃两边有点裂纹，但不影响视线。

9. 证人孟某超（河北大学工商学院学生）的证言证实，2010年10月16日晚，其和李某某、盖某龙等人在富海酒楼吃饭时，李某某喝了酒。21时许，李某某驾驶牌号为冀FWE420的黑色迈腾轿车，称去河北大学新校区接人，顺便将盖某龙、赵某送回学校。李某某与其分别驾车先后进入学校生活区，在食堂处停车。其让李某某开慢点，李某某笑了笑没说什么，将车开走。其看到李某某的车行至弯道处时左右晃了一下。其随后开车到易百超市门前，看到两个女的躺在地上，一人呻吟，一人昏迷。其感觉是李某某撞的，因为当时没有其他车辆经过。

10. 证人杜某宇（河北大学工商学院学生）的证言证实，2010年10月16日晚，其在学校馨清楼下坐上李某某开来的大众轿车，看到副驾驶位置还坐着一个男生。李某某推这男生下车，挺急的，连说了三句让他下去。该男生下车后，其看到副驾驶位置前面的挡风玻璃大面积破碎，挡住了视线，便连忙问李某某怎么回事，李某某都说让其别管。李某某开车经过易百超市后，快速开到生活区南门，因门关着，才停车。

11. 证人赵某、张甲、张乙、李某（均系河北大学工商学院学生）的证言证实，2010年10月16日晚，其4人在富海酒楼与李某某等人吃饭时，李某某喝了酒。

赵某还证实，李某某酒后驾驶黑色轿车送其和盖某龙回河北大学新校区生活区。其在食堂门口下车时，看到孟某超的车与李某某的车并排停在一起。

12. 证人王某威（被告人李某某的朋友）、朱某娜（王某威的朋友）的证言证实，2010年10月16日晚，其二人在富海酒楼与李某某等人吃饭时，李某某喝了酒。

王某威还证实，其是车牌号为冀FWE420黑色迈腾轿车的车主。当晚李某某酒后驾驶该车去河北大学送人。该车借给李某某之前，前挡风玻璃右上角有几道不明显裂纹。后其发现该车前挡风玻璃全碎了，中间还有个洞，前机盖被撞了个坑。

13. 证人彭某富（河北大学生活区南门保安）的证言证实，2010年10月16日晚，其在生活区南门上班时看到车牌号为冀FWE420的黑色轿车驶入生活区后往东开，停在食堂南边路上，一辆银灰色轿车紧跟着进了大门，和黑色轿车并排停着。不到2分钟，其听见踩油门声音很大，黑色轿车往东开走了。后有学生喊"出事了""关上大门"，其赶紧关闭伸缩门。21时40分时，黑色轿车驶回来，停在伸缩门前。其看到车前挡风玻璃右侧碎了。司机是男的，穿黑色上衣。后警察和保卫处的人赶到，叫司机下车去警卫室。

证人郭某宝（河北大学生活区南门保安）的证言与证人彭某富的证言基本一致。

14. 证人王某安、于某龙（均系保定市公安交警二大队事故中队值班民警）的证言证实，2010年10月16日21时42分，二人接到指挥中心指令，河北大学新校区生活区内发生交通事故，一辆黑色迈腾车撞人后逃逸。二人到达现场后，发现肇事车已被拦在生活区门口，车牌号为冀FWE420，司机李某某被控制在警卫室内。二人勘查事故现场后，将李某某带至交警二大队。

15. 证人宫某一、张某英（均系河北大学新校区医护人员）的证言证实，2010年10月16日21时许，二人值班时听说易百超市门口有人被撞，即赶到现场，看到两个女生受伤，即对伤重的女生进行抢救。随后，120救护车赶到，两个女生被抬上了救护车。

16. 证人刘某、刘某超（均系保定市急救中心医生）的证言证实，2010年10月16日21时39分，二人接急救中心指令，河北大学新校区生活区南门发生车祸，有两人受伤，遂赶到事故现场。二人在河北大学校医的帮助下，将伤者抬上救护车送到医院ICU病房抢救。

17. 保定市公安局刑事科学技术研究所出具的公（冀保）鉴（法医）字〔2010〕346号法医学尸体检验分析意见书证实，陈某凤枕部有0.2cm×0.2cm挫裂创，周围有4.7cm×4.5cm挫伤及8cm×7cm头皮下血肿，符合交通事故致颅脑损伤死亡。

18. 保定法医医院出具的保法医鉴字第〔3637〕号临床法医学鉴定书证实，张某晶左下肢膝关节囊撕裂，膝内侧副韧带撕脱断裂，属轻伤。

19. 道路交通事故现场勘查笔录和补充勘验检查笔录证实，事故地点河北大学新校区生活区易百超市门前道路系南北走向的一般城市道路，无道路隔离设施，无影响视线或行驶的障碍物，夜间有路灯照明。

道路交通事故现场图证实，事故现场一鸣路宽900cm，距东侧路沿360cm、距西侧灯杆590cm有一处30cm×10cm的血泊。学校南门处便道上的警示牌有"停车检查、限速5公里、禁止出租车入内、禁止鸣喇叭"等字样及图标。

20. 保定市法医鉴定中心出具的酒精技术检验报告证实，2010年10月16日22时31分采集李某某静脉血，经检验，血中乙醇含量为151mg/100ml。

21. 保定市公安局交警支队二大队出具的保公安认字〔2010〕第2033号道路交通事故认定书证实，2010年10月16日21时30分许，发生在河北大学新校区生活区易百超市门前致陈某凤死亡、张某晶受伤的交通事故，李某某负全部责任，陈某凤、张某晶无责任。

22. 保定市公安局刑事科学技术研究所出具的（冀）公（保）鉴（痕）字〔2010〕409号痕迹检验报告书证实，送检轿车车身黑色，车牌号为冀FWE420；车前挡风玻璃有138cm×85cm的裂纹破碎裂痕和三角状贯通破碎痕迹；车前机盖前端有40cm×36cm的凹陷变形痕迹；前牌照有44cm×14cm的凹陷变形痕迹。

23. 保定市公安局刑事科学技术研究所出具的（冀）公（保）鉴（痕）字〔2010〕417号检验意见书证实，送检的拍照为冀FWE420的轿车前挡风玻璃的裂纹破碎痕迹和三角状贯通破碎痕迹系由外向内的外力作用形成；车前机盖前端的凹陷变形痕迹和前牌照的凹陷变形痕迹均系与车头方向相向的外力作用形成。

24. 法大法庭科学鉴定研究所出具的法大〔2010〕物检字第106号物证技术学鉴定意见书证实，车牌号为冀FWE420的轿车碰撞前的行驶速度为45~59公里/小时。

25. 河北大学新校区管理委员会安全保卫部出具证明证实，该生活区允许外单位机动车辆进入，保安人员对车辆号牌进行登记。

26. 监控录像证实，2010年10月16日21时40分02秒至21时41分40秒，车牌号为冀FWE420的大众迈腾轿车在河北大学新校区生活区南门被拦停；该校生活区平时允许外单位机动车辆进入。

27. 被告人李某某供称，2010年10月16日晚，其酒后驾驶向朋友王某威借来的冀FWE420黑色迈腾轿车，送两个同学回河北大学新校区生活区。其没觉得自己喝多了酒，相信自己的驾驶技术，觉得不会出事。到了生活区食堂处，其和孟某超并排停车，好像孟某超问其有没有喝多，其说没事。盖某龙下车后，又坐到副驾驶座，让其慢点开。其在易百超市门口拐弯时，速度大约为40公里/小时。其看见两个学生在马路中间走，并听见"咣"的一声，看到一个影子，分辨不出是撞了人还是撞了别的东西，但前挡风玻璃裂开了，右半部分看不清。当时其不知道撞了人，便没有停车，继续往前开。其将车开到盖某龙宿舍楼下，盖某龙下了车，其掉头往回走。其记不清杜某宇怎么上车的，好像杜某宇问车玻璃怎么回事，其说没事。其开车到学校门口，保安没开门，有很多学生给其拍照，并有人骂其。其下车问保安怎么回事，保安说其撞人了，带其到警卫室。其这时才发现车挡风玻璃破损很大。

上述证据，均经庭审质证核实，本院予以确认。

另查明，案发后，被告人李某某近亲属积极代为赔偿李某某的犯罪行为给被害方造成的经济损失，并与被害人陈某凤的近亲属及张某晶分别达成谅解协议。被害方对李某某谅解，并希望法院对李某某酌情从轻处罚。

四、判案理由

法院认为，被告人李某某违反交通运输管理法规，发生重大交通事故，致一人死亡、一人轻伤，负事故全部责任，其行为已构成交通肇事罪。李某某在校园内醉酒驾车、超速行驶，交通肇事后逃逸，犯罪情节恶劣，后果严重，应依法处罚。案发后，李某某近亲属积极代为赔偿被害方的经济损失，取得了被害方的谅解，且其当庭自愿认罪，悔罪态度较好，对其可酌情从轻处罚。辩护人提出的对李某某从轻处罚的辩护意见，本院酌情采纳。

五、定案结论

望都县人民法院依照《中华人民共和国刑法》第133条和最高人民法院《关于审理交通肇事刑事案件具体应用法律若干问题的解释》第2条第1款、第3条的规定，判决如下：

被告人李某某犯交通肇事罪，判处有期徒刑6年。

六、法理解说

2010年10月16日21时40分许，保定市公安局北市区分局副局长李某之子李某某酒后驾驶黑色迈腾轿车到河北大学送朋友，当路过河北大学新校区生活区时，将穿着轮滑鞋的女生陈某凤撞死，另一女生张某晶被撞伤。2011年1月30日，鉴于案发后，李某某的父亲李刚积极赔偿死者家属46万元，伤者9.1万元，取得了被害方谅解，并且李某某当庭表示认罪，悔罪态度较好，因此，望都县人民法院酌情从轻处罚，以交通肇事罪判处李某某有期徒刑6年。李某某醉驾肇事案的发生直至审判终止有诸多家庭与社会问题值得反思，但在此对该案的交通肇事罪定性从学术角度予以探讨，期望借此将交通肇事罪与以危险方法危害公共安全罪准确地区别开来。

（一）李某某醉驾肇事行为能否定为交通肇事罪问题

李某某醉驾肇事案自始至终，即从公安机关对其拘留、批捕，以及人民法院对其审判均以交通肇事罪作为定性意见。在李某某酒后驾车致人死伤后的第二天，即2010年10月17日晚，李某某就被保定市公安机关以涉嫌交通肇事罪而依法刑事拘留。"由于犯罪嫌疑人李某某的父亲系李某某肇事地点所在的保定市公安局北市区分局副局长，为加大此次案件审判工作的公开度和透明度，此案采取异地审判的方式"，故此，保定市公安局指定：李某某肇事案由望都县公安局管辖，经望都县警方依法对事故进行调查、取证及责任认定后，提请望都县人民检察院逮捕。案发之后的第八天，即2010年10月24日，李某某因涉嫌交通肇事犯罪被望都县人民检察院依法批准逮捕。最终，2011年1月30日，李某某被望都县人民法院以交通肇事罪判处有期徒刑6年。

而在刑法学界有不少学者赞同对李某某肇事行为定性为交通肇事罪，例如，北京著名律师周泽认为，校内道路仍为公共道路，适用道路交通安全法。以危险方法危害公共安全罪要求主观上为故意，但肇事车主几乎在主观上都并不愿意发生事故，他认为警方以交通肇事逃逸罪对肇事车主进行刑事拘留是正确的做法。① 中国政法大学副教授、刑事诉讼法和证据法专家吴丹红在接受采访时也认为，"以危险方法危害公共安全罪"主要是针对"故意以放火、决水、爆炸、投毒以外的并与之相当的危险方法，足以危害公共安全的行为"，也就是说，主要是针对"明知后果，却以伤害公共及人身安全为目的做出的危险行为"。李某某虽然其明知酒驾可能产生严重后果，但可能并非以伤害他人生命为目的，以交通肇事罪追诉，"也并非没有道理"。②

另有学者则认为，李某某肇事行为不能适用刑法第133条规定的"交通肇事罪"。如果只简单地从刑法第133条规定的字面含义理解，李某某的行为完全符合"交通肇事罪"的全部构成要件，并且其"交通肇事"之后也确实存在逃逸的行为。但是，"交通肇事罪"是属于过失犯罪，行为人应当预见自己的行为可能会发生危害社会的结果，因为疏忽大意而没有预见，或者已经预见但轻信能够避免的心理态度所导致的刑事犯罪。李某某明知自己酒后驾车的行为违法，且醉酒驾车会严重危害到公共安全，却无视法律醉酒驾车在不得超过5公里/小时限速区的大学校园内进行高速行驶，造成一死一伤的重大交通

---

① 孔璞：《男子河北大学超速醉驾撞死人 以交通肇事罪刑拘》，载《新京报》2010年10月19日。

② 刘志洁：《"我爸是李刚"如何审？》，载财新网，2011年1月25日。

事故，其主观上对可能发生的危害结果持放任的态度，具有危害社会公共安全的故意。因此，将其定性为"交通肇事罪"的做法欠妥。①

笔者认为，判断李某某肇事行为能否适用刑法第133条规定的"交通肇事罪"，其基本依据应当是道路交通安全法与最高人民法院《关于审理交通肇事刑事案件具体应用法律若干问题的解释》（以下简称《审理交通肇事案件解释》），明确了如下几个有关问题，也就对李某某肇事行为能否适用刑法第133条规定的"交通肇事罪"作出了回答。

1. "校内道路"是否适用于道路交通安全法的"道路"。有学者认为，并非所有道路上车辆引起的事故，都由交通肇事的法律法规来处理。在本案中，李某某驾车撞人的发生地点是校园主干道，经常会有校车、出租车、私家车等车辆出入，而且在校园的路边还竖有5公里/小时的限速标志牌。由此可以看出，该条道路是允许社会车辆进行通行。在这种情况下，在道路上发生交通事故应适用于道路交通安全法的管理规定。②按照此种观点，"校内道路"适用于道路交通安全法第119条规定的"道路"，那就应对在"校内道路"上发生的李某某肇事行为定性为"交通肇事罪"。但笔者不赞同此种观点。因为根据道路交通安全法第119条规定："道路"，是指公路、城市道路和虽在单位管辖范围但允许社会机动车通行的地方，包括广场、公共停车场等用于公众通行的场所。依此规定，判断"校内道路"是否适用于道路交通安全法，的确是将是否"允许社会车辆通行"作为标准的。在此需要明确的是，并非所有的大学"校内道路"都可归入道路交通安全法的"道路"，即使有的大学"校内道路"是"允许社会车辆通行"，例如大学校园内生活区的"校内道路"，也不宜认定为道路交通安全法规定的"道路"。

2. "校内道路"发生肇事是否适用于《审理交通肇事案件解释》。根据《审理交通肇事案件解释》第8条规定："在实行公共交通管理的范围内发生重大交通事故的，依照刑法第一百三十三条和本解释的有关规定办理。在公共交通管理的范围外，驾驶机动车辆或者使用其他交通工具致人伤亡或者致使公共财产或者他人财产遭受重大损失，构成犯罪的，分别依照刑法第一百三十四条、第一百三十五条、第二百三十三条等规定定罪处罚。"据此规定，界定"某种道路"是否适用于《审理交通肇事案件解释》是以是否属于"在实行公

---

① 姚均昌：《"李刚门"主角不宜被认定为"交通肇事罪"》，载新浪博客网，2010年1月27日。

② 姚均昌：《"李刚门"主角不宜被认定为"交通肇事罪"》，载新浪博客网，2010年1月27日。

共交通管理的范围内"为标准的。只有在实行公共交通管理的范围内发生重大交通事故的,才可能构成交通肇事罪;如果在公共交通管理的范围外,驾驶机动车辆或者使用其他交通工具致人伤亡或者致使公共财产或者他人财产遭受重大损失,构成犯罪的,应当分别依照重大责任事故罪、重大劳动安全事故罪、过失致人死亡(重伤)罪的规定追究刑事责任。

按照司法解释规定,"校内道路"发生肇事是否适用于《审理交通肇事案件解释》,其关键在于"校内道路"是否属于"在实行公共交通管理的范围内",但学界对理解"在实行公共交通管理的范围内"的含义上有不同观点,肯定者认为,"校内道路"属于"公共交通管理的范围"。因为"现实生活中还有许多地方,如居民小区、商业街区、企事业单位大院、学校、公园等,虽然不属于上述道路的范围,但也具有完全公共或部分公共的属性。在这些场所进行的交通活动,同样具有公共交通管理的属性"。① 而否定者则认为,厂区院内、小区院内等因权属不归交通部门管辖,同样也不适用于交通法规。李某某案发生地点属于校园内的生活区,不属于《审理交通肇事案件解释》中的"公共交通管理的范围",不应以交通肇事罪定罪处罚。②

笔者基本赞同否定者观点的看法,其主要理由是:《审理交通肇事案件解释》依据发生肇事是否"在实行公共交通管理的范围内"来界定是否定性为交通肇事罪,这是依据管理主体的管理范围来作出的一个界定标准,具有科学性与可行性的特点。因为从管理主体上来看,"校内道路"当然应由所在学校作为管理主体,而"公共交通管理的范围"则当然应由"公共交通管理部门"来作为管理主体。既然管理主体不同,其管理的范围也肯定有所不同。因此,由所在学校作为管理主体所管理的"校内道路",就不宜划归应由"公共交通管理部门"来作为管理主体所管理的。否则,就会发生管理混乱或者职权划分不明现象。总之,鉴于"校内道路"由所在学校作为管理主体而不属于"公共交通管理的范围",因而,"校内道路"发生肇事就不能适用于《审理交通肇事案件解释》而定性为交通肇事罪,只能定性为交通肇事罪之外的其他罪名。

3. 道路交通安全法与《审理交通肇事案件解释》的相关规定是否会发生矛盾问题。根据道路交通安全法第119条规定的"道路",其中有"虽在单位

---

① 翟春花、张斌:《从一起案件看公共交通管理范围的界定》,载中国法院网,2009年2月25日。

② 周轶:《李刚之子:"交通肇事罪"or"以危险方法危害公共安全罪"》,载百度网,2010年10月27日。

管辖范围但允许社会机动车通行的地方"都属"道路"范围，如此理解，"道路"当然包括"校内道路"在内，这似乎可以得出"校内道路"属于"道路"，也属于"在实行公共交通管理的范围内"的结论。但是，如果根据《审理交通肇事案件解释》第 8 条规定的"在实行公共交通管理的范围内"，由于限于"公共交通管理部门"管理的"公共交通管理范围"，因此可排除由所在学校作为管理主体所管理的"校内道路"，即可以得出"校内道路"不属于"在实行公共交通管理的范围内"，也不属于道路交通安全法第 119 条规定的"道路"范围的结论。总之，根据道路交通安全法第 119 条规定，"校内道路"属于"在实行公共交通管理的范围内"的"道路"范围，如果在"校内道路"发生肇事，可定性为交通肇事罪；而根据《审理交通肇事刑事案件解释》第 8 条规定，"校内道路"不属于"在实行公共交通管理的范围内"的"道路"范围，如果在"校内道路"发生肇事，就不可定性为交通肇事罪。

如何看待"校内道路"发生肇事在适用道路交通安全法与《审理交通肇事案件解释》时所得出的能否定性为交通肇事罪的矛盾结论呢？笔者认为，道路交通安全法与《审理交通肇事案件解释》的相关规定两者并不会发生矛盾，而是具有统一性。事实上，上述"校内道路"发生肇事适用道路交通安全法与《审理交通肇事案件解释》时所得出的能否定性为交通肇事罪的矛盾结论也是不存在的。假如"校内道路"发生肇事，适用道路交通安全法只能界定为"校内道路"属于"道路"，至于"校内道路"发生肇事能否构成交通肇事罪，这只有在"公共交通管理部门"移交司法机关才能最终加以确定。而司法机关在确定"校内道路"发生肇事能否构成交通肇事罪时，只有适用《审理交通肇事案件解释》第 8 条规定，等待确定了"校内道路"发生肇事属于"在实行公共交通管理的范围内"时，才能最终确定能否构成交通肇事罪。

（二）李某某醉驾肇事行为能否定为以危险方法危害公共安全罪问题

李某某肇事案发生后，对于其行为是应按"交通肇事罪"处理，还是应按"以危险方法危害公共安全罪"处理，一直在社会上被争论不休。但望都县人民法院经过审理后，对李某某肇事行为不是定性为以危险方法危害公共安全罪，而是以交通肇事罪判处有期徒刑 6 年。对此，望都县人民法院在审判后作出了书面答复理由，认为并非所有醉驾致人伤亡的犯罪，都一律以"以危险方法危害公共安全罪"定罪。以危险方法危害公共安全罪是指故意使用放火、决水、爆炸、投放危险物质以外的其他危险方法危害公共安全的行为；交通肇事罪是指违反交通运输管理法规，因而发生重大交通事故，致人重伤、死亡或使公私财产遭受重大损失的行为。醉酒驾车是一种危害公共安全的危险行为，但并非所有醉酒驾车造成人员伤亡的犯罪，都一律按照以"以危险方法危害公共安全罪"定罪处罚。①

作为同属刑法分则第一章"危害公共安全罪"中的两个罪名，交通肇事罪与以危险方法危害公共安全罪在犯罪构成的客体上完全相同，即侵犯的客体均为公共安全，即不特定多数人的生命、健康或者大量公私财产的安全。在主体构成上，交通肇事罪主体为年满16周岁以上的一般主体，以危险方法危害公共安全罪主体为年满14至16周岁以上的一般主体，较交通肇事罪主体的范围更宽泛，但在主体均为16周岁以上的一般主体时，则无法区别交通肇事罪与以危险方法危害公共安全罪两罪。从法条规定的客观要件来看，交通肇事罪与以危险方法危害公共安全罪两罪是有区别的：交通肇事罪在客观方面要求行为人违反交通管理法规，因而发生重大交通事故，致使人重伤、死亡或者使公私财产遭受重大损失的行为，要求违章行为必须造成法定的严重后果才构成犯罪；而以危险方法危害公共安全罪要求行为人具有以放火、决水、爆炸、投放危险物质以外的并与之相当的危险方法，足以危害公共安全的行为。但是，无论是交通肇事罪还是以危险方法危害公共安全罪都可能表现为采用交通工具致人死伤的方法而造成危害结果发生，于此情形下也无法将两罪加以准确界定。

在犯罪构成的客体、主体与客观要件都难以辨清两罪的情形下，只有在主观上才能将交通肇事罪与以危险方法危害公共安全罪加以区分。交通肇事罪在主观方面表现为过失，依据刑法第15条规定，过失犯罪是指行为人应当预见自己的行为可能发生危害社会的结果，因为疏忽大意而没有预见，或者已经预见但轻信能够避免的心理态度。犯罪过失包括疏忽大意的过失和过于自信的过失两种类型。而以危险方法危害公共安全罪在主观上表现为故意，依据刑法第14条规定，即行为人明知其实施的危险方法会危害公共安全，会发生危及不特定多数人的生命、健康或公私财产安全的严重后果，并且希望或者放任这种结果发生。犯罪故意包括直接故意和间接故意两种类型。但在司法实践中，在采用交通工具致人死伤的方法而造成危害结果发生的这类以危险方法危害公共安全犯罪，行为人在主观方面大多是持无所谓的放任态度，属于间接故意。

笔者认为，对李某某肇事行为是定性为以危险方法危害公共安全罪，还是定性为交通肇事罪，这涉及如何界定两罪的区别问题。据上所述，交通肇事罪与以危险方法危害公共安全罪在犯罪构成的客体、主体与客观要件上无法界定，而只能在两罪主观上是过失还是故意上才能区分。有鉴于此，要确定李某某肇事行为的定性，应当重点考察李某某醉酒驾车导致死伤的全部行为过程的

---

① 《李刚之子醉驾撞人判刑6年 积极赔偿成轻判理由》，载《京华时报》2011年1月31日。

心理态度,如果能够认定其主观心理是过失,那就应当定性为交通肇事罪;如果能够认定其主观心理是故意,那就应当定性为以危险方法危害公共安全罪。以笔者所见,从李某某进入河大校园之前的醉酒,而后醉酒驾车超速进入河大校园撞击并导致两名学生死伤,最后没有停车救助而仍送其朋友回楼并驾车逃逸的全部行为过程来看,李某某的心理态度并不符合交通肇事罪的犯罪过失特征,却更符合以危险方法危害公共安全罪的间接故意特征,因而对李某某肇事行为不应当定性为交通肇事罪,而应按照"以危险方法危害公共安全罪"定性处罚论处。具体理由如下:

1. 李某某进入河大校园之前的醉酒反映出是放任态度。就在李某某醉驾肇事案之前两年,全国发生了几件危害后果非常严重、影响十分广泛的醉驾致死案,例如2008年12月14日发生的成都孙某某醉驾肇事致4死1伤;2009年1月21日发生的河南王某斌醉驾肇事致6死7伤;2009年6月30日晚发生的南京张某某醉酒驾车肇事致5死4伤,等等。这些醉驾肇事案引起了社会的广泛关注及司法机关的高度重视。2009年8月14日,公安部召开严厉整治酒后驾驶交通违法行为电视电话会议;2009年10月26日,河北省公安厅也召开电视电话会议决定严厉整治酒后驾驶。自2009年10月26日至12月31日,保定市公安局交警支队在全市范围开展了严厉整治酒后驾驶交通违法行为专项行动。从2010年4月1日起,《机动车驾驶证申领和使用规定》正式实施,保定市公安局交警支队就紧紧结合道路交通集中整治"百日会战",对酒驾交通违法进行从严查处。① 截至2010年5月4日,保定市交管部门对酒驾实行"零容忍"以来的一个月时间内,共查处471名违法驾驶员被记满12分,驾驶证停止使用。② 李某某醉驾肇事案正是发生在这种"严厉整治酒驾"的背景下,"在当前国家公安部门重拳出击打击酒驾行为的大形势下,作为公安局副局长之子,理应更好地遵守法律法规"③,然而,李某某却对这些"法律法规"视而不顾,而仍然忘乎所以的醉酒驾驶,这足以反映出李某某对醉酒驾驶在主观上是一种"漠然置之"的放任态度。

2. 超速驾车进入河大校园导致死伤结果反映出是放任态度。《道路交通安全法实施条例》第45条规定:"机动车在道路上行驶不得超过限速标志、标线标明的速度。"尽管法条明令禁止,但实践中超速驾驶却司空见惯。"无数交

---

① 《保定76名"酒驾"者被取消驾驶资格》,载《保定晚报》2010年4月11日。
② 汪洋、王永强:《保定471人因酒驾被扣12分 交通事故大幅下降》,载《燕赵晚报》2010年5月7日。
③ 陈国琴:《"有本事你们告去"比酒驾更可怕》,载南海网,2010年10月20日。

通事故带来血的教训：超速是'第一杀手'，不管是高速公路、国道省道，还是城市道路、通村公路，超速都是交通事故第一诱因。"① 李某某醉驾肇事案也是如此。河北大学新校区生活区有两万多名学生，学校进门之处就有警示牌，要求进入的机动车时速5公里/小时。而李某某醉驾进入校区的时速，大部分目击学生称当时的车速为"70~80迈"。② 2010年11月1日，望都县公安局给受害者家属下达的《鉴定结论通知书》的鉴定结论是：冀FWE420轿车碰撞前的行驶速度为45公里/小时至59公里/小时（45~59迈）。应当看到，要准确测定李某某醉驾进入校区的时速还是有一定困难的，因为通常测定行车时速往往借助于刹车所留下的痕迹长短，而李某某肇事后未停车，根本找不到刹车痕迹，从而也就无法依据刹车痕迹来测定。当然，比较而言，望都县公安局的车速鉴定结论肯定要比目击证人现场估计的车速要准确，而且更有其合理依据。尽管目击证人现场估计的车速与官方的鉴定车速的结论有差异，当然目击证人估计的车速并不具有什么科学性，但无论是目击证人估计的车速70~80迈，还是望都县公安局鉴定结论的车速45~59迈，都是大大超过了5公里/小时的校园时速限定。即使按望都县公安局鉴定结论的最低车速45~59迈计算，也是超过了校园时速限定的9~10倍。

有学者认为，李某某在醉酒状态下于人群聚集的校园超速行驶，造成了一死一伤的惨剧。可能这种结果不是他"希望"的，但是不顾不特定多数人的生命安全超速驾车，按照社会一般人的常识，这种情况是非常容易发生交通事故的，故可以推定李某某对这一事故的发生存在"放任"心理，构成间接故意。③ 笔者完全赞同此种观点的看法。在刑法学界，通常将交通肇事罪中的违章认定行为人是"明知故犯"，而在这种违章行为下所导致的危害结果却认定是过失的。以笔者所见，交通肇事罪的这种主观心理态度特点，实际上可以解释为：在这种"明知故犯"的违章行为下所导致的危害结果是违背行为人主观愿望的；否则，如果在这种"明知故犯"的违章行为下所导致的危害结果是不违背行为人主观愿望的，那么这种情况则就不能再界定为交通肇事罪了。具体在李某某肇事案中，他驾车在校园生活区达到如此高的超速倍数行车，反映在其主观上就是一种"明知故犯"的违章行为，对这种"明知故犯"的违章行为下所导致的危害结果，他虽然不是过失特性的极力避免发生，也不是直

---

① 《超速：交通事故"头号杀手"》，载《荆门日报》2009年4月24日。
② 《河北官二代撞死女大学生，李启铭为何仍敢醉驾？》，载《京华时报》2010年10月20日。
③ 吴伟增：《浅析河北大学飙车案》，载杭州普法网，2010年11月6日。

接故意特性的"希望"发生,而这显然是一种带有"置危害结果于不顾"的放任态度,即属于刑法第14条规定中的"明知自己的行为会发生危害社会的结果,并且放任这种结果发生"的间接故意。

3. 肇事后没有停车救助而驾车逃逸反映出是放任态度。有学者认为,李某某显然可以预见到自己在限速5公里的校园超速、醉酒驾车的行为会导致撞伤或撞死的结果,但也许开始应该轻信能够避免,即属于肇事车主在主观上都并不愿意发生事故。但肇事车主在事发后既不停车又不积极抢救受害人,同时又有(高速)逃逸的情节,显然属于放任这种结果的发生。① 笔者完全赞同此种观点的看法,主要理由是:道路交通安全法第70条有明确规定:"在道路上发生交通事故,车辆驾驶人应当立即停车,保护现场;造成人身伤亡的,车辆驾驶人应当立即抢救受伤人员,并迅速报告执勤的交通警察或者公安机关交通管理部门。"依照该条规定的要求,李某某在驾车撞倒两名女生后,应当立即停车,保护现场,抢救受伤人员,并迅速报告交警来处理。但是,李某某根本没有选择这样做。而是在事故发生后,并没有采取减速措施,更没有停车救人,反而驾车逃逸。当他驾车返回河大新校区生活区南门时,大门已经关闭,被保安和学生强行拦截时竟口出狂言:"有本事你们告去,我爸是李某。"② 从这句雷语中即可足以看出,李某某对其驾车而导致的危害结果是一种毫不在乎、听之任之的放任态度,这完全符合间接故意的构成特征。

李某某曾在法庭审理时辩称,当时自己处于醉酒状态,看到前面有人影,于是猛打方向盘拐弯并按喇叭,但还是没有避开。事发后他继续驾车行驶,"因为当时自己已经懵了,不知道发生了什么"。③ 笔者认为,李某某的辩称至少有两点值得关注。一是能够成立的醉酒状态的"模糊认识"。因为他既然当时"看到前面有人影,于是猛打方向盘拐弯并按喇叭,但还是没有避开",那肯定是知道或者是感觉到了自己所驾的车撞人了;否则,他可能会得出当时"看到前面有人影,于是猛打方向盘拐弯并按喇叭,从而及时避开了前面的人影"的结论。二是不能够成立的"已经懵了"状态下的"清醒认识"。所谓"因为当时自己已经懵了,不知道发生了什么"是不能够成立的。首先,这句话与前面李某某所认识到的"看到前面有人影,于是猛打方向盘拐弯并按喇

---

① 成永:《河北大学超速醉驾撞死女生之行为该如何定罪量刑?》,载《法治天下网》2010年10月21日。

② 陈国琴:《"有本事你们告去"比酒驾更可怕》,载南海网,2010年10月20日。

③ 《女大学生的血岂能白流 李某之子醉驾肇事被判6年》,载《东楚晚报》2011年1月31日。

叭,但还是没有避开"是相矛盾的,既然李某某"当时自己已经懵了",那就不知道自己所驾的车是否撞倒人了。其次,这句话与李某某撞倒两名女生之后的做法也是相矛盾的,既然李某某"当时自己已经懵了",那为何又能在"已经懵了"的状态下还能"若无其事地继续开车去接女友",并且还能十分清醒地喊出了"我爸是李某"的飙话。这种"已经懵了"状态下的"清醒认识"简直让人不可思议!

(三)李某某醉驾肇事行为能否适用有关醉驾犯罪的司法解释问题

针对司法实践中日益增多、并且危害越来越严重的醉酒驾车现象,为依法严厉惩治并统一法律适用标准,充分发挥刑罚功能,更加有效遏制醉酒驾车犯罪的多发、高发态势,切实维护广大人民群众的生命、健康安全,2009年9月8日,最高人民法院召开新闻发布会,就醉酒驾车犯罪的法律适用等问题提出了指导性意见,同时还公布了黎某某和孙某某两起醉酒驾车的典型案例。在此基础上,2009年9月15日最高人民法院印发了《关于醉酒驾车犯罪法律适用问题的意见》(以下简称《醉驾法律适用意见》),明确规定:"今后,对醉酒驾车,放任危害结果的发生,造成重大伤亡的,一律按照本意见规定,并参照附发的典型案例,依法以以危险方法危害公共安全罪定罪量刑。"

2011年1月31日,在李某某醉驾案被定性为交通肇事罪判处有期徒刑6年的结果宣判之后,解决社会媒体及其有些学者提出的为何不以以危险方法危害公共安全罪定性的疑惑,望都县人民法院采用书面方式解答了对李某某醉驾案不宜定性为以危险方法危害公共安全罪,而应当定性为交通肇事罪的司法解释依据。该书面答复的内容是:最高人民法院的《醉驾法律适用意见》认为,行为人醉酒驾车"肇事后继续驾车冲撞,造成重大伤亡,说明行为人主观上对持续发生的危害结果持放任态度,具有危害公共安全的故意。对此类醉酒驾车造成重大伤亡的,应依法以'以危险方法危害公共安全罪'定罪"。本案中,被告人李某某违反交通法规醉酒驾车,在他人善意提醒其慢速行驶时,过于相信自己的驾驶技术,称"没事",轻信能够避免危害后果的发生,属于过度自信的过失。现有证据不能证明李某某对其驾车撞倒被害人陈某凤、张某晶的结果持希望或者放任的态度。李某某肇事后,亦无出于逃逸等目的,不顾道路上行驶的其他车辆及行人安全,继续驾车冲撞,造成更为严重后果的行为。因此,李某某的行为不符合上述《醉驾法律适用意见》规定的构成以危险方法危害公共安全罪的情形,对其行为应认定为交通肇事罪。[1]

---

[1] 《李刚之子醉驾撞人判刑6年 积极赔偿成轻判理由》,载《京华时报》2011年1月31日。

笔者认为，望都县法院的上述解答，未能准确诠释最高人民法院的《醉驾法律适用意见》，因而其最终所得结论"李某某的行为不符合上述《醉驾法律适用意见》规定的构成以危险方法危害公共安全罪的情形"，也是不妥当的。其主要理由是：

1. 以以危险方法危害公共安全罪定性的醉驾并非都限于"肇事后继续驾车冲撞"。按照望都县法院的上述解答观点，如果要根据《醉驾法律适用意见》将醉驾肇事定性为以危险方法危害公共安全罪，行为人必须具有醉驾"肇事后继续驾车冲撞，造成重大伤亡"的情形；否则，如果行为人仅仅虽具有醉驾肇事，但却无"肇事后继续驾车冲撞，造成重大伤亡"的情形，那就不能根据《醉驾法律适用意见》将醉驾肇事定性为以危险方法危害公共安全罪。笔者认为，望都县法院在引用最高人民法院的《醉驾法律适用意见》时，未引前段而仅引后段，断章取义，其所作的这种解答显然是不准确、不完整的。对照最高人民法院的《醉驾法律适用意见》的完整规定是："行为人明知酒后驾车违法，醉酒驾车会危害公共安全，却无视法律醉酒驾车，特别是在肇事后继续驾车冲撞，造成重大伤亡，说明行为人主观上对持续发生的危害结果持放任态度，且有危害公共安全的故意。"其中，"行为人明知酒后驾车违法，醉酒驾车会危害公共安全，却无视法律醉酒驾车，特别是"，这些文字已在望都县法院的解答中被删除，如此删除的直接后果有二。一是被删除的文字并非是无关紧要的，而恰恰是极其重要的。因为这些被删除的文字"行为人明知酒后驾车违法，醉酒驾车会危害公共安全，却无视法律醉酒驾车"，其内容可直接表明构成放任态度的"以危险方法危害公共安全罪"。二是被删除的"特别是"原属强调词，它是在一般构成"以危险方法危害公共安全罪"的范围内所作的一种具体说明，其含义与前面内容不可分割，两者可形成抽象与具体的关系。如果将前面内容与"特别是"的文字均予删除，那理解"特别是"后面内容就会与删除前的含义大不相同。正如有学者所分析的："实际上是把'特别是'作为'只有'来理解，即认为只有在驾车肇事后继续肇事的，才构成危害公共安全罪，显然这是曲解。最高人民法院的原意是，无视法律醉酒驾车，都有可能构成危害公共安全，而肇事后继续肇事是明显构成。"①

2. 李某某肇事是"过度自信"还是"放任故意"问题。望都县法院的解答认为，李某某肇事行为不能依照《醉驾法律适用意见》而定性为以危险方法危害公共安全罪，其重要理由在于李某某的主观心态属于"过度自信的过

---

① 丁金坤：《对"河北大学校园车祸案"定性交通肇事罪的商榷》，载新浪博客网，2011年1月31日。

失",而这与以危险方法危害公共安全罪主观心态所要求的放任态度的间接故意不相符合。因为"本案中,被告人李某某违反交通法规醉酒驾车,在他人善意提醒其慢速行驶时,过于相信自己的驾驶技术,称'没事',轻信能够避免危害后果的发生,属于过度自信的过失"。有学者赞同这种解答观点,认为李某某的肇事心态完全可以界定为过于自信。从事实认定看,李某某酒后驾车在校园超速行驶并不追求发生危害的后果,由于对自己驾驶技术过于自信能够避免自己已经预见的可能发生危害的结果。李某某当时并不希望发生危害结果,他也没有放任危害结果的发生,并不能认定他的主观心态是故意的。①

但笔者不赞同望都县法院的解答观点的看法,理由之一是:"过度自信的过失"这个词是望都法院的创造,不是精确的刑法术语,刑法学界通常用"过于自信的过失"来表达。理由之二是:过于自信过失的轻信能够避免必须基于一定的客观依据。就驾驶者而言,驾龄长、驾驶水平高超、车况好、路况熟悉、天气状况良好、能见度高等,是可以成为其可能产生过于自信的基础、条件和依据。但是,在高峰时段,行人密集、车流大的繁华且限速的闹市区超速驾驶,这些客观存在的现实,还能成为其产生过于自信的依据吗?行为人抱有能避免危害结果发生的"侥幸"心态,还能认定为是过于自信的过失吗?② 理由之三是:学界通说认为,判断行为人是否具有"放任",可以借助于"是否有外人善意提醒甚至是竭力劝阻","若是,则应认定为具备放任危险结果发生的,以危险方法危害公共安全的间接故意。"③ 而望都县法院的解答却认为,"李某某违反交通法规醉酒驾车,在他人善意提醒其慢速行驶时,过于相信自己的驾驶技术,称'没事',轻信能够避免危害后果的发生,属于过度自信的过失。"

笔者认为,通过李某某出事以后的表现来判断其心态,他"在他人善意提醒其慢速行驶时"而不接受,仍然醉酒超速行车,这并非是"过于相信自己的驾驶技术,称'没事'",而是一种对他人的生命、健康所持的无所谓的"放任故意",即使出了事也是"没事",因为有其爸李某就能解决。"没有醉酒的人驾车会由于过于自信或疏忽大意导致肇事,这没什么争议。而醉酒的人驾车则不同,因为其明知酒后驾车行为能力减弱,影响正常驾驶技术的发挥,

---

① 李耀辉:《看得见的正义——评李启铭案判决》,载新浪博客网,2011年2月6日。

② 史丹如:《从过于自信的过失与间接故意区别看交通肇事案定性》,载《检察日报》2009年8月24日。

③ 陈罗兰:《醉酒驾车案件法律定性再思考》,载《江南论坛》2010年第7期。

容易导致事故的发生，此时其虽不希望危害结果的发生，但在没有任何防止事故发生措施的前提下继续驾车行驶就有放任的故意，因此，醉酒驾车的行为应是一种间接故意的行为。"①

---

① 钱伟、姚晓滨：《对醉酒驾车刑法规制的两点思考》，载新华网，2009年10月17日。

案例7：谢某某冲监脱逃案
——以危险方法危害公共安全罪与过失以危险方法危害公共安全罪的界限

一、基本情况

案　　由：脱逃、以危险方法危害公共安全、窝藏

被告人：谢某某，又名海健，男，1980年8月12日出生于河北省永清县，汉族，初中文化，农民，捕前系河北省保定监狱服刑人员。2006年3月20日因犯抢劫罪、绑架罪被河北省廊坊市广阳区人民法院判处有期徒刑18年。2008年3月18日被保定市公安局北市区分局刑事拘留，同年4月8日因涉嫌犯脱逃罪经保定市北市区人民检察院批准，次日由保定市公安局北市区分局执行逮捕。

被告人：谢某春，男，1978年8月21日出生于河北省永清县，汉族，小学文化，农民，捕前住河北省永清县别古庄镇半截河村。2008年3月19日被保定市公安局北市区分局刑事拘留，同年4月8日因涉嫌犯窝藏罪经保定市北市区人民检察院批准，次日由保定市公安局北市区分局执行逮捕。

被告人：赵某军，男，1975年4月11日出生于河北省任丘市，汉族，小学文化，农民，捕前住河北省任丘市长丰镇长丰村。2008年3月19日被保定市公安局北市区分局刑事拘留，同年4月8日因涉嫌犯窝藏罪经保定市北市区人民检察院批准，次日由保定市公安局北市区分局执行逮捕。

二、诉辩主张

（一）人民检察院指控事实

河北省保定市人民检察院以冀保检刑诉〔2008〕110号起诉书指控被告人谢某某犯脱逃罪、以危险方法危害公共安全罪，被告人谢某春、赵某军犯窝藏罪，向法院提起公诉。法院依法组成合议庭，公开开庭审理了本案。保定市人

民检察院副检察长赵大明、检察员郭宁出庭支持公诉,被告人谢某某、谢某春、赵某军及辩护人到庭参加诉讼。

保定市人民检察院指控,被告人谢某某在保定监狱服刑期间,因感自己刑期较长,短期内出狱无望,遂产生脱逃之念。其经过多次观察踩点后,决定采用驾驶监狱内基建用的吊车暴力冲监的方式越狱逃跑。2008年3月12日晚10时许,被告人谢某某在第七监区干活时,假借上厕所之机,从该车间工艺室窗户跳出逃至第十二监区存放吊车的仓库,用事先自制的撬锁工具撬开车库门锁,将吊车倒出车库后遂驾驶徐州QY12型吊车(起重12吨、自重16吨)加速冲向保定监狱南门,在连续冲破防暴门、A门、B门三道大门及铁艺围墙后冲出监狱冲向公路。监狱三道大门及铁艺围墙的损失总价值80101元。在强行冲监的过程中,值班狱警高某上前拦阻时腿部被吊车划伤,经鉴定高某的损伤为轻微伤。被告人谢某某在驾驶吊车冲出监狱后,为尽快逃离现场,继续驾驶因撞击导致刹车失灵、方向跑偏的吊车沿七一路向东经东苑街冲向人员、车辆较多的军校广场,在军校街便道上连撞4辆汽车后冲上广场草坪,随即弃车逃跑。被撞4辆汽车损失总价值305267元,徐州QY12型吊车损失总价值17320元。

2008年3月17日,被告人谢某某潜逃到廊坊市,当晚10时许与其兄谢某春取得联系,二人在廊坊市燕南楼附近见面后,被告人谢某春在明知谢某某是监狱脱逃罪犯的情况下替谢某某支付了90元出租车费并将其接到自己工作的煤场后面的荒地藏匿。当晚11时许,被告人谢某春和被告人赵某军驾驶货车欲往张家口市送木材,在经过谢某某藏匿处时,被告人谢某春让谢某某上车,被告人赵某军明知被告人谢某某是从监狱脱逃的罪犯后仍助其逃匿。途中路过万庄检查站时,为了逃避检查,被告人谢某春让被告人赵某军停车,待谢某某下车绕过检查站后又将其接上车继续行驶。2008年3月18日,三被告人在行至宣化境内时被公安机关抓获。

针对上述指控,检察机关出示了相关证据,据此认为被告人谢某某之行为触犯了《中华人民共和国刑法》第316条第1款、第115条第1款之规定,构成脱逃罪、以危险方法危害公共安全罪,被告人谢某春、赵某军之行为触犯了《中华人民共和国刑法》第310条之规定,构成窝藏罪。

(二)被告人辩解及辩护人辩护意见

被告人谢某某辩解,其行为属过失;其辩护人辩称,被告人谢某某之行为分别触犯脱逃罪、过失以危险方法危害公共安全罪,应择一罪对其处罚。被告人谢某春未予辩解,其辩护人辩称,被告人谢某春窝藏之行为尚不构成情节严重,其认罪态度好,请求对其从轻处罚。被告人赵某军未予辩解,其辩护人辩称，被告人赵某军在共同犯罪中属从犯且其犯罪主观恶性小，请求对其从轻处罚。

三、人民法院认定事实和证据

（一）认定犯罪事实

经审理查明，被告人谢某某在河北省保定监狱服刑期间产生脱逃之念，后决定采用驾驶狱内吊车暴力冲监的方式越狱逃跑。2008年3月12日22时许，被告人谢某某在狱内第七监区干活时，假借上厕所之机，从该车间工艺室窗户跳出逃至第十二监区存放吊车的仓库，用事先自制的撬锁工具撬开车库门锁，驾驶徐州QY12型吊车高速驶向监狱南门，连续撞开监狱防暴门、A门、B门及围墙，后谢某某驾车逃离监狱。在脱逃过程中，被告人谢某某驾车将值班狱警高某撞致轻微伤，吊车也因撞击导致刹车失灵、方向跑偏。被告人谢某某逃离监狱后，驾车在军校街便道上连续撞击4辆汽车并冲入军校广场草坪，谢某某随即弃车逃跑。监狱三道大门及围墙损失价值人民币80101元，徐州QY12型吊车损失价值人民币17320元，被撞4辆汽车损失价值人民币305267元，以上公私财产损失价值人民币共计402688元。

2008年3月17日23时许，被告人谢某某逃至河北省廊坊市与其兄谢某春取得联系。被告人谢某春明知谢某某系监狱逃犯，二人在廊坊市燕南楼附近见面后仍替谢某某支付出租车费人民币90元，并将谢某某藏匿于一煤场后荒地。被告人赵某军亦明知谢某某系监狱逃犯，仍与被告人谢某春一起驾车载被告人谢某某从廊坊市出逃至河北省宣化境内。

（二）认定犯罪证据

上述事实，有已经庭审质证的下列证据证实：

1. 高某陈述证实：2008年3月12日22时许，高某在保定监狱南门值班时，发现一辆吊车撞门而出，其上前阻拦被撞致伤。

2. 边某证言证实：2008年3月12日22时许，边某在保定监狱南门值班时，发现一辆吊车撞门而出，因吊车撞击飞起的大门险些砸到边某。吊车冲出监狱后顺七一路向东行驶，边某与巡逻至此的警察随即驾车紧追。当追至军校街，吊车连续撞击便道上停放的车辆，行人紧急躲避，场面十分混乱。

3. 孙某、左某欣证词证实：2008年3月12日22时许，孙某、左某欣等人巡逻至保定监狱南门时，发现一犯人驾驶吊车冲监逃跑，遂与一武警战士追赶。当追至军校广场附近，吊车撞击军校街便道上停放的4辆汽车，行人惊恐躲避，场面特别混乱。

4. 李某光陈述证实：2008年3月12日22时许，李某光牌照号为冀FIC988的白色马自达汽车在吉成网吧门口被一辆吊车撞坏。

5. 要某成陈述证实：2008年3月12日22时许，要某成牌照号为冀F07707的北斗星汽车在军校广场附近被一辆吊车撞坏。

6. 王某陈述证实：2008年3月12日22时许，王某牌照号为冀F23328奥迪A6汽车在军校广场附近被一辆吊车撞坏，车内笔记本电脑亦损坏。

7. 赵某陈述证实：2008年3月12日22时许，赵某牌照号为冀FOE601天津一汽威志斗气车在军校广场附近被一辆吊车撞坏。

8. 聂某春证言证实：2008年3月17日晚，聂某春驾驶绿白色捷达出租车在廊坊市薛营村附近载一客人至燕南楼，后有二人来接此客人，其中一人替此客人支付90元车费。此客人曾借用聂某春手机拨打号码为138×××××××的手机，号码为130×××××××的手机回拨聂某春手机找此客人。

9. 周某宇证言证实：2008年3月17日23时许，周某宇驾车与谢某春一起去廊坊市燕南楼接谢某某，后谢某春将谢某某藏匿在一煤场后荒地。

10. 保定市公安局北市区分局扣押物品、文件清单证实：从赵某军处扣押号码为130×××××××的手机一部，从谢某春处扣押号码为138××××××××的手机一部。

11. 保定市公安局调取证据通知书、调取证据清单证实：从河北省保定监狱狱侦科调取自制撬锁工具一套、被破坏锁一把。

12. 经被告人谢某某当庭辨认公安机关提取的撬锁工具，其确认该工具即为其撬第十二监区车库锁时所用之工具。经被告人谢某某当庭辨认公安机关提取的锁，其确认该锁即为被其撬坏的第十二监区车库大门的锁。

13. 责任告知书证实：保定市公安局于2008年3月16日告知谢某春，其弟谢某某涉嫌重大犯罪。

14. 河北省保定监狱罪犯谢某某脱逃案监狱南门现场勘验检查笔录证实：现场位于保定监狱南门，南门分为两部分，内为防暴网防护门，外为监狱A、B门，A、B门相距3.8m。防暴门由防暴铁丝网构成，防暴门北侧为狱内柏油路；防暴门距东墙9.5m处见5.5m的缺失，东门柱缺失，西门柱向南倾斜，门柱上侧见防暴网铁丝不规则向南侧倾斜伸出状；防暴网南侧地面见一圆柱体门柱；柱形门柱南侧地面见一防暴网门平放，东侧部分不规则缺失；监狱A门距至防暴网之间距离46m，地面上散布铁丝网碎屑、玻璃灯具碎片等杂物；监狱A、B门东西两侧为水泥门柱，门缺失；B门门外西侧为砖墙，靠砖墙北见一岗亭，岗亭北侧地面上见一4.5m×2.6m铁皮门；岗亭东侧地面上见部分栅栏门零部件散落；监狱B门南侧地面上见一4.5m×2.6m铁皮门平放于地面。监狱 B 门向南 30 m 为东西走向的监狱铁艺围墙，与西墙体相连接，距西墙 9.5m 处见 7.2m 缺失，围墙下侧砖体部分碎裂，向南侧地面散乱分布；铁艺围墙北侧东部地面见一 4.5m×2.6m 铁质栅栏门平倒于地面，门中间向上凸起状；铁艺围墙南侧为便道，便道南侧为七一东路，七一东路正对监狱 B 门为一条南北贯穿七一路的人行横道，在便道及人行横道地面上见树木植株、砖块、铁艺墙零部件杂乱散布。

保定监狱谢某某脱逃案弃车现场勘验检查笔录证实：现场位于保定市北市区军校广场东侧与军校街路面区域。军校广场位于保定市北市区五四东路以南，东风东路以北，东方家园小区以西区域，军校广场东侧为军校街，军校街为南北走向，北接五四东路，南通东风东路，街道东侧为东方家园小区便道，西侧为军校广场绿地。东方家园便道上距五四东路南沿 105 米处见一辆车牌为冀 F07707 的黄色北斗星头北尾南停放，该车呈熄火状态，车体尾部凹陷变形，该车南侧 2 米处吉成网络门前便道路边小树折断，路面见散落树枝，折断的小树南侧路灯杆方向盘下线路凌乱，部分线路插头脱落，点火开火处钥匙缺失，驾驶室与后控制室之间的车体上见护拦、钢管等物品。

15. 对河北省保定监狱干警高某伤情程度鉴定书证实：高某右下肢损伤属轻微伤。

16. 谢某某越狱驾驶的吊车检测报告证实：（1）左侧弓子板支架明显振动，螺丝错位，右侧弓子板支架明显移位，前桥错位，造成轮胎轮距不一，能造成驾驶过程中方向沉、跑偏；（2）吊车底部储气罐撞坏，致使吊车后轮抱死，脚刹失灵；（3）油门正常；（4）离合器主动盘严重损坏，致使吊车无离合，驾驶过程中不能换挡，亦不能摘空挡；（5）机油底壳损坏，致使机油漏光，发动机严重烧损，经拆解可见曲轴严重烧损，曲轴瓦烧坏，发动机报废。经检测组分析，吊车在冲监时，造成以上损坏及机油泄漏，在大泊门高速行驶中致使发动机严重烧损，行驶中方向发沉、跑偏、后轮抱死，行驶中如松油门就能马上停车。

17. 河北省涉案物品估价鉴定结论书证实：牌照号为冀 F23328 奥迪牌轿车、索尼牌 TX16C 笔记本电脑价格鉴证总价值为人民币 135184 元；牌照号为冀 F07707 北斗星牌轿车价格鉴证总价值为人民币 14211 元；牌照号为冀 FIC988 海马牌轿车价格鉴证总价值为人民币 103812 元；牌照号为冀 FOE601 威志牌轿车价格鉴证总价值为人民币 52060 元；河北省保定监狱内防暴门修复费、南门 A、B 门修复费、南门南侧铁艺围墙修复费总价值为人民币 80101 元；徐州产 12 吨吊车车辆损失价格鉴证总价值为人民币 17320 元。

18. 河北省廊坊市广阳区人民法院〔2006〕广刑初字第 42 号刑事判决书、

河北省廊坊市中级人民法院〔2006〕廊刑终字第 68 号刑事裁定书、罪犯入监登记表证实：谢某某犯抢劫罪、绑架罪，被判处有期徒刑 18 年，剥夺政治权利 2 年，并处罚金 2000 元，刑期自 2005 年 8 月 17 日起至 2023 年 8 月 16 日止。谢某某于 2006 年 6 月 20 日入河北省保定监狱服刑。

19. 谢某某供述证实：在产生脱逃想法后，谢某某于 2008 年 3 月 11 日中午自制了撬锁工具。2008 年 3 月 12 日 22 时许，谢某某携撬锁工具从工艺室窗户逃出监狱第七监区，撬锁进入第十二监区车库，检查好了吊车油路与电路。谢某某驾驶吊车高速撞开监狱第一道防暴网、第二道铁栅栏门、第三道铁板大门、第三道大门外围墙后，向东继续逃匿。在逃跑中，谢某某发现所驾吊车刹车失灵、方向跑偏，吊车连续撞击几辆停放在路边的汽车，后冲入草坪，其即弃车逃跑。

2008 年 3 月 17 日晚，谢某某逃至河北省廊坊市与其兄谢某春取得联系。谢某某在薛营村附近乘坐一白绿色捷达出租车到燕南楼，谢某春替谢某某支付 90 元车费，后谢某春将谢某某藏匿于一煤场后荒地。当晚，谢某某搭谢某春与赵某军所驾车辆从廊坊市出逃至宣化境内。

20. 谢某春供述证实：2008 年 3 月 17 日 23 时许，谢某某电话联系谢某春，谢某春与周某宇开车去廊坊市燕南楼接到谢某某，谢某春替谢某某支付了出租车费，后谢某春将谢某某藏至一煤场后荒地。当晚，谢某春与赵某军驾车欲往张家口，谢某春告诉赵某军其弟谢某某越狱逃至廊坊市，要求让谢某某搭车出逃，赵某军对此予以默认。谢某春与赵某军驾车帮助谢某某从廊坊市出逃至河北省宣化境内。

21. 赵某军供述证实：2008 年 3 月 17 日晚，赵某军与谢某春驾车欲往张家口，谢某春告诉赵某军其弟谢某某越狱逃至廊坊市，要求让谢某某搭车出逃，赵某军遂默认，后赵某军与谢某春驾车帮助谢某某从廊坊市出逃至河北省宣化境内。

四、判案理由

保定市中级人民法院经审理认为，被告人谢某某为达脱逃之目的，驾驶吊车连续撞开监狱 3 道大门及围墙后脱逃，其行为已构成脱逃罪；被告人谢某某脱逃司法部门有效监管后，继续驾驶因撞击导致刹车失灵、方向跑偏的吊车闯入保定市七一路、军校广场等公共区域，并连续撞击 4 辆汽车，给不特定人人身安全造成危险，并使他人财产遭受重大损失，其行为已构成以危险方法危害公共安全罪。被告人谢某某明知刹车失灵，继续驾车执意闯入公共区域，其危害公共安全的主观故意明显，谢某某及辩护人辩称其主观心态属过失的观点不能成立，其辩护人提出其行为构成过失以危险方法危害公共安全罪的辩护意见，不予采纳。对被告人谢某某应以脱逃罪、以危险方法危害公共安全罪追究其刑事责任，其辩护人提出其行为分别触犯脱逃罪、过失以危险方法危害公共安全罪，应择一罪对其处罚的辩护意见，不予采纳。被告人谢某某曾因犯抢劫罪、绑架罪被判处刑罚，在此刑罚未执行完毕之前，又犯脱逃罪、以危险方法危害公共安全罪，应依法对其数罪并罚。被告人谢某春、赵某军明知被告人谢某某系重大罪犯，谢某春为谢某某支付出租车费，谢某春与赵某军共同帮助谢某某逃匿，其行为均已构成窝藏罪，且情节严重。被告人谢某春的辩护人提出谢某春之行为尚不构成情节严重的辩护意见，被告人赵某军的辩护人提出赵某军之行为主观恶性小的辩护意见，均不予采纳。被告人谢某春在共同犯罪中起主要作用，系主犯，被告人赵某军在共同犯罪中起次要作用，系从犯，赵某军的辩护人提出赵某军属从犯的辩护意见予以采纳，依法对赵某军减轻处罚。被告人谢某春归案后能如实供述所犯罪行，谢某春的辩护人提出谢某春认罪态度好的辩护意见予以采纳，依法对其从轻处罚。

五、定案结论

综上，保定市中级人民法院依照《中华人民共和国刑法》第 115 条第 1 款、第 316 条第 1 款、第 310 条第 1 款、第 25 条第 1 款、第 26 条第 1 款、第 27 条、第 57 条第 1 款、第 69 条、第 71 条之规定，判决如下：

被告人谢某某犯以危险方法危害公共安全罪，判处无期徒刑，剥夺政治权利终身；犯脱逃罪，判处有期徒刑 5 年；与所犯抢劫罪、绑架罪未执行刑罚数罪并罚，决定执行无期徒刑，剥夺政治权利终身，并处罚金人民币 2000 元。

被告人谢某春犯窝藏罪，判处有期徒刑 3 年。

被告人赵某军犯窝藏罪，判处有期徒刑 1 年。

六、法理解说

2008 年 3 月 12 日 22 时许，被告人谢某某在保定监狱服刑期间，驾驶吊车连续撞开监狱防暴门及围墙逃离监狱。脱逃过程中，谢某某驾车将值班狱警高某撞致轻微伤。谢某某逃离监狱后，驾车在保定市军校街便道上连续撞了 4 辆汽车，随即弃车逃跑。3 月 17 日 23 时许，谢某某逃至河北省廊坊市与其兄谢某春取得联系，谢某春明知谢某某系监狱逃犯，仍替谢某某支付出租车费人民币90元，并将谢某某藏匿于一个煤场后面的荒地。被告人赵某军也明知谢某某系监狱逃犯，仍与谢某春一起驾车载谢某某从廊坊市出逃至河北省宣化境内。2008年7月23日，保定市中院审理后依法判决：（1）被告人谢某某犯以危险方法危害公共安全罪，判处无期徒刑，剥夺政治权利终身；犯脱逃罪，判处有期徒刑5年；与所犯抢劫罪、绑架罪未执行刑罚数罪并罚，决定执行无期徒刑，剥夺政治权利终身，并处罚金人民币2000元。（2）被告人谢某春犯窝藏罪，判处有期徒刑3年。（3）被告人赵某军犯窝藏罪，判处有期徒刑1年。尽管此案早已终审而落下帷幕，但该案在审理过程中的定罪量刑适用问题，却值得进一步深思与探讨，这将会对以后司法人员审理相同案件有所裨益与借鉴。

（一）以危险方法危害公共安全罪与过失以危险方法危害公共安全罪的界定问题

被告人谢某某脱逃司法部门有效监管后，继续驾驶因撞击导致刹车失灵、方向跑偏的吊车闯入保定市七一路、军校广场等公共区域，并连续撞击4辆汽车，给不特定人人身安全造成危险，并使他人财产遭受重大损失。对此，法院认定：被告人谢某某明知刹车失灵，继续驾车执意闯入公共区域，其危害公共安全的主观故意明显，其行为已构成以危险方法危害公共安全罪；而谢某某及辩护人辩称其主观心态属过失，其辩护人提出其行为构成过失以危险方法危害公共安全罪的辩护意见。[①] 关于被告人谢某某驾吊车连续撞击4辆汽车行为，究竟是以危险方法危害公共安全罪还是过失以危险方法危害公共安全罪，这最终涉及构成要件上两罪的界定问题。

以危险方法危害公共安全罪与过失以危险方法危害公共安全罪都是以危险方法危害公共安全，具有一定的相似之处，二罪的主要区别如下。（1）成立条件不同。以危险方法危害公共安全罪是危险犯，只要行为人实施的危险方法足以危及公共安全的，即构成犯罪，不要求实际造成人员重伤、死亡或公私财产重大损失的严重后果。过失以危险方法危害公共安全罪是结果犯，只有行为人过失实施的危险方法行为导致了不特定或多数人重伤、死亡或公私财产的重大损失的，才构成犯罪。（2）主观方面不同。以危险方法危害公共安全罪的主观方面为故意，包括直接故意和间接故意；过失以危险方法危害公共安全罪的主观方面为过失，包括疏忽大意的过失和过于自信的过失。这是二罪的主要区别所在。

由于间接故意犯罪与过于自信的过失犯罪的区分本身是刑法理论与实践中

[①] 张娜：《保定驾车暴力冲监脱逃案昨日开庭》，载《燕赵都市报》2008年7月24日。

的一个重点和难点问题，实践中也难以区分间接故意的以危险方法危害公共安全罪与过于自信的过失以危险方法危害公共安全罪。对此，学界通说认为，如果行为人明知自己的行为会引起严重后果，而放任其发生，就应定以危险方法危害公共安全罪；反之，已经预见到可能发生而轻信能够避免以致引起严重后果的，就应当定过失以危险方法危害公共安全罪。此外，如果行为人对于过失而引起严重后果的危险能够及时补救或者消除，但故意不为应为的行为，放任危害后果的发生，则构成不作为的以危险方法危害公共安全罪，而不是过失以危险方法危害公共安全罪。① 其法理为：由于行为人先前行为引起高度危险状态发生，即产生了负有必须履行救济的特定义务，这种有能力、条件履行而不履行、能补救消除而不补救消除的情况，主观上应当属于间接故意。区分的关键在于行为人是否具备避免严重后果发生的主观与客观条件，是否利用了已经具备的有利条件为避免严重后果发生作出过努力。如果作了努力但未能补救消除的，则仍是过失以危险方法危害公共安全的犯罪。②

笔者认为，被告人谢某某驾吊车连续撞击4辆汽车，该行为应定以危险方法危害公共安全罪而不应定过失以危险方法危害公共安全罪，其关键理由在于：谢某某在驾驶吊车冲出监狱后，为尽快逃离现场，继续驾驶因撞击导致刹车失灵、方向跑偏的吊车沿七一路向东，经东苑街冲向人员、车辆较多的军校广场。在军校街便道上连撞4辆汽车后冲上广场草坪，然后弃车逃跑。"谢某某称自己并不想撞车，只是见后面有警车追，一心想逃跑。"③ 即在逃跑的过程中，只顾及自己尽快逃离，而将"不特定多数人的生命、健康或者重大公私财产的安全"置之不顾，这比较符合间接故意的以危险方法危害公共安全罪构成特征；却不符合过于自信过失的过失以危险方法危害公共安全罪所要求的"具备避免严重后果发生的主观与客观条件"。

（二）脱逃罪与暴动越狱罪的界定问题

暴动越狱罪，是指依法被关押的犯罪人、被告人、犯罪嫌疑人，在首要分子的组织、策划、指挥下，有组织、有计划，采用暴动的形式脱离监管场所的

---

① 丁天球：《危害公共安全罪重点疑点难点问题判解研究》，人民法院出版社2005年版，第201页。

② 倪泽仁：《暴力犯罪刑法适用指导》，中国检察出版社2006年版，第239～240页。

③ 马竟：《河北保定驾车暴力冲监犯谢万礼被判无期》，载《法制日报》2008年7月24日。

行为。① 本罪在客观方面表现为被依法关押者相互勾结，有组织、有计划地采用暴力动乱方式集体逃跑的行为。暴动，一般表现为聚众以暴力对监管人员施加殴打、杀害；毁坏甚至炸毁监狱围墙、大门；抢夺看守人员枪支、弹药或同看管人员、武警发生武装械斗、枪战等。本罪一般都是有密谋分工、有组织地发生暴动、实施越狱行为，属于必要的共同犯罪，即必须是3人以上才能构成本罪。如果是单独以暴力方式越狱脱逃的，或事先无通谋又互不知道对方的行为的同时犯，只能以脱逃罪论处，而不能以暴动越狱罪定罪。②

　　暴动越狱罪与脱逃罪存在一定的相似性，如两罪都属于纯正的身份犯；均系故意犯罪，均有逃避监管之企图；客观方面，两罪均表现为逃离羁押的行为；两罪都侵犯了司法机关的正常监管秩序。但两罪毕竟是性质不同的犯罪，有着明显的区别。（1）主体方面不同。尽管两罪都是特殊主体，但前罪只能聚众实施，而后罪则既可以单个人实施，也可以是两个以上的人或聚众共同实施。也就是说，从共同犯罪的角度讲，前罪是必要性共犯，而后罪则属于任意性共犯。（2）客观方面不同。前罪表现为以"暴动"方式越狱，而后罪者则一般是行为人乘人不备，秘密逃跑，当然使用暴力的情况也是有的，只是极少达到集体暴动的程度。"当在押人采用暴力手段集体逃脱监管羁押时，实际上是本罪与脱逃罪的法条竞合。在这种情况下，应根据特殊法优于普通法的原则，按照本罪定罪处罚。"③

　　被告人谢某某采用驾驶监狱内基建用的吊车暴力冲监的方式越狱脱逃，可谓是在客观方面符合暴动越狱罪的"暴动"方式越狱：即谢某某驾驶徐州QY12型吊车（起重12吨，自重16吨），加速冲向保定监狱南门，在连续冲破防暴门、A门、B门三道大门及铁艺围墙后冲出监狱，冲上公路。在强行冲监的过程中，值班狱警高某在上前拦阻时腿部被吊车划伤，经鉴定高某为轻微伤。监狱门及围墙损失总价值80101元。④ 但在主体方面却与暴动越狱罪的聚众实施不相符，只有被告人谢某某自己越狱脱逃。因此，对被告人谢某某不定暴动越狱罪而定脱逃罪，这是完全符合脱逃罪法条规定的。

---

　　① 鲜铁可编著：《妨害司法犯罪定罪量刑案例评析》，中国民主法制出版社2003年版，第69页。
　　② 李希慧主编：《妨害社会管理秩序罪新论》，武汉大学出版社2001年版，第292页。
　　③ 吴振兴主编：《刑法新立罪的理论与实务》（下卷），吉林大学出版社1998年版，第72页。
　　④ 汪洋：《河北囚犯开吊车暴力冲开监狱大门 被判无期》，载《燕赵晚报》2008年7月24日。

（三）以危险方法危害公共安全罪与脱逃罪能否按吸收犯处理问题

被告人谢某某最终被法院认定构成以危险方法危害公共安全罪与脱逃罪两罪，也许有学者认为，这两罪属于重行为吸收轻行为的吸收犯，应按照以危险方法危害公共安全罪吸收脱逃罪的结果，即以危险方法危害公共安全罪判处被告人谢某某刑罚。在刑法学界，关于吸收犯是否存在"重行为吸收轻行为"的吸收关系，已经得到多数学者的认同，例如，有学者认为，"吸收关系只有重行为吸收轻行为一种形式。重行为吸收轻行为，是指社会危害性大、罪质重、法定刑高的犯罪行为吸收社会危害性小、罪质轻、法定刑低的犯罪行为。"[1] 吸收的基本原则应当是重行为吸收轻行为（行为的轻重一般以行为所触犯的罪名之轻重进行判断，而罪名的轻重则以法定刑为准，若法定刑的上限相同，则以法定刑的下限的轻重为准），这样才能保证罪责刑相适应。[2] "衡量行为轻重的标准是行为的性质及社会危害性，也就是说，应当以犯罪性质较严重、社会危害性较大的重行为，吸收犯罪性质较轻、社会危害性较小的轻行为，而不论轻行为与重行为实施的先后次序。"[3]

但笔者认为，尽管以危险方法危害公共安全罪与脱逃罪两罪存在轻重关系，但却不宜按吸收犯处理，重行为吸收轻行为的吸收犯应予否定，其主要理由在于。（1）主张这一吸收形式，便混淆了刑法上罪的吸收（行为的吸收）与刑的吸收的界限。吸收犯作为一罪吸收他罪而成为实质上一罪的罪的吸收，与牵连犯等作为实质数罪处断上一罪的刑的吸收有本质的区别。如果将重罪吸收轻罪列为吸收犯的吸收形式，就是变相地主张吸收犯"从一重处断"，在本质上将其等同于处断上一罪的牵连犯。当然，在刑法理论上公认吸收犯与牵连犯存在差异，但也不可否认这两种罪数形态较难界定。有学者认为，"凡是存在手段行为与目的行为关系的，都以牵连犯论处为宜，这既符合牵连犯的一般理论，易于为大家接受，又便于法官裁判，具有较强的可操作性和实用性。对此类犯罪行为关系之判断，吸收犯学说既无必要，又造成判断困难，牵连犯则具有替代功能，又可以避免不必要的纷争。"[4] 应当说，此种观点在界定吸收犯与牵连犯两者关系时是可取的，但是必须附加一个前提性条件，即吸收犯限定于数个同一罪名而将牵连犯限定于数个不同罪名的前提下才能成立；否则，如果认为吸收犯也可以存在于数个不同罪名之间，而对存在手段行为与目的行为

---

[1] 张明楷：《刑法学》（上），法律出版社1997年版，第330页。
[2] 李文燕、杨忠民主编：《刑法学》，中国人民公安大学出版社2005年版，第185页。
[3] 赵廷光主编：《中国刑法原理》（总论卷），武汉大学出版社1992年版，第498页。
[4] 童伟华：《吸收犯学说述评》，载《华侨大学学报》（人文社科版）2001年第2期。

关系的情况就难以直接判定为是牵连犯,因为此种情形说它是吸收犯也不无道理。(2)主张这一吸收形式,便倒置了定罪和量刑的顺序。吸收犯中定一罪而排斥他罪,纯粹是从罪的性质上判断的,不包含量刑因素,它是按行为的性质而决定的前行为吸收后行为,与前后两行为所符合法条的刑罚轻重无关。这种不考虑量刑因素的定罪方法一般也不会脱离罪刑相适应原则,因为当后行为的性质加重时,前行为的性质一般也会跟着加重。当然,法条间刑度轻重的差距,也是个客观存在,但这只是立法上的缺陷,不能以司法去弥补。①

(四)谢某春、赵某军共同构成窝藏罪的适用问题

窝藏罪,是指明知是犯罪的人而为其提供隐藏处所、财物,帮助其逃匿的行为。窝藏犯罪是一种故意犯罪,"明知"是构成本罪的必要条件,是区分罪与非罪的关键,行为人要明知自己的窝藏行为是一种危害社会的行为,并且希望或者放任这种危害结果发生,才构成犯罪。② 明知是犯罪的人,包括行为人肯定对方必然是犯罪的人和只认识到对方可能是犯罪的人两种情形。所谓"肯定对方必然是犯罪的人",是指行为人根据有关事项(如对方明确告诉行为人自己杀了人、自己是越狱的逃犯等等),判断出自己所窝藏的对象肯定是犯罪的人无疑。所谓"认识到对方可能是犯罪的人",是指行为人根据有关事项(如神情异常等),认识到对方有可能是犯罪的人,但又无十足的把握。构成窝藏只要求行为人认识到对方可能是犯罪的人就够了,不要求其必须肯定对方是犯罪的人。③ 认定被告人谢某春、赵某军共同构成窝藏罪的关键也在于是否有主观上的"明知"。

本案认定被告人谢某春"明知"而构成窝藏罪毫无问题,因为2008年3月17日晚22时许,谢某某潜逃到廊坊市,借出租车司机的手机与其兄谢某春取得联系,二人在廊坊市燕南楼附近见面。此前,谢某春早已收到了警方的知会,明知其弟是监狱脱逃罪犯的情况下,仍赶到燕南楼与其见面,并替其支付了90元出租车费,并将其接到自己工作的煤场后面的荒地藏匿。④ 既然"谢某春早已收到了警方的知会,明知其弟是监狱脱逃罪犯的情况下,仍赶到燕南楼与其见面",并且"替其支付了90元出租车费,并将其接到自己工作的煤

---

① 苗有水:《论吸收犯的罪数本质及其基本形式》,载《国家检察官学院学报》1996年第3期。

② 汤晓安:《"合理怀疑"是否属于窝藏罪中的"明知"》,载《检察日报》2003年11月17日。

③ 吴占英:《妨害司法罪理论与实践》,中国检察出版社2005年版,第134页。

④ 《驾驶吊车暴力冲监脱逃案一审宣判谢万礼获无期徒刑》,载《保定晚报》2008年7月24日。

场后面的荒地藏匿"，当然属于"明知"而构成窝藏罪。至于在庭审过程中，谢某某的哥哥谢某春辩称，"没有报警而是选择带着弟弟前往张家口，并不是想协助他逃跑，而是要争取时间规劝弟弟去自首。自己所有的行为都是出自兄弟情，想为弟弟争取宽大处理的机会。"这更难成立。试问：如果真正想"要争取时间规劝弟弟去自首"、"为弟弟争取宽大处理的机会"，那为何"没有报警而是选择带着弟弟前往张家口"，选择"带着弟弟前往保定警方"不更好吗？可见，谢某春的用意显然是在于"协助他逃跑"。

但被告人赵某军作为谢某春的同事，事前并不知谢某某是监狱脱逃罪犯，更未收到"警方的知会"，对其能否认定"明知"而构成窝藏罪呢？答案当然是肯定的。理由在于："明知"从时间上看，一般是在开始实施窝藏行为之时已认识到对方是犯罪的人；在开始实施所谓的"窝藏"行为之时虽未认识到对方是犯罪的人，但行为人在发现对方是犯罪的人后仍然继续对其予以窝藏的，也构成窝藏罪。被告人赵某军，在谢某某上车之后约 20 分钟得知谢某某是监狱逃犯，当时他曾表示要回家，但被谢某春拒绝。赵某军辩称他是出于对谢氏兄弟的恐惧才没有逃跑和报警。据检察机关调查，谢某春曾对赵某军说这没他什么事，赵是出于对法律的无知才犯下了窝藏罪。对"法律的无知"并不等于对"窝藏行为的无知"，赵某军"在谢某某上车之后约 20 分钟得知谢某某是监狱逃犯，当时他曾表示要回家"，这表明当时赵某军在得知谢某某是监狱逃犯时并不想"协助他逃跑"，可惜"出于对谢氏兄弟的恐惧才没有逃跑和报警"。

案例8：李某军等以危险方法危害公共安全案
——以危险方法危害公共安全罪与重大责任事故罪的界限

一、基本情况

案　　由： 以危险方法危害公共安全
被告人： 李某军，原系平顶山市新华区四矿矿长。
被告人： 韩某军，原系平顶山市新华区四矿技术副矿长。
被告人： 侯某，原系平顶山市新华区四矿安全副矿长。
被告人： 邓某军，原系平顶山市新华区四矿生产副矿长。
被告人： 袁某周，原系平顶山市新华区四矿矿长助理。

二、诉辩主张

（一）人民检察院指控事实

河南省平顶山市人民检察院指控被告人李某军、韩某军、侯某、邓某军、袁某周的行为触犯了刑法第115条之规定，应以以危险方法危害公共安全罪追究其刑事责任。被告人李某军指使他人伪造事业单位印章，其行为触犯了刑法第280条第2款之规定，应以伪造事业单位印章罪追究其刑事责任。

（二）被告人辩解及辩护人辩护意见

被告人李某军及其辩护人辩称李某军构成重大劳动安全事故罪；被告人韩某军、侯某及其辩护人辩称韩某军、侯某构成重大责任事故罪；被告人邓某军及其辩护人辩称邓某军不构成以危险方法危害公共安全罪；被告人袁某周辩称责任小。

三、人民法院认定事实和证据

（一）认定犯罪事实

一审法院经审理查明：平顶山市新华区四矿为一私营煤矿，经煤炭监管部门批准进行技术改造，但一直以技改名义进行井下生产作业，且擅自延深井筒到实为高瓦斯煤层的己组煤层并形成生产系统。2006年之后，被告人李某军接任新华四矿矿长，被告人韩某军受让该矿股权并任技术副矿长，被告人侯某任安全副矿长，被告人邓某军任生产副矿长，被告人袁某周任生产矿长助理。2007年，该矿曾发生煤与瓦斯突出，属煤与瓦斯突出矿井，但仍违规按低瓦斯矿井管理。2009年年初，平顶山市新华区煤炭工业局多次到该矿检查，发现存在瓦斯传感器（俗称瓦斯探头）滞后、断线、位置不当等安全问题，责令限期整改。同年3月20日，河南省安全生产领导小组下发文件明确该矿为停工停产整改矿井，按照规定，整改期间每班最多入井23人，禁止生产。但新华四矿一直借入井整改隐患之名违法生产，每日三班，每班下井工人近百名。在长期技改和停工整改期间，被告人李某军、韩某军、侯某、邓某军明知该矿属于煤与瓦斯突出矿井，存在瓦斯严重超标等重大安全隐患，不仅不采取措施解决瓦斯超标问题，反而多次开会要求瓦斯检查员（以下简称瓦检员）确保瓦斯超标时瓦斯传感器不报警，否则予以罚款；指使瓦检员将井下瓦斯传感器传输线拔脱或置于风筒新鲜风流处，使瓦斯传感器丧失预警防护功能；指使他人填写虚假瓦斯数据报表，使真实瓦斯数据不能被准确及时掌握，有意逃避监管，隐瞒重大安全隐患；擅自开采己组煤层；以罚款相威胁，违规强令大批工人下井采煤。被告人袁某周明知井下瓦斯传感器位置不当，不能准确检测瓦斯数据，安全生产存在重大隐患，仍按照李某军、韩某军的安排，强行组织大批工人下井作业。

（二）认定犯罪证据

2009年9月5日，新华四矿发生冒顶。9月7日，新华区煤炭工业局下达限期整改通知书，禁止超员入井作业。9月8日，被告人侯某、袁某周等人强行组织93名矿工下井生产。井下因冒顶造成局部通风机停止运转，积聚大量高浓度瓦斯，瓦斯传感器被破坏无法正常预警，误导瓦检员送风排放瓦斯，使瓦斯浓度达到爆炸界限，煤电钻电缆短路产生高温火源引发瓦斯爆炸，致76人死亡、2人重伤、4人轻伤、9人轻微伤。事故发生后，被告人袁某周向李某军汇报，并和侯某等下井察看情况，组织自救。李某军、韩某军、邓某军也先后赶到现场，李某军向新华区煤炭工业局报告了事故情况。

另查明，被告人李某军指使他人私刻"河南理工大学印章"，伪造相关证照，骗领了新华四矿部分人员的矿长资格证。

四、判案理由

　　平顶山市中级人民法院经审理认为：被告人李某军、韩某军、侯某、邓某军为谋取非法暴利，拒不执行各级监管部门严禁组织生产、责令停工整改等一系列规定，在明知新华四矿存在瓦斯超标等重大安全隐患，随时可能发生瓦斯爆炸等重大事故的情况下，长期置井下矿工于无瓦斯预警防护的高度危险之中，并且还指使他人破坏瓦斯传感器，强令大批工人下井作业，导致瓦斯爆炸，造成严重伤亡事故，其行为构成以危险方法危害公共安全罪。被告人李某军还构成伪造事业单位印章罪。被告人袁某周作为新华四矿的生产矿长助理，明知新华四矿井下存在重大安全隐患，仍违反安全生产法规，强令他人违章冒险作业，因而发生重大伤亡事故，其行为已构成强令违章冒险作业罪。被告人李某军、韩某军作为新华四矿的矿长和实际持股人，享有煤矿的经营管理权，为谋取非法暴利，采取指使他人破坏瓦斯监测设备等危险手段，危害公共安全，造成了严重后果，犯罪性质特别恶劣，罪行极其严重，应依法严惩，但鉴于其主观上对危害结果的发生持放任态度，案发后又及时报告，积极抢救遇难矿工，对二被告人判处死刑，可不立即执行。被告人侯某、邓某军作为新华四矿主管安全或生产的副矿长，理应确保安全生产，却指使他人破坏安全生产设施，使工人长期处于高度危险状态，导致发生特大伤亡事故，亦应依法严惩，但鉴于二人受雇于李某军、韩某军，且在事故发生后积极实施抢救，根据二人在共同犯罪中的地位、作用，可酌情从轻判处。被告人袁某周作为生产矿长助理，违反规定，明知矿井存在重大安全隐患，仍轻信能够避免事故，违章组织超过技改矿规定的下井人数下井作业，最终导致76人死亡的严重后果，应依法惩处。

五、定案结论

　　河南省平顶山市中级人民法院依照《中华人民共和国刑法》第115条第1款、第134条第2款、第280条第2款、第25条第1款、第69条、第57条第1款、第64条之规定，作出判决如下：

　　1. 被告人李某军犯以危险方法危害公共安全罪，判处死刑，缓期2年执行，剥夺政治权利终身；犯伪造事业单位印章罪，判处有期徒刑2年；决定执行死刑，缓期2年执行，剥夺政治权利终身。

2. 被告人韩某军犯以危险方法危害公共安全罪，判处死刑，缓期2年执行，剥夺政治权利终身。

3. 被告人侯某犯以危险方法危害公共安全罪，判处无期徒刑，剥夺政治权利终身。

4. 被告人邓某军犯以危险方法危害公共安全罪，判处有期徒刑15年，剥夺政治权利5年。

5. 被告人袁某周犯强令违章冒险作业罪，判处有期徒刑13年，剥夺政治权利3年。

一审宣判后，五被告人均提出上诉。河南省高级人民法院经审理认为：原判认定事实清楚，定罪准确，量刑适当，适用法律正确，审判程序合法。各上诉人所提的上诉意见，经查均不成立，不予采纳。依照《中华人民共和国刑事诉讼法》第189条第1项之规定，裁定驳回上诉，维持原判，并核准对被告人李某军、韩某军的死刑，缓期2年执行，剥夺政治权利终身的判决。

六、法理解说

近年来，在我国一些地方严重矿难案件多发的背景下，2009年9月8日发生在河南省平顶山市的"9·8"矿难因直接造成76人死亡、10余人受伤的惨重后果而举国震撼。为严惩此类犯罪，切实维护人民群众的生命健康安全，2010年11月河南省平顶山市中级人民法院以"以危险方法危害公共安全罪"对本案的被告人定罪量刑。在此之前，司法机关对特大、重大矿难事故的矿主往往是以重大事故责任罪定罪量刑，而该罪的法定最高刑仅为7年有期徒刑。"9·8"矿难案件以其首次对此类案件适用"以危险方法危害公共安全罪"而受到社会各界的强烈关注。相对于重大事故责任罪最高法定刑7年有期徒刑而言，以危险方法危害公共安全罪的法定最高刑是死刑。两罪的法定最高刑之所以差异巨大，主要是由于行为人的主观罪过形式不同，反映出行为人的人身危险性和主观恶性不同。本案的司法裁判从强调刑事法律对民生的保护入手，严格遵循我国刑事法中的主客观相统一原则和罪责刑相适应原则，严把事实关、证据关，既贯彻落实了宽严相济刑事政策，进一步推进了我国刑事法治，又进一步加大了对矿难犯罪的打击力度。

以危险方法危害公共安全罪与强令违章冒险作业罪、重大责任事故罪、重大劳动安全事故罪都属于危害公共安全的犯罪，一般情况下，这几个罪名比较容易区分，但当行为发生在矿山、矿井等生产领域时，就会产生争议。传统上对于生产作业人员或管理人员的违章行为导致人员伤亡或财产损失后果发生的，都是按事故犯罪处理。但随着经济发展，出现一些矿主为牟取暴利，无视法律、逃避监管、肆意破坏生产安全保护设施，给人民群众的生命财产安全造成极其严重的危害后果，再按一般事故犯罪处理，明显违背了罪责刑相适应的原则。结合本案案情，对于发生在生产领域内的以危险方法危害公共安全罪、强令违章冒险作业罪等事故犯罪从主观罪过的认定和客观表现方面进一步作出区分，对于实践中正确适用法律具有重要指导意义。

（一）李某军等人应当定性以危险方法危害公共安全罪的理由

1. 李某军等人的行为符合了危害公共安全罪的本质特征

每一次重大责任事故发生都危害极大，动辄死伤多人，给社会生产、生活和矿工生命安全造成巨大损害。尤其矿难事故严重影响社会秩序，生产和工作秩序以及生活秩序，增加社会不稳定因素。遇难的矿工，多半都是家庭贫困的农民工，一旦发生事故，必将给家庭造成毁灭性影响，如果未能妥善处理好善后问题，必将造成当事人或其家属上访、聚众围堵等问题。另外，矿难事故发生后，相关部门没有针对事故发生的原因和隐患采取适当的安全补救措施，规章制度依旧，这种混乱状态严重影响了矿工的工作情绪和工作态度。因此，增加了社会不安定因素，严重影响了正常生产、生活秩序。正确裁判有助于充分发挥刑法保护矿工的人身权利、维护公共安全的功能，也积极贯彻了宽严相济的基本刑事政策。这对于进一步推进我国刑事法治和构建和谐社会、重视以人为本，具有重要意义。①

刑法第114条、第115条规定的以危险方法危害公共安全罪，其最本质的特征是不特定或多数人的生命、健康、重大公私财产的安全，这在矿难事故中表现为使不特定或多数矿工的生命、健康，以及重大公私财产的安全受到侵害。其中的"不特定"，是指被告人对实施的危险行为将会造成的损害程度无法准确预料，同时指被告人对自己已实施的危险行为将造成的危害范围和数量无法控制。李某军等人自2006年12月至2009年9月5日期间实施的危险行为，长期以来他们都是心存侥幸，没有也不可能准确地预料由此造成的安全隐患何时能够变成现实，没有也不可能有效地控制瓦斯爆炸的范围和程度。本案的事实已经证明，93名矿工的伤亡后果是李某军等人事先无法准确量化和控制的。②

---

① 张伟：《论以危险方法危害公共安全罪的司法界定与运用》，载《公民与法》（法学版）2010年第8期。

② 刘德法：《平顶山"9·8"矿难案的法理分析》，载《河南法制报》2010年11月22日。

2. 李某军等人的行为属于以危险方法危害公共安全的"危险方法"

是否具备以危险方法危害公共安全的"危险方法",这是界定能否构成以危险方法危害公共安全罪客观要件上的关键。被告人李某军等人所实施的破坏瓦斯探测设备等重要安全措施的行为属于以危险方法危害公共安全罪的行为。李某军等四人行为的实质是破坏井下安全生产系统,将井下矿工置身于高瓦斯环境而无瓦斯预警防护的高度危险之中,在极大程度上增加了发生瓦斯爆炸的可能性,将潜在的风险转化成了现实的危险,并通过经济处罚等强迫手段,组织90多名工人下井作业,爆炸发生必然导致不特定多数人伤亡,其行为的高度危险性,与放火、决水、爆炸等危害行为相当,属于以危险方法危害公共安全的行为。

本案中认定被告人李某军、韩某军、侯某、邓某军的行为属于"以其他危险方法危害公共安全的行为",理由如下:(1)新华四矿属于煤与瓦斯突出矿井,虽有一定的危险,只要遵循国家关于这类矿井的建设和安全生产管理规章,一般情况下就不会发生事故,也即这种"危险"是一种潜在的、可避免的隐患,不具有现实性。(2)被告人李某军、韩某军、侯某、邓某军四人作为煤矿管理人员,在生产管理活动中不仅不采取措施消除瓦斯隐患以避免危害结果的发生,反而实施了以下增加危险的行为:要求瓦检员在瓦斯超标时不准报警;指使瓦检员将井下瓦斯传感器传输线拔脱或置于风筒新鲜风流处,使瓦斯传感器丧失预警防护功能;指使他人填写虚假瓦斯数据报表,逃避监管部门的监管。这些行为都是一种作为,是对井下矿工生命安全系统的主动破坏,是不应为而为,而不是简单的不遵守规章制度的行为。(3)李某军等人的行为使煤矿井下预防瓦斯爆炸的三个环节全部丧失功能,危害性极大。首先,瓦斯探测设施被破坏后不能正常预警,企业本身就失去了预测和防范瓦斯隐患的可能性,瓦检员正是因为受错误的瓦斯探测数据误导,没有发现瓦斯严重超标,直接启动通风机排放瓦斯,致使井下的瓦斯浓度达到了爆炸界限并最后发生爆炸事故;其次,瓦斯探测器被破坏和虚假的瓦斯报表使得监管部门得不到准确的瓦斯监测数据,无法在瓦斯超标时当即实施通知撤人、关井、断电等措施;最后,瓦斯探测系统被破坏,也使得井下工人无法得到实时的瓦斯报警信息,也就不可能采取停止生产并撤回井上等自救行为。

3. 李某军等人的主观心理态度是间接故意

煤矿管理人员对瓦斯爆炸的发生虽然不是积极追求的态度,但其为了追求暴利而心存侥幸,放任了这种结果的发生,主观上属于间接故意,而不是过于自信的过失。一般认为,间接故意是行为人认识到其行为有导致危害结果发生的可能性,并且以认可的态度予以容忍,或者即使这种后果非行为人所愿,至少为了原定目标而予以接受。尽管行为人不希望结果发生，但这只是一种心存侥幸，只是寄希望于意外而相信结果不会发生。而过于自信的过失，是行为人认识到结果发生的可能性，但不同意其发生，且真的相信结果不会发生，而不是不太明确地相信不会发生构成要件结果。过于自信的行为人不是心存侥幸，而是依据一定的客观条件或采取一定的避险措施，使其相信不会发生危害后果。如果行为人不但不针对危险采取必要措施防止或消除危险转变为实害的可能性，反而对客观上原本存在的避免危害后果发生的安全设施实施破坏，进一步加剧了危害后果发生的可能性，则应认定其主观上对危害后果的发生是一种放任的态度，是间接故意。

具体到本案中，被告人李某军等人作为煤矿的所有人或管理人员，基于利害关系，确实不希望发生爆炸后果，但不希望不等于不放任，对其主观罪过评价为间接故意，主要有以下理由：（1）新华四矿擅自开采属于高瓦斯煤层的己组煤层，且曾发生过煤与瓦斯突出，属于煤与瓦斯突出矿井，但却一直按低瓦斯矿井的标准进行建设和管理，在这种情况下，被告人李某军等人又通过指使他人破坏井下瓦斯探测设备等手段逃避监管。作为长期从事煤矿管理的人员，李某军等人对煤矿井下瓦斯超标的危害性有具体认识的能力，完全能够认识到其行为导致发生瓦斯爆炸事故的高度可能性。（2）间接故意中的放任，可以是为了实现一个犯罪目的而放任其他危害后果的发生，也可以是为了实现一个非犯罪目的而放任其他危害后果的发生。被告人不希望发生爆炸后果，那么只要停止实施破坏瓦斯监测设备和强令工人下井作业的行为，危害结果自然不会发生。但李某军等人为了追求煤炭生产的巨额利润，又想实施可能会引起这种结果发生的行为，从其多次接到停工通知仍违法违规作业，多次接到调度员瓦斯超标报告仍敷衍了事、继续作业等表现可见，其思想斗争的结果是仍然执意实施该行为，说明其主观心理上认为实现他的暴利目的比防止事故结果发生更为重要，其为谋取不法暴利完全不顾矿工死活，对危害结果的不希望意志形态已经转化为对危害结果的发生听之任之的意志形态，即放任危害后果的发生。（3）新华四矿在案发前刚发生冒顶事故、局部通风机停止运转、没有风电锁闭及瓦斯电锁闭装置，在这种情况下生产作业，瓦斯爆炸的发生具有高度盖然性，客观上并不存在任何可以使李某军等人自信可以避免危害结果发生的合理依据，而且被告人也没有采取任何避免爆炸发生的措施，只是寄希望于意外而相信结果可能不会发生，而不是相信结果真的不会发生，其主观上不属于过于自信的过失。

毫无疑问，河南省高级人民法院以"故意犯罪"为该案定性，这是正确的，其根据有如下三点：（1）该矿负责人是熟悉煤矿安全生产知识与要求而故意违反的。发生特大伤亡事故的平顶山市新华区四矿，属于矿山企业，依照法律规定，其主要负责人的安全生产知识和管理能力，是已经考核并且成绩合格的，否则他们便不会被委以管理煤矿之重任。（2）平顶山"9·8矿难"是该矿在停产整顿期间私自组织生产时发生的。按规定，平顶山市新华区四矿停产整顿期间，每天只允许5个人下井从事维修及合于整顿性要求的工作，绝对不允许组织生产。而该矿负责人却强令90余人冒险下井采煤，显然他们对该矿难之发生存在着纵容的故意。（3）该矿负责人指使瓦检员将井下瓦斯传感器传输线拔脱，或置于风筒新鲜风流处，使瓦斯传感器丧失预警防护功能，这更属于故意犯罪。该矿属于高瓦斯矿井，及时排除瓦斯，是安全生产的极重要内容。而该矿负责人故意将瓦斯监控系统破坏，置职工于极危险环境中，这一犯罪行为无疑主观上是处于故意状态的。按照刑法理论，明知存在重大安全隐患，而为攫取巨额利润放任事故发生，这种犯罪，属于间接故意犯罪。平顶山煤矿负责人故意实施破坏瓦斯监控系统的行为，使之失去监控功能，在瓦斯浓度达到爆炸临界浓度之危险状态时，职工不能避险，而致不特定人群遭受生命危害，所以，法院定为"以危险方法危害公共安全罪"是罪适其法的。①

平顶山"9·8"矿难一案确实存在着与以往矿难案件不同的特殊事实。对于煤矿事故而言，之所以发生众多矿工遇难身亡，通常存在私挖乱采、冒险作业、违规生产、管理缺失、防范不力、设备老化、拒不整改等原因，这些原因一般表现为管理人员或相关责任人疏于职守不履行应尽的义务、过于自信冒险违规生产、对于整改要求却利欲熏心置若罔闻，其中的一个共性特点，就是其危害行为呈现出该为而不为的不作为方式。平顶山"9·8"矿难的发生，虽然存在着巷道内破损的煤电钻电缆短路产生高温火源引起瓦斯爆炸的客观原因，但是，该矿难的发生主要是由于被告人指使实施的人为破坏行为：要求瓦斯检查员将井下瓦斯传感传输线拔脱或置于新鲜风流处，故意使瓦斯传感器丧失预警防护功能。被告人实施这种行为，并无法律根据且无任何法律授权，而是一种法律禁止的极为险恶的行为，破坏瓦斯传感器的行为已经将井下作业的矿工推向了死亡的边缘，实施这样的行为显然具有极大的危险隐患，被告人明知这样做也是按照煤矿生产的一般要求不应当实施的行为，但他们却敢于冒天下之大不韪，一意孤行地积极地实施了这种危险行为。因此，李某军等人的行为表现为一种不该为而故意违背法律、操作规程积极实施的作为方式。正是由于该案在矿难原因方面的特殊性，也就决定了平顶山"9·8"矿难在司法处

---

① 秦中忠、周英锐：《平顶山"9·8矿难"终审判决的标本意义》，载《天津市工会管理干部学院学报》2011年第1期。

理上不同于一般矿难事故的判决结果。①

（二）李某军等人的行为能否定性为重大责任事故罪问题

有学者认为，应对李、韩二人判处重大责任事故罪。刑法上的犯罪构成要件包括四个方面：犯罪的客体、犯罪的客观方面、犯罪的主体、犯罪的主观方面。认为李、韩二人构成重大责任事故罪的学者和法律工作者们认为，李、韩二人的行为完全符合重大责任事故罪的构成要件，应当认定为重大责任事故罪并处以相应的刑罚。学者们认为，二人作为平顶山新华四矿的主要负责人，强令本矿矿工下井作业，该行为已经明显威胁到了生产、作业中的公共安全，完全符合重大责任事故罪的客体要件。在犯罪客观方面，李、韩二人在明知该矿属于煤与瓦斯突出矿井，存在瓦斯严重超标等重大安全隐患的情况下，强令大批工人下井采煤，造成危害结果的发生，认为该二人的行为完全符合重大责任事故罪的客观方面的要求。李某军、韩某军、侯某及邓某军作为新华四矿的主要负责人及组织指挥人员，违反安全管理规定，并且造成了十分严重的危害结果，可以成为重大责任事故罪的主体。本案中的被告虽然明知自己的行为违反了安全管理规定，但是轻信可以避免危害结果的发生，为了一己私利仍然为之，其主观心态明显属于过于自信的过失，符合本罪的主观要件。②

笔者认为，由于李某军等人的主观心理态度不完全符合重大责任事故罪的构成要求，因此，不宜采用重大责任事故罪的罪名来定罪量刑。"9·8"平顶山矿难案，为什么以以危险方法危害公共安全罪定罪，而不以重大责任事故罪定罪，关键在于李某军等4名被告人的主观心态。这两罪都属于结果犯，在客观方面都必须以"发生重大伤亡事故或者造成其他严重后果"为构成要件。③但关键在于支配或者导致这种危害结果的心理态度是间接故意还是过于自信的过失。具体理由是：

1. 重大责任事故罪的罪过形式只能是过失。我国刑法理论界存在过失说、间接故意与过失和间接故意的复合罪过等观点。重大责任事故罪的罪过形式只能是过失，间接故意不属于本罪的罪过形式，复合罪过也并无存在的基础。（1）根据刑法第14条、第15条关于罪过中的认识对象的规定，在故意犯罪

---

① 刘德法：《平顶山"9·8"矿难案的法理分析》，载《河南法制报》2010年11月22日。

② 张伟：《论以危险方法危害公共安全罪的司法界定与运用》，载《公民与法》（法学版）2010年第8期。

③ 黄德林、陈美玲：《试析矿难事故中矿主刑事责任的追究》，载《理论月刊》2006年第9期。

中，行为人明知会发生并且希望或放任发生的是危害结果；在过失犯罪中，行为人应当预见到可能发生，因为疏忽大意而没有预见，或者已经预见而轻信能够避免的，仍然是指危害结果。故意犯罪与过失犯罪的根本区别在于行为人主观上对危害结果的认识及所持的态度不同，而不是对行为本身的认识。认为重大责任事故罪的主观形式可以有间接故意，就是因为他们将行为人对违章行为的认识和态度与行为人对危害结果的认识及态度相混淆了。① （2）从"事故"一次的含义中，分则条文中有许多罪名中含有"事故"一词，比如重大飞行事故罪、交通肇事罪、重大劳动安全事故罪以及工程重大安全事故罪等等，这些条文的一个共同特征就是对于罪状的描述是客观的，没有明确表达行为人主观过错的语句。然而，无论在理论上还是实践中，这种事故类犯罪几乎一概被认为是过失犯罪，究其原因，就在于对于"事故"一词的理解。②

重大责任事故罪的行为人对危害结果的发生是一种过于自信的过失；而以危险方法危害公共安全罪则是间接故意。本案中，李某军等人对矿难的发生显然不具有希望和追求的心态，不是直接故意。因此，本案定性的关键在于李某军等人对矿难的发生是否成立间接故意。对此，答案是肯定的。（1）李某军等人对"9·8"矿难的发生具备明知的要素。李某军等人非常清楚地知道，发生"9·8"矿难的新华四矿处于技改阶段，没有安全生产许可证，且营业执照、煤炭生产许可证均已过期，并被河南省安全生产领导小组明令为停工停产矿井，而且在事发前3天，该矿还发生冒井，并为此收到限期整改通知书。因此本案中，李某军等人对新华四矿存在的重大安全隐患及矿难发生的可能性在其主观上是明知的。（2）李某军等人放任了矿难的发生。在明知新华四矿存在重大安全隐患的情况下，李某军等人不仅没有采取有效的措施防范矿难的发生，反而通过种种手段逃避监管，多次要求瓦斯检查员确保瓦斯超标传感器不报警，指使检查员将井下瓦斯传感器传输线拔脱或置于风筒新鲜风流处，从而使瓦斯传感器丧失预警防护功能，指使他人填写虚假瓦斯数据报告表，使真实数据不能被准确及时掌握，并强令大批工人下井采煤。李某军等人的种种积极作为，促成了矿难的发生，其主观上的放任心态明显。③

2. 界定重大责任事故罪与以危险方法危害公共安全罪的主观心理态度，

---

① 刘守芬、申柳华：《重大责任事故罪罪过形式研究》，载《法学论坛》2006年第1期。
② 杨冬敏、崔萌：《重大责任事故罪的主观方面》，载《法学理论》2010年第9期。
③ 赵秉志：《略谈平顶山"9·8"矿难案的定罪量刑》，载《人民法院报》2010年12月2日。

主要是明确间接故意与疏忽大意的过失、过于自信的过失的界限。在明确疏忽大意的过失与间接故意的界限方面：疏忽大意的过失是应当预见而没有预见，而间接故意则是明知自己的行为可能发生社会危害结果。这两种主观心态比较容易区分，一种是不知道会发生这种危害结果，另一种是明知会发生这种危害结果。由于这两种主观心态比较容易区别，故发生矿难后，对事故责任人的定罪不容易出现混淆。比如出现了某种塌方的征兆，矿领导没有发现这种征兆，命令井下工人继续作业，导致了矿难的发生，就属于疏忽大意的过失。已经察觉到这种征兆，根据以往经验必然会出现塌方的结果，如果单纯为追求经济利益，对这种结果根本不予考虑，仍然让井下工人继续作业的话，显然不属于疏忽大意的过失，应当属于间接故意。

在明确过于自信的过失与间接故意的界限方面：两者的关键区别在于对危害结果的态度。前者是轻信不放任，对发生社会危害结果存在侥幸不发生的心理；后者则是在明知会发生危害结果的情况下，对发生的社会危害结果根本不予考虑，任其发生。比如煤矿虽然有瓦斯监测达到某一数值后应立即停产撤出生产人员的规定，某矿几次出现过这次情况后，从未出现过安全事故，责任人以为达到这一数值后不会发生瓦斯爆炸，片面命令井下工人继续生产，却导致了矿难的发生，就应当属于过于自信的过失。如果是为了提高煤炭产量人为大幅度调高了瓦斯检测数值，致使瓦斯含量早已超过爆炸极限也不能被检测出来，应当认为责任人明知这种行为会产生瓦斯爆炸的危害结果，而放任了这种结果的发生。如果认为这种行为也属于过失的话，是令人难以置信的。首先，这种行为不是疏忽大意的过失。疏忽大意的过失是应当预见而没有预见，因为责任人已经预见到瓦斯含量很高会发生爆炸的结果，不属于此种过失。其次，不能认为这种行为是过于自信的过失。过于自信的过失是轻信会避免瓦斯爆炸，瓦斯含量超过临界值很高，发生爆炸是很难避免的，对于一个专业技术人员来讲，已经知道爆炸几乎不可避免，怎能还轻信这种结果不发生？

过于自信的过失与间接故意存在一定的相似性，主要表现为以下两点：（1）责任人对自己行为可能导致的社会危害结果，过于自信是"已经预见"到可能发生，而间接故意则是"明知"会发生，两者都含有"知道"的成分，只不过程度不同，因而具有"知道"的相似性。（2）其动机与目的都不是希望直接发生社会危害结果，前者认为可以避免，后者则采取放任的态度，因而具有"不希望"的相似性。这两种主观心态存在一定的相似性，在对责任人定罪时，有可能造成混淆，比较难以把握。对矿难事故责任人定罪时，一定要严格把握责任人这两种主观心态。过于自信过失的特点是轻信能够避免，责任人认为自己行为会导致社会危害结果的发生，但不是必然导致发生。所以，发生重大矿难事故后，如果根据肇事责任人应当认知的水平，认为实施某行为时不是必然发生，可以避免危害结果发生的理由成立，主观方面应当属于过于自信的过失。间接故意则是明知会发生社会危害结果，却根本不予以考虑。发生重大矿难事故后，根据责任人应当认知的水平，知道自己行为导致矿难发生几乎不可避免的话，其主观方面应当属于间接故意。

"河南新华四矿特大矿难事故案"之所以引起广泛争议，关键就在于对责任人的主观心态难以认定。该案李某军和韩某军身为矿领导，如果只是知道可能发生瓦斯爆炸，不是必然爆炸，其主观心态应为"过于自信的过失"，应构成"重大责任事故罪"。如果根据责任人应当的认知水平，组织工人生产时已经或应当知道瓦斯爆炸几乎无可避免，其主观心态为"间接故意"，应构成"以危险方法危害公共安全罪"。在认定具体罪名时，应严格掌握构成危害公共安全罪的特定要件，不能盲目地予以扩大解释，也不能任意缩小其范围，避免此罪与彼罪的混淆。矿难事故责任人是否构成"重大责任事故罪"，需要准确把握其主观方面的两个基本特征：（1）矿难事故责任人不遵守有关安全规定的行为，无论是由于"过失"还是"故意"均不影响对该罪的定性。即根据刑法第134条的规定，矿难事故责任人只要在生产、作业中违反了有关安全管理的规定，并且发生了重大伤亡事故或者其他严重后果，就有可能涉嫌"重大责任事故罪"。（2）矿难事故责任人对社会危害结果所持的心理态度应严格界定为过失，这是"重大责任事故罪"定罪的关键。如果主观方面不是过失，比如故意夺去众多矿工性命的话，以"重大责任事故罪"处罚显然是不妥当的。①

（三）李某军等人的行为能否定性为"强令冒险违章作业罪"问题

1. 李某军等人的行为不应定性为"强令冒险违章作业罪"

北京尚权律师事务所张青松律师认为，本案以"强令违章冒险作业罪"追究责任更为恰当。"强令违章冒险作业罪"是明知作业条件违反有关安全管理规定，继续作业可能会产生危险，但是却强制命令他人冒险工作的行为。该罪行为人主观上很复杂，其"强令"行为显然是故意的，但是对危害后果上表现为过失，其深层的心态往往是因为"追逐利益"或者"追求业绩"而漠视生命的安全。而"以危险方法危害公共安全罪"是故意犯罪，这种故意表现为对危害后果的明知，即明知自己的行为会导致他人生命和健康受到侵害，却放任甚至追求这种危害结果的发生，其内心一般基于对社会的不满、仇恨或

---

① 李红钊：《论重大矿难事故的刑事司法认定》，载《公民与法》（法学版）2011年第8期。

者其他超乎寻常的心态。因此，除非法院有充分的证据证明本案的几个被告人对危害后果明知，否则，认定"以危险方法危害公共安全罪"，值得商榷。①

"强令违章冒险作业罪"初设于《刑法修正案（六）》第1条："在生产、作业中违反有关安全管理的规定，因而发生重大伤亡事故或者造成其他严重后果的，处三年以下有期徒刑或者拘役；情节特别恶劣的，处三年以上七年以下有期徒刑。强令他人违章冒险作业，因而发生重大伤亡事故或者造成其他严重后果的，处五年以下有期徒刑或者拘役；情节特别恶劣的，处五年以上有期徒刑。"2007年11月的最高人民法院、最高人民检察院《关于确定罪名的补充规定（三）》将此条第2款解释为"强令冒险违章作业罪"，而此条第1款仍为"重大责任事故罪"，由此可以看出，在《刑法修正案（六）》修改、拆分之前，"重大责任事故罪"的罪状中包含着"强令违章冒险作业罪"的基本内容，即"工厂、矿山、林场、建筑企业或者其他企业、事业单位的职工，由于不服管理、违反规章制度，或者强令工人违章冒险作业，因而发生重大伤亡事故或者造成其他严重后果的"；但是，在《刑法修正案（六）》修改、拆分之后，原刑法第134条由一款分为两款，使得第1款"重大责任事故罪"与第2款"强令违章冒险作业罪"两罪相互并列，而不再属于"重大责任事故罪"能够涵盖"强令违章冒险作业罪"的包容关系了。

"重大责任事故罪"与"强令违章冒险作业罪"的主体是否等同呢？有学者认为，法条并未明确规定"强令违章冒险作业罪"的主体。但由于本罪仍然属于责任事故类犯罪，而且是从原重大责任事故罪中分离出来，故其主体应当与原来的"重大责任事故罪"一样。即，本罪的主体是在生产经营过程中直接从事生产经营或者直接指挥生产经营的人，同时，该生产经营单位的性质不影响本罪的认定。也就是说，该生产经营单位是国有、集体所有、个体经营、合伙经营，甚至是无证照经营的，都符合本罪主体范围的规定。② 但是，司法解释却区分了"重大责任事故罪"与"强令违章冒险作业罪"的主体：2007年2月28日，最高人民法院、最高人民检察院联合发布的《关于办理危害矿山生产安全刑事案件具体应用法律若干问题的解释》第1条将"重大责任事故罪"的主体解释为"包括对矿山生产、作业负有组织、指挥或者管理职责的负责人、管理人员、实际控制人、投资人等人员，以及直接从事矿山生产、作业的人员"，第2条将"强令违章冒险作业罪"的主体解释为"包括对矿山生产、作业

---

① 马建忠：《矿难首例"以危险方法危害公共安全罪"引争议》，载财新网，2010年11月18日。

② 解春：《强令违章冒险作业罪研究》，载《中国商界》2008年第7期。

负有组织、指挥或者管理职责的负责人、管理人员、实际控制人、投资人等人员"。两条款的主要差异是有无"直接从事矿山生产作业的人员","重大责任事故罪"的主体范围是包括在内的,而"强令违章冒险作业罪"的主体范围则不包括在内。

1997年刑法中"重大责任事故罪"的罪过形式,通说认为是过失,但修改后"强令违章冒险作业罪"的罪过形式,可分为故意说、过失说与复合罪过三种不同的观点。① 过失说的主要理由是:强令违章冒险作业罪的主观方面可以是过失。强令他人违章冒险作业完全可以包括行为人应当预见其在生产、作业中强令他人违章冒险作业的行为所造成的重大伤亡事故或者造成其他严重后果,但因为疏忽大意而没有预见,或者已经预见而轻信能够避免的情形。强令违章冒险作业罪的主观方面还包括间接故意。直接指挥和管理生产、作业活动的人员在他们强行命令他人违章冒险作业之时,实际上可能已经明知自己的行为很有可能发生严重的伤亡事故或者其他严重后果,但是为了片面追求高额利润这个非犯罪目的,而放任这些危害结果的发生。所以,很明显,他们所持的心理态度是间接故意。可以看出他对可能造成工人死伤的严重后果是明知的,但他并不采取积极措施,而是放任死伤事故的发生。②

2. 被告人袁某周的行为应定性为"强令违章冒险作业罪"

生产指挥人员强令工人违章冒险作业,造成严重后果,无疑应当承担强令违章冒险作业罪的刑事责任,但是,被强令的工人是否也应当对其造成的严重后果承担刑事责任呢?学者有不同认识。有学者认为,被强令者如果按照指挥者的指挥、安排,违章作业,导致重大事故或者严重后果发生的话,其行为也应当以犯罪论处,即构成重大责任事故罪。这种观点认为,一方面被强令者本身并未达到丧失意志自由的程度,仍然按照自己的选择实施了危害社会的行为,理应承担刑事责任。另一方面本罪是过失犯罪。根据我国刑法的规定,过失犯罪不存在共同犯罪,强令违章作业的人员与强令者之间不是被胁迫参加犯罪的人与胁迫者的关系,二者不属于共同犯罪,应当分别论处。③ 还有的学者认为,当确定被强令的工人由于受到强令者的违章冒险作业的命令而与所造成

---

① 单民、丁英华:《和谐社会视野下的刑法现实问题》,载《检察日报》2007年10月25日。

② 马长生、田兴洪等:《责任事故犯罪热点问题研究》,湖南师范大学出版社2010年版,第145~146页。

③ 刘志伟主编:《危害公共安全犯罪疑难问题司法对策》,吉林人民出版社2001年版,第407页。

严重后果有因果关系时，被强令的工人无论有无认识到强令者的强令是否属于违章冒险作业，只要是如实执行了强令者的强令，即可不承担刑事责任，而完全由强令者承担刑事责任。这种观点认为，被强令者的行为属于执行强令者的命令，在刑法理论中一般列为免责性的正当行为，不承担刑事责任。因被强令违章作业的工人已基本丧失了意志自由，因此不能追究其刑事责任。①

笔者认为，被强令者是否应当承担刑事责任，不能片面地认定，而应结合具体案件中强令者表现的强令程度，具体情况具体对待。强令程度是指强令者对被强令者施加命令时的强烈程度。②若强令者实施的是一般性命令，即强令者仅仅依仗自己的身份明确作出表示，这种命令表面看平常无奇，没有强烈语气，没有威胁言辞，没有暴力行为，而仅仅依仗身份背后的权力刚好对被强令者产生执行力，并未强烈到剥夺被强令者的意志自由，被强令者在一般性命令下仍有一定的意志自由存在并具备一定的反抗空间，但却实施了冒险作业活动，导致了重大责任事故的发生，应当承担刑事责任。此外，从刑事政策上看，被强令者服从于上级或雇主的命令，他的服从行为是一种自保行为，他所要保护的是个人利益，他应当认识到，他的服从，即他的违章冒险，有可能造成安全事故，导致重大后果，危害公共安全，为了个人的工作利益而牺牲社会公共利益，若此种行为不受到刑事处罚，则会减弱刑法的一般预防效果，导致法律适用上的不平等。因而，对此种行为，法律不能予以谅解、同情。③

被告人袁某周原系平顶山市新华区四矿矿长助理，因而属于强令违章冒险作业罪主体解释范围内的"对矿山生产、作业负有组织、指挥或者管理职责的负责人、管理人员"。同时，虽然作为平顶山市新华区四矿矿长助理，其直接受命于平顶山市新华区四矿副矿长李某军、韩某军、侯某、邓某军等四人，但此种"被强令者"并未达到丧失意志自由的程度，仍有一定的选择自由，而被告人袁某周选择的绝对服从李某军等人的命令："袁某周明知井下瓦斯传感器位置不当，不能准确检测瓦斯数据，安全生产存在重大隐患，仍按照李某军、韩某军的安排，强行组织大批工人下井作业。2009年9月5日，新华四矿发生冒顶。3天后，侯某、袁某周等人在收到限期整改通知书的第二天，仍强行组织93名矿工下井生产。由于井下因冒顶造成局部通风机停止运转，积聚大量高浓度瓦斯，而瓦斯传感器被破坏无法正常预警，煤电钻线路短路产生

---

① 尉文明：《论重大责任事故罪》，载《山西省政法管理干部学院学报》1999年第1期。
② 刘雪梅：《解读刑法修正案（六）对责任事故犯罪的修正》，载《邵阳学院学报》2006年第6期。
③ 李赪：《强令违章冒险作业罪若干问题研究》，载《天中学刊》2009年第4期。

高温火源引发瓦斯爆炸,致76人死亡、2人重伤、4人轻伤、9人轻微伤。"①综之,被告人袁某周是在明知煤矿存有重大安全隐患的情况下,强令工人下井作业,其行为符合强令违章冒险作业罪的构成特征。

---

① 韩景玮等:《平顶山矿难以危害公共安全罪追责开全国先河》,载《大河报》2010年11月17日。

案例9：刘某研制、生产"瘦肉精"危害公共安全案

——以危险方法危害公共安全罪与非法经营等罪的界限

一、基本情况

案　　由： 以危险方法危害公共安全

被告人： 刘某，男，1968年8月20日出生，汉族，大专文化程度，个体工商户，捕前住湖北省襄阳市襄城区某巷某小区某号。因涉嫌非法经营犯罪，于2011年3月24日被刑事拘留，同年3月31日被逮捕。

被告人： 奚某杰，男，1983年10月26日出生，汉族，中专文化程度，个体工商户，捕前住江苏省常州市某区某镇某村某号。因涉嫌非法经营犯罪，于2011年3月29日被刑事拘留，同年4月27日被逮捕。

被告人： 肖某，男，1968年5月25日出生，汉族，高中文化程度，个体工商户，捕前住河南省洛阳市某区道北路某号。因涉嫌非法经营犯罪，于2011年3月23日被刑事拘留，因涉嫌生产、销售有毒、有害食品犯罪，于同年3月26日被逮捕。

被告人： 陈某伟（化名刘某业），男，1974年11月10日出生，汉族，大学文化程度，个体工商户，捕前住河南省郑州市某区某路阳光家苑某号。因涉嫌生产、销售有毒、有害食品犯罪，于2011年3月23日被刑事拘留，同年4月25日被逮捕。

被告人： 刘某林，女，1976年1月6日出生，汉族，大专文化程度，个体工商户，捕前住湖北省襄阳市襄城区某巷某小区某号。因涉嫌非法经营犯罪，于2011年3月24日被刑事拘留，同年3月31日被逮捕。

二、诉辩主张

（一）人民检察院指控事实

河南省焦作市人民检察院指控被告人刘某、奚某杰、肖某、陈某伟、刘某林犯以危险方法危害公共安全罪。

（二）被告人辩解及辩护人辩护意见

被告人刘某及其辩护人辩称：（1）刘某主观上没有危害公共安全的故意，客观上所实施的行为与刑法所列举的危险方法不具有相当性；（2）没有证据证实本案造成严重危害后果，且造成危害后果的原因也不具有唯一性；（3）刘某的行为不构成以危险方法危害公共安全罪，应定非法经营罪；（4）刘某与4名同案犯不构成共同犯罪；（5）刘某有自首和重大立功情节。

被告人奚某杰及其辩护人辩称：（1）奚某杰主观上没有危害公共安全的故意，其行为也不属于以危险方法危害公共安全罪中的"其他危险方法"；（2）本案造成的危害后果不能全部归咎于奚某杰等5人；（3）本案应定非法经营罪；（4）奚某杰与肖某、陈某伟、刘某林不构成共同犯罪；（5）奚某杰认罪态度好，初犯。

被告人肖某及其辩护人辩称：（1）肖某主观上没有危害公共安全的故意；（2）其销售"瘦肉精"的行为并未造成严重的人身及财产损害；（3）本案应定非法经营罪；（4）肖某如实供述犯罪，提供其他犯罪人的信息，有悔罪表现。

被告人陈某伟及其辩护人辩称：（1）陈某伟主观上没有危害公共安全的故意，也没有造成人员重伤、死亡的严重后果，将本案造成的危害后果全部归咎于陈某伟等人与事实不符；（2）陈某伟如实供述"上线及下线"的线索，初犯，认罪态度好，有悔罪表现。

被告人刘某林辩称：（1）本案不应定以危险方法危害公共安全罪，将双汇公司的损失全部算在五被告人身上不公平；（2）本案不属于共同犯罪。

三、人民法院认定事实和证据

（一）认定犯罪事实

河南省焦作市中级人民法院审理认定，2007年年初，被告人刘某、奚某杰明知国家严禁使用盐酸克仑特罗饲养生猪，且明知使用盐酸克仑特罗饲养的生猪流入市场会对消费者身体健康、生命造成危害，为攫取暴利，共谋研制、生产、销售盐酸克仑特罗供生猪饲用。二人商议：双方各投资5万元，刘某负责技术开发和生产，奚某杰负责销售，利润均分。同年8、9月份，刘某在湖北省襄阳市谷城县试制出盐酸克仑特罗后，与奚某杰一起带样品到河南省先后找到被告人陈某伟、肖某进行试验、推销。陈、肖二人明知使用盐酸克仑特罗饲养的生猪流入市场会对消费者身体健康、生命造成危害，仍将盐酸克仑特罗卖给收猪的经纪人试用，得知效果好后，遂将信息反馈给刘某、奚某杰，刘某等人将该盐酸克仑特罗称为"刘某产品"，开始大规模生产，陈某伟、肖某进行大量销售用于生猪饲养。截至2011年3月，刘某、奚某杰共生产盐酸克仑特罗（原粉）2700余公斤，奚某杰、陈某伟、肖某销售后，金额达640余万元，非法所得约250万元。被告人刘某林明知人食用含有盐酸克仑特罗的猪肉有害身体健康，仍协助刘某购进原料、进行研制、生产、销售等活动。

2007年10月至2009年6月，奚某杰与刘某合伙期间共同销售盐酸克仑特罗（原粉）1200余公斤，销售金额300余万元，非法所得130余万元。2009年10月至2010年2月，奚某杰还单独从迟某华（另案处理）等人处购买盐酸克仑特罗（原粉）230余公斤，销售金额140余万元，非法所得30余万元。奚某杰与刘某共同销售及其单独销售金额440余万元，非法所得160余万元。

2007年8、9月份至2011年1月，肖某将从刘某处购进的1300余公斤盐酸克仑特罗（原粉）销售给倪某昀（另案处理）等人，销售金额300余万元，非法所得60余万元。

2007年10月份至2011年3月份，陈某伟将从刘某处购得的600余公斤盐酸克仑特罗（原粉），兑入淀粉，用搅拌机搅拌后，使用刘某业等假名销售给博爱县的贺某启（另案处理）等人，销售金额200余万元，非法所得约70万元。

另查明，盐酸克仑特罗俗称"瘦肉精"，"瘦肉精"具有相当的毒性，动物食用后会在动物组织中形成残留，特别是可以残留于肝、肾、肺等内脏器官中。人食用残留有盐酸克仑特罗的肉及其制品后，会出现肌肉震颤、心慌、战栗、头痛、恶心、呕吐等中毒症状，长期食用可诱发恶性肿瘤等后果，严重者可致人死亡。5被告人生产、销售的盐酸克仑特罗，经过层层销售途径，最终销至河南、山东、北京、湖南、海南、安徽、黑龙江、广东8省市的生猪养殖户，勾兑饲料用于饲养生猪，致使大量该类猪肉流入市场，给广大消费者身体健康、生命造成严重危害，并使公私财产遭受特别重大损失。仅济源双汇食品有限公司为处理该类猪肉制品，损失达3400余万元。焦作市辖区销毁含"瘦肉精"生猪773头，经济损失112.8万元。2011年3月16日至5月27日，焦作市辖区生猪出栏量明显下降，日出栏量减少2120.13头，比往年下降49.76%，焦作市辖区生猪养殖户收入损失1.61亿元。

案发后，被告人刘某林伙同刘某丽（另案处理）将刘某生产、销售盐酸克仑特罗的进出库单等书证销毁。被告人刘某林归案后，协助公安人员将藏匿在湖北省丹江口市的刘某抓获。

（二）认定犯罪证据

上述事实，有经原审庭审质证确认，并经法院核实无误的以下证据予以证实：

1. 证人刘某丽、方某平、朱某攀、周某华等证言证实，在刘某的厂里上班，生产的是一种白色粉末状化工产品，刘某对工人保密，大家称之为"刘某产品"。

2. 证人郭某平、郭某会、李某成等证言证实，从肖某处购买盐酸克仑特罗原粉的数量、价格情况，及销售给河南焦作、鹤壁等地的生猪养殖户的情况。

3. 证人贺某启、汤某先、刘某柱等证言证实，从陈某伟处购买盐酸克仑特罗的数量、价格，及卖给河南郑州、焦作等地生猪养殖户的情况。

4. 证人迟某华证言证实，销售给奚某杰盐酸克仑特罗原粉的数量及价格。

5. 证人林某星证言证实，从奚某杰处购买盐酸克仑特罗原粉的数量及价格。

6. 证人曹某东、曹某兴证言证实，在焦作市辖区的温县等地收购含有盐酸克仑特罗的生猪，卖给济源双汇食品有限公司的情况。

7. 证人郝某顺、张某营等养殖户证言证实，"瘦肉精"事件后，生猪价格降低、出栏数下降及其遭受的损失情况。

8. 扣押刘某生产盐酸克仑特罗的部分原料、生产工具，扣押陈某伟、郭某平等人盐酸克仑特罗成品。经河南省分析测试研究中心鉴定，含有盐酸克仑特罗成分。

9. 扣押生产盐酸克仑特罗有关账目等资料，证实刘某生产、销售盐酸克仑特罗的情况。

10. 扣押陈某伟搅拌机以及包装袋等物品，证实了陈某伟在盐酸克仑特罗中勾兑淀粉情况。

11. 刘某、奚某杰、肖某、陈某伟、迟某华、林某星的银行卡交易明细及汇款凭证证实，各被告人之间通过汇款交易盐酸克仑特罗的情况。

12. 郑州市金辉货运有限公司托运协议单证实，2007年12月19日至2011年2月，陈某伟（化名刘某业）共向贺某启发送盐酸克仑特罗378桶。

13. 肖某的银行卡交易记录证明证实：其与倪某昀共交易盐酸克仑特罗42笔，总金额260余万元。

14. 中国疾病预防控制中心复函，司法鉴定科学技术研究所司法鉴定中心的复函均证实：人食用残留盐酸克仑特罗的猪肉后，对人体健康有很大危害，严重的可致人死亡。

15. 河南精诚联合会计师事务所司法鉴定证实：2011年3月16日至4月30日期间，"瘦肉精"事件致使济源双汇食品有限公司因市场退货、库存销毁等原因形成财产损失34186692.93元。"瘦肉精事件"发生后，焦作市辖区，每日生猪出栏量减少2120.13头。日出栏量与往年相比下降了49.76%，造成生猪养殖户收入损失161979945.00元。

16. 焦作市畜牧局证明："瘦肉精"事件后全市集中销毁含"瘦肉精"生猪773头，直接经济损失约112.8万元。

17. 温县公安局材料证明：刘某林归案后，带领公安人员抓获被告人刘某，具有立功表现。

18. 被告人刘某、奚某杰、肖某、陈某伟、刘某林归案后对研制、生产、销售盐酸克仑特罗的犯罪事实供认不讳，所供情节与上述证据相吻合。本案还有发破案经过、各被告人户籍证明、辨认笔录、刘某任职文件等证据在案证实。

四、判案理由

刘某曾在制药厂工作，系制药工程师，对于盐酸克仑特罗的成分、生产工艺、毒害性具有专业知识，奚某杰曾在制药厂从事盐酸克仑特罗销售工作，肖某、陈某伟长期从事生猪收购贩卖，4人均明知国家严禁在生猪饲料中添加盐酸克仑特罗，也明知使用盐酸克仑特罗喂养的猪流入市场后，会对广大消费者的身体健康、生命安全造成危害。为攫取暴利，仍大量生产、销售盐酸克仑特罗用于饲养生猪，放任其行为对不特定的广大消费者的身体健康、生命和财产安全造成严重危害。刘某等人生产、销售专供往饲料中添加的盐酸克仑特罗的行为，虽然与刑法第115条第1款列举的放火、爆炸等危险方法的具体表现形式不同，但均具有危及不特定多数人人身和财产安全的特点，客观上危害了广大消费者的身体健康、生命安全，并造成了公私财产重大损失等严重后果。刘某等人的行为均已构成以危险方法危害公共安全罪，均应依法惩处。刘某所犯罪行极其严重，本应依法严惩。鉴于本案尚未造成人员重伤、死亡的严重后果，刘某认罪态度较好，有悔罪表现，对其判处死刑，可不立即执行。

五、定案结论

焦作市中级人民法院依据《中华人民共和国刑法》第114条、第115条第1款、第25条第1款、第57条第1款、第64条规定，作出如下判决：

1. 被告人刘某犯以危险方法危害公共安全罪，判处死刑，缓期2年执行，剥夺政治权利终身。

2. 被告人奚某杰犯以危险方法危害公共安全罪，判处无期徒刑，剥夺政治权利终身。

3. 被告人肖某犯以危险方法危害公共安全罪，判处有期徒刑15年，剥夺政治权利5年。

4. 被告人陈某伟犯以危险方法危害公共安全罪，判处有期徒刑14年，剥夺政治权利3年。

5. 被告人刘某林犯以危险方法危害公共安全罪，判处有期徒刑9年。

6. 被告人刘某、奚某杰、肖某、陈某伟、刘某林的犯罪所得予以追缴，供犯罪所使用的本人财物予以没收，上缴国库。

一审宣判后，被告人刘某、奚某杰等人均提起上诉。河南省高院二审认为，原审判决定罪准确，量刑适当，审判程序合法。上诉人刘某、奚某杰等人的上诉理由及其辩护人的辩护意见不能成立，不予采纳，依法裁定：驳回上诉，维持原判。

六、法理解说

作为河南首起"瘦肉精"案件的主犯刘某，曾在湖北某制药厂和某化工工厂任职，有制药工程师的资质，对"瘦肉精"饲养生猪的性质、功能及其危害性自然是十分熟知的。2007年年初，刘某与奚某杰约定共同投资，研制、生产、销售"瘦肉精"用于生猪饲养。随后，肖某、陈某伟也参与其中而负责销售。刘某之妻刘某林，从事过多年的制药厂化验员职业，其明知施用"瘦肉精"的危害性，而仍协助刘某进行了研制、生产、销售等活动。直至2011年3月，刘某等5人共研制、生产、销售2700余公斤，非法获利250余万元。2011年7月25日，焦作中院一审认定刘某等5人共同构成以危险方法危害公共安全罪，主犯刘某被判处死缓，剥夺政治权利终身；而奚某杰等4人被判处9年有期徒刑至无期徒刑。8月12日，河南高院二审裁定维持原判。笔者认为，刘某等人共同研制、生产、销售"瘦肉精"行为主要涉及非法经营罪，生产、销售假药罪，生产、销售有毒、有害食品罪与以危险方法危害公共安全罪等4罪名，法院最终采纳"以危险方法危害公共安全罪"定性而排除其他三罪，这足以表明：刘某等人研制、生产、销售"瘦肉精"并不符合其他三罪的构成要件，而只有"以危险方法危害公共安全罪"才是最符合其行为的罪名。本篇主要探析对刘某等人选择适用"以危险方法危害公共安全罪"定性的理论根据,以期对此后司法人员在审理同类的"瘦肉精"案件时而有所参考、有所借鉴。

(一)刘某案件能否定性为非法经营罪问题

刘某"瘦肉精"案件共有犯罪成员5人。在起初案件的侦查阶段,其中有3人是以涉嫌"非法经营罪"而先被刑事拘留、后被逮捕的,另1人是以生产、销售有毒、有害食品罪而先被刑事拘留、后被逮捕的,还有1人则是以涉嫌"非法经营罪"而先被刑事拘留,后又以生产、销售有毒、有害食品罪而被逮捕的。直至提起公诉与审判阶段后,整个案件才改用"以危险方法危害公共安全罪"。可见,在刑事诉讼过程中,刘某"瘦肉精"案件的定性意见极不统一,并且分歧还特别大。2011年7月25日,焦作中院在庭审中争议的焦点,就是主要涉及是定"以危险方法危害公共安全罪"还是定非法经营罪的问题。根据检察机关的公诉意见,5名被告是明知"瘦肉精"对人体有害而仍放任其发生,属于犯罪故意,其行为均可构成以危险方法危害公共安全罪,应当适用刑法第115条规定,在10年以上有期徒刑、无期徒刑与死刑这一量刑幅度之间选择适当的刑罚,最高可以判处死刑。而5名被告及辩方律师则均认为,此案并非故意犯罪,不足以采用"以危险方法危害公共安全罪"的罪名,其目的主要出于赚钱;同时因为客户有需求才进行违法生产、销售,应当以非法经营罪定罪处罚。一审判决后,5名被告人均不服判而提起上诉,上诉理由主要还是定性问题,即认为不应定"以危险方法危害公共安全罪"而应定"非法经营罪"。①

笔者认为,刘某案件之所以最终定性为"以危险方法危害公共安全罪",而没有采纳"非法经营罪"的罪名,其理论根据主要在于:在犯罪构成的客观行为方式上,刘某案件是研发、生产、销售"瘦肉精"行为,这既不符合刑法第225条非法经营罪的客观构成要件,也不符合原有司法解释中以非法经营罪定罪的有关规定。具体理由分述如下:

1. 不符合刑法第225条非法经营罪的客观构成要件。根据《刑法修正案(七)》修正后的刑法第225条规定,非法经营罪的客观行为方式主要包括四种:一是未经许可经营法律、行政法规规定的专营、专卖物品或者其他限制买卖的物品的;二是买卖进出口许可证、进出口原产地证明以及其他法律、行政法规规定的经营许可证或者批准文件的;三是未经国家有关主管部门批准,非

---

① 《聚焦河南"瘦肉精"案:危害公共安全罪还是非法经营罪》,载新浪博客网,2011年7月26日。

法经营证券、期货或者保险业务的；四是其他严重扰乱市场秩序的非法经营行为。其中前三种是具体的"非法经营行为"，而后一种"其他严重扰乱市场秩序的非法经营行为"是抽象的、概括的"非法经营行为"，它带有内容不确定、范围较为广泛与数量可能更多等特性。这一概括性规定是为了弥补对非法经营行为的列举之疏漏而设的，又称之为"堵截条款"。对于"其他"不能作任意解释，防止出现"口袋罪"扩大化趋势，一般来说，应当按照立法机关对刑法修正案、立法解释、司法解释的规定及精神来适用"其他严重扰乱市场秩序的非法经营行为"，对于尚未明确规定的行为，不得随意适用。① 而要做到不能"随意适用"此规定，就需要通过"两高"司法解释对"其他严重扰乱市场秩序的非法经营行为"的适用范围作出限制性解释，其基本条件是："要把某种行为纳入'其他'中来以非法经营罪论处，这种行为必须与条文中明确列举的非法经营行为具有同样的社会危害性，而且其危害性必须达到严重的程度。"②

　　刘某案件在客观行为方式上主要是研发、生产、销售，这与非法经营罪在客观行为方式上的特性并不相符，它在行为方式上主要表现为违反有关监督管理法规，未经许可经营专营、专卖物品或者其他限制买卖的物品、买卖进出口许可证、进出口原产地证明以及其他法律、行政法规规定的经营许可证或者批准文件，以及从事其他非法经营活动，扰乱市场秩序，情节严重的行为。虽然生产、销售"瘦肉精"也可以列入非法经营范围内的"物品"，但却对研发"瘦肉精"行为无法予以制裁。在研发、生产、销售"瘦肉精"三行为中，研发具有首当其要的作用，没有研发行为，其后的生产、销售行为也就无从谈起。如果从研发、生产、销售三行为能成立吸收犯的角度而言，研发是其中最重的行为，生产、销售相对研发而言则是比较轻的行为，因此，研发能够吸收生产、销售成立吸收犯，却非生产、销售吸收研发而成立吸收犯。据此，在刘某等人具有研发、生产、销售"瘦肉精"三行为中，即使较轻的生产、销售"瘦肉精"行为可以非法经营罪论处，但因无法对较重的研发"瘦肉精"行为也定为非法经营罪，这就不宜将研发、生产、销售"瘦肉精"三行为均定性为非法经营罪，只有找到一个罪名能够同时将研发、生产、销售"瘦肉精"三行为均纳入其中，这才比较妥当、完美。很显然，非法经营罪是不能够同时将研发、生产、销售"瘦肉精"三行为均纳入其中的，这也就是刘某案件最

---

① 张华：《非法经营罪的立法沿革及其构成探析》，载《湖北经济学院学报》（人文社会科学版）2009 年第 6 期。

② 侯国云：《解析非法经营罪中的"其他"》，载《法制日报》2010 年 5 月 19 日。

终没有采用以非法经营罪定性的根本原因。

2. 不符合原有司法解释中以非法经营罪定罪的有关规定。有学者认为，刘某等人生产、销售"瘦肉精"行为，定为"非法经营罪"是适宜的。既然该司法解释就是针对非法生产、销售禁止在饲料和饮用水中的药品而做，那河南刘某案就应该首选适用该司法解释，而不应再去寻求其他法条作扩大化的解释。即使该解释所导致的判决结果较轻，那么作为司法者要做的也只能是严格遵守现有刑法和已有司法解释规定。对于条文中不到位的地方只能建议修改法条，提高处刑标准，而不是突破规定另定他罪。① 另有学者认为，根据"两高"司法解释的有关规定，刘某等人生产、销售"瘦肉精"行为应当定性为非法经营罪，最高刑期可判处15年有期徒刑。在司法解释已有明确规范的情形下，一审法院却坚持以危险方法危害公共安全罪对其定罪，显然出于严惩危害食品安全犯罪需要，以此安民心、顺民意，维护社会和谐稳定，但却违背罪刑法定刑事司法原则，损害法治尊严。② 按照这两位学者的观点，刘某等人生产、销售"瘦肉精"行为只能依据司法解释而定为"非法经营罪"，一审法院采用以危险方法危害公共安全罪定性是不妥当的。而笔者却认为，法院最终采用以危险方法危害公共安全罪定性是准确的，这两位学者的"非法经营罪"定性观点则是不妥当的，其关键理由是：刘某等人生产、销售"瘦肉精"行为并不符合原有司法解释中以非法经营罪定性的有关规定。

笔者认为，定罪与量刑两者具有逻辑上的先后性与因果性，必须是定罪在前而量刑在后。换言之，法定刑的轻重只有在确定犯罪性质之后才能作出裁量；否则，犯罪性质不能确定，法定刑的轻重也就成了空谈。具体到刘某等人的"瘦肉精"案件中，所涉及的非法经营罪与"以危险方法危害公共安全罪"两罪，确实存在非法经营罪的法定刑相比"以危险方法危害公共安全罪"的法定刑轻的问题。但是，对刘某等人的研发、生产、销售"瘦肉精"不以非法经营罪定罪处罚，并非是完全考虑到非法经营罪法定刑太低的因素，（因为"以非法经营罪定罪处罚，最高刑期十五年有期徒刑"，而不如"以危险方法危害公共安全罪"法定刑最高可以判到死刑），以致"出于严惩危害食品安全犯罪需要"而以"以危险方法危害公共安全罪"定罪处罚；其关键理由主要在于：刘某等人研发、生产、销售"瘦肉精"的行为并非完全符合"两高"司法解释中以非法经营罪定罪处罚的有关规定。

---

① 霍琳：《河南刘襄研制、生产、销售"瘦肉精"的行为应定何罪？》，载正义网-法律博客，2011年7月29日。

② 孙云康：《最高法院无权保持沉默》，载新浪博客网，2011年8月13日。

"两高"有关生产、销售"瘦肉精"的有关司法解释,是指2002年8月16日由最高人民法院、最高人民检察院颁发的《关于办理非法生产、销售、使用禁止在饲料和动物饮用水中使用的药品等刑事案件具体应用法律若干问题的解释》(以下简称"两高"《办理"瘦肉精"案件应用法律解释》),其中第1条与第2条分别规定了两种生产、销售"瘦肉精"行为可以定性为非法经营罪:一是"未取得药品生产、经营许可证件和批准文号,非法生产、销售盐酸克仑特罗等禁止在饲料和动物饮用水中使用的药品,扰乱药品市场秩序,情节严重的"行为,可以依照刑法第225条第1项"未经许可经营法律、行政法规规定的专营、专卖物品或者其他限制买卖的物品的"规定,以非法经营罪追究刑事责任。二是"在生产、销售的饲料中添加盐酸克仑特罗等禁止在饲料和动物饮用水中使用的药品,或者销售明知是添加有该类药品的饲料,情节严重的"行为,可以依照刑法第225条第4项的"其他严重扰乱市场秩序的非法经营行为"规定,以非法经营罪追究刑事责任。

以笔者所见,"两高"《办理"瘦肉精"案件应用法律解释》所确定的两种生产、销售"瘦肉精"行为可以定性为非法经营罪,是在刑法条款中没有直接可以适用的罪名的前提下,而采用"比附援引式"的类推方式将两种生产、销售"瘦肉精"行为解释为"非法经营罪"的。其实,这两种生产、销售"瘦肉精"行为与非法经营罪的"非法经营行为"并不完全相符,甚至差别还非常大。其中,"两高"《办理"瘦肉精"案件应用法律解释》第1条规定的"未取得药品生产、经营许可证件和批准文号,非法生产、销售盐酸克仑特罗等禁止在饲料和动物饮用水中使用的药品,扰乱药品市场秩序"的行为,认为可以依照刑法第225条非法经营罪中的"未经许可经营法律、行政法规规定的专营、专卖物品或者其他限制买卖的物品的"规定追究刑事责任,其强调的是生产、销售"瘦肉精"行为仅仅是"未取得药品生产、经营许可证件和批准文号"而与非法经营罪中的"未经许可"相同,而并非是生产、销售"瘦肉精"行为与"非法经营行为"相同。第2条规定的"在生产、销售的饲料中添加盐酸克仑特罗等禁止在饲料和动物饮用水中使用的药品,或者销售明知是添加有该类药品的饲料"的行为,认为可以依照刑法第225条非法经营罪中的"其他严重扰乱市场秩序的非法经营行为"规定追究刑事责任,两者更加不对称、不相符。

(二)刘某案件能否定性为生产、销售假药罪问题

《刑法修正案(八)》对刑法第141条第1款的"生产、销售假药罪"作出了4处重要修正,其中之一是将罪状中的"足以严重危害人体健康"的规定予以删除。在修正之前的刑法条款中,"足以严重危害人体健康"起着限定

要件的作用，它表明：生产、销售假药只有达到"足以严重危害人体健康"的程度才能构成；否则，虽然具有生产、销售假药的行为，但未达到"足以严重危害人体健康"的程度，那就不能构成生产、销售假药罪。尽管"足以严重危害人体健康"作为限定要件，大大缩小了生产、销售假药罪的构罪范围，单从这一点来看，保留"足以严重危害人体健康"的限定要件还是具有十分重要的立法价值的。然而，如果保留"足以严重危害人体健康"的要件，就会给司法实践中具体操作适用带来了困惑或者难题。虽然"两高"《办理"瘦肉精"案件应用法律解释》先后两次解释了"足以严重危害人体健康"的内涵，但仍然存在认定上的障碍。于此情形，那就不如从根本上解决问题，干脆将此要件予以取消。如此一来，只要有生产、销售假药的行为即可能被追究刑事责任，而不再需要"足以严重危害人体健康"作为其构罪条件。总之，"新规定"降低了入罪门槛，增强了可操作性，使对生产、销售假药犯罪活动的打击力度空前加大。①

对刘某等人的生产、销售"瘦肉精"行为能否定性为生产、销售假药罪，这从行为方式上来看并不存在什么问题，其关键在于行为对象"瘦肉精"能否被认定为生产、销售假药罪中的"假药"。笔者认为，要对此进行判定，首先应当明确"瘦肉精"是否属于"药品"与"瘦肉精"作为"药品"能否构成"假药"两个问题，只有在此基础上，才能对生产、销售"瘦肉精"能否构成生产、销售假药罪作出准确判定。其具体理由是：

1. "瘦肉精"是否属于"药品"。"瘦肉精"的正式化学名称是"盐酸克伦特罗"，通常作为一种人体平喘药物，对心脏有兴奋作用，可扩张支气管平滑肌。将它添加在饲料里可以提高饲料的利用率、加快动物生长速度、使猪的瘦肉率提高近10%，因此有了"瘦肉精"之称。② 毫无疑问，在涉及"药品"的有关行政管理法规、规章、通知中，"盐酸克伦特罗"（俗称"瘦肉精"）一直是被当作"药品"而加以管理的。例如，(1) 2000年4月，农业部和国家药品监督管理局联合发出《关于查处非法生产、销售和使用盐酸克伦特罗等药品的紧急通知》中指出，"非法生产、销售和使用盐酸克伦特罗等药品，严重违反了《中华人民共和国药品管理法》、《饲料和饲料添加剂管理条例》及《药品流通监督管理办法》。"(2) 2001年6月13日，农业部、国家经济贸易委员会、国家工商行政管理总局、国家质量监督检验检疫总局、国家药品

---

① 杨占新：《探析〈刑法修正案（八）〉之生产、销售假药罪》，载《中国医药报》2011年3月26日。

② 赵雪、李颖：《"瘦肉精"为何屡打不死》，载《科技日报》2011年3月21日。

监督管理局颁发的《关于严厉打击非法生产经营和使用盐酸克伦特罗等药品违法行为的通知》中指出,"盐酸克伦特罗"既不是兽药,也不是饲料添加剂,是肾上腺素类神经兴奋剂,属β-兴奋剂类激素。(3) 2002年9月10日,农业部、卫生部、国家药品监督管理局颁发的《禁止在饲料和动物饮用水中使用的药物品种目录》中指出,盐酸克仑特罗和莱克多巴胺等7种"瘦肉精"列为禁用药品。(4) 2005年6月1日,国家食品药品监督管理局颁发的《关于加强盐酸克伦特罗管理的通知》中指出,"盐酸克伦特罗为国家按兴奋剂管理的药品。""任何单位和个人不得非法生产、销售盐酸克伦特罗,违反规定,按《反兴奋剂条例》和药品监督管理的相关法规进行处罚。"

需要指出,"盐酸克伦特罗"作为"药品"既可供人服用,也可用于牲畜,不能因为将其用于"饲料和动物饮用水中使用"而否定其"药品"的属性。这在"两高"《办理"瘦肉精"案件应用法律解释》中即对"盐酸克伦特罗"属于"药品"予以肯定,特别是在其中的第6条更加明确规定,列入农业部、卫生部、国家药品监督管理局公告的《禁止在饲料和动物饮用水中使用的药物品种目录》的"盐酸克伦特罗"等药物品种属于"禁止在饲料和动物饮用水中使用的药品"。但是,国务院《兽药管理条例》第41条中规定:"禁止将人用药品用于动物。"之所以作出这种规定,其关键性理由是:同样一种药品被用于人类使用与被用于动物使用,所带来的效果是不相同的。例如,"盐酸克伦特罗"用于人类是有益的,可以治疗哮喘;而用于饲养猪、牛、羊等牲畜,则是有害的,"可以迅速改善胴体品质,使生长速度加快"。而这些含有"瘦肉精"的猪、牛、羊等肉食品被人食用后,轻者可引起人体中毒,特别是对于高血压、心脏病、糖尿病等疾病患者危险性更大,可能会加重病情,而重者甚至会导致死亡。

2. "瘦肉精"作为"药品"能否构成"假药"。界定"假药"需要依据刑法与药品管理法的相关规定。刑法第141条第2款规定:"假药是指依照《中华人民共和国药品管理法》的规定属于假药和按假药处理的药品、非药品。"但是,刑法的这一假药定义仍然不能直接界定某种药品或者非药品是否属于假药,而是需要依据药品管理法的有关规定来加以判断。[①] 药品管理法第48条规定了两种"假药":一是药品所含成分与国家药品标准规定的成分不符的情形;二是以非药品冒充药品或者以他种药品冒充此种药品的情形。按假药处理的药品、非药品包括:国务院药品监督管理部门规定禁止使用的;依照本法必须批准而未经批准生产、进口,或者依照本法必须检验而未经检验即销售

[①] 徐雅飒:《试论生产销售假药罪的犯罪对象》,载《中州大学学报》2010年第4期。

的；使用依照本法必须取得批准文号而未取得批准文号的原料药生产的；所标明的适应症或者功能主治超出规定范围的；等等。药品管理法第48条规定的"属于假药和按假药处理的药品、非药品",这在刑法理论上可以归结为"自然属性上的假药"和"法律属性上的假药"两类。"自然属性上的假药"是不具备药品应有的用途的假药；而"法律属性上的假药"就其自然属性来说可能并非假药,也具有药品的正常用途,但由于违反了特定的程序性规定,同样也破坏了国家药品监督制度,因此,才按假药处理。①

实际上,依据刑法第141条第2款与药品管理法第48条的相关规定,如果符合"属于假药和按假药处理的药品、非药品"的情形,"瘦肉精"作为"药品"是完全能够构成"假药"的。在此有必要指出,依据药品管理法而界定的"药品"是用于人服用的,即"用于预防、治疗、诊断人的疾病,有目的地调节人的生理机能",这与专门用于预防、治疗、诊断动物疾病或者有目的地调节动物生理机能的"兽药"是有重要差别的。在泛指的逻辑意义上,"药品"包容"兽药","兽药"只是广义"药品"中的一部分；而从狭义的逻辑意义上来看,"药品"与"兽药"是相互并列的。这种相互并列的"药品"与"兽药",如果都被界定为"假药"的话,那要分别依据刑法第141条规定的生产、销售假药罪与刑法第147条规定的生产、销售兽药罪定性处理,这两罪在法定刑上是生产、销售假药罪重于生产、销售兽药罪,最高可以判处死刑。

3. 生产、销售"瘦肉精"能否构成生产、销售假药罪问题。在此问题上,刑法学界主要存在肯定与否定两种认识观点。(1)肯定者认为,未取得药品生产、经营许可证和批准文号,非法生产、销售盐酸克仑特罗等禁止在饲料和动物饮用水中使用的药品的行为,扰乱的主要是药品市场的管理秩序,从行为特征看,应当以非法经营罪追究刑事责任。如果非法生产、销售的违禁药品属于假药,对人体健康造成了严重危害,那么,就有可能同时触犯非法经营罪与生产、销售假药罪。这种情形属于想象竞合犯,应当依照处罚较重的生产、销售假药罪追究刑事责任。② (2)否定者认为,刘某等人研制、生产、销售的"瘦肉精",实际上并不符合药品管理法第102条规定的"用于预防、治疗、诊断人的疾病,有目的地调节人的生理机能并规定有适应症或者功能主治、用

---

① 魏地:《生产销售假药罪犯罪构成研究及立法完善》,载《北京人民警察学院学报》2002年第5期。

② 张军主编:《解读最高人民法院司法解释:刑法卷》(新编本),人民法院出版社2006年版,第304页。

法和用量的物质,包括中药材、中药饮片、中成药、化学原料药及其制剂、抗生素、生化药品、放射性药品、血清、疫苗、血液制品和诊断药品等",而是直接用于养猪并催生猪肉的,因此,这种行为可能不宜解释为生产、销售假药罪。①

笔者认为,上述肯定与否定生产、销售"瘦肉精"能够构成生产、销售假药罪的两种观点其实并不矛盾,而是完全一致的。按照肯定者观点,生产、销售的"瘦肉精"属于假药,在给人体健康造成了严重危害的情形下,就有可能触犯生产、销售假药罪。此种肯定性观点,事实上是排除了生产、销售的"瘦肉精"未直接给"人体健康造成危害"而直接给"动物健康造成危害"的情形。按照否定者观点,生产、销售的"瘦肉精"是直接用于养猪并催生猪肉的,只是直接给"动物健康造成危害",而并未直接给"人体健康造成危害",因此,这种生产、销售"瘦肉精"行为不宜解释为生产、销售假药罪。这两种观点统一的基础主要在于,生产、销售的"瘦肉精"是否直接给"人体健康造成危害"。既然生产、销售的"瘦肉精"未直接给"人体健康造成危害",那就不符合刑法第144条规定的生产、销售假药罪的构成要件。此种理由依据,也是"两高"《办理"瘦肉精"案件应用法律解释》第1条与第2条所解释的两种生产、销售"瘦肉精"行为没有按生产、销售假药罪定性,而是按非法经营罪定性的根本原因。

(三)刘某案件能否定性为生产、销售有毒、有害食品罪问题

关于刘某等人能否定性为生产、销售有毒、有害食品罪问题,主要应当明确:刘某等人研发、生产、销售"瘦肉精"行为是否符合生产、销售有毒、有害食品罪的构成条件;生产、销售"瘦肉精"的行为是否同时符合生产、销售有毒、有害食品罪与以危险方法危害公共安全罪的构成要件;生产、销售有毒、有害食品罪与以危险方法危害公共安全罪是否属于法条竞合;生产、销售有毒、有害食品罪与非法经营罪的界定等几个问题。只有明确了这几个问题,才能对刘某等人能否定性为生产、销售有毒、有害食品罪作出比较客观、准确的回答。

1. 刘某等人研发、生产、销售"瘦肉精"行为是否符合生产、销售有毒、有害食品罪的构成条件问题。根据刑法第144条规定:生产、销售有毒、有害食品罪,是指故意在生产、销售的食品中掺入有毒、有害的非食品原料,或者销售明知掺有有毒、有害的非食品原料的食品的行为。要认定本罪的成立,应

---

① 魏东:《再议河南"瘦肉精"案的刑法解释论意义》,载正义网-法律博客,2011年8月13日。

重点把握住两个主要构成要件：一是主观方面必须是故意，即在生产食品过程中明知是有毒、有害的非食品原料而掺入食品中，或者明知是掺有有毒、有害的非食品原料的食品而予以销售；二是客观方面必须具备在生产食品的过程中掺入有毒、有害的非食品原料或者销售掺有有毒、有害的非食品原料的食品的行为。① 例如，2010年11月至12月，李保清使用从他人处购买的盐酸克伦特罗药品（俗称"瘦肉精"）添加到猪饲料中，给其猪场的40头育肥猪喂食。公诉机关认为，被告人李保清使用禁止在饲料中使用的酸克伦特罗药品喂养供人食用的动物，其行为已构成生产、销售有毒、有害食品罪，提请法院依法惩处。2010年9月5日，河南省鹤壁市淇县人民法院作出一审判决，以生产销售有毒有害食品罪判处李保清有期徒刑7个月。② 在此案中，被告人李保清主观上明知是"瘦肉精"而从他人处购买而使用，客观上也具备"使用禁止在饲料中使用的酸克伦特罗药品喂养供人食用的动物"的要件，因此，其行为应构成生产、销售有毒、有害食品罪。

笔者认为，刘某等人研发、生产、销售"瘦肉精"行为是否符合生产、销售有毒、有害食品罪的构成条件，而其中最关键的要件则是客观构成条件，即生产、销售有毒、有害食品罪的客观条件要求，"在生产、销售的食品中掺入有毒、有害的非食品原料的或者销售明知掺有有毒、有害的非食品原料的食品"。所谓"掺入有毒、有害的非食品原料"，可以从两个方面进行理解。（1）掺入食品中的对象应是"非食品原料"。如果将食品原料掺入食品中，即使由于某种原因，如被污染、变质，致使对人体产生毒性或者造成损害，也还是"有毒、有害的食品原料"，而非"有毒、有害的非食品原料"，不构成生产、销售有毒、有害食品罪。（2）被掺入的"非食品原料"应有毒、有害。如果向食品中掺入的非食品原料无毒、无害，未对人体造成损伤，不构成生产、销售有毒、有害食品罪。③ "两高"《办理"瘦肉精"案件应用法律解释》第3条与第4条规定，使用盐酸克伦特罗等禁止在饲料和动物饮用水中使用的药品或者含有该类药品的饲料养殖供人食用的动物，或者销售明知是使用该类药品或者含有该类药品的饲料养殖的供人食用的动物的，以生产、销售有毒、

---

① 顾保华、苗有水：《俞亚春生产、销售有毒食品案》，载《人民法院报》2002年7月22日。

② 曲昌荣：《河南惩处食品安全犯罪：治乱用重典 公众增信心》，载《人民日报》2011年9月7日。

③ 王玉珏：《刑法第144条中"有毒有害非食品原料"的合理定位》，载《法学》2008年第11期。

有害食品罪追究刑事责任。而在刘某案件中的生产、销售对象仅仅是"瘦肉精",而却未将"瘦肉精"掺入食品中或者销售该掺入"瘦肉精"的食品。既然刘某的行为是研发、制造、生产、销售"瘦肉精",并没有直接向食品或者食品原料中掺入该物质,并没有生产食品或者食品原料,这就不符合"生产、销售有毒、有害食品罪"的客观要件,因而不宜定"生产销售、销售有毒、有害食品罪"。①

2. 生产、销售"瘦肉精"的行为是否同时符合生产、销售有毒、有害食品罪与以危险方法危害公共安全罪的构成要件问题。有学者对河南"瘦肉精"案的定性为以危险方法危害公共安全罪不太认同,觉得应该定"生产、销售有毒、有害食品罪"比较妥当。另有学者则认为,生产、销售"瘦肉精"的行为无论是定生产、销售有毒、有害食品罪,还是定以危险方法危害公共安全罪两个罪名均可。例如,刑法学博士、河南警察学院副教授王利宾接受记者专访时表示,按照中国现行刑法的规定,瘦肉精的生产、销售在罪名评价上,主要涉及以危险方法危害公共安全罪和生产、销售有毒、有害食品罪两个罪名的选择问题。应当说,生产、销售"瘦肉精"的行为从本质上讲与上述两罪的犯罪构成都符合,但从罪刑法定的基本原则出发,"生产、销售'瘦肉精'的行为定以危险方法危害公共安全罪更符合法律的精神。"②

上述学者的"生产、销售瘦肉精行为同时符合生产、销售有毒、有害食品罪与以危险方法危害公共安全罪两罪犯罪构成"的观点,似乎可以从"两高"《办理"瘦肉精"案件应用法律解释》中找到其理论根据。该司法解释第5条规定:"实施本解释规定的行为,同时触犯刑法规定的两种以上犯罪的,依照处罚较重的规定追究刑事责任。"按照此条规定,如果"生产、销售瘦肉精的行为同时符合生产、销售有毒、有害食品罪与以危险方法危害公共安全罪两罪犯罪构成",采用其中规定的"依照处罚较重的规定追究刑事责任",由于生产、销售有毒、有害食品罪的法定刑轻于以危险方法危害公共安全罪的法定刑,那么就会选择法定刑较重的以危险方法危害公共安全罪来作为"生产、销售'瘦肉精'行为"的定性结果。但笔者在前已有论述,"刘某等人研发生产、销售'瘦肉精'行为并不符合生产、销售有毒、有害食品罪的构成要件",因此,"生产、销售'瘦肉精'行为同时符合生产、销售有毒、有害食

---

① 魏东:《再议河南"瘦肉精"案的刑法解释论意义》,载正义网-法律博客,2011年8月13日。

② 李志全:《刑法专家:"瘦肉精"案量刑符合法律精神》,载《中国新闻网》2011年7月25日。

品罪与以危险方法危害公共安全罪两罪犯罪构成"的观点也就难以成立。

3. 生产、销售有毒、有害食品罪与以危险方法危害公共安全罪是否属于法条竞合问题。有学者认为,从两罪的法条规定看,两罪对于造成不特定多数人生命、健康损害即危害公共安全方面存在交叉关系,这种交叉关系不需要附加任何条件、不受具体案件影响,因而属于法条竞合而非想象竞合关系。生产、销售有毒、有害食品罪属于特别法条,以危险方法危害公共安全罪属于一般法条。当一行为在犯罪行为方式、犯罪对象等要件不完全符合生产、销售有毒、有害食品罪的犯罪构成时,可以转而适用一般法,以"以危险方法危害公共安全罪"认定。生产、销售有毒、有害食品罪在其行为方式上要求:在生产、销售的食品中"掺入有毒、有害的非食品原料",犯罪对象必须是掺有有毒、有害的非食品原料的食品,但是如果有毒、有害的非食品原料掺入的对象不是食品,或者销售的是有毒、有害的非食品原料本身,则不能认定为本罪,可以适用一般法条认定为以危险方法危害公共安全罪。①

笔者认为,上述学者的前提观点是正确的,即认为生产、销售有毒、有害食品罪与以危险方法危害公共安全罪两罪属于法条竞合而非想象竞合关系。生产、销售有毒、有害食品罪与以危险方法危害公共安全罪两罪关系,究竟是属于"法条竞合"还是属于"想象竞合",这需要从"法条竞合"与"想象竞合"的区别中才能加以判定。按照刑法学界通说,"法条竞合"与"想象竞合"可以同时表现为"一行为同时触犯两法条",这也是两者的相同之处。"法条竞合"与"想象竞合"两者的不同之处则表现在:如果同时触犯的两法条表现为"一法条能包容另一法条"的包容关系,包括全部包容关系与部分包容关系两种情形均是,这应界定为"法条竞合";而如果同时触犯的两法条不具有全部包容与部分包容的包容关系,这却属于"想象竞合"。从行为方式上来看,生产、销售有毒、有害食品罪与以危险方法危害公共安全罪两者存在包容关系,即"生产、销售有毒、有害食品"仅仅是以危险方法危害公共安全罪中的一种"具体危险方法",单纯由此而言,生产、销售有毒、有害食品罪与以危险方法危害公共安全罪两罪应属于"法条竞合",却并非属于"想象竞合"。

而上述学者的结论性观点却有不妥之处。按照上述学者的前提观点,既然生产、销售有毒、有害食品罪与以危险方法危害公共安全罪两罪属于法条竞合,那就应当按照法条竞合的处理原则来解决两法条的适用问题。但是,上述

---

① 李莹:《〈刑法修正案(八)〉中生产、销售有毒、有害食品罪法理解析》,载《铁道警官高等专科学校学报》2011年第3期。

学者的结论性观点却并非如此。在生产、销售有毒、有害食品罪与以危险方法危害公共安全罪两法条的竞合关系中，生产、销售有毒、有害食品罪属于特别法条，以危险方法危害公共安全罪属于普通法条（又称"一般法条"），按照法条竞合的"特别法优于普通法"处理原则，应当选择属于特别法条的生产、销售有毒、有害食品罪来解决两法条的竞合问题。然而，上述学者的结论性观点则与此相反，而是选择了属于普通法条的以危险方法危害公共安全罪来解决两法条的竞合问题，即"当一行为在犯罪行为方式、犯罪对象等要件不完全符合生产、销售有毒、有害食品罪的犯罪构成时，可以转而适用一般法，以'以危险方法危害公共安全罪'认定。"其理由依据是：构成生产、销售有毒、有害食品罪的要件必须具备："在生产、销售的食品中'掺入有毒、有害的非食品原料'，犯罪对象必须是掺有有毒、有害的非食品原料的食品，但是如果有毒、有害的非食品原料掺入的对象不是食品，或者销售的是有毒、有害的非食品原料本身，则不能认定为本罪，可以适用一般法条认定为以危险方法危害公共安全罪。"

笔者认为，上述学者的结论性观点，可以简化、概括成"普通法优于特别法"，尽管有其一定的理由依据，但这却与法条竞合的通行处理原则"特别法优于普通法"是不相协调，甚至是相互对立、相互矛盾的。而探究其谬误产生的根源，上述学者的如此结论性观点，其不妥之处就在于偷换了概念（或者属于前后概念不一致），即从前提中构成犯罪的"生产、销售有毒、有害食品罪"，变成了结论性中不构成犯罪的"非生产、销售有毒、有害食品罪"。如此以来，在前提中的生产、销售有毒、有害食品罪与以危险方法危害公共安全罪两法条是竞合关系，而在结论中，由于生产、销售有毒、有害食品罪变成了"非生产、销售有毒、有害食品罪"，致使前提中的生产、销售有毒、有害食品罪与以危险方法危害公共安全罪两法条竞合关系不复存在。由于存在竞合的生产、销售有毒、有害食品罪与以危险方法危害公共安全罪两法条，其中之一的特别法条生产、销售有毒、有害食品罪不再构成犯罪，那么只有选择剩余的以危险方法危害公共安全罪了，这就是上述学者的"不选择特别法条而选择一般法条"结论性观点的谬误理由之所在。

4. 生产、销售有毒、有害食品罪与非法经营罪的界定问题。对于生产、销售"瘦肉精"行为是定生产、销售有毒、有害食品罪还是定非法经营罪，这在"两高"《办理"瘦肉精"案件应用法律解释》中作了区别对待。其中，第1条与第2条分别规定了两种生产、销售"瘦肉精"行为可以定性为非法经营罪：一是未取得药品生产、经营许可证件和批准文号，非法生产、销售盐酸克仑特罗等禁止在饲料和动物饮用水中使用的药品，扰乱药品市场秩序的行为；二是在生产、销售的饲料中添加盐酸克仑特罗等禁止在饲料和动物饮用水中使用的药品，或者销售明知是添加有该类药品的饲料的行为。第3条与第4条规定了两种生产、销售"瘦肉精"行为可以定性为生产、销售有毒、有害食品罪：一是使用盐酸克仑特罗等禁止在饲料和动物饮用水中使用的药品或者含有该类药品的饲料养殖供人食用的动物，或者销售明知是使用该类药品或者含有该类药品的饲料养殖的供人食用的动物的行为；二是以明知是使用盐酸克仑特罗等禁止在饲料和动物饮用水中使用的药品或者含有该类药品的饲料养殖的供人食用的动物，而提供屠宰等加工服务，或者销售其制品的行为。

从"两高"《办理"瘦肉精"案件应用法律解释》的上述内容来看，对生产、销售、使用"瘦肉精"行为分别定性，这是从生产、销售有毒、有害食品罪与非法经营罪的构成特征上来界定的。对于非法生产、销售盐酸克仑特罗等药品的，以及在生产、销售的饲料中添加盐酸克仑特罗等禁止在饲料和动物饮用水中使用的药品，或者销售明知是添加有该类药品的饲料的行为，其主要特征是"倒买倒卖、非法获利"，因而按非法经营罪定性；而对使用盐酸克仑特罗等禁止在饲料和动物饮用水中使用的药品或者含有该类药品的饲料养殖供人食用的动物，或者销售明知是使用该类药品或者含有该类药品的饲料养殖的供人食用的动物的行为，其主要特征是"将'瘦肉精'用于饲养供人食用的动物"，因而按生产、销售有毒、有害食品罪定性。例如，2011年4月19日，被告人马某、马某某以谋利为目的，非法销售禁止在饲料和动物饮用水中使用的药品盐酸克伦特罗，扰乱药品市场秩序，其行为已构成非法经营罪；被告人哈某为提高生牛出肉率，牟取非法利益，将盐酸克伦特罗掺入饲料中饲喂生牛，其行为构成生产有毒、有害食品罪。最终，新疆昌吉市法院依法分别判处马某、马某某有期徒刑1年6个月，缓刑3年，并分别处罚金2万元，非法所得依法没收；依法判处哈某有期徒刑1年，缓刑3年，并处罚金2万元。①

（四）刘某案件能否定性为以危险方法危害公共安全罪问题

以笔者所见，焦作中院最终认定刘某等人共同研制、生产、销售"瘦肉精"行为构成以危险方法危害公共安全罪，而没有采用非法经营罪、生产、销售假药罪与生产、销售有毒、有害食品罪等罪来定性，主要是因为这几个罪名在犯罪构成的行为方式、犯罪对象等要件上，并不完全符合刘某等人共同研制、生产、销售"瘦肉精"的犯罪特点。比较而言，以危险方法危害公共安

---

① 程雪红、岳军：《"瘦肉精"喂牛 新疆两养殖户获刑 罚2万》，载乌鲁木齐在线网，2011年4月20日。

全罪更为符合刘某等人共同研制、生产、销售"瘦肉精"的犯罪特点。当然，如果需要搞清刘某等人共同研制、生产、销售"瘦肉精"究竟为何被定性为以危险方法危害公共安全罪，这还有必要进一步探析如下几个与此罪相关的问题。

1. 以危险方法危害公共安全罪中的"以其他危险方法"的内涵问题。在相关刑法条款及其刑法司法解释中，均未见有对以危险方法危害公共安全罪中"以其他危险方法"内涵的具体解释，因而导致学者们的解释不相一致。有学者认为，以危险方法危害公共安全罪构成条件之一是，其手段与爆炸、放火等一样具有暴力性。对于以和平手段、平和方式，即使可能危害公共安全也不能定这个罪。比如，生产"毒鼠强"的企业，也为危害公共安全；生产农药的企业可能导致蔬菜农药残留超标危害公共安全，显然没有人会认为构成以危险方法危害公共安全罪。① 另有学者认为，"生产、销售'瘦肉精'行为本身不具有瞬间即时破坏性与杀伤力特征，其对人身健康威胁具有潜在性，危害后果远非放火、决水、爆炸、投放危险物质引发人身安全性质可比，'瘦肉精'对人体的危害符合刑法规定生产、销售有毒食品犯罪中被添加有毒物质特征。"② 这两位学者的表述观点大体是相同的。前者主张，"以其他危险方法"应当"是手段与爆炸、放火等一样具有暴力性"；而后者则主张，"以其他危险方法"应当具有"瞬间即时破坏性与杀伤力"的特征。在这种相同主张的基础上，两位学者得出了相同的结论：由于生产、销售"瘦肉精"行为不具有"以其他危险方法"的"暴力性"、"破坏性与杀伤力"的特征，因而不符合以危险方法危害公共安全罪的构成要件，最终也就不能以此罪来解决生产、销售"瘦肉精"行为定性问题。

笔者认为，上述学者主张的必须具有"暴力性"、"破坏性与杀伤力"的特征才能构成以危险方法危害公共安全罪中的"以其他危险方法"，如此理解以危险方法危害公共安全罪中"以其他危险方法"的内涵，并不符合刑法第114条、第115条规定。因为在这两条规定中并没有任何限制性条件，如果加入"暴力性"、"破坏性与杀伤力"作为"以其他危险方法"的限定，无疑会缩小"以其他危险方法"的构成范围，这显然属于有违立法精神的"限制解释"。事实上，要准确理解以危险方法危害公共安全罪中"以其他危险方法"的内涵，比较符合立法精神的做法应当是围绕该罪的本质特征来进行解释。由于

---

① 李勇：《河南瘦肉精案是否有撑大"口袋"之嫌》，载正义网－法律博客，2011年7月26日。

② 孙云康：《最高法院无权保持沉默》，载新浪博客网，2011年8月13日。

"本罪与其他危害公共安全犯罪具有相当性,并不是犯罪方法、手段的相当性,而是本罪与爆炸、放火、决水等犯罪均具有一个共同的特征,即危害公共安全"。① 因此,判断"以其他危险方法"就是要看是否具有"危害公共安全"的性质,即是否侵害到"不特定多数的人身、财产及社会利益"。"危害公共安全"具体表现在法条中,就是刑法第114条中的"足以造成严重后果"与刑法第115条中的"致人重伤、死亡或者使公私财产遭受重大损失"。"如果一种危险方法不足以产生这种后果而没有发生后果,或者后果发生了是其他原因所导致的,就不能视为'危险方法'"。②

从司法实践来看,以是否具有"暴力性"、"破坏性与杀伤力"的特征,而不是以是否具有"危害公共安全"的性质来判定"以其他危险方法"的成立,这可能会给法官认定"以其他危险方法"带来困惑。例如,刘某等人共同研制、生产、销售"瘦肉精"案件,如果以是否具有"暴力性"、"破坏性与杀伤力"的特征,而不是以是否具有"危害公共安全"来判定,那么很可能将刘某等人的危害公共安全犯罪行为排除在治罪范围之外。而实际上,刘某等人的危害公共安全犯罪行为所造成危害后果也是有目共睹的:刘某等5人共同研发、生产、销售的"瘦肉精",经过层层转运途径,最终销售至河南、山东、广东等8省市的生猪养殖户,勾兑饲料用于饲养生猪,致使大量该类猪肉流入市场,给广大消费者的身体健康、生命安全造成严重危害,并使公私财产遭受特别重大损失。例如,仅济源双汇食品有限公司为处理该类猪肉制品,损失达3400余万元。焦作市辖区销毁含"瘦肉精"生猪773头,经济损失达112.8万元。2011年3月16日至5月27日,焦作市辖区生猪出栏量明显下降,市辖区生猪养殖户收入损失1.61亿元。在论及"瘦肉精"案件的性质方面,郑州大学法学院刘德法教授的如下观点更是切中要害:刘某等人共同研制、生产、销售"瘦肉精"行为严重地危害了公共安全,其故意生产、销售对人体有害的"瘦肉精"投放市场,用于饲养供人食用的生猪,无异于向不特定人员的食物中投毒,其行为性质及危害性与投放危险物质是具有相当性的,属于刑法规定的"以其他危险方法"危害公共安全的行为。③

2. 以危险方法危害公共安全罪中的"以其他危险方法"的外延问题。

---

① 赫兴旺:《以危险方法危害公共安全罪的司法认定》,载《法制日报》2006年1月13日。

② 孙万怀:《醉酒驾车肇事案件定性问题研究》,载《现代法学》2010年第5期。

③ 刘德法:《关于刘襄等五被告人共同构成以危险方法危害公共安全罪的点评》,载河南法院网,2011年7月27日。

"以危险方法危害公共安全罪"在刑法第114条、第115条规定中是以"以其他危险方法"作为表述内容的,它的基本特征是与"放火、决水、爆炸、投放危险物质"相并列。由于"以其他危险方法"是概括、笼统、模糊的法条表述方式,这就难免在理解适用上产生如下困惑:它只是刑法第114条、第115条的"兜底"规定,还是刑法分则第二章的"兜底"规定?对此,学界主要有如下两种理解观点:(1)"宽泛解释说",认为"以其他危险方法"既是指放火、决水、爆炸、投放危险物质以外的危险方法,又是指其他危害公共安全犯罪行为以外的危险方法。① (2)"狭义解释说",认为兜底条款的解释一般遵循同类规则,即根据确定性语词所涉及的同类或者同级事项予以确定,如根据罪状中明确列举的构成要件要素类比推断。② 所以,"'以其他危险方法'仅限于与放火、决水、爆炸、投放危险物质的同类方法,而不是泛指任何具有危害公共安全的方法"。③

笔者认为,比较"宽泛解释说"与"狭义解释说"这两种认识观点,"狭义解释说"更加妥当、更加符合立法精神。因为从现有刑法条款的规定来看,"以其他危险方法"本来就是属于刑法第114条、第115条规定的内容,解释其含义不能脱离这两条规定,更不能超越刑法分则第二章"危害公共安全罪"的范围,采用"狭义解释说"观点来理解"以其他危险方法"是比较符合刑法第114条、第115条规定的立法精神。当然,如果从原有刑法条款规定的适用来看,采用"宽泛解释说"观点来理解"以其他危险方法"也是符合刑法第114条、第115条规定的立法精神的。按照1997年刑法以前的"以危险方法危害公共安全罪"规定,虽然与1997年刑法的现有条款规定内容完全相同,但在适用罪名上却有较大差异:1997年刑法规定的"以危险方法危害公共安全罪"是一个统一罪名,而1997年刑法以前的"以危险方法危害公共安全罪"是概括式罪名,在司法适用中会出现无数个具体的"以危险方法危害公共安全罪",例如各地的判例中曾经出现过"以病害猪肉加工出售的危险方法危害公共安全罪"、"以制造、贩卖有毒酒的危险方法危害公共安全罪"、"以制售假桐油的危险方法危害公共安全罪"等罪名,这些罪名依据1997年刑法规定来判定,应当属于刑法分则第三章"破坏社会主义市场经济秩序罪"中的有关"生产、销售伪劣商品罪"的范畴,肯定是超越了刑法分则第二章

---

① 冯江菊:《以危险方法危害公共安全罪中"危险方法"之界定》,载《法学与实践》2008年第4期。
② 李韧夫等:《醉酒驾车肇事案件定性问题研究》,载《当代法学》2011年第2期。
③ 张明楷:《刑法学》(第3版),法律出版社2007年版,第521页。

"危害公共安全罪"的范围。

据上所述，以危险方法危害公共安全罪中的"以其他危险方法"的外延，至少是包括与"放火、决水、爆炸、投放危险物质"的危险方法相并列，而且也是排除了这几种危险方法以外的"其他危险方法"。既然以危险方法危害公共安全罪中的"以其他危险方法"外延如此宽泛，那么肯定也能够将刘某等人研制、生产、销售"瘦肉精"行为包罗进来。从犯罪构成的客观行为方式来看，刘某等人研制、生产、销售"瘦肉精"行为当然也是一种具有社会危害性的"危险方法"，即可以将其抽象、概括成为以危险方法危害公共安全罪中的"以其他危险方法"，从而与"放火、决水、爆炸、投放危险物质"的"危险方法"相并列。在此方面，早已有学者作出了肯定性回答："'以其他危险方法危害公共安全'属于罪状开放性、前瞻性的立法规定，这是现代中外立法中经常使用的立法技术。显然，制造销售'瘦肉精'行为无论在行为特征还是社会危害范围与程度等方面，均属于'以其他危险方法危害公共安全'的犯罪行为。"① 当然，将刘某等人共同研制、生产、销售"瘦肉精"行为归结为以危险方法危害公共安全罪中的"以其他危险方法"之后，还需要回答"刘某等人共同研制、生产、销售"瘦肉精"行为是否应当作为一种具体的危险方法"，它是否超越了刑法分则第二章"危害公共安全罪"的范围问题。以笔者所见，从生产、销售"瘦肉精"行为比较类同于生产、销售有毒、有害食品罪来看，应当认为"刘某等人共同研制、生产、销售'瘦肉精'行为属于一种具体的危险方法"，它已经超越了刑法分则第二章危害公共安全罪的范围。但即使如此，也不应当成为阻碍刘某等人共同研制、生产、销售"瘦肉精"行为而被定性为以危险方法危害公共安全罪的理由。

3. 以危险方法危害公共安全罪的"兜底性条款"与想象竞合犯的区别问题。2011年7月25日，在焦作中院一审宣判刘某等5人构成"以危险方法危害公共安全罪"罪名之后，针对不少学者及其百姓就"瘦肉精"案件定性为"以危险方法危害公共安全罪"的疑惑，郑州大学法学院教授刘德法、河南省社会科学院法学研究所副研究员赵新河对此作出了学理性解释，其要点性内容有二：（1）以危险方法危害公共安全罪属于概括立法方式，是排除了放火、决水、爆炸、投放危险物质等之外的危险方法，即"以其他危险方法"危害公共安全。作为兜底性的法律规定，这类概括性的危害公共安全的方法，通常是指与法律明示的放火、决水等危险性相当的方法，其在本质上同样危害的是

---

① 冀天福：《研制生产销售'瘦肉精'构成以危险方法危害公共安全罪》，载《人民法院报》2011年9月15日。

公共安全。（2）刘某等被告人明知"瘦肉精"作为猪饲料添加喂养生猪，被人食用后对人体有害，故意生产并将其销售到生猪养殖业的行为，应被评价为一个完整的行为，其在构成要件上同时符合非法经营罪；生产、销售假药罪；生产、销售有毒、有害食品罪；以危险方法危害公共安全罪等4个不同的罪名。这属于由一个犯罪行为触犯数个罪名的想象竞合犯，应当按照其触犯的罪名中最重的犯罪定罪处罚，即按照以危险方法危害公共安全罪追究刘某等被告人的刑事责任。[1]

笔者认为，上述两位学者的释疑观点，虽然在定性结论上的解释是完全可取的，即刘某等5人应当定性为以危险方法危害公共安全罪；但在解释内容中则将"兜底性条款"与想象竞合犯混为一谈，这却是不可取的。事实上，属于概括式立法方式的"兜底性条款"与属于罪数形态的想象竞合犯两者应当是有严格区别的。况且，"兜底性条款"与想象竞合犯两者内容带有一定的矛盾性，因而也不宜同时适用。因为在刑法理论上，类同于以危险方法危害公共安全罪中"以其他危险方法"的罪状表述被称为"兜底性条款"，其主要功能是严密刑事法网，堵截可能遗漏的犯罪行为。从其功能来看，以危险方法危害公共安全罪作为"兜底性的法律规定"，应当是在无其他罪名可选择的情形下才能加以考虑适用。否则，能有其他罪名可构成适用，那就不能选择以"兜底性条款"而命名的罪名来适用。而想象竞合犯则与此不同，由于其主要特征是"一个犯罪行为同时触犯数个罪名"，这就意味着想象竞合犯是在数个能够构成犯罪的罪名中选择适用哪一个的问题，它与在无其他罪名可选择的情形下只能加以考虑适用该"兜底性条款"的罪名显然是不相同的。

另外，将刘某等5人共同研制、生产、销售"瘦肉精"行为视为同时触犯非法经营罪，生产、销售假药罪，生产、销售有毒、有害食品罪与以危险方法危害公共安全罪等4罪名的想象竞合犯，这也是不妥当的。想象竞合犯的本质特征是"一行为而同时触犯数个罪名"，如果"同时触犯数个罪名"不能成立，而只能是"触犯一个罪名"，那就变成了"一个犯罪行为而触犯一个罪名"的情形，对此，就只能认定为实质一罪，而不能再认定为属于罪数形态的想象竞合犯了。按照笔者的前述观点，刘某案件是研发、生产、销售"瘦肉精"行为，这既不符合刑法第225条非法经营罪的客观构成要件，也不符合原有司法解释中以非法经营罪定罪的有关规定；刘某等人的生产、销售的"瘦肉精"未直接给"人体健康造成危害"，那就不符合生产、销售假药罪的

---

[1] 陈菲等：《制售"瘦肉精"何以构成以危险方法危害公共安全罪》，载《检察日报》2011年7月26日。

构成要件；刘某等人研发、生产、销售"瘦肉精"并没有直接向食品或者食品原料中掺入该物质，也没有直接生产食品或者食品原料，因而也不宜定为"生产销售、销售有毒、有害食品罪"。总之，由于刘某等5人研发、生产、销售"瘦肉精"不能构成非法经营罪，生产、销售假药罪与生产、销售有毒、有害食品罪等三罪，使得"同时触犯数个罪名"变成了"只能触犯一个罪名"，最终而使"一行为而同时触犯数个罪名"的想象竞合犯观点难以成立。

4. "源头犯罪"、"二道贩子"与饲养者具体使用"瘦肉精"的定性应当有所区别。有学者认为，法院对刘某案件以危险方法危害公共安全罪定罪，却对河南省获嘉县法院审理的第二批"瘦肉精"案的韩某斌等7名被告人，以"非法经营罪"被判处1年至10年的有期徒刑，并处罚金。显然，河南法院将生产、销售"瘦肉精"的被告人刘某等人与后续"二道贩子"们严格区别，差别性刑罚适用，此与河北法院审理毒奶粉案件审判思路雷同，存在严重逻辑矛盾。① 有学者认为，"如果对制售'瘦肉精'的行为人定以危险方法危害公共安全罪，那么明知'瘦肉精'的危害而仍然用其喂猪，然后卖猪的养殖户；屠宰后卖肉的明知含有'瘦肉精'而仍然屠宰、销售给不特定公众的菜市场的经营户，这些人的行为定什么罪呢？如果也定以危险方法危害公共安全是否太重，罪刑不均；如果定生产销售有毒有害食品与刘某等定罪是否也是不均衡？"② 实际上，这两位学者的观点可以归纳为如下三个问题：一是对刘某等人的"源头犯罪"能否与"二道贩子"差别性适用刑罚？二是对具体使用"瘦肉精"的饲养者如何定性，是定以危险方法危害公共安全罪，还是定生产销售有毒、有害食品罪？三是"卖猪的农民；屠宰、卖肉的明知含有'瘦肉精'而仍然屠宰、销售给不特定公众的菜市场的经营户"，这些人的行为如何定罪呢？

第一个问题，对刘某等人的"源头犯罪"能否与"二道贩子"差别性适用刑罚，笔者认为，答案当然是肯定的。该问题的关键理由在于：犯罪行为性质不同，会符合不同的犯罪构成要件，因而应被确定为不同的罪名。刘某等人的"源头犯罪"行为是研发、生产、销售"瘦肉精"，应被确定为以危险方法危害公共安全罪；而"二道贩子"的犯罪行为是"非法经营'瘦肉精'"，应被确定为非法经营罪。例如，"二道贩子"韩某斌等7人先是购买"瘦肉精"原粉，经过淀粉稀释后，再以每包110元至140元不等的价格卖给生猪养殖

---

① 孙云康：《最高法院无权保持沉默》，载正义网，2011年8月13日。
② 李勇：《河南"瘦肉精"案是否有撑大"口袋"之嫌》，载正义网，2011年7月26日。

户，导致含有"瘦肉精"的生猪流向市场。他们明知"瘦肉精"是国家禁止用于喂养生猪的药品，但为牟取利益，仍将"瘦肉精"及含有"瘦肉精"成分的稀释粉出售给生猪养殖户并传授饲喂方法，这显然违反了我国对"瘦肉精"等药品实行限制经营的规定，因而构成非法经营罪。① 此种将刘某等人的"源头犯罪"行为与"二道贩子"的犯罪行为予以适用不同罪名，正是在遵循犯罪构成、符合形式逻辑要求的前提下而作出的"差别性刑罚适用"结果，对此应当给予充分肯定，而却不能以"此与河北法院审理毒奶粉案件审判思路雷同"而得出"差别性刑罚适用"就"存在严重逻辑矛盾"的结论。事实上，如果认为"河北法院审理毒奶粉案件审判思路"是比较妥当、比较适宜的话，那么此后审理包括"瘦肉精"在内的类似案件而予以参考或借鉴，这也是无可指责、无可厚非的。

第二个问题，对具体使用"瘦肉精"的饲养者如何定性，是定以危险方法危害公共安全罪，还是定生产销售有毒、有害食品罪？首先应当看到，饲养者具体使用"瘦肉精"的行为与刘某等人研发、生产、销售"瘦肉精"的"源头犯罪"行为，两者当然是不能等同的。犯罪行为性质的不同，也当然会体现在定性罪名上有重要区别。刘某等人研发、生产、销售"瘦肉精"的"源头犯罪"行为，如前所述，应当定性为以危险方法危害公共安全罪。而饲养者具体使用"瘦肉精"饲养猪、牛、羊等行为，是一种"在生产、销售的食品中掺入有毒、有害的非食品原料的或者销售明知掺有有毒、有害的非食品原料的食品的行为"，这并不符合以危险方法危害公共安全罪的构成要件，但却符合生产、销售有毒、有害食品罪的构成要件，因此，应当定性为生产、销售有毒、有害食品罪。例如，2011年7月29日，河北省昌黎县人民法院宣判一起"瘦肉精"案件。昌黎县龙家店镇西刁坨村38岁的农妇韩其荣违反我国食品卫生管理法规，明知"瘦肉精"是有毒、有害的非食品原料且国家明令禁止给家畜喂食，仍故意给其饲养的羊投喂，法院认定其行为已构成生产、销售有毒、有害食品罪，以此罪判处韩某荣有期徒刑5年，并处罚金人民币7万元。②

第三个问题，"卖猪的农民；屠宰后卖肉的明知含有瘦肉精而仍然屠宰、销售给不特定公众的菜市场的经营户"，这些人的行为如何定罪呢？笔者认为，贩卖含有"瘦肉精"的生猪的农民，以及"屠宰后卖肉的明知含有瘦肉

---

① 陈和耀：《河南第二批"瘦肉精"案宣判》，载《人民法院报》2011年8月12日。
② 朱峰：《农妇明知瘦肉精危害仍投喂家畜 被判5年徒刑》，载新华网，2011年7月29日。

精而仍然屠宰、销售给不特定公众的菜市场的经营户",对这些行为人可以认定为构成生产、销售有毒、有害食品罪。"两高"《办理"瘦肉精"案件应用法律解释》第3条与第4条规定了两种生产、销售"瘦肉精"行为可以定性为生产、销售有毒、有害食品罪:一是使用盐酸克仑特罗等禁止在饲料和动物饮用水中使用的药品或者含有该类药品的饲料养殖供人食用的动物,或者销售明知是使用该类药品或者含有该类药品的饲料养殖的供人食用的动物的行为;二是已明知是使用盐酸克仑特罗等禁止在饲料和动物饮用水中使用的药品或者含有该类药品的饲料养殖的供人食用的动物,而提供屠宰等加工服务,或者销售其制品的行为。例如,在南京"瘦肉精"案件中,张某能等人于2011年3月13日至15日间,从河南孟州、浚县等地购买100头至145头不等的生猪,经检测,6家屠宰户的生猪抽样中,24%至100%不等的猪尿中含有盐酸克伦特罗成分,其中7头中还含有来克多巴胺,其明知所购生猪含有"瘦肉精"等有毒有害成分,仍在建邺区兴旺屠宰场进行销售、屠宰,其行为已经触犯刑法第144条的规定,构成生产、销售有毒、有害食品罪,应追究刑事责任。①

---

① 《南京昨开审"瘦肉精"案6屠户均承认有罪求轻判》,载《扬子晚报》2011年9月7日。

案例10：杜某等敲诈勒索案
——以危险方法危害公共安全罪与敲诈勒索罪、抢劫罪的界限

一、基本情况

案　　由：敲诈勒索

被告人：杜某，男，1981年6月11日出生，回族，出生地北京市，初中文化，无业，住北京市宣武区某胡同某号。曾因犯诈骗罪于1999年2月被北京市崇文区人民法院判处有期徒刑7个月，1999年2月22日刑满释放。因涉嫌犯敲诈勒索罪于2006年3月8日被羁押，同年4月12日被逮捕。

被告人：王甲，男，1982年12月22日出生，汉族，出生地北京市，中专文化，无业，住北京市大兴区黄村镇某小区某号楼某单元某号。因涉嫌犯敲诈勒索罪于2006年3月8日被羁押，同年4月12日被逮捕。

被告人：王某伟，男，1979年9月26日出生，汉族，出生地北京市，小学文化，农民，住北京市大兴区西红门镇某村某街某号。因涉嫌犯敲诈勒索罪于2006年3月8日被羁押，同年4月12日被逮捕。

被告人：黄某，男，1984年12月26日出生，汉族，出生地北京市，初中文化，农民，住北京市大兴区某镇某村某号。因涉嫌犯敲诈勒索罪于2006年3月8日被羁押，同年4月12日被逮捕。

被告人：侯某强（别名：侯某温），男，1974年1月28日出生，汉族，出生地北京市，初中文化，农民，住北京市大兴区某镇某村某号。因涉嫌犯敲诈勒索罪于2006年7月7日被羁押，同年8月10日被逮捕。

被告人：王乙，男，1981年8月18日出生，汉族，出生地北京市，大专文化，无业，住北京市大兴区某镇某村某号。因犯涉嫌敲诈勒索罪于2006年3月8日被羁押，同年4月12日被逮捕。

被告人：张某，男，1982年10月13日生，汉族，出生地北京市，初中文化，农民，住北京市大兴区某镇某村某号。因涉嫌犯敲诈勒索罪于2006年3月8日被羁押，同年4月12日被逮捕。

二、诉辩主张

（一）人民检察院指控事实

北京市大兴区人民检察院指控：

1. 2005年7月16日零时许，被告人侯某强伙同他人（姓名不详）驾驶红色羚羊牌小轿车（车牌号：京GEP778）行至北京市大兴区京开西辅路三融桥旁，趁事主郭某群驾驶的轻型普通货车（车牌号：冀FP6329）自右侧车道向左侧车道并线，即驾车故意与该车左侧相撞，造成郭某群承担此次交通事故的全部责任。随后，侯某强以修车为由，向郭某群勒索人民币2500元。

2. 2005年11月10日18时许，被告人王某伟、王某驾驶红色雪佛兰牌小轿车（车牌号：京GJG412）行至北京市大兴区京开辅路黄良路口，趁事主闫某喜驾驶的重型普通半挂车（车牌号：冀BG1422）自右侧车道向左侧车道并线，即驾车故意与该车后侧相撞，造成闫某喜承担此次交通事故的全部责任。随后，王某伟、王甲二人以修车为由，向货车车主徐某芳勒索人民币18000元。

3. 2005年12月17日17时许，被告人王甲伙同许某（另案处理）、毕某（另案处理）驾驶黑色奔驰牌小轿车（车牌号：京AM0429）行至北京市大兴区京开高速公路东辅路三融桥北侧，趁事主刘某恒驾驶的轻型普通货车（车牌号：冀T58318）自右侧车道向左侧车道并线，即驾车故意与该车左后侧相撞，造成刘某恒承担此次交通事故的全部责任。随后，王甲等人以修车为由，向刘某恒勒索人民币16200元。

4. 2005年12月21日20时许，被告人黄某伙同他人（姓名不详）驾驶灰色羚羊牌小轿车（车牌号：京GQ2942）在北京市大兴区京开高速公路西辅路梨花桥南1公里处，故意紧急制动，导致事主张某福驾驶的中型普通货车（车牌号：冀G29419）前部与羚羊牌小轿车尾部相撞，造成张某福承担此次交通事故的全部责任。随后，黄某等人以修车为由，向张某福勒索人民币5000元。

5. 2005年12月29日22时许，被告人杜某、黄某、侯某强、于某顺（在逃）、毛某亮（在逃）驾驶灰色奇瑞牌小轿车（车牌号：京HE8424）行至北京市大兴区京开东辅路兆丰桥南加油站旁，趁事主杨某起驾驶的轻型普通货车（车牌号：冀FQD100）自右侧车道向左侧车道并线，即驾车故意与该车左侧相撞，造成杨某起承担此次交通事故的全部责任。随后，侯某强、杜某、黄某等人以修车为由，向杨某起勒索人民币8500元。

6. 2006年1月4日23时许，被告人杜某、黄某驾驶灰色奇瑞牌小轿车

(车牌号：京 HE8424）行至大兴区京开东辅路三融桥北口，趁事主王某松驾驶的大货车（车牌号：冀 J63550）自右侧车道向左侧车道并线，即驾车故意与该车左侧相撞，造成王某松承担此次交通事故的全部责任。随后，杜某、黄某以修车为由，向王某松勒索人民币 6500 元。

7.2006 年 1 月 7 日 18 时许，被告人黄某伙同许某驾驶黑色奔驰牌小轿车（车牌号：AM0429）行至北京市大兴区京开高速公路东辅路薛营桥北侧，趁事主李某平驾驶的农用汽车（车牌号：冀 G45527）自右侧车道向左侧车道并线，即驾车故意与该车左侧相撞，造成李某平承担此次交通事故的全部责任。随后，黄某、许某以修车为由，向李某平勒索人民币 38000 元。

8.2006 年 1 月 10 日 23 时许，被告人王甲、王乙驾驶红色桑塔纳牌小轿车（车牌号：京 E97884）在北京市大兴区京开西辅路梨花桥南一公里处，故意紧急制动，导致事主王某坡驾驶的中型普通货车（车牌号：鲁 P91336）前部与桑塔纳牌小轿车尾部相撞，造成王某坡负此次交通事故的全部责任。随后，王甲、王乙伙同许某以修车为由，向王某坡勒索人民币 15800 元。

9.2006 年 2 月 24 日 23 时许，被告人王某伟驾驶红色雪佛兰牌小轿车（车牌号：京 GJG412）行至北京市大兴区京开高速公路辅路三融桥附近，趁事主郝某坤驾驶的轻型普通货车（车牌号：冀 TA6831）自右侧车道向左侧车道并线，即驾车故意与大货车左侧相撞，造成郝某坤承担此次交通事故的全部责任。随后，王某伟伙同被告人杜某以修车为由，向郝某坤勒索人民币 22800 元。

10.2006 年 2 月 27 日 22 时许，于某顺（另案处理）驾驶红色菲亚特牌小轿车（车牌号：京 ED8154）行至北京市大兴区京开高速公路西辅路三融桥附近，趁事主高某成、董某超驾驶的低速普通货车（车牌号：冀 AF2177）自右侧车道向左侧车道并线，即驾车故意与该车左侧相撞，造成高某成承担此次交通事故的全部责任。随后，于某顺伙同被告人王某伟、侯某强以修车为由，向事主董某超勒索人民币 15600 元。

11.2006 年 3 月 2 日 15 时许，杜某、张某驾驶银灰色菲亚特牌小轿车（车牌号：京 C92188）行至北京市大兴区京开高速公路辅路薛营桥北侧，趁事主武某华驾驶的轻型普通货车（车牌号：冀 RDQ902）自右侧车道向左侧车道并线，即驾车故意与该车左侧相撞，造成武某华承担此次交通事故的全部责任。随后，杜某伙同被告人侯某强、毛某亮（另案处理）以修车为由，欲向事主武某华勒索人民币 25000 元。后因被告人杜某等 6 人于 2006 年 3 月 8 日被查获归案而未能得逞。

12.2006 年 3 月 2 日 20 时许，被告人杜某、黄某驾驶红色雪佛兰小轿车

（车牌号：京 GJG421）行至北京市大兴区京开东辅路大庄桥南 500 米处，趁事主周某会驾驶的低速普通货车（车牌号：冀 TK2053）自右侧车道向左侧车道并线，即驾车故意与该车左侧相撞，造成周某会承担此次交通事故的全部责任。随后，杜某、黄某伙同被告人王甲、王乙以修车为由，欲向周某会勒索人民币 5000 元。后因被告人杜某等 6 人于 2006 年 3 月 8 日被查获归案而未能得逞。

公诉机关认为，被告人杜某、王甲、王某伟、黄某、侯某强、王乙、张某结伙对他人使用要挟的方法，强行索取财物，数额巨大，其行为触犯了《中华人民共和国刑法》第 274 条之规定，应当以敲诈勒索罪追究刑事责任。

（二）被告人辩解及辩护人辩护意见

被告人杜某对起诉书指控其犯敲诈勒索罪的事实未提出异议。

被告人王甲对起诉书指控其参与的第 2 起敲诈勒索的事实辩称：未参加；对起诉书指控其参与的其他敲诈勒索的事实未提出异议。王甲的辩护人的辩护意见是：（1）公诉机关指控的王甲参与的第 2 起敲诈事实，证据不足，不应认定；（2）对指控王甲参与的第 12 起敲诈事实，因被抓而未得逞，应认定敲诈未遂；（3）王甲在参与的敲诈行为中，起次要和辅助作用，应认定为从犯；（4）王甲无前科、劣迹。综上，建议对被告人王甲从轻处罚。

被告人王某伟对起诉书指控其参与的第 2 起敲诈事实辩称：此起是正常的交通事故，没有王甲参加；对起诉书指控其参与的第 9 起敲诈事实辩称：是用我的驾驶本，但我没去；对起诉书指控其参与的第 10 起敲诈事实辩称：不知道。对指控其参与的其他敲诈事实未提出异议。王某伟的辩护人的辩护意见是：（1）起诉书指控王某伟参与的第 2 起事实应属于交通事故；（2）第 9 起王某伟没有驾驶车辆，没有获取非法所得；（3）第 12 起事实属未遂；（4）王某伟无前科劣迹。综上，请法庭依法判决。

被告人黄某对起诉书指控其参与第 7 起敲诈的事实辩称：此起我不知道；对指控其参与的其他敲诈事实未提出异议。

被告人侯某强、王乙、张某对起诉书指控其参与敲诈的事实未提出异议。

三、人民法院认定事实和证据

（一）认定犯罪事实

大兴区人民法院经审理查明，杜某等被告人有下列犯罪事实：

1. 2005 年 7 月 16 日零时许，被告人侯某强伙同他人驾驶红色羚羊牌小轿车（车牌号：京 GEP778）在北京市大兴区京开西辅路三融桥处，故意与被害人郭某群驾驶的轻型普通货车（车牌号：冀FP6329）相撞，经北京市公安局大兴分局交通支队认定郭某群负此事故的全部责任。后被告人侯某强以修车为由，向郭某群索要人民币2500元。

2. 2005年11月10日18时许，被告人王某伟伙同他人驾驶红色雪佛兰牌小轿车（车牌号：京GJG412）在北京市大兴区京开辅路黄良路口，故意与被害人闫某喜驾驶的重型半挂车（车牌号：冀BG1422）相撞，经北京市公安局大兴分局交通支队认定闫某喜负此事故的全部责任。后被告人王某伟以修车为名，向被害人闫某喜索要人民币18000元。

3. 2005年12月17日17时许，被告人王甲伙同许某等人（现在逃）驾驶黑色奔驰牌轿车（车牌号：京AM0429）在北京市大兴区京开高速公路东辅路三融桥北侧，故意与被害人刘某恒驾驶的轻型普通货车（车牌号：冀T58318）相撞，经北京市公安局大兴分局交通支队认定刘某恒负此事故的全部责任。后被告人王甲以修车为名，向被害人刘某恒索要人民币16200元。

4. 2005年12月21日20时许，被告人黄某伙同他人驾驶灰色羚羊牌小轿车（车牌号：京GQ2942）在北京市大兴区京开高速公路西辅路梨花桥南一公里处，故意紧急制动，导致被害人张某福驾驶的中型普通货车与羚羊牌小轿车尾部相撞，经北京市公安局大兴分局交通支队认定张某福负此事故的全部责任。后被告人黄某以修车为由，向张某福索要人民币5000元。

5. 2005年12月29日22时许，被告人杜某、黄某、侯某强伙同于某顺、毛某亮等人（现在逃）驾驶灰色奇瑞牌小轿车（车牌号：京HE8424）在北京市大兴区京开高速公路东辅路兆丰桥南加油站旁，故意与被害人杨某起驾驶的大货车（车牌号：冀FQD100）相撞，经北京市公安局大兴分局交通支队认定杨某起负此事故的全部责任。后被告人杜某、黄某、侯某强以修车为名，向被害人杨某起索要人民币8500元。

6. 2006年1月4日23时许，被告人杜某、黄某驾驶灰色奇瑞牌小轿车（车牌号：京HE8424）在北京市大兴区京开公路东辅路三融桥北口，故意与被害人王某松驾驶的大货车（车牌号：冀J63550）相撞，经北京市公安局大兴分局交通支队认定王某松负此事故的全部责任。后被告人杜某、黄某以修车为由向被害人王某松索要人民币6500元。

7. 2006年1月7日18时许，被告人黄某伙同他人驾驶黑色奔驰牌小轿车（车牌号：京AM0429）在北京市大兴区京开公路东辅路薛营桥北侧，故意与被害人李某平驾驶的农用货车（车牌号：冀G45527）相撞，经北京市公安局大兴分局交通支队认定李某平负此事故的全部责任。后被告人黄某等人以修车为名，向被害人李某平索要人民币38000元。

8. 2006年1月10日23时许,被告人王甲、王乙驾驶红色桑塔纳牌小轿车（车牌号：京E97884）在北京市大兴区京开高速公路西侧辅路梨花桥南一公里处,故意紧急制动,导致被害人王某坡驾驶的中型货车（车牌号：鲁P91836）前部与桑塔纳小轿车尾部相撞,经北京市公安局大兴分局交通支队认定王某坡负此事故的全部责任。后被告人王甲、王乙以修车为名,向王某坡索要人民币15800元。

9. 2006年2月24日23时许,被告人杜某、王某伟伙同他人驾驶红色雪佛兰小轿车（车牌号：京GJG412）在北京市大兴区京开高速公路东辅路三融桥附近,故意与被害人郝某坤驾驶的货车（车牌号：冀TA6831）相撞,经北京市公安局大兴分局交通支队认定郝某坤负此事故的全部责任。后被告人杜某、王某伟以修车为名,向郝某坤索要人民币22800元。

10. 2006年2月27日22时许,被告人王某伟、侯某强伙同于某顺（现在逃）驾驶红色菲亚特牌小轿车（车牌号：京ED8154）在北京市大兴区京开高速公路西辅路三融桥附近,故意与高某成驾驶的货车（车牌号：冀AF2177 乘车人：董某超）相撞,经北京市公安局大兴分局交通支队认定高某成负此事故的全部责任。后被告人王某伟、侯某强以修车为名,向被害人董某超索要人民币15600元。

11. 2006年3月2日15时许,被告人杜某、侯某强、张某驾驶灰色菲亚特牌小轿车（车牌号：京C92188）在北京市大兴区京开高速公路东辅路薛营桥北侧,故意与被害人武某华驾驶的轻型普通货车（车牌号：冀RDQ902）相撞,经北京市公安局大兴分局交通支队认定武某华负此事故的全部责任。后被告人杜某、侯某强、张某等人以修车为名,向被害人武某华索要人民币25000元,未果。

12. 2006年3月2日20时许,被告人杜某、王甲、王某伟、黄某、王乙驾驶红色雪佛兰牌小轿车（车牌号：京GJG412）在北京市大兴区京开高速公路东辅路大庄桥南500米处时,故意与被害人周某会驾驶的普通货车（车牌号：冀TK2053）相撞,经北京市公安局大兴分局认定周某会负此事故的全部责任。后被告人杜某、王甲、王某伟、黄某、王乙以修车为名,向被害人周某会索要人民币5000元,未果。

综上,被告人杜某参与敲诈勒索5起,价值人民币67800元;被告人王甲参与敲诈勒索3起,价值人民币37000元;被告人王乙伟参与敲诈勒索4起,价值人民币61400元;被告人黄某参与敲诈勒索5起,价值人民币63000元;被告人侯某强参与敲诈勒索4起,价值人民币51600元;被告人王乙参与敲诈勒索2起,价值人民币20800元;被告人张某参与敲诈勒索1起,价值人民币

25000 元。

（二）认定犯罪证据

1. 对第一项犯罪事实有以下证据得以证实：

（1）被害人郭某群的陈述，证实 2005 年 7 月间的一天夜间，我驾驶轻型卡车在上述地点与一辆红色羚羊车相撞，我打"122"报警，民警认定我负全责，对方向我要 3000 元，并说不给钱就扣车，第二天，我给对方 2500 元。

（2）郭某群在公安机关的辨认笔录，将被告人侯某强予以辨认，并证实侯某强是事发时对方车辆的司机。

（3）北京市公安局大兴分局交通支队出具的事故认定，证实当事人双方为郭某群、侯继温。

2. 对第二项犯罪事实有以下证据得以证实：

（1）被害人闫某喜的陈述，在上述时间，我驾驶一辆半挂车行驶至上述地点时，与一辆红色雪佛兰小轿车发生剐蹭，对方车上下来两名男子，其中一名叫王某伟，另一名为东北口音的男子，我提出给对方修车，他们不用，后对方开 1 张 21360 的修车发票。我给老板徐某芳打电话，后徐某芳给对方 18000 元现金。

（2）证人徐某芳证实，2005 年 11 月 10 日 18 时许，我接到司机闫某喜的电话称在大兴撞车了，我让闫某喜报警。次日，我到大兴交通队，对方一名叫王某伟的和我谈修车还是赔钱，最后，我赔了对方 18000 元 。

（3）辨认笔录，闫某喜于 2006 年 3 月 15 日在公安机关辨认出被告人王某伟，并证实王某伟就是事发时驾驶雪佛兰轿车的人；徐某芳于 2006 年 3 月 15 日在公安机关辨认出被告人王某伟、王甲，并证实二人在事故解决过程中曾对其进行辱骂。

（4）当庭出示的书证，证实被害方将 18000 元交予王某伟的事实。

（5）北京市公安局大兴分局交通支队出具的事故认定，证实当事人双方为闫某喜、王某伟。

（6）被告人王某伟对此起敲诈事实的供述，均否认被告人王某参与。

3. 对第三项犯罪事实有以下证据证实：

（1）被害人刘某恒的陈述，证实在上述时间，我和张某义驾驶东风牌货车到北京送货，当行至北京市大兴区三融桥东辅路欲超车时，右侧的奔驰车与我车的左侧相撞，对方车上下来两名男子，我打报警电话，民警认定我负全部责任，赔偿对方 16200 元。我当时在确认安全的情况下超车，我认为对方是故意撞我。

（2）证人张某义证实，刘某恒驾驶车辆行驶至上述地点时，一辆奔驰车在公路左侧行驶，我们的车打算在右侧超车，刚行驶至奔驰车的中部时，奔驰车突然向右侧打轮，与我们的车左侧相撞，奔驰车上下来两名男子，民警判定我们负全责，奔驰车的司机打电话叫来四五名男子，不让我们的车走，我和司机住到旅馆，之后的事我就不知道了。

（3）辨认笔录，2006年3月9日，在公安机关刘某恒、张某义将被告人王甲予以辨认。

（4）北京市公安局大兴分局交通支队出具的责任认定书，当事人双方为刘某恒、王甲。

4. 对第四项犯罪事实有以下证据证实：

（1）被害人张某福的陈述，证实在上述时间我驾驶大货车行驶至上述地点时，我前方的羚羊车突然紧急刹车，我的车前部撞到羚羊车的尾部，在羚羊车上下来两名男子，向我要1万元钱，我报的警，民警出具了事故认定书，我负全责，后我给对方人民币5000元。

（2）辨认笔录，2006年3月14日在公安机关被害人张某福将被告人黄某予以辨认。

（3）北京市公安局大兴分局交通支队出具的交通事故认定书，张某福负此事故的全部责任。

5. 对第五项犯罪事实有以下证据证实：

（1）被害人杨某起的陈述，证实在上述时间我驾驶大货车行驶至上述地点时，与奇瑞轿车相撞，民警判我负全责，赔偿对方8500元。

（2）辨认笔录，2006年3月27日在公安机关被害人杨某起将被告人杜某、黄某予以辨认。

（3）北京市公安局大兴分局交通支队出具的交通事故责任认定书，证实当事人双方为杨某起、于某顺。

6. 对第六项犯罪事实有以下证据证实：

（1）被害人王某松的陈述，证实在上述时间我驾驶大货车行驶至上述地点时，我车前面的一辆奇瑞轿车行驶得特别慢，我正要超过奇瑞车时，奇瑞车向右打轮，与我的车左侧相撞，奇瑞车上下来两名男子，民警认定我负全责，我们给了对方6500元。

（2）辨认笔录，2006年3月11日在公安机关被害人王某松将被告人杜某、黄某予以辨认。

（3）北京市公安局大兴分局交通事故认定书，证实王某松负此事故的全部责任。

7. 对第七项犯罪事实有以下证据证实：

（1）被害人李某平的陈述，证实在上述时间我驾驶农用货车行驶至上述地点时，一辆奔驰轿车在我的车前边开得特别慢，我准备超车时，奔驰车向右打方向，与我的车左侧相撞，一辆红色桑塔纳轿车将我的车别住，民警到现场后，桑塔纳车跑了，奔驰车上下来一名男子，民警认定我负全责。第二天，两名男子和我谈赔钱的事，后我将38000元给了对方一小个子男子。

（2）辨认笔录，2006年3月17日9时在公安机关被害人李某平将被告人黄某予以辨认，并证实黄某就是案发后第二天与他人一起向我索要38000元的男子，后我将38000元付给对方小个子男子。

（3）北京市公安局大兴分局交通支队出具的交通事故认定书，认定李某平负事故的全部责任。

8. 对第八项犯罪事实有下列证据证实：

（1）被害人王某坡的陈述，证实在上述时间我驾驶中型货车行驶至上述地点时，在我车前面行驶的红色桑塔纳轿车紧急刹车，造成我的车追尾，赔偿对方15800元。

（2）辨认笔录，2006年3月29日14时30分，在公安机关被害人王某坡将被告人王甲予以辨认。

（3）北京市公安局大兴分局交通支队出具的事故认定书，证实当事人双方为王某坡、王乙，王某坡负此事故的全部责任。

9. 对第九项犯罪事实有下列证据证实：

（1）被害人郝某坤的陈述，证实在上述时间我驾驶一货车自河北向北京送货，在我车前面一辆红色桑塔纳轿车速度很慢，我在后边跟了大约30分钟，当行至上述地点我超车时，我车左侧与桑塔纳车右侧相撞，对方车上下来两名男子，民警出现场后认定我负全责，赔偿对方22800元。我认为对方是敲诈，因为在正常行驶的情况下，这次事故不可能发生，在修理厂时，我见对方车的腻子还未干，应该是新修好的。

（2）辨认笔录，2006年4月4日11时，在公安机关被害人郝某坤将被告人杜某、王某伟予以辨认。

（3）北京市公安局大兴分局交通支队出具的事故认定书，证实当事人双方为郝某坤、王某伟。

10. 对第十项犯罪事实有下列证据证实：

（1）被害人董某超的陈述，证实在上述时间高某成驾驶货车行驶至上述地点，在超前方一辆红色轿车时，红色轿车向右打方向，造成我们的车左侧与红色轿车右侧相撞，民警认定我们负全责，对方让我赔5万元，我没给。后侯胖子（侯某强）和我谈赔钱的事，我给了对方15600元。

（2）辨认笔录，2006年3月16日15时在公安机关被害人董某超将被告人王某伟予以辨认。

（3）北京市公安局大兴分局交通支队出具的事故认定书，证实当事人双方为高某成、于某顺，高某成负事故的全部责任。

（4）被告人王某伟在公安机关的供述，亦证实伙同杜某、侯某强驾驶红色菲亚特小轿车故意与一河北牌子的货车相撞的情况。

11. 对第十一项犯罪事实有下列证据证实：

（1）被害人武某华的陈述，证实在上述时间我驾驶货车行驶至上述地点，一辆灰色菲亚特小轿车超过我车后，突然慢下来，当我欲超车时，菲亚特小轿车向右打轮，与我车左侧相撞，民警认定我负全责，对方向我要3万元，经过协商，对方称不能低于25000元，车被放到停车场。

（2）证人刘某岭证实，2006年3月3日，一名较胖的男子将一辆车牌号为冀RDQ902的货车存放在停车场的情况。

（3）辨认笔录，2006年3月11日9时，在公安机关被害人武某华将被告人杜某、张某予以辨认。

（4）北京市公安局大兴分局交通支队出具的事故认定书，证实双方当事人为武某华、张某。

（5）被告人张某的供述，在上述时间伙同杜某、侯某强驾驶灰色菲亚特牌小轿车在上述地点与一河北货车相撞的情况。

12. 对第十二项犯罪事实有下列证据证实：

（1）被害人周某会的陈述，在上述时间我驾驶货车（乘车人周某春）行驶至上述地点，前方一辆红色雪佛兰牌小轿车速度很慢，当我要超这辆车时，对方的车撞到我车左侧中间部位，民警认定我负全责。对方开始向我要23000元，后又降至5000元，2006年3月8日，我到交通队送钱时，民警将对方的几名男子抓获。

（2）证人周某春证实，乘坐周某会驾驶的货车行驶至上述地点时与一辆红色小轿车相撞，民警认定我们负全责。对方让我们赔偿23000元，经过评估认定为5700元，后对方同意评估的价钱。

（3）辨认笔录，2006年3月8日在公安机关周某会、周某春将被告人王甲、王某伟、黄某、王乙予以辨认。

（4）北京市公安局大兴分局交通支队出具的事故认定书，证实双方当事人为周某会、黄某。

13. 此外证据还有：

（1）于某顺证实，2005年年底的一天，侯某强把我的驾驶证借走，第二天，侯某强让我跟他去保险公司，到保险公司后我见杜某等三四个人都在，侯某强对我说昨天用我的本去"碰瓷"了，并给了我100元钱。自2005年年底到2006年3月，侯某强等人经常去"碰瓷"，之后租乘我的车去修理厂或保险公司。

（2）公安机关出具的到案经过、各被告人在公安机关的供述及当庭供述，证实被告人杜某、王甲、王某伟、黄某、王乙、张某的到案时间为2006年3月8日，被告人侯某强的到案时间为2006年7月7日。并证实，被告人黄某到案后有协助公安机关抓捕同案犯的情节。另证实，被告人王甲、黄某、王乙、张某有如实供述敲诈勒索的事实及供述同案犯共同敲诈勒索事实一节。

（3）当庭出示的书证，证实车牌号为京C92188的灰色菲亚特牌小轿车，车主系杜某，现在公安机关扣押。

（4）北京市崇文区人民法院〔1999〕崇刑初字第36号刑事判决书及释放证明，证实被告人杜某曾因犯诈骗罪被判处有期徒刑7个月，1999年2月22日刑满释放的情况。

（5）公安机关出具的书证，证实被告人杜某、王甲、王某伟、黄某、侯某强、王乙、张某的身份。

四、判案理由

大兴区人民法院认为，被告人杜某、王甲、王某伟、黄某、侯某强、王乙、张某无视国法，以非法占有为目的，故意制造交通事故，勒索他人钱财，数额巨大，其行为均已构成敲诈勒索罪，均应予惩处。鉴于被告人杜某、王甲、王某伟、黄某、侯某强敲诈勒索部分系未遂，依法予以从轻处罚；被告人王乙敲诈部分系未遂、被告人张乙敲诈系未遂，对被告人王乙、张某依法予以减轻处罚。被告人黄某到案后，协助公安机关抓捕同案犯，如实供述司法机关尚未掌握的同种罪行，并揭发同案犯共同犯罪事实；被告人王甲、王某、张某到案后，如实供述司法机关尚未掌握的同种罪行，并揭发同案犯共同犯罪事实，上述情节根据最高人民法院《关于处理自首和立功具体应用法律若干问题的解释》之有关规定，对被告人黄某应当认定有立功表现，依法予以从轻处罚；对被告人王甲、王乙、张某酌情予以从轻处罚。北京市大兴区人民检察院指控被告人杜某、王甲、王某伟、黄某、侯某强、王乙、张某犯敲诈勒索罪，事实清楚，证据充分，指控罪名成立。被告人王甲的辩解意见及王甲辩护人的第1、2、4点辩护意见成立，法院予以采纳。王甲的辩护人第3点关于王甲应认定从犯的辩护意见，根据证人证言、同案人供述，证实被告人王甲在共同犯罪中积极参加，不属次要及辅助作用，故其辩护人的此点辩护意见不成立，法院不予采信。被告人王某伟对起诉书指控其参与的第 2 起敲诈的事实辩称是正常的交通事故及辩护人对此起的辩护意见，根据被害人闫某喜的陈述，证实被告人王某伟在实施此次犯罪行为时，为谋取非法利益，故意制造交通事故，敲诈他人钱财，且被告人王某伟在公安机关对此起"碰瓷"的事实亦作了供述，被告人王某伟及其辩护人的此点辩护意见不成立，法院不予采信。王某伟及其辩护人关于起诉书指控的第 9 起敲诈的事实只是用其驾驶本，没有驾驶车辆的辩解及辩护意见，因利用"碰瓷"的手段敲诈他人钱财被告人系事先明知，由谁驾驶车辆，只是共同犯罪中的分工不同，不影响本罪的成立，故王某伟及其辩护人的此点辩护意见不成立，法院不予采信。被告人王某伟对起诉书指控的第 10 起未参加的辩解意见，对此起敲诈的事实被告人王某伟在公安机关亦曾供述，且同案人对参与此次敲诈在共同作案人、时间、地点及驾驶车辆特征上无异议，被害人对王某伟亦进行了辨认，故王某伟的辩解理由不成立，法院不予采信。王某伟的辩护人的第 3、4 点辩护意见成立，法院予以采纳。被告人黄某对起诉书指控其参与第 7 起敲诈的事实辩称不知道，根据被害人李某平的陈述及辨认笔录，证实黄某在案发次日与被害人商谈赔款一事，并向其索要 38000 元，案发后，在公安机关被害人亦将黄某予以辨认，被告人黄某当庭未能提供支持其辩解理由的有关证据，故对被告人黄某的辩解理由，法院不予采信。

五、定案结论

大兴区人民法院根据各被告人在共同犯罪中的作用，对被告人杜某、王某伟、侯某强依照《中华人民共和国刑法》第 274 条、第 25 条第 1 款、第 23 条、第 64 条之规定；对被告人黄某依照《中华人民共和国刑法》第 274 条、第 25 条第 1 款、第 23 条、第 68 条第 1 款、第 64 条及最高人民法院《关于处理自首和立功具体应用法律若干问题的解释》第 4 条、第 5 条、第 6 条之规定；对被告人王甲、王乙、张某依照《中华人民共和国刑法》第 274 条、第 25 条第 1 款、第 23 条、第 64 条及最高人民法院《关于处理自首和立功具体应用法律若干问题的解释》第 4 条、第 6 条之规定，分别判决如下：

1. 被告人杜某犯敲诈勒索罪，判处有期徒刑 5 年。
2. 被告人王某伟犯敲诈勒索罪，判处有期徒刑 5 年。
3. 被告人黄某犯敲诈勒索罪，判处有期徒刑 4 年 6 个月。
4. 被告人王甲犯敲诈勒索罪，判处有期徒刑 4 年。

5. 被告人侯某强犯敲诈勒索罪，判处有期徒刑4年。
6. 被告人王乙犯敲诈勒索罪，判处有期徒刑2年。
7. 被告人张某犯敲诈勒索罪，判处有期徒刑1年6个月。

六、法理解说

本案是利用机动车"碰瓷"的一种典型形式。关于本案的定性有两种不同的意见，一种观点认为，几名被告人敲诈勒索的特征明显，作案期间未引发其他交通事故，没有产生严重后果，应当以敲诈勒索罪定罪。另一种观点则认为，被告人虽以敲诈钱财为最终目的，但其行为已足以危及不特定多数人的人身财产安全，构成以危险方法危害公共安全罪。大兴区人民法院最终认定杜某等人构成敲诈勒索罪。"碰瓷"案件的情形复杂多样，涉及的具体罪名众多。其中手段最为恶劣的即是，以"碰瓷"为借口，同时使用暴力或者以暴力相威胁向被害人勒索财物。如此"碰瓷"行为就有可能构成敲诈勒索罪或是抢劫罪。

（一）本案能否定性为以危险方法危害公共安全罪问题

在本案中杜某等人自2005年7月至2006年3月多次实施碰瓷行为，利用机动车辆有意碰撞其他车辆，造成事故的假象，以此来讹诈钱财。对于杜某等人的行为能否认定为以危险方法危害公共安全罪呢？笔者以为该案不成立以危险方法危害公共安全罪。理由如下：

1. 从犯罪客体来看。被告杜某等人采用驾驶机动车辆碰撞其他违规机动车辆的方式，主要是向所撞车辆勒索财物，没有危及公共安全。杜某等人选择"碰瓷"的事发地均为辅路，因此构不成对不特定或者多数人的伤害，也就未威胁到公共安全，其侵犯的客体只是他人的财产权。以危险方法危害公共安全罪的犯罪客体是"公共安全"，公共安全这一概念的核心在于其对象的"多数性"或者是"不特定性"。这里的"不特定"有两个方面的意思：一是指行为最终会危及哪一具体对象的安全事先不能确定；二是行为有随时间危及"多数人"安全的方向发展的趋势和可能性，所以，行为是否具有危及不特定或者多数人的安全之现实可能性，是判定其能否构成危害公共安全罪的关键。在本案中，杜某等人均是选择在大兴区京开高速公路辅路作案，这些路段行车少、速度较慢。从下手作案时所选定的作案目标来看，均为外地进京的货车，因此具有特定性。由于货车在辅路行驶，车速较慢，因而对其进行碰撞不会造成车辆侧翻或导致其他车辆的碰撞，因此没有危及公共安全，只是侵犯了被害人的财产权利。

2. 从客观方面来看。杜某等人选择外地进京的货车作为犯罪对象，采取故意与被害车辆相撞的方式，向被害人索要修车费，属于典型的"碰瓷"行为。那么这种方法是否具有危害公共安全的危险性呢？这就需要根据行车环境来进行判断，即道路属性、车流以及行人状况、行车速度、所撞车辆的部位等具体事实。从本案来看，杜某等人驾驶小型轿车在辅路，低速与被害车辆发生碰撞，而且被害车辆均系外地进京的货车，从碰撞结果来看，都不严重，不存在发生倾覆或是碰撞其他车辆及行人的危险。这些具体情况有被害人的证言为证，如被害人周某会陈述，"在上述时间我驾驶货车（乘车人周某春）行驶至上述地点，前方一辆红色雪佛兰牌小轿车速度很慢，当我要超这辆车时，对方的车撞到我车左侧中间部位"；被害人王某松的陈述，"在上述时间我驾驶大货车行驶至上述地点时，我车前面的一辆奇瑞轿车行驶得特别慢，我正要超过奇瑞车时，奇瑞车向右打轮，与我的车左侧相撞，奇瑞车上下来两名男子，民警认定我负全责，我们给了对方6500元。"被害人武某华的陈述，"在上述时间我驾驶货车行驶至上述地点，一辆灰色菲亚特小轿车超过我车后，突然慢下来，当我欲超车时，菲亚特小轿车向右打轮，与我车左侧相撞"。

综合以上的内容，可以判断杜某等人的行为未危及公共安全，因此不能构成以危险方法危害公共安全罪。

（二）本案能否定性为抢劫罪问题

在本案中，杜某等人针对外地进京的货车，结伙作案，发生碰撞后，以修车为由索要钱财，并且以扣车相要挟。如证人张某义证实，"刘某恒驾驶车辆行驶至上述地点时，一辆奔驰车在公路左侧行驶，我们的车打算在右侧超车，刚行驶至奔驰车的中部时，奔驰车突然向右侧打轮，与我们的车左侧相撞，奔驰车上下来两名男子，民警判定我们负全责，奔驰车的司机打电话叫来四五名男子，不让我们的车走"。那么，对于杜某等人的行为能否认定为抢劫罪呢？笔者认为，本案不符合抢劫罪的犯罪构成，不应当认定为抢劫罪。理由如下：

1. 抢劫罪是指以非法占有为目的，使用暴力、胁迫或者其他方法，强行劫取公私财物的行为。构成抢劫罪的逻辑进程是，行为人使用暴力、胁迫或其他方法→压制被害人的反抗→强行取得被害人的财物。尽管在本案中杜某等人也有要使用暴力以及威胁的内容，但是不能将其行为定性为抢劫罪。抢劫罪的客观方面主要表现为采用暴力、胁迫或其他方法非法占有公私财物的行为。暴力通常是指具有公然性、攻击性、强制性的行动，是指对被害人身体实施的强烈打击或强制。实施暴力的目的，是为了排除或者压制被害人的反抗，迫使其交出财物，或者当场夺走其财物。胁迫的方法，在抢劫罪中是指以暴力相胁迫，使被害人产生恐惧以迫使其交出财物或者当场夺走其财物。其他方法则是指，除暴力、胁迫外，对被害人施加某种力量使其处于不知反抗或者丧失反抗能力的状态的方法，如用药物麻醉、使用催眠术等。① 在本案中，杜某等人没有直接实施暴力，而是有要使用暴力相威胁的倾向。但是这一威胁手段，不是要压制被害人的反抗从而当场取得被害人的财物，而是要给被害人制造精神压力，使被害人被迫处分财物。这显然不符合抢劫罪的犯罪构成。

2. 从抢劫罪与敲诈勒索罪的界限来看。我国刑法通说认为，敲诈勒索的手段仅限于威胁、要挟，而不包括当场使用暴力。在威胁的内容上，敲诈勒索既可以以暴力相威胁，也可以以揭发隐私、损害名誉、毁坏财物等相威胁；而抢劫罪的威胁内容仅仅是暴力。至于敲诈勒索罪的手段能否包括暴力行为？笔者认为，有时行为人为了迫使被害人能确定的交付财物或在将来的某个时间内交付财物，以达到加强对被害人的精神强制，往往可以实施轻微的暴力。其目的不在于对被害人造成人身伤害，而是要使被害人产生心理恐惧。在本案中，杜某等人在每次的结伙作案中，都有三四个犯罪主体，针对外地来京的货车实施，其行为具有此明显特征。虽然在抢劫罪与敲诈勒索罪中都可能包含一定的暴力行为。但是两者却有着明显的区别：第一，抢劫罪只能是当场以暴力侵害相威胁，而且如果不满足行为人的要求，威胁内容便当场实现；而敲诈勒索罪的威胁方法基本上没有限制，如果不满足行为人的要求，暴力威胁的内容只能在将来的某个时间实现。第二，抢劫罪必须是行为人当着被害人的面发出威胁，而敲诈勒索罪则既可以当面威胁，也可以不当面威胁；既可以由自己发出威胁，也可以由他人转达威胁。第三，抢劫罪中的暴力达到了足以抑制他人反抗的程度；敲诈勒索罪的暴力不必达到足以抑制他人反抗的程度。因此，胁迫被害人当场交付财物，否则日后将杀害被害人，或者行为人对被害人实施了没有达到抢劫程度的暴力，胁迫被害人交付财物的，宜认定为敲诈勒索罪。若是以"碰瓷"的方式，对被害人实施暴力或以暴力胁迫，致使被害人不敢反抗，劫取他人的现金等财物，那么行为既侵犯了公私财产所有权，又侵犯了被害人的人身权，应当成立抢劫罪。在上述的杜某案中，被告人采用驾车"碰瓷"的方式向被害人索要财物，但是被告人在作案的过程中没有使用暴力的方法，而是采取要扣车相威胁，因此其行为应当构成敲诈勒索罪而非抢劫罪。

（三）本案能否定性为敲诈勒索罪问题

杜某等人采用驾车的方式，多次实施碰瓷行为，向被撞对象索要财物。北京市大兴区人民法院经过公开审理后认定，杜某等构成敲诈勒索罪。笔者认为

---

① 王作富主编：《刑法分则实务研究》（中），中国方正出版社 2006 年版，第 1060～1068 页。

这一定性是正确的。理由如下：

1. 从杜某等人实施"碰瓷"行为所选择的地点来看，基本上都是辅路，这些路段的行车环境是车流和行人稀少，车速不快。而且从撞击部位来看，均为非关键部位，因此，杜某等人的"碰瓷"行为，不会危及公共安全，此点不同于在城市主干路及高速路上，车流量大且行车速度快的地点的"碰瓷"行为。在城市主干路及高速路上，车流量大且行车速度快的地点，行为人假如采取突然变速冲撞正在正常行使的被害车辆，就很可能会使快速行驶的被害车辆因突然受到撞击或紧急避让而失去控制，进而造成不特定或多数人的死伤或者公私财产遭受重大损失。在本案当中，杜某等人的行为就不具有这项内容，仅是以碰撞为由向被害人勒索财物，因此，在犯罪客体上仅是侵犯了财产权利。

2. 敲诈勒索罪的其基本结构是：行为人对被害人实行威胁→对方产生恐惧心理→对方基于恐惧心理处分财产→行为人或者第三者取得财产→被害人遭受财产损失。本罪客观方面表现为行为人实施了对公私财物的所有人、持有人威胁或者要挟的方法，逼其当场或者限期交付财物的行为。以威胁为手段，非法索取他人数额较大的财物，是敲诈勒索罪的客观方面的特征。这里的"威胁"，是指以将加害被威胁人或其亲属的生命、健康、自由、名誉、财产等利益的方式，使被威胁人产生畏惧心理。至于威胁的内容是以暴力、或是揭发被害人的违法行为，张扬其隐私；威胁的表现形式是口头、书面、明示、暗示；威胁要加害的内容是否合法，均不影响本罪的成立，这里的"非法索取"，是指迫使被害人按犯罪人要求的方式交付财物。至于是要求被威胁人当场或是以后，是一次或是多次交付，是直接交付或是由第三人转交被勒索的财物，都不影响敲诈勒索的性质。在本案中，杜某等人凭借人多势众，并以扣车相威胁，迫使被害人交付数额较大的财物，其行为符合敲诈勒索罪的客观特征。正如上述证据中证人张某义的证言，"司机刘某恒驾驶车辆行驶至上述地点时，一辆奔驰车在公路左侧行驶，我们的车打算在右侧超车，刚行驶至奔驰车的中部时，奔驰车突然向右侧打轮，与我们的车左侧相撞，奔驰车上下来两名男子，民警判定我们负全责，奔驰车的司机打电话叫来四五名男子，不让我们的车走。"外地进京的货车，一般有两种情况，一是送货进京，二是从北京路过。货车一天的费用直接决定其运输的成本，再加上是外地车，在北京进行保险理赔有一定的困难，假如车辆被扣将会导致比赔偿修车费更大的财产损失。因此，车主遇到上述情形一般都会选择直接赔偿了事。这也正是杜某等人能够得逞的主要原因。

3. 驾驶机动车寻找违章车辆，故意与之发生交通事故，向他人索要财物，构成敲诈勒索罪的，必须以该行为没有危害到公共安全为前提。即行为的客观环境是车流量少，行人稀少、行车速度慢，行为方式是在被害车辆非关键部位制造刮擦。行为人取得财物的关键是通过驾车"碰瓷"故意制造交通事故，对被害人进行威胁、刁难甚至辱骂、殴打，强迫"私了"，借机向被害人索取钱财，从而获取非法利益。在本案中，杜某等人的行为正是符合了敲诈勒索罪的犯罪构成，因此应当认定为敲诈勒索罪。

案例11：袁某某等以危险方法危害公共安全案
——"碰瓷"案的定性分析

一、基本情况

案　　由：以危险方法危害公共安全

被告人：袁某某，男，因犯以危险方法危害公共安全罪于 2007 年 5 月 29 日被逮捕。

被告人：吴某某，男，因犯以危险方法危害公共安全罪于 2007 年 5 月 29 日被逮捕。

二、诉辩主张

（一）人民检察院指控事实

上海市虹口区人民检察院指控称：被告人袁某某、吴某某经事先预谋，结伙或单独驾驶车辆在本市主干路及高速路采用"碰瓷"的危险方法，即发现被害人驾驶车辆变更车道后，突然加速撞向前车侧后方，造成前车变更车道时未让所借车道内行驶的车辆先行的假象，故意制造前车驾驶员承担全部责任的交通事故，从而骗取被害人钱财并造成被害人直接经济损失。其中，被告人袁某某参与实施以危险方法危害公共安全活动 100 余次，骗得人民币 9 万余元，造成被害人财产损失 1 万余元；被告人吴某某参与实施以危险方法危害公共安全活动 90 余次，骗得人民币 9 万余元，造成被害人财产损失 1 万余元。公诉机关认为，被告人袁某某、吴某某以非法占有为目的，单独或者结伙驾驶机动车在城市主干路及高速路上故意制造大量交通事故，其所采用的驾车突然加速撞向正在正常或违章变更车道的其他车辆的方法，有可能使受到撞击的车辆失去控制，进而危及其他不特定多数人的人身、财产安全，尚未造成严重后果，应当以危险方法危害公共安全罪追究其刑事责任。

（二）被告人辩解及辩护人辩护意见

被告人袁某某、吴某某否认共谋。袁某某及其辩护人认为本案中涉及袁某某的相关道路交通事故均系对方当事人违章而引起，并非袁某某故意制造，相关的事故亦非属于重大交通事故等为由，认为袁某某的行为不构成以危险方法危害公共安全罪。被告人吴某某认为其行为仅构成诈骗罪。

三、人民法院认定事实和证据

（一）认定犯罪事实

上海市虹口区人民法院经公开审理查明：被告人袁某某、吴某某经事先预谋，单独或共同驾驶车辆在本市主干路及高速路，采用突然加速撞击前方违反让行规定、违反交通标志而变道、转弯车辆的侧后方，通过制造由对方承担全部责任的交通事故等方法，向对方索赔钱款人民币几百元至几千元不等，并造成对方经济损失。从2006年1月至2007年4月间，袁、吴先后驾驶牌号分别为苏DJK387、沪BF8662、苏DJK820的轿车，采用上述方法单独或共同制造类似交通事故共计178起，其中袁某某单独向对方驾驶员索赔金额75733元，吴某某单独向对方驾驶员索赔金额72281元，共同向对方驾驶员索赔金额17210元，同时给对方造成财产损失计23479元。

（二）认定犯罪证据

上述事实有下列证据证明：

1. 被害人王某庄、唐某、沈某、曹某川、沈某烈、张某、李某华、孙某康、梁某、吕某鸣、孙某平、黄某、张某军、耿某民、杨某忠、张某、裴某民、周某凯、翁某年、张某生、顾某清、杜某、陈某君、周某、俞某雷、朱某芳、王某凡、姜某学的陈述及辨认笔录。

2. 证人何某彬、周某虎、朱某香的证言及辨认笔录。

3. 本市相关公安机关交通警察部门出具的事故认定书及交通事故损害赔偿调解书、上海道路交通事故物损评估中心出具的物损评估意见书、本市相关保险公司出具的机动车辆保险损失确认书、事故车辆估损单、机动车辆估损单、机动车辆保险定损单、机动车交通事故责任强制保险赔款计算书、车险赔款计算书、赔付支付信息浏览表、理算书、上海市机动车专项维修结算清单、上海市汽车维修业统一发票等书证。

4. 证人严某英的证言及新虹开业服务社出具的证明等书证。

5. 上海市公安局虹口分局交通警察支队出具的工作记录等书证。

6. 被告人吴某某的供述。

四、判案理由

上海市虹口区人民法院根据上述事实和证据认为：被告人袁某某、吴某某以非法占有为目的，单独或者结伙驾驶机动车在城市主干路及高速路上故意制造大量交通事故，其所采用的驾车突然加速撞向正在正常或违章变更车道的其他车辆的方法，有可能使受到撞击的车辆失去控制，进而危及其他不特定多数人的人身、财产安全，尚未造成严重后果，其行为均已构成以危险方法危害公共安全罪。上海市虹口区人民检察院指控被告人袁某某、吴某某犯以危险方法危害公共安全罪罪名成立。被告人袁某某、吴某某提出没有共谋的辩解，与事实不符，且为被告人吴某某在公安机关的供述所否定，法院不予采纳。关于辩护人提出的两名被告人没有危害公共安全的主观故意、没有产生危害公共安全的结果，故不应以危险方法危害公共安全罪定罪的辩护意见，经查，两名被告人"碰瓷"的行为均发生在交通主干道或高速路上，而在交通主干道或高速路上故意快速撞向前面变更车道的车辆，极可能造成前车驾驶员操作失控进而危及不特定多数人的人身、财产安全，是一般人都能够预见的常识。在此情况下，两名被告人仍然实施该行为，足以认定其有危害公共安全的故意；至于尚没有产生危害公共安全的结果，并不影响其行为的性质，仅影响对其犯罪行为的量刑幅度，故辩护人的上述辩护意见法院不予采纳。

五、定案结论

上海市虹口区人民法院依照《中华人民共和国刑法》第114条、第25条第1款、第64条之规定，判决如下：
1. 被告人袁某某犯以危险方法危害公共安全罪，判处有期徒刑8年。
2. 被告人吴某某犯以危险方法危害公共安全罪，判处有期徒刑8年。

六、法理解说

本案是利用机动车"碰瓷"案件中典型的一起。两名行为人驾车在15个月内在城市主干路及高速路上，通过制造178起由对方承担全部责任的交通事故向被害人诈取钱财。由于行为人的行为同时符合诈骗罪和以危险方法危害公共安全罪的特征，对本案的定性成为主要争议焦点。在司法实践中发生的利用机动车"碰瓷"案件的种类非常多，根据利用机动车"碰瓷"的地点、时间以及可能产生的危害结果等具体情况，"碰瓷"行为的性质基本上可以分为三种，即以危险方法危害公共安全、诈骗和敲诈勒索。本案是一起典型的以危险方法危害公共安全案。

(一) 本案能否定性为以危险方法危害公共安全罪问题

1. 从犯罪客体来看。

被告人袁某某、吴某某在城市主干路及高速路驾驶机动车"碰瓷",采取突然变速冲撞的方法,很可能使正常快速行驶的被害人车辆因突然受到撞击或紧急避让而失去控制,进而危及其他不特定多数人的人身、财产安全。其行为侵犯的客体实为"公共安全"。公共安全在大陆法系刑法当中又被称为"公共危险",对于它的内涵存有四种不同的界定。第一种观点认为,公共安全是指不特定多数人的生命、健康、重大公私财产、生活的安全。这是刑法理论界的通说。① 第二种观点认为,公共安全是指多数人的生命、身体或财产安全,不问是特定还是不特定,只要是对多数人的生命、身体或者财产造成威胁,就是危害公共安全。② 第三种观点认为,公共安全是不特定或者多数人的生命、身体或者财产的安全,"不特定多数人"的表述意味着特定的多数人的生命、健康或财产的安全,以及不特定人的生命、健康或财产的安全,都不是公共安全,这似乎缩小了危害公共安全罪的范围,事实上也与司法实践不相符合。例如,有些违反交通规则造成事故的行为只是危害了特定多数人的生命、健康或者财产的安全,或者只是危害了不特定人的生命、健康或者财产的安全,但司法机关仍然将其认定为交通肇事罪。危害公共安全罪是以公众的生命、健康或者财产的侵害或者危险为内容的犯罪,故应注重行为对"公共"利益的侵犯;刑法规定危害公共安全罪的目的是将生命、身体、财产等个人法益抽象为社会利益作为保护对象的,故应当重视其社会性。"公共"与"社会性"要求重视量的"多数"。换言之"多数"是公共安全这一概念的核心。因此,不特定或者多数人的生命、健康或者财产的安全,就是公共安全。③ 第四种观点认为,公共安全是指不特定的人的生命、健康安全或者重大公私财产安全。④ 由以上的争议我们可以看出,与公共安全相关的两个关键词是"不特定"和"多数",由此产生了以下的组合:不特定、多数、不特定并且多数、不特定或者多数。公共安全的内涵实际上就是选择哪一范围的问题。

所谓"不特定"是与特定相对而言的,是指犯罪行为可能侵犯的对象和

---

① 苏惠渔主编:《刑法学》,中国政法大学出版社 1999 年版,第 418 页;鲍遂献、雷东生:《危害公共安全罪》,中国人民公安大学出版社 2003 年版,第 4 页。

② 高格:《定罪与量刑》(上),中国方正出版社 1999 年版,第 342 页。

③ 张明楷:《刑法学》(第 2 版),法律出版社 2003 年版,第 538 页。

④ 齐文远主编:《刑法学》,法律出版社 1999 年版,第 354 页。

可能造成的结果事先无法确定，行为人对此既无法具体预料，也难以实际控制，行为造成的危险状态或者结果可能随时扩大或增加。这种对象与结果的不确定性，不仅常常造成极其严重的人身伤亡、财产损毁、秩序混乱等严重后果，而且使公众普遍陷于这种难以提防的危险所带来的恐惧之中平添不安全感。① 这正是危害公共安全罪比那些单纯侵犯人身权利或财产权利的犯罪危害要大的原因。所谓"多数"学者们普遍认为不能用具体的数字来衡量。不能单纯地在数量上的2个、3个或5个、10个上纠缠，而应该抓住危害公共安全罪的本质特征，即这里的多数主要是指不特定的，难以预料的多数人。② 果真如此的话，那么这样的"多数"又与"不特定"有什么区别呢？这一问题的症结在于判断危险的基点应该放置在哪里？是站在事后（行为）的立场上，还是站在事前的立场来进行判断。如果站在事后的立场，就很难说为危害公共安全罪所侵犯的法益的范围都是不特定的。比如，在交通肇事罪的场合，交通肇事行为给多大范围的法益造成了侵犯是确定无疑的，但是如果立足于事前，在危害公共安全的行为实施以前，究竟多大范围的法益会遭受到侵犯，确实具有不特定性。其他危害公共安全的行为亦是如此。因此，事前的判断才是可取的。③ 公共安全最关键的特征在于其公共性，公共性除了表现为人数众多这一特性之外，最本质的特征应该是"非隔离性"，即任何人在任何时候，都可以自由地进出该团体，无须有特别条件的限制，该团体不封闭也不专为某些个人所保留，不具有排他性。④ 正是由于行为处于一个开放性的环境之下，行为时造成或可能造成的后果才会无法控制。另外还有一个问题，即特定的多数是否属于公共安全的范围。笔者认为，实际上并不存在特定多数的情形。因为特定应包括行为对象与行为结果的确定，而当行为对象一涉及多数，其行为后果往往就难以把握，也难以控制，若行为人将处于相同环境下的多数人员或较大财产作为自己的行为对象，其必然要使用一些具有较大规模杀伤性、破坏性的工具或手段，而一旦使用了这样的工具或手段，其危害的对象和结果便是行为人无法预料和控制的了。综合以上分析，笔者认为对于公共安全应指不特定人的生命、健康或财产的安全。

---

① 这并不否定行为人在实施某一行为时主观上有明确具体的对象，及确定对即将造成的后果无法控制，且行为客观上具有使处于相同情况下其他人、其他财产受到相同性质的侵害的可能性，行为人的行为仍然具有危害公共安全的性质。
② 鲍遂献、雷东生：《危害公共安全罪》，中国人民公安大学出版社2003年版，第6页。
③ 王志祥：《危险犯研究》，人民公安大学出版社2004年版，第26页。
④ 陈思仪：《论行政法上之公益原则》，载城仲模主编：《行政法之一般法律原则》（二），三民书局1997年版，第158页。

袁某某、吴某某在城市主干路及高速路驾驶机动车"碰瓷"的案件中，他们意图侵害的对象事先并不确定。虽然最终侵害的具体对象是特定的，是行为人在众多潜在的被害人中通过精心的目标选择而确定的对象，但是，这并不妨碍其"碰瓷"行为具有危及公共安全的属性。其行为的危险性即对公共安全的危害性是由行为方式本身及犯罪行为发生时所处的客观环境决定的。在城市主干路及高速路上，车流量大且行车速度快，因行为人所采取的突然变速冲撞正在正常行使的被害车辆的方法，很可能会使快速行驶的被害车辆因突然受到撞击或紧急避让而失去控制，进而造成不特定或多数人的死伤或者公私财产遭受重大损失。换言之，此类行为具有"向危及第三人安全扩展之现实可能性"，故应认定其已经构成对"公共安全"的危害。

2. 从客观方面来看。

（1）行为方式符合以其他方法危害公共安全。我国刑法第114条、第115条未能对以危险方法危害公共安全罪的罪状作出明确的规定，如何判定此罪中"其他危险方法"的范围，一直是困扰司法实践的疑难问题。要准确理解以危险方法危害公共安全罪中"以其他危险方法"的内涵，比较符合立法精神的做法应当是围绕该罪的本质特征来进行解释。由于"本罪与其他危害公共安全犯罪具有相当性，并不是犯罪方法、手段的相当性，而是本罪与爆炸、放火、决水等犯罪均具有一个共同的特征，即危害公共安全"。[①] 因此，判断"以其他危险方法"就是要看是否具有"危害公共安全"的性质，即是否侵害到"不特定或者多数人的人身、财产及社会利益"。"危害公共安全'具体表现在法条中，就是刑法第114条中的"足以造成严重后果"与刑法第115条中的"致人重伤、死亡或者使公私财产遭受重大损失"。"如果一种危险方法不足以产生这种后果而没有发生后果，或者后果发生了是其他原因所导致的，就不能视为'危险方法'"。[②] 因此，这里的"其他危险方法"，在性质上就必须能够导致不特定或者多数人重伤、死亡的结果，即实质上具有致不特定或者多数人重伤、死亡的现实可能性。从贯彻罪刑法定原则的角度，应排除仅能导致轻伤以及单纯造成财产损失的危险方法。此外，还应从量的角度来厘定危险的可罚性。现代风险社会使很多危害行为都凸显出危害公共安全的性质，不可能任何危害公共安全的行为在刑法分则第二章没有明文规定的情况下，均按以危险方法危害公共安全罪认定和处罚。具有可罚性的危险应当是一种被筛选后的

[①] 赫兴旺：《以危险方法危害公共安全罪的司法认定》，载《法制日报》2006年1月13日。

[②] 孙万怀：《醉酒驾车肇事案件定性问题研究》，载《现代法学》2010年第5期。

高概率危险，即具有高度盖然性。所谓高度盖然性，是指危险已被现实化，客观存在且有确定的指向对象，如果允许其继续发展，就会导致法益损害。在对具体危险进行主观判断，即在解决应以什么样的事实为危险判断的基础、由谁来判断、在什么时刻进行判断这三个关键性问题时，目前刑法理论和审判实践均采"客观说"，即应当以事后查明的行为时所存在的各种客观事实为基础，以行为时为标准，从一般人的立场出发来判断。具体而言，如果就事后查明的行为时存在的情况以及以一般人的观念来看，在侵犯特定对象安全的同时，发生危及不特定或多数人安全这一结果的可能性极大，即具有上述的高度盖然性时，就可以以危险方法危害公共安全罪论处；反之，如果该行为完全没有发生危及不特定或多数人安全这一结果的可能或者可能性极小时，就不能认定以危险方法危害公共安全罪。这是坚持刑法客观主义立场自然得出的结论。[①] 就驾驶机动车"碰瓷"案件而言，如果不是发生在城市主干路或高速路上，而是在居民区、行人稀少的街道等场所，车流量少，行车速度慢，其发生危及不特定或多数人安全的结果之可能性是很小的，故一般不能以以危险方法危害公共安全罪论处。但是，如果发生在城市主干路或高速路则完全不同。由于城市主干路和高速路是国家及地区的重要交通干道，具有车流量大、行车速度快以及行人多等特点，一旦在某路段出现突发性事件，极有可能在短时间内造成重大交通事故。特别是此类行为是采取突然变速冲撞正在正常行使的其他车辆的方法，从一般人的常识判断，很有可能使被害车辆因受到撞击或紧急避让而失去控制，从而酿成车毁人亡的重大后果。也就是说，被告人的行为已经使不确定的第三人的合法权益处于随时受到侵犯的危险状态之中，发生危及不特定或多数人安全这一结果的可能性极大。因此，将其认定为以危险方法危害公共安全罪，是符合该罪的本质和立法精神的。

（2）发生在车流量较大、车速较快的高速公路、主干道路上的"碰瓷"行为与其造成不特定或者多数人的生命、健康和重大公私财产的损害或者其安全受到严重危胁之间存在刑法上的因果关系。在实际情形中，如果在造成了多个人身伤亡或者数额巨大的公私财产损害的情况下，因果关系明摆在那里，一般不会有什么争议。关键是在没有发生实际人员伤亡和财产损失的情况下，往往就会产生争议。笔者认为，虽然"碰瓷"行为人每次选定的具体侵害对象都是特定的，但当行为人产生碰瓷犯罪意识并驾车走上公路之时，侵害对象还并不确定，总是在观察中选择一个认为在当时比较合适的"碰瓷"侵害对象。

---

① 《在城市主干道驾驶机动车辆故意肇事的应定以危险方法危害公共安全罪》，载北京市高级人民法院：《北京法院指导案例》，知识产权出版社2010年版，第27页。

从这一点上也可以说,"碰瓷"行为人"碰瓷"的侵害对象又是不特定的,这恰好契合了危害公共安全罪的一个条件。更重要的是,由"碰瓷"行为所产生的后续行为极有可能危及或者侵害不特定多数人的生命、健康和重大公私财产的安全。这是因为被"碰瓷"的车辆是处在高速运动中,且是在车流量较大、车速较快的道路上的运动中,被"碰瓷"的人也总是在观察并且会在观察的基础上进行躲闪、避让,而在为了自己免遭碰撞的心理支配下的躲闪、避让极有可能会碰撞上其他运动中的车辆,而其他运动中的车辆也同样会发生在免遭碰撞心理支配下的躲闪、避让,每一台车辆在为了免遭碰撞的心理支配下的躲闪、避让,极有可能导致连环性的碰撞。这从而发生使不特定的多辆车多数人的生命、健康或者重大公私财产的安全面临严重的危险,甚至是损毁的悲惨结果。

3. 从主观心态来看。袁某某、吴某某对于交通事故的发生及其所产生的危害是有认识的,而且存在放任结果发生的意志因素。一般来说,虽然"碰瓷"行为人直接希望和追求的是获得财产性利益,并不希望道路上车毁人亡等悲惨结果的发生,但是对于这种结果的发生是完全能够预见的。因此,其主观方面是为谋取不法利益而放任危害公共安全结果的发生。至于所造成的危害结果是否超出行为人的预料和控制,即被告人对其行为造成的后果的具体认识,一般不能左右其犯罪成立与否。所以,被告人及其辩护人所称,"能控制自己所驾驶的车辆,未发生更严重的危害结果",因而不构成以危险方法危害公共安全罪的观点,显然是不足取的。此外,行为的目的、动机,不影响以危险方法危害公共安全罪的成立。

4. 从牵连犯的处断来看。本案存在目的行为与手段行为相牵连的情况。行为人的行为同时触犯了诈骗罪和以危险方法危害公共安全罪。其一,行为人袁某某、吴某某的主观目的是诈骗被害人的财物,侵犯了被害人的财物所有权,在客观方面表现为故意制造交通事故,使被害人承担事故全责,并使被害人自愿向被告人交付钱款,其行为符合诈骗罪的犯罪构成要件。其二,袁、吴单独或共同驾车在本市主干路及高速路上故意制造道路交通事故的行为,亦符合以危险方法危害公共安全罪的特征。本案行为人制造交通事故的犯罪方法与诈取钱财目的之间存在牵连关系。根据刑法原理,所谓牵连犯是指,行为人实施某种犯罪,其犯罪的方法(手段)行为或者结果行为又触犯了其他罪名的情形。一般认为成立牵连犯应当具备以下四个条件:(1)数罪必须出于一个犯罪目的;(2)实施了数个犯罪行为,数个行为中直接体现行为人犯罪目的的行为称为目的(原因)行为,为实现犯罪目的创造条件,先于目的行为实施的行为称为方法行为或手段行为;(3)数个犯罪行为之间具有牵连关系,即行为人实施的数个行为之间具有方法（手段）与目的或者原因与结果的内在联系；（4）数个行为触犯不同的罪名。

在本案中袁某某、吴某某采用高速驾车与违规车辆相撞的目的就是为了向被撞车辆诈骗钱财，显然前一行为与后一行为之间存在手段行为与目的行为的牵连关系，其中手段行为触犯了以危险方法危害公共安全罪，目的行为则触犯了诈骗罪。对于牵连犯，通说的观点认为，除法律明文规定实行数罪并罚的以外，应当从一重罪处断。按照相关的法律规定，个人诈骗公私财物不满 10 万元，应当处 3 年以上 10 年以下有期徒刑，并处罚金。以危险方法危害公共安全罪，尚未造成严重后果的，处 3 年以上 10 年以下有期徒刑。在量刑上两罪区别不大，但是危害公共安全犯罪的社会危害性明显重于侵犯财产犯罪。因此，将本案定性为以危险方法危害公共安全罪符合"从一重罪"处断的原则。

（二）"碰瓷"行为之类型

考察实践中所发生的碰瓷案，其行为类型主要有以下几种情况：

1. 以实施行为的主体人数为标准，可分为单独作案的"碰瓷"和结伙作案的"碰瓷"。

（1）单独作案的"碰瓷"。该类型的"碰瓷"行为人数是一人，没有其他同伙的参与，如行为人驾车故意撞向正在并线、转弯的机动车辆，造成被害人自认为要负全责的假象，借机向被害人讹诈钱财，如果被害人不从，嫌疑人通常会以言语威胁或报警要挟，迫使被害人就范。该类型的"碰瓷"行为方式无须他人帮助，一人就能完成，行为规模、犯罪数额、社会危害性一般要比结伙作案小。

（2）结伙作案的"碰瓷"。该类型的"碰瓷"行为人数在两人以上，分工明确，共同实施"碰瓷"犯罪，按比例分赃。近年来，"碰瓷"犯罪行为的发展趋势向团伙化方向发展，出现了以此为谋生的人，一般称为"职业'碰瓷'党"，彼此之间分工明确，有自残者、"自残者亲属"、"围观群众"等，对被害人轻则言语威胁，重则暴力殴打，行为规模、犯罪数额、社会危害性较大，也是目前最常见的"碰瓷"行为类型。

2. 以"碰瓷"行为在犯罪过程中的作用为标准，可分为以"碰瓷"为由诈骗财物的行为和以"碰瓷"为掩护盗、抢财物的行为。

（1）直接以"碰瓷"为由诈骗财物的行为。该类型的"碰瓷"行为以实施"碰瓷"为手段，并以此为借口，使被害人陷于错误认识，谎称自己遭受了损失，要求被害人支付相应的"赔偿金"，目的是骗取被害人的钱财。

（2）以"碰瓷"为掩护盗、抢财物的行为。在该类型的"碰瓷"行为中，"碰瓷"者亦是以故意制造交通事故为手段，但其目的不是从被害人那获得"赔偿",而是乘人不备从被"碰瓷"车中拿走贵重财物,如果被被害人发现,"碰瓷"者通常会对被害人采用言语威胁、暴力殴打等手段,直接获取财物,此类案件的作案团伙被群众俗称为"撞车帮"(亦称"撞车党"),其行为更符合抢夺罪、抢劫罪的构成特征。

3. 以实施"碰瓷"的工具为标准,分为行人或非机动车与机动车的"碰瓷"行为、机动车与机动车之间的"碰瓷"行为和使用猫、狗等小动物为工具的"碰瓷"行为。

(1)行人、非机动车与机动车的"碰瓷"行为。行人、非机动车通常利用自身处于弱势一方的地位,采用事先自残的方式,通常有"以卵击石"、"壮士断臂"等形式,精心设计"苦肉计",实施"碰瓷",讹诈钱财。例如,"碰瓷"者事先将自己的手臂打至骨折,再骑自行车故意撞向道路中正常行驶的机动车,假装摔倒后称自己手臂被撞伤,受害司机信以为真,将"碰瓷"者送至医院检查,检查结果显示手臂骨折,司机因难辨真伪,钻进了"碰瓷"者精心设计的圈套,只好"赔钱了事"。

(2)机动车与机动车之间的"碰瓷"行为。"驾车碰瓷"是"道路碰瓷"的一种,它是指"碰瓷"者驾驶机动车撞向其他机动车故意制造交通事故,"碰瓷"者往往凭借自己对交通法律法规的熟悉,抓住受害司机违章行驶的机会,故意加速向其撞去,同时保证"碰瓷"车不违反交通法规,然后要求"私了",在"私了"不成时,有时是通过交警认定责任获得赔偿。

(3)使用猫、狗等小动物为工具的"碰瓷"行为。此类"碰瓷"案件中,"碰瓷"者一般事先预谋,购买一些猫、狗等小动物,选择市郊区或人流、车流比较少的道路上,看到挂有外地车牌的车经过时,趁司机不注意故意将小动物扔到车轮下面,动物被轧死后,"碰瓷"者就驱车追赶并强行拦住去路,谎称他们的名贵宠物被受害司机的车轧死,索要高额赔偿金,若受害司机不从,"碰瓷"者通常以报警相要挟,甚至实施暴力殴打,强行取得财物。①

(三)"碰瓷"行为之定性

对"碰瓷"行为进行定性,应结合其行为方式及行为的客观环境,具体分析其侵犯的法益和符合的犯罪构成来确定其性质。具体情形主要有:

1. 适用敲诈勒索罪定罪的情形。适用敲诈勒索罪,必须以该行为没有危害到公共安全为前提,即行为的客观环境是车流量少、行人稀少、行车速度慢,行为方式是在被害车辆非关键部位制造刮擦。行为人取得财物的关键是通

---

① 郑勇:《"道路碰瓷"犯罪行为及其罪名适用》,载《江苏警官学院学报》2011年第3期。

过驾车"碰瓷"故意制造交通事故,对被害人进行威胁、刁难甚至辱骂、殴打,强迫"私了",借机向被害人索取钱财,从而获取非法利益。

2. 适用诈骗罪定罪的情形。适用诈骗罪必须以行为未危及公共安全为前提。行为人取得财物的关键是通过驾车"碰瓷"制造交通事故,使被害人在认识上产生错觉,认为自己因为违章而发生了交通事故,从而自愿"私了",将财物交给行为人使其非法获利。

3. 适用保险诈骗罪定罪的情形。适用保险诈骗罪应以该行为没有危害到公共安全为前提。行为人取得财物的关键是通过驾车"碰瓷"故意制造交通事故后,以被保险人的身份向相应的保险公司进行索赔,骗取高额保险理赔款,事实上,行为人花了很少的钱进行修理,从而赚取差价。

4. 适用以危险方法危害公共安全罪定罪的情形。此种行为发生的客观环境是在车流量大、行车速度快的城市主干道路以及高速公路等重要公共场所,环境本身就存在一定的安全风险;行为方式是采取突然加速冲撞正在正常(违章)行驶的其他车辆的方法,造成被害车辆违章而导致交通事故的假象,但这一方式很可能使快速行驶的被害车辆因突然受到撞击或紧急避让而失去控制,从而酿成车毁人亡的重大后果,并进而危及不特定多数人的人身、财产安全,实际上使不特定多数人的合法权益处于随时受到侵犯的危险状态之中。

5. 行为人基于非法占有的意图,在不同场所实施了多次驾车"碰瓷"行为的,要分别不同的情况进行定性,构成数罪的应当数罪并罚。

案例12：闫某、祁某某诈骗、保险诈骗案
——以危险方法危害公共安全罪与保险诈骗罪、诈骗罪的界限

一、基本情况

案　　由：诈骗、保险诈骗

被告人：闫某，男，1983年7月26日出生，汉族，中专文化，出生地北京市，捕前无业，住北京市门头沟区某路某楼某单元某号。因涉嫌犯保险诈骗罪于2007年10月12日被羁押并被刑事拘留，同年11月9日被逮捕。

被告人：祁某某，男，1980年6月29日出生，汉族，高中文化，出生地北京市，捕前系北京玫瑰谷香露有限公司职员，住北京市门头沟区某号。因涉嫌犯保险诈骗罪于2007年10月16日被羁押并被刑事拘留，同年11月9日被逮捕。

二、诉辩主张

（一）人民检察院指控事实

北京市石景山区人民检察院指控被告人闫某犯诈骗罪、保险诈骗罪，被告人祁某某犯诈骗罪，于2008年1月21日向北京市石景山区人民法院提起公诉。

（二）被告人辩解及辩护人辩护意见

被告人对人民检察院的指控未提出异议，被告人闫某的辩护人提出了闫某认罪态度好、退赔赃款、且系初犯的辩护意见。

三、人民法院认定事实和证据

（一）认定犯罪事实

人民法院经审理查明以下犯罪事实：

1. 2005年4月11日21时许，被告人闫某、祁某某经事先预谋骗取车辆保险金后，在北京市石景山区金顶山路，利用被告人祁某某之弟祁某河投保并为被保险人的吉利汽车（车号：京G55465）与被告人闫某之母王某兰投保的富康汽车（车号：京GDS757）故意制造交通事故。并因此向祁某河的吉利汽车所投保的中国人民财产保险公司北京市石景山支公司进行理赔，骗取保险金人民币8043.6元。

2. 2004年4月4日19时许，被告人闫某为骗取车辆保险金，在北京市门头沟区109国道下苇甸村附近的公路上，驾驶本人投保的吉利美日汽车（车号：京G88916）故意制造交通事故。并因此向其车辆投保的中国人民财产保险公司北京市朝阳支公司进行理赔，骗取保险金人民币6859.71元。

3. 2004年5月12日21时许，被告人闫某伙同王某（另案处理）经事先预谋骗取车辆保险金后，在北京市门头沟区109国道中粮龙泉山庄门前的公路上，由其驾驶本人投保的吉利美日汽车（车号：京G88916）与王某驾驶的奥拓汽车（车号：京GM9914）故意制造交通事故。并因此向其车辆投保的中国人民财产保险公司北京市朝阳支公司进行理赔，骗取保险金人民币6615.92元。

4. 2004年9月18日20时许，被告人闫某为骗取车辆保险金，在北京市石景山区模式口桥上，驾驶本人投保的吉利美日汽车（车号：京G88916）故意制造交通事故。并因此向其车辆投保的中国人民财产保险公司北京市朝阳支公司进行理赔，骗取保险金人民币2888.2元。

5. 2004年10月26日22时许，被告人闫某伙同李某军（另案处理）经事先预谋骗取车辆保险金后，在北京市门头沟区三石路兰龙路口处，由其驾驶本人投保的吉利美日汽车（车号：京G88916）与李某军驾驶的吉利汽车（车号：京G25782）故意制造交通事故。并因此向其车辆投保的中国人民财产保险公司北京市朝阳支公司进行理赔，骗取保险金人民币11660.1元。

6. 2005年3月31日15时许，被告人闫某为骗取车辆保险金，在北京市门头沟区109国道33公里处的公路上，驾驶投保人及被保险人为其母王某兰的富康牌汽车（车号：京GDS757）故意制造交通事故。并因此向该车辆投保的中国平安财产保险公司进行理赔，骗取保险金人民币9284元。

7. 2005年1月13日0时许，被告人祁某某为骗取车辆保险金，在北京市门头沟区化石道丁字口，驾驶其弟祁某河为投保人并为被保险人的吉利牌汽车（车号：京G55465）故意碰撞路边的垃圾筒，制造交通事故。并因此向其弟祁某河投保的中国人民财产保险公司北京市石景山支公司进行理赔，骗取保险金人民币3163.02元。

综上，被告人闫某共实施保险诈骗4起，骗取保险金共计人民币28023.93

元;实施诈骗2起,诈骗共计人民币17327.6元。被告人祁某某实施诈骗2起,诈骗共计人民币11206.62元。

(二)认定犯罪证据

1. 针对第一项犯罪事实的证据有:被告人闫某及其辩护人姜昕欣、被告人祁某某在法庭审理过程中均未提出异议,并有被告人闫某、祁某某的供述,证人郝某莲的证言,证人祁某河行车证的复印件、王某兰行车证的复印件,机动车辆保险出险报案表,中国人民财产保险公司出具的赔款收据,公安机关出具的交通事故认定书及到案经过等证据在案证实。上述证据均系合法取得,能相互印证,可作为定案依据,足以认定。

2. 针对第二项犯罪事实的证据有:被告人闫某的供述,证人韩某豫的证言,被告人闫某行车证的复印件,机动车辆保险出险报案表,中国人民财产保险公司出具的赔款收据,公安机关出具的交通事故认定书等证据在案证实。上述证据均系合法取得,能相互印证,可作为定案依据,足以认定。

3. 针对第三项犯罪事实的证据有:被告人闫某的供述,证人韩某豫的证言,被告人闫某行车证的复印件,机动车辆保险出险报案表,中国人民财产保险公司出具的赔款收据,公安机关出具的交通事故认定书等证据在案证实。上述证据均系合法取得,能相互印证,可作为定案依据,足以认定。

4. 针对第四项犯罪事实的证据有:被告人闫某的供述,证人韩某豫的证言,被告人闫某行车证的复印件,机动车辆保险出险报案表,中国人民财产保险公司出具的赔款收据,公安机关出具的交通事故认定书等证据在案证实。上述证据均系合法取得,能相互印证,可作为定案依据,足以认定。

5. 针对第五项犯罪事实的证据有:被告人闫某的供述,证人韩某豫的证言,被告人闫某行车证的复印件,机动车辆保险出险报案表,中国人民财产保险公司出具的赔款收据,公安机关出具的交通事故认定书等证据在案证实。上述证据均系合法取得,能相互印证,可作为定案依据,足以认定。

6. 针对第六项犯罪事实的证据有:被告人闫某的供述,证人徐某的证言,被告人闫某行车证的复印件,机动车辆保险出险报案表,中国平安财产保险公司出具的赔款收据,公安机关出具的交通事故认定书等证据在案证实。上述证据均系合法取得,能相互印证,可作为定案依据,足以认定。

7. 针对第七项犯罪事实的证据有:被告人祁某某的供述,证人韩某豫的证言,行车证的复印件,机动车辆保险出险报案表,中国人民财产保险公司出具的赔款收据,公安机关出具的交通事故认定书等证据在案证实。上述证据均系合法取得,能相互印证,可作为定案依据,足以认定。

四、判案理由

被告人闫某伙同被告人祁某某经预谋,使用他人汽车,在行驶中故意制造交通事故,以此骗取他人车辆保险金,且数额较大,二被告人的行为均已构成诈骗罪,依法应予惩处;被告人闫某使用本人汽车,在公路上故意制造交通事故,采取隐瞒事实真相的手段,骗取车辆保险金,且数额较大,其行为已构成保险诈骗罪,应对被告人闫某所犯诈骗罪、保险诈骗罪实行数罪并罚。鉴于二被告人在共同的诈骗犯罪中,作用相当,故不分主从。念被告人闫某、祁某某主动退赔赃款,可酌情从轻处罚。北京市石景山区人民检察院指控被告人闫某犯保险诈骗罪、诈骗罪,被告人祁某某犯诈骗罪的事实清楚,证据确实、充分,指控的罪名成立。

五、定案结论

北京市石景山区人民法院对被告人闫某、祁某某依照《中华人民共和国刑法》第198条第1款第4项、第266条、第25条第1款、第42条、第44条、第69条、第52条、第53条、第64条之规定,判决如下:

1. 被告人闫某犯保险诈骗罪,判处有期徒刑6个月,并处罚金人民币2万元,犯诈骗罪,判处有期徒刑8个月,并处罚金人民币1000元,决定执行有期徒刑1年,并处罚金人民币2.1万元。

2. 被告人祁某某犯诈骗罪,判处拘役5个月,并处罚金人民币1000元。

六、法理解说

本案是利用机动车"碰瓷"的另一种典型形式。从行为方式上来看,行为人是采用驾驶机动车辆进行"碰瓷"的方式来实施犯罪行为的,因此对本案正确定性,甄别以危险方法危害公共安全罪、诈骗罪和保险诈骗罪的界限就显得极为重要。

(一)以危险方法危害公共安全罪与诈骗型犯罪的界定问题

在本案中,被告人闫某、祁某某自2005年4月至2005年1月多次有预谋地实施"碰瓷"行为,北京市石景山区人民法院经过公开审理后认定,其行为构成保险诈骗罪和诈骗罪。笔者认为这一定性是正确的。理由如下:

1. 被告闫某、祁某某采用"碰瓷"的方式,主要是向保险公司进行虚假理赔。侵犯的客体是国家的财产所有权。从人民法院审理查明的事实来看,被告人的"碰瓷"行为均为事先设计好的有预谋的碰撞行为,而且事发路段均非主路或是高速公路,被撞对象特定且有准备,因而没有造成对不特定或者多数人的伤害,也就未威胁到公共安全。

2. 驾驶机动车辆实施"碰瓷"的行为,意图骗取对方财物(包括骗取保险公司),如果是针对停放的车辆实施的,或者是利用被侵害人即被"碰瓷"人在变更车道时未让所借车道内行使的"碰瓷"车辆先行等情况从而导致撞车的"碰瓷"行为,构成诈骗型犯罪的,必须以该行为没有危害到公共安全为前提。即行为的客观环境是车流量少、行人稀少、行车速度慢,行为方式是在被害车辆非关键部位制造刮擦。由于对象是停放的车辆或者是在车流量不大、车速较慢的市区道路、住宅小区等道路上行驶的车辆,虽然碰撞所指向的具体车辆有一定的危险性,但一般不会危及公共安全,或者说危及公共安全的可能性微乎其微,且这种"碰瓷"行为的表现与诈骗罪的客观要件相契合。

另外,从"碰瓷"行为的主观心态来看,行为人通过"碰瓷"行为制造假象、骗取钱财的心理非常明显,即主观方面符合诈骗罪的特征。另外在实践中,行为人在制造"碰瓷"事故后,还可能以投保人、被保险人或者受益人的身份,实施保险诈骗中所规定的"对发生的保险事故编造虚假的原因或者夸大损失的程度"、"故意造成人身伤害、财产损失的保险事故"等行为,进行虚假理赔,骗取保险金。在"汽车碰瓷"案件中,先前的"碰瓷"行为是保险诈骗罪的预备行为,同时也可能是保险诈骗罪的手段行为。根据具体案件的不同情形,行为人的"碰瓷"行为可能作为牵连犯的手段行为成立以危险方法危害公共安全罪,也有可能因为不具有危害公共安全的性质而不成立以危险方法危害公共安全罪。

具体而言,当行为人运用"汽车碰瓷"的行为作为手段行为成立以危险方法危害公共安全罪,而其目的行为成立保险诈骗罪的时候,在此种情形下,应根据牵连犯的处罚原则,结合案情,综合分析行为人实施的行为危害公共安全的程度及实施保险诈骗的数额及情节,从一重罪定罪处罚。当"碰瓷"的行为不成立以危险方法危害公共安全罪时,主要是指行为人低速驾车在非高速公路或是非主干道进行"碰瓷",行为不构成以危险方法危害公共安全罪,但是行为人通过"碰瓷"行为故意制造交通事故,利用对方违章负全责的方式,后以受损理赔为名,诈骗保险公司保险金的,应定保险诈骗罪。

在本案中,行为人一是使用他人汽车,预先设计好,在行驶中故意制造交通事故,以此骗取他人车辆保险金,且数额较大,构成诈骗罪;二是使用本人汽车,在公路上故意制造交通事故,采取隐瞒事实真相的手段,骗取车辆保险金,且数额较大,构成保险诈骗罪。闫某、祁某某实施的第一项、第六项、第七项行为系经预谋,驾驶他人车辆,在行驶中故意制造交通事故,以此骗取他人车辆保险金,且数额较大,二被告人的行为符合诈骗罪的特征且未危及公共安全,应当认定为诈骗罪。其所实施的第二项、第三项、第四项以及第五项行为,均是利用自己为投保人的车辆,故意制造交通事故,骗取保险金,因此应当认定为保险诈骗罪。

(二)诈骗罪与保险诈骗罪的界定问题

本案涉及两个罪名,即诈骗罪和保险诈骗罪。两罪又存在一般与特殊的关系,要想对闫某、祁某某二人的行为作出正确的定性,厘清这两罪的关系至关重要。

诈骗罪是指以非法占有为目的,用虚构事实或者隐瞒真相的手段,骗取数额较大公私财物的行为。其基本构造为:实施欺诈行为—使他人产生或者继续维持错误认识—他人由此实施处分(或交付)财产行为—行为人获得或者使第三人获得财产—被害人遭受财产损失。① 根据刑法第266条的规定,诈骗罪在客观方面表现为,行为人采取虚构事实和隐瞒真相的欺骗方法,使受害人陷于错误认识而骗取数额较大的公私财物的行为。具体为:(1)行为人采用了欺骗手段。所谓欺骗手段,就是虚构事实、隐瞒真相。虚构事实,是指行为人编造客观上根本不存在的事实或夸大事实,使人信以为真。其中,虚构事实既可以是部分事实也可以是全部事实。至于虚构的程度,则要求必须足以使被害人发生错误认识,并错误地处分财产。(2)受害人发生了错误认识。所谓错误认识,是指人们主观认识与客观实际情况不相符合的情况。错误认识的范围,只限于能够导致受害人错误地处分财产的有关事实情况,不要求受害人对案件有关的所有事实都发生错误认识。那么如何判断受害人是否发生错误认识呢?对此有主观说和客观说两种观点。主观说认为,在社会生活中,由于人的智能千差万别,欺骗达到何种程度才足以使人产生错误认识,难以确定一个统一的标准。一般应对被骗者的智能、性格、知识、年龄、职业、经验等具体情况加以客观考察才能确定。而在客观说看来,欺骗手段是否达到能使人陷于认识错误,应当以客观标准为依据加以认定。能使社会上一般人陷于错误认识的就是欺骗,反之就不是。具体又分两种情况:一种是行为人所作的表示,无论在何种条件、何种环境下都是虚伪的。这种虚伪表示是否构成诈欺犯罪,以一般人的抽象认识就可以认定;另一种是行为人所作的表示,只有在特定的条件和环境下才是虚假的。这种虚假表示是否构成欺诈犯罪,应当结合当时、当地的客观环境进行考察。只有在这种特定的环境里能够使一般人陷于认识错误的

---

① 陈兴良、周光权:《刑法学的现代展开》,中国人民大学出版社2006年版,第631页。

虚伪表示，才能构成欺诈犯罪。① 笔者认为，对于受害人是否发生错误认识的判断，应当既考虑到行为人个体的差异，又要注意社会一般人的认识，将主观和客观结合在一起。（3）受害人基于错误认识而实施了处分财产的行为。这一要素包含以下内容：其一，被欺诈人实施了处分财产的行为。所谓处分财产的行为，既包括客观的处分事实，又包括主观的处分意思。其二，受害人的处分财产的行为与其主观认识错误之间有着刑法上的因果关系。其三，受害人与具体的财产处分人无须同一人。（4）行为人获取财物或财产性利益，且数额较大。

保险诈骗罪是指投保人、被保险人、受益人，以使自己或者第三者获取保险金为目的，采取虚构保险标的、保险事故或者制造保险事故等方法，骗取保险金，数额较大的行为。保险诈骗罪的基本构造为：行为人实施欺骗行为—保险公司人员陷入认识错误（如误以为发生了保险事故因而应当理赔）—保险公司人员进行理赔—行为人或者第三者获得保险金—保险公司遭受财产损失。保险诈骗罪侵犯的客体是双重客体，既侵犯了保险公司的财产所有权，又侵犯了国家的保险制度。保险，是指投保人根据合同约定，向保险人（即保险公司）支付保险费，保险人对于合同约定的可能发生的事故因其发生所造成的财产损失承担赔偿保险金责任，或者当被保险人死亡、伤残、疾病或者达到合同约定的年龄、期限时承担给付保险金责任的商业保险行为。保险制度是为了确保经济生活的安定，对特定危险事故的发生所导致的损失，运用社会和集体的力量共同建立基金以补偿或给付的经济制度，它具有共济互助和经济补偿性质，是一种个人危险的社会分散化。

在现代社会，保险制度已成为一种越来越重要的社会保障制度，它对于保证企业的正常生产经营，保障个人的生活安定，减少社会财富损失都具有重要意义。同时，保险业务也成为积聚建设资金发展国民经济的一个重要渠道。因此，保证保险制度不受侵犯，促进国民经济的持续发展和人民生活的安全成为法律保护的一项重要任务。犯罪分子利用欺骗手段获取保险金的行为，不仅侵犯了保险公司的财产所有权，更侵犯了国家的保险制度，干扰了保险业务的正常发展。本罪的对象是保险金。保险金又称保险金额、保额，它是保险人承担赔偿或者给付保险金责任的最高限额。如果行为人以欺骗方法骗取保险公司保险金以外的其他财产的、不能构成本罪。本罪在客观方面上表现为下述五种情形：

1. 投保人故意虚构保险标的，骗取保险金。这种情形是指投保人为获取

---

① 王作富主编：《刑法分则实务研究》（中），中国方正出版社2006年版，第1114页。

保险金,故意使用虚假的证明材料或虚构事实编造保险标的,发生保险事故后非法获取保险金的行为。所谓保险标的,是指作为保险对象的财产及其有关利益或者人的寿命和身体。

2. 投保人、被保险人或者受益人对发生保险事故编造虚假的原因或者夸大损失的程度,骗取保险金。所谓保险事故,是指保险合同约定的保险责任范围内的事故。根据保险法第22条的规定,保险事故发生后,依照保险合同请求给付保险金时,投保人、被保险人或者受益人应当向保险人提供其所能提供的与确认保险事故的性质、原因、损失程度等有关的证明和资料。保险人只对保险责任范围内的保险事故承担赔偿责任或给付保险金。对于不属于保险责任范围的保险事故,行为人编造发生事故的虚假原因以骗取保险金,或者虽属保险责任范围的保险事故,但行为人伪造证据或夸大损失程度以扩大受益金额的,都属于诈骗保险金的行为。编造的虚假原因就是指编造那些使保险人承担保险责任的虚假原因。如财产保险中的火灾险,如果火灾的原因是由于投保人、被保险人或受益人的过错行为引致,按照财产保险条款的除外责任的规定,保险公司就不负赔偿责任。为了取得赔偿,弥补自己的损失,有的投保人在保险人调查事故原因过程中,不如实反映情况,而故意编造与事实相悖的虚假原因,例如声称是由于雷电所致等自然原因引起的火灾,使保险人承担保险事故赔偿责任、从而骗取保险赔偿。所谓夸大损失程度骗取保险金的,是指投保人、被投保人或者受益人对发生的保险事故,故意夸大由于保险事故造成保险标的的损失程度,从而更多地取得保险赔偿金的行为。应当明确的是,该项规定的"对发生保险事故编造虚假的原因或者夸大损失的程度"是两种行为,行为人只要实施了其中的一个行为,就构成犯罪,应当依照本罪追究刑事责任。

3. 投保人、被保险人或者受益人编造未曾发生的保险事故,骗取保险金。保险事故,是投保人、被保险人或受益人能向保险人提出索赔以及保险人依合同约定的责任进行赔偿的前提条件。如果没有发生合同约定的保险事故,就不能借此索赔,否则以谎称保险事故发生而取得赔偿的,即属违反诚实信用、最大善意原则的保险欺诈行为。所谓编造未曾发生的保险事故,是指保险事故在实际没有发生的情况下,采取虚构、捏造事实的方法,欺骗保险人,谎称保险事故已发生而骗取保险金的行为,如把并没有丢失的参加保险的财产谎称已经丢失;并没有发生保险财产被毁的事件,却谎称为因保险事故被毁。例如,某参加保险的汽车,在车库爆炸失火时被及时转移并未损坏,却谎称已被爆炸完全被毁而骗取保险金的,就是这种编造保险事故发生而骗取保险金的行为。《中华人民共和国保险法》第27条第1款规定,被保险人或者受益人在没有发生保险事故的情况下,谎称发生了保险事故,向保险人提出索赔或者给予保险金请求的，保险人有权解除保险合同，并不退还保险费，即要行为人承担实施此项欺诈行为尚未骗得保险金的民事上的法律责任。如果利用此种谎称保险事故发生的欺诈行为实际取得了数额较大的保险金，则属本罪客观之行为，即构成本项所规定的此项保险诈骗犯罪。

4. 投保人、被保险人故意造成财产损失的保险事故，骗取保险金。根据保险法第270条第2款的规定，投保人、被保险人或者受益人故意制造保险事故的，保险人不承担赔偿或者给付保险金的责任。作为一种经济补偿的法律制度的保险，其意旨是为了抗御并防范灾害。保险人进行保险经营，就是要为了避免各种各样的自然灾害与意外事故的发生或少发生，即使发生了，也要尽量抑制其蔓延而造成损失的扩大。如果本来没有发生保险事故，却通过人为的故意办法而加以制造，致使财物遭受损失，无疑是一种为法律所禁止的不法之行为，构成犯罪的，还应依法追究其有关的刑事责任。倘若又借此向保险人索赔而骗取保险金，显然又有悖于保险制度的本质与宗旨，因而亦为保险法律制度所不容。实施制造保险事故而故意造成财产损失所骗取保险金的，不仅要承担此行为造成实际损失所应负的各种法律责任，如制造火灾、爆炸保险事故的，应分别承担放火罪、爆炸罪的刑事责任；如违反交通法规，故意破坏交通工具、交通设施的，则应分别承担破坏交通工具罪、破坏交通设施罪的刑事责任；等等。不仅如此，而且还应承担由此行为骗取保险金的各种责任、如保险法第270条规定的经济责任，刑事规定的本罪之刑事责任等。所谓故意造成财产损失的保险事故，是指在保险合同的有效期限内、故意造成使保险标的出险的保险事故，致使保险财产损失，从而骗取保险金的行为。如因违章导致翻车，为索取保险金，使用炸药使其彻底破坏并谎称是他人炸毁而骗取保险金的，就是这种犯罪行为。值得注意的是，这种制造保险事故发生的犯罪行为，只有出于故意时才能构成本罪，如果是由于过失，而后又骗取保险金的，对于保险法律制度来讲，则属于编造保险事故发生的原因骗取保险金的违法犯罪行为，不构成犯罪时，只承担民事责任；如不能获得保险赔偿等。构成犯罪的，则构成本罪，同时也不排除过失致财产损失的这一行为而应负的其他刑事责任。在本案中被告人闫某使用本人汽车，在公路上故意制造交通事故，采取隐瞒事实真相的手段，骗取车辆保险金的行为即符合该项规定。

5. 投保人、受益人故意造成被保险人死亡、伤残或者疾病，骗取保险金。所谓故意造成被保险人死亡、伤残或者疾病，骗取保险金，是指投保人、受益人采取杀害、伤害、虐待、遗弃、爆炸、放火、投毒以及其他方法故意制造人身保险事故、致使被保险人死亡、伤害或疾病、骗取保险金的行为。对于过失致人死亡、伤害或疾病的行为，如过失引起爆炸、水灾、失火、交通肇事、重大责任事故、过失致人伤害等行为致人死亡、伤残或疾病、即使骗取保险金的，一般亦不为此项行为的犯罪。此时构成本罪，往往也是编造保险事故发生的原因那种情况的犯罪。当然，不管是否以此行为而骗取保险金，都不排除可以构成因过失行为致人死亡、重伤或疾病的有关犯罪，如失火罪、过失投毒罪、过失爆炸罪、重大责任事故罪、交通肇事罪、过失致人死亡罪、过失致人重伤罪等。

保险诈骗罪作为一种特殊类型的诈骗罪，与诈骗罪有许多相似之处。但二者毕竟是两种不同的犯罪，因此存在重大的区别。这主要表现为：（1）犯罪客体不同。保险诈骗罪侵犯的客体是双重客体，既侵犯了保险公司的财产所有权，又侵犯了国家的保险制度。而诈骗罪的客体则是单一客体，仅指财产所有权。（2）犯罪客观方面不同。保险诈骗罪客观方面仅表现为刑法第198条所规定的5种行为，而诈骗罪的客观方面则表现为除了特殊类型的诈骗罪以外，其他各种虚构事实、隐瞒真相的方式诈骗他人财物的行为。（3）犯罪对象不同。保险诈骗罪的犯罪对象仅限于保险人的保险金；诈骗罪的犯罪对象则广泛得多，可以是任何他人的财产，可表现为资金，也可以是财物。（4）犯罪主体不同。保险诈骗罪的主体为特殊主体，即只有投保人、被保险人、受益人可以构成，另外单位和自然人都可以成为保险诈骗罪的主体。这里的投保人、被保险人、受益人既可以是具备刑事责任能力、达到刑事责任年龄的自然人，也可以是单位。所谓投保人，是指与保险人订立保险合同，并按照保险合同负有支付保险费义务的人；被保险人，是指其财产或者人身受保险合同保障，享有保险金请求权的人，投保人可以成为被保险人；受益人，是指人身保险合同中由被保险人或者投保人指定的享有保险金请求权的人。投保人、被保险人可以成为受益人。

另外，保险事故的鉴定人、证明人、财产评估人故意提供虚假的证明文件，为他人诈骗提供条件的，以保险诈骗的共犯论处。而诈骗罪的主体为一般主体，且只能是自然人。在本案中被告人闫某、祁某某所实施的第一项、第六项以及第七项行为，均非投保人、被保险人、受益人，而是利用他人为投保人及被保险人的车辆，故意制造交通事故，骗取保险金，因此这三项行为应当认定为诈骗罪。而其所实施的第二项、第三项、第四项以及第五项行为，均是利用自己为投保人的车辆，故意制造交通事故，骗取保险金，因此应当认定为保险诈骗罪。

（三）诈骗罪与保险诈骗罪的法条竞合关系

法条竞合也称法规竞合，是指同一行为因法条的错综规定，导致数个法条所规定的构成要件在其内容上具有逻辑上的存在从属或者交叉关系的情形。①即一个犯罪行为同时触犯多个法条的情形。对于刑法领域法条竞合问题，学界众说纷纭。有学者否认法条竞合的存在，认为法条竞合违反立法精神，从犯罪性质与犯罪构成关系来看不存在法条竞合，承认法条竞合不符合执法必严的原则。② 更多的学者承认法条竞合的存在，并在此前提下展开对法条竞合问题的探讨。刑法中的法条竞合可以划分为横向的法条竞合与纵向的法条竞合，在大量的横向法条竞合的条文中，最为典型的当属诈骗罪（第266条）与金融诈骗罪（第192条至第200条）了。对于法条竞合学者们基本上都认同具有如下的一些法律特征：（1）行为人只实施了一个完整的行为。一个完整的犯罪行为是法条竞合的必要基础和首要条件。所谓一个完整的犯罪行为，是指行为人在主观上具有一个完整的罪过形式，在客观上表现为一个符合普通法条上犯罪构成客观方面的行为形式。这是法条竞合的行为特征。（2）刑事立法对同一个犯罪分设数个形式不同的条文。法条竞合说到底不是犯罪行为的必然表现，而是刑事立法的必然结果，刑事立法对各种具体犯罪的规定，总是通过逻辑的种属关系加以设定的，一个种类的犯罪总是包含着若干个具体的犯罪，当一个种类的类罪不是作为具体的罪名确定并使用，再多的具体犯罪也不会与类罪规定发生竞合。但是当一个种类的犯罪本身又可以作为具体罪名确定与使用，那么种类犯罪与具体犯罪之间就必然会发生从属、交叉、相似的相互关系，于是就从法律上产生了法条竞合的现象，这是法条竞合的法律根源。（3）发生竞合的行为在法律上形成形式上的数罪。一个犯罪行为只构成一个罪，这是刑事司法的一个认定原则。但一个犯罪可以同时为数个条文规定又是刑事立法的一个常有现象。由于一个犯罪行为被刑事立法用数个条文同时规定，就意味着这一个犯罪会同时触犯数个与这一犯罪行为有关的条文。一个犯罪行为在法律形式上同时触犯数个法条，这是法条竞合的法律特征。③

诈骗罪与保险诈骗罪存在典型的法条竞合关系。但是在本案中，被告人闫某、祁某某所实施的犯罪行为已经超出一个犯罪构成，也就是其行为并非一罪。虽然其主观心态都是基于骗取财物，非法占有的目的，但是在行为方式上除了符合普通诈骗罪的虚构事实、隐瞒真相的手段以外，还实施了符合保险诈骗罪的行为，即作为投保人、被保险人、受益人，以使自己获取保险金为目

---

① 马凤春：《论法条竞合的类型及其法律适用》，载《法治研究》2009年第12期。
② 周水清：《对法条竞合的质疑》，载《中国人民警官大学学报》1986年第3期。
③ 杨兴培、陆敏：《破坏市场经济秩序犯罪中的法条竞合问题研究》，载《华东政法学院学报》2000年第1期。

的，采取虚构保险标的、保险事故或者制造保险事故等方法，骗取保险金，数额较大的行为。由此可知，在本案中被告人闫某、祁某某的行为，不能按照法条竞合来处理，即不能择一重罪论处，而应当以诈骗罪和保险诈骗罪数罪并罚。

案例13：徐某某以危险方法危害公共安全案
——故意伤害罪与以危险方法危害公共安全罪的界限

一、基本情况

案　　由：以危险方法危害公共安全罪

被告人：徐某某，男，1982年3月18日生，汉族，黑龙江省绥化市人，大学专科文化，系吉林省吉林市雾凇旅行社导游，家住黑龙江省绥化市某区某乡某村某号。因涉嫌犯以危险方法危害公共安全罪于2007年4月2日被丽江市公安局古城分局刑事拘留，同年4月5日被逮捕。

二、诉辩主张

（一）人民检察院指控事实

云南省丽江市人民检察院指控，2007年4月1日16时许，被告人徐某某带领由吉林市雾凇旅行社组团的"夕阳红"旅游团队一行40人到丽江旅游，因昆明导游彭某萍（地陪）改变行程领客人进古城四方街，途中客人走散，被告人徐某某与彭某萍发生争执。当彭某萍离开后，被告人徐某某走进古城四方街东大街古城食品公司门市专营工艺品店的商店内，向店主寸某莲询问是否有刀，当寸某莲拿出一把匕首（长22厘米）时，被告人徐某某趁店主不备将匕首抢到手，随即用匕首将寸某莲刺伤，之后持刀向四方街广场、新华街黄山下段跑了300余米，沿途用刀刺伤游客及路人19人。当日16时33分在古城新华街黄山下段58号居民家的卧室中被警方抓获。经法医鉴定：20名受害人中，重伤1人，轻伤3人，轻微伤15人，未达轻微伤1人。被告人徐某某犯以危险方法危害公共安全罪。

（二）被告人辩解及辩护人辩护意见

被告人徐某某当庭承认公诉机关指控其持刀伤人的事实，但对其原在公安机关的供述表示是在被抓后，听说自己伤了很多人，惹了大祸，只想好好配合公安机关使事情得以顺利解决，不想再给他们添麻烦，就顺着他们问的问题带有推测性地去回答，怎么有利于解决问题就怎么去回答了；办案的公安人员对我很关心，我很感激他们；案发前曾与昆明导游争吵了几句，就特害怕，决定买把刀防身，以防司机和导游找人（报复），问了几家，才进到一家店，把刀拿过来，模糊记得把店员伤了，之后伤人的过程、伤哪里人、为什么伤人、怎么伤的以及被抓的过程都完全不记得了，而且一点印象都没有。辩解事出并非其本意，绝无报复社会的想法。最后陈述时表示对不起受害者及其家属，对其造成的经济损失，可以卖血卖肾卖骨髓来补偿被害者，请求法庭给予其重新做人的机会。

被告人徐某某的辩护人针对公诉机关的指控，提出的辩护意见是：（1）以"原公诉机关对徐某某所作的司法鉴定未能全面分析其生理、心理情况和工作、生活及家庭情况，该鉴定关于徐某某对作案具有完全责任能力结论的客观性不能令人信服，该鉴定可能存在严重失误"为由提出申请，要求重新进行司法精神病鉴定；（2）认为公诉机关指控徐某某犯以危险方法危害公共安全罪定性不准，徐某某持刀伤人的社会危害性明显小于放火、决水、爆炸的社会危害性，也不足以危害公共安全，应定故意伤害罪；（3）徐某某作案时患旅行性精神病，为限制刑事责任能力人，依法应从轻、减轻处罚。

三、人民法院认定事实和证据

（一）认定犯罪事实

经审理查明：2007年4月1日16时许，被告人徐某某受吉林市雾凇旅行社的委派，带领"夕阳红"旅游团一行40人经昆明、大理来到丽江古城四方街游玩，途中因不理解昆明导游（地陪）彭某萍的工作方法而产生隔阂，加之在古城，被告人担忧所带游客走散，便与彭某萍发生争执。彭边哭边打手机离开后，被告人徐某某走进古城四方街东大街食品公司门市专营工艺品商店内，问是否有刀，当店主寸某莲拿出一把长约22厘米的匕首时，被告人徐某某即夺过匕首，将寸某莲刺伤，后挥动匕首向四方街广场、新华街黄山下段奔跑300余米，并向沿途游客及路人乱刺，造成20人受伤。经法医鉴定：有重伤1人，轻伤3人，轻微伤15人，未达轻微伤1人。经法院委托，同年11月15日中国法医学会鉴定中心就徐某某在作案时的精神状态及其责任能力，作出了"被鉴定人徐某某在作案时患有旅行性精神病，评定为限制（部分）刑事责任能力"的结论。

(二) 认定犯罪证据

针对公诉机关的指控事实及庭审中公诉人、辩护人列举的证据以及公诉人、被告人、辩护人对所示证据提出的质证意见，丽江市中级人民法院对下列证据进行了审查判断：

1. 报案记录、抓获经过、活体检验笔录以及尹某燕、和某凰、李某红、和某峰、和某新、洁某、杨某强的证言，证实了本案的案发时间在 2007 年 4 月 1 日 16 时许；地点位于古城四方街东大街至新华街黄山下段 300 米范围及被告人徐某某在古城新华街黄山下段 58 号民居被抓获的经过及其精神状态和身体情况。

2. 现场勘查笔录、现场勘查照片、现场平面图及现场平面方位图、被告人徐某某作案路线图、受伤人员受伤地点现场平面方位示意图，分别证实公安干警对案发现场古城四方街东大街至新华街黄山下段 300 米路段进行勘验、对有关物证、血迹进行提取及被告人徐某某作案的具体路线情况。

3. 提取笔录、物证，证实从古城新华街黄山下段 58 号民居北侧卧室内提取匕首一把，全长 22 厘米，刀叶长 13.5 厘米，宽 2.7 厘米。

4. 被害人伤情鉴定结论及告知书，分别证实郁某为重伤；叶某文、尹某芬、邹某梁为轻伤；寸某莲、刘某还、闫某、翟某、刘某丽、张某霞、卢某、刘某文、时某华、刘某寰、杨某迎、王某钊、洪某环、张某梅、耿某刚等 15 人为轻微伤；王某丽未达轻微伤，并以当面和邮寄的方式将鉴定结论告知了相关受害人。

5. 刑事科学技术鉴定书，分别证实送检匕首前端的血是混合样本，匕首后端的血是被害人时某华所留；工商银行门口路面上及工商银行 ATM 机前路面上的血样是被害人郁某所留；"归真艺坊"门口及南侧的血样是被害人寸某莲所留；黄山下段 74 号门前北侧 65 厘米及 74 厘米处血样是被害人叶某文所留；"百信商场"旁路面、东大街南口往四方街 3 米、黄山下段 44、45、46、47 号门前血样是被害人洪某环所留；黄山下段 40、42 号门前 2.2 米处、2 米处及 40 号门前南侧 25 厘米处血样是被害人时某华所留。

6. 徐某某指认拿刀现场笔录、辨认作案工具笔录及辨认照片，证实被告人徐某某作案的匕首是从被害人寸某莲经营的古城食品公司门市"工艺品专营店"内所拿，并对匕首予以确认。

7. 被害人辨认、指认笔录及照片，证实了被害人闫某、尹某芬在丽江市看守所从 7 名不同男性中将被告人徐某某辨认出；被害人闫某、翟某、刘某还、刘某文、张某霞、邹某梁辨认、指认遇害现场的情况。

8. 彭某萍的证言，证实 4 月 1 日到古城酒吧一条街，徐某某从背后一把拽过我的肩膀，特别不高兴地问我"你到底要把游客带到什么地方去"，被有的游客劝开；还证实因两地导游的工作制度不同，相互难以理解，在带团中有过一些小摩擦，发生过争执，但都是因为工作方法上存在不同意见导致，而不是因为回扣的问题；在一起带团时，没见徐某某带刀和买刀。证人沈宏强的证言证实徐某某和彭某萍不存在回扣的分歧，在整个行程中，徐某某对行程安排不会灵活处理，总以为云南这边的导游及旅行社在骗他；李某伟的证言证实彭某萍是大家旅行社导游，但隶属于惠众导游公司，吉林雾凇旅行社和云南大家旅行社在合作中用合同方式对各自的权利和义务予以明确。

9. 胡某春、王某斌、王某、车某的证言及接团意见反馈单，证实徐某某有全国导游证，是雾凇旅行社导游，徐某某对工作认真负责，爱护老人，对自己要求很高，对游客的利益会维护，经常获所带团队的好评，是一名优秀导游。

10. 王某君、苗某华、符某明、阎某云、狄某英等22名证人证言及案发后团内游客所写的书面材料，证实被告人徐某某在带团过程中工作认真负责，为人朴实厚道，但性格内向，带团期间与地导有过口角和争执。

11. 寸某莲、刘某还、闫某、翟某、刘某丽、张某霞、卢某等24名被害人及其家属和亲友的证言，分别证实了被徐某某刺伤的具体过程及受伤情况。

12. 杨某基、段某花、陈某贵、尹某贤、尹某芝、严某梅、邹某伟等28名证人证言，分别证实了案发当天，亲眼看见徐某某持刀伤人的情况。

13. 郑某豪、杨某梅、张某会等20名证人证言，证实案发当天，所见被害人被刺伤后人们对其进行救护的情况。

14. 律某坤、徐某发、盖某霞、徐某娜、包某、徐某峰等13名证人证言，证实被告人徐某某5年前常流鼻血，性格内向，脾气爱冲动，控制力差，但对自己要求很高，心烦和生气时喜欢折磨自己，时常会砸东西以发泄不满，并有过严重的自虐行为；包某（徐某某妻子）证实徐某某平时睡眠质量差，压力大，有次与其争吵受伤后曾用碗接自己的血放在锅里煮吃；毕某珍、郝某图、王某侠、徐某发、律某坤、盖某娜分别证实，徐某某的爷爷和奶奶是表兄妹结婚；徐某某的祖母、姑祖母（徐庆珍）及其伯父之女（徐敏华）精神均不正常；徐某某之母盖某霞的病历资料证实经哈尔滨第一专科医院诊断，盖患有精神分裂症。

15. 短信实录及手机保修卡，证实2007年3月31日晚上11点多到4月1日凌晨6点多徐某某一直给包某发短信，告知其3天没有睡上7个小时的觉，有时想杀人的心都有了，云南、丽江景点较好有机会带其来玩等情绪波动较大的信息内容。

16. 视听资料（丽江古城内监控录像），证实了被告人徐某某作案时经过四方广场和新华街黄山下段的时间；被押解经过新华街黄山下段和四方街广场的时间；保安、公安干警接报后追凶经过四方广场的时间，还客观真实地再现了被告人徐某某刺伤被害人张某霞、翟某、杨某迎等人的场景。

17. 被告人徐某某的供述、辩解及书信，证实了其个人成长经历、家庭状况、工作情况、生存条件、带团经历及作案前后的行为举动。

18. 徐某某户籍证明及有关照片，证实了被告人徐某某的身份及家境情况。

19. 云南省公安厅刑侦总队技术处与昆明医学院第一附属医院精神科作出的公（云）鉴（刑）字〔2007〕第485号《司法精神病学鉴定书》及中国法医学会司法鉴定中心作出的中法医鉴中心〔2007〕精鉴字第23号《法医学精神病学鉴定书》，两份鉴定结论的共同点均以徐某某在侦查阶段的第一次供述等为调查材料；检查时均发现徐某某意识清楚，定向力完整，检查合作；分析中亦认为徐某某案发前长途旅行、疲乏，无精神性症状表现。不同点在于，前份鉴定的调查材料仅采用了侦查机关收集的证据材料，未对监控录像内容进行分析，认为被鉴定人徐某某家族中无精神病史，作案时精神状态正常，意识清晰，其实质性的辨认和控制能力保持完好，对作案具有完全责任能力；而后份鉴定的调查材料既采用了侦查阶段的调查材料，又对辩护人提供的证据及监控录像等调查材料进行了分析，认为被鉴定人徐某某自案发前夜一直照顾旅行团的一位生病的游客，几乎一夜未眠，以至失眠，直至案件的发生。表明被鉴定人徐某某患有短暂的精神障碍，具体表现为起病急骤，多存在不同程度的意识障碍，事后有遗忘，冲动行为突然发生，伤害对象缺乏指向性，没有明确的目的和动机；恢复良好，能在短时间痊愈，无残留症状。符合CCMD—Ⅲ关于急性短暂的精神障碍，具体表现为旅行性精神病的诊断标准，作案时徐患有旅行性精神病，评定为限制（部分）刑事责任能力。

公诉人认为后份鉴定在引用鉴定材料时存在片面性，分析论证与结论相矛盾，带有明显的主观意向，鉴定结论违背了科学性、准确性、客观性，建议法庭不予采信，应以前份鉴定结论为准；辩护人认为作出前份鉴定的机构和鉴定人主体不适格，4位鉴定人中，有资质的未接受委托，接受委托的没有资质，故程序不合格，不应该采纳；后份鉴定符合法律规定，内容和结论全面客观，认定被告人患旅行性精神病而具有限制刑事责任能力，合乎案件事实真相，理应被法院采纳。丽江市中级人民法院审查认为，两份鉴定结论都是由有资质的鉴定部门和专家所作出的，但前份鉴定由于调查材料所限，所作的鉴定结论具有局限性，不够客观和全面；而后份鉴定结论是在全面掌握控辩双方提供的调查材料、研究前份鉴定结论、调查徐某某同监人犯、观看监控录像、了解公诉内容的基础上所作出的结论,这一结论能解释清楚徐某某在案前、案中、案后的辨认和控制能力及其行为表现。因此,对中国法医学会司法鉴定中心作出的鉴定结论予以确认和采信。

综合上述对证据的审查判断,丽江市中级人民法院认为上述19项证据,取证程序合法,所证实的内容客观真实,各证据之间相互关联,并形成锁链,为此,依法予以确认并作为本案的定案证据。

四、判案理由

围绕控辩双方的争论问题,丽江市中级人民法院认为:

1. 被告人徐某某的行为是否具有危及不特定的多数人的安全之现实可能性,是判断其能否构成公共安全罪的关键。公共安全在本质上是指多数人的安全,其核心不仅在于对象的不特定性,而且在于对象的多数性。因此,危害公共安全罪的构成,既源于犯罪对象的不特定性,更在于其危害结果已经现实地指向了不特定多数人的安全,这就是此罪与故意伤害罪的最大区别。本案中,被告人徐某某对其持刀伤人的行为最终会危及哪一具体对象的安全事先没有确定,并在具有众多游客及行人游玩的丽江古城实施了挥刀乱刺的行为,不仅随时危及了不特定多数人的安全,而且已经造成了20名游客及行人的受伤后果。

2. 对被告人徐某某持刀伤人的行为方式是否属于"其他危险方法"的界定,应以现已查明的行为时所存在的各种客观事实为基础,以行为时为标准,从一般人的立场出发来判断。本案中,被告人徐某某持长约22厘米的匕首,在游人密集的旅游重地对毫无防范意识的无辜游客及行人乱刺,足以实施了与放火、决水、爆炸相当的危险方法危害了公共安全。

3. 对所造成的危害结果是否超出行为人的预料和控制,即行为人对其行为造成的后果的具体认识,不能左右危害公共安全罪罪名的成立。本案中,被告人徐某某是在主观上故意与病理性因素混合的动机驱使下实施的手段残忍的伤人行为。故不论其行为处于直接故意,还是间接故意,基于何种个人目的和动机,都不影响本罪的构成。为此,公诉机关指控的罪名成立,应予支持;辩护人提出定故意伤害罪的意见,没有理由,予以驳回。

4. 关于被告人徐某某的刑事责任能力及处罚争议问题,依照刑法的规定,限制责任能力的精神病人犯罪的刑事责任,既不同于有完全刑事责任能力的犯罪人,又不同于完全没有刑事责任能力的精神病人,我国现行刑法之所以增加对限制责任能力人犯罪的处罚条款,就在于对此类犯罪者的处罚更加具有客观性和科学性。本案被告人徐某某不是根本不具有辨认自己行为的能力，而是由于其案发前长途精心陪团旅行，案发时患有短暂的精神障碍，即旅行性精神病，使其辨认和控制自己行为的能力较正常人有所降低或减弱。其所实施的危害行为，既有犯罪的成分，也有病理性精神障碍因素。为此，被告人徐某某应承担刑事责任，从其犯罪情节、后果及危害性考虑，应在刑法第115条第1款规定的法定刑之内，适用刑法第18条第3款的规定，对被告人徐某某给予从轻处罚。

五、定案结论

丽江市中级人民法院一审认定，被告人徐某某在游人众多的旅游景点，持刀连续刺伤来自国内15个省市区及国外的无辜游客16人、本地行人4人的行为，已触犯刑律，构成以危险方法危害公共安全罪。根据被告人徐某某的犯罪事实及造成的社会危害后果，并综合考虑其犯罪中存在病理性精神障碍因素而应承担的刑事责任，经合议庭评议，并经审判委员会讨论决定，依照《中华人民共和国刑法》第115条第1款、第18条第3款的规定，判决如下：

被告人徐某某犯以危险方法危害公共安全罪，判处有期徒刑15年。

六、法理解说

在本案中，争议的焦点主要集中在徐某某的行为性质以及限制责任能力的精神病人的刑事责任这两个问题上。

（一）本案能否定性为以危险方法危害公共安全罪问题

公诉人认为：徐某某持刀在丽江古城游客密集地段对无辜的游客群众实施加害行为，造成20人不同程度受伤，侵犯了不特定多数人的身体健康和生命安全，并造成了严重后果，其行为已构成以危险方法危害公共安全罪。徐某某明知其行为的严重后果，而希望并放任了这种结果的发生，其主观方面为故意，客观方面实施了以危险方法危害公共安全的行为。

徐某某的辩护律师认为，以危险方法危害公共安全罪的危险方法只能是与放火、爆炸、投毒等方法相当，徐某某拿一把长22厘米的小刀在街上乱捅不能与上述方法相提并论。从客观上来说他危害的不是公共安全，而是这些特定受害人的人身健康，因此本案应属于故意伤害罪，且这种故意属于间接故意。在众多伤者中，有1个伤者的鉴定人没有资质鉴定，还有4人的伤非锐器伤，而是挫伤，这些皮肤的擦挫伤不属于拿刀刺人引发的损害后果，这起案件的损害后果实际上是被夸大了，从故意伤害的角度看，本案只伤了4人，1重3轻。①

要确定徐某某行为的性质，首先应当弄清故意伤害罪与以危险方法危害公共安全罪的界限，其次再结合本案的具体情况进行分析。

1. 故意伤害罪与以危险方法危害公共安全罪的界限。这主要表现为：（1）犯罪客体不同。故意伤害罪所侵犯的仅仅是被害人的健康权；而以危险方法危害公共安全则侵犯的是不特定或者多数人的生命、健康以及重大的财产安全，客体的范围不同。（2）犯罪客观方面不同。故意伤害罪在客观方面表现为伤害他人，非法损害其生理机能的行为。伤害行为既可能是暴力行为，也可能是其他有形的方法。以危险方法危害公共安全罪在客观方面则表现为使用放火、决水、爆炸、投放危险物质以外的其他危险方法危害公共安全。对于"其他危险方法"的理解，在刑法典及相关的刑法解释中，均未进行具体的阐释。判断"以其他危险方法"就是要看是否具有"危害公共安全"的性质，即是否侵害到"不特定或者多数人的人身或财产"。"危害公共安全"具体表现在法条中，就是刑法第114条中的"足以造成严重后果"与刑法第115条中的"致人重伤、死亡或者使公私财产遭受重大损失"。"如果一种危险方法不足以产生这种后果而没有发生后果，或者后果发生了是其他原因所导致的，就不能视为'危险方法'"。②（3）犯罪对象不同。故意伤害罪的犯罪对象是特定的他人的身体；而以危险方法危害公共安全罪的犯罪对象则为不特定的他人的人身安全，在所选取的对象上具有随机性，因此体现对公共安全的威胁。（4）犯罪主观方面不同。故意伤害罪的主观心态为故意，具体表现为明知自己的行为造成被害人伤害的结果仍希望或放任结果的发生；虽然以危险方法危害公共安全罪的主观心态同样为故意，但其具体表现为明知自己的行为会导致不特定或者多数人的伤害仍希望或放任，即对公共安全的威胁有认识。

2. 徐某某的行为应当认定为以危险方法危害公共安全罪，而非故意伤害罪。

（1）从犯罪客体来看。危害公共安全罪是以公众的生命、健康或者财产的侵害或者危险为内容的犯罪，故应注重行为对"公共"利益的侵犯；刑法规定危害公共安全罪的目的是将生命、身体、财产等个人法益抽象为社会利益作为保护对象的，故应当重视其社会性。"公共"与"社会性"要求重视量的

---

① 《丽江导游杀人案：2份相反精神病鉴定同呈法庭》，载《法制日报》2007年12月14日。

② 孙万怀：《醉酒驾车肇事案件定性问题研究》，载《现代法学》2010年第5期。

"多数"。"多数"是公共安全这一概念的核心。"不特定"是与特定相对而言的，是指犯罪行为可能侵犯的对象和可能造成的结果事先无法确定，行为人对此既无法具体预料，也难以实际控制，行为造成的危险状态或者结果可能随时扩大或增加。这种对象与结果的不确定性，不仅常常造成极其严重的人身伤亡、财产损毁、秩序混乱等严重后果，而且使公众普遍陷于这种难以提防的危险所带来的恐惧之中平添不安全感。这正是危害公共安全罪比那些单纯侵犯人身权利或财产权利的犯罪危害要大的原因。被告人徐某某在工艺品店夺得匕首，将店主寸某莲刺伤后，挥动匕首向四方街广场、新华街黄山下段奔跑300余米，并向沿途游客及路人乱刺，造成多人受伤。给过往游客造成极大的恐慌。其行为恰恰符合了后一特征，因而侵犯了公共安全，并不仅仅表现为受害群众的健康权。

（2）从危害行为的具体方式来看。徐某某的辩护律师指出，"以危险方法危害公共安全罪的危险方法只能是与放火、爆炸、投毒等方法相当，徐某某拿一把长22厘米的小刀在街上乱捅不能与上述方法相提并论。从客观上来说他危害的不是公共安全，而是这些特定受害人的人身健康，因此本案应属于故意伤害罪。"判断被告人所使用的方法是否属于"以其他危险方法"，就要看这种方法是否具有"危害公共安全"的性质，即是否侵害到"不特定或者多数的人身、财产及社会利益"。在本案中，徐某某的行为显然已经具有造成不特定或者多数人的人身安全的威胁，其挥刀捅向的不是某个特定的对象，不是针对某个具体对象所实施的伤害行为，而是针对不特定的对象任意实施的行为，因此其行为具有危害公共安全的性质。

（3）从行为人的主观心态来看。徐某某明知其行为的严重后果，而放任这种结果的发生，且具有很强的报复目的，而非单纯的伤害意图。虽然徐某某的辨认能力及控制能力有一定程度的降低，但是尚未完全丧失，因此应当承担相应的刑事责任。

（二）限制责任能力精神病人的刑事责任及鉴定

1. 限制责任能力的内涵

我国刑法第18条第3款规定，尚未完全丧失辨认或者控制自己行为能力的精神病人犯罪的，应当负刑事责任，但是可以从轻或者减轻处罚。这种刑事责任能力的状况在理论和司法实践中被称为限制刑事责任能力，或限定刑事责任能力、部分刑事责任能力。主要包括以下几层含义：

（1）行为人患有某种精神疾病。在我国精神病医学和司法精神病学中，精神病有广义和狭义之分。狭义的精神病，是指由于人体内外原因引起的严重性脑机能失调的一种精神病，主要包括：精神分裂症、躁狂性或抑郁性精神病、偏执性精神病、症状性精神病、器质性精神病、癫痫性精神病等。广义的精神病，除包括上述各种狭义的精神病外，还包括痴呆症、夜游症、病理性醉酒等，另外还包括某些狭义的精神性障碍，如癔症、焦虑症、强迫症等神经官能症，以及窥阴癖、性施虐癖、性受虐癖、恋童癖、恋物癖、同性恋、异性装扮癖等人格障碍者和性变态者。这类人一般不会因精神功能障碍而丧失辨认或控制能力。那么在刑法上的精神病究竟指哪一类呢，从目前我国刑法学的通说来看，广义说被普遍接受。①

（2）行为人因患精神病而导致刑事责任能力有所减弱，但未完全丧失。根据我国司法精神病学理论和鉴定实践，一般认为，限制刑事责任能力的精神病人，主要有以下两类：一类是处于早期（发作前趋期）或部分缓解期的精神病人，这种患者由于精神病理机制的作用而使其辨认或控制能力有所减弱；另一类则是某些非精神病性精神障碍人，包括轻度至中度的精神发育迟滞（不全）者、脑部器质性病变（如脑炎、脑外伤）或精神病（精神分裂症、癫痫症）后遗症所引起的人格变态等，神经官能症中少数严重强迫症和癔症患者等。②

在本案中，被告人徐某某被鉴定患有短暂的精神障碍，具体表现为起病急骤，多存在不同程度的意识障碍，事后有遗忘，冲动行为突然发生，伤害对象缺乏指向性，没有明确的目的和动机；恢复良好，能在短时间痊愈，无残留症状。因此被评定为限制（部分）刑事责任能力。

（3）行为人应负刑事责任，但可以从宽处罚。限制刑事责任能力的行为人，由于没有完全丧失辨认和控制自己行为的能力，故应对自己所实施的犯罪行为承担一定的刑事责任。但是，行为人的辨认和控制能力毕竟有不同程度的减弱，同精神正常人的刑事责任能力是不同的，因此在量刑时可以根据行为人的精神状况与具体案件情况，考虑从轻或者减轻处罚。

本案的被告人徐某某由于案发前长途精心陪团旅行，案发时患有短暂的精神障碍，即旅行性精神病，使其辨认和控制自己行为的能力较正常人有所降低或减弱。因此，法院适用了刑法第18条第3款的规定，对其给予了从轻处罚。

2. 承担部分刑事责任的依据

限制责任能力的精神病人不同于完全责任能力，只能承担部分刑事责任。

---

① 冯卫国、王志远：《刑法总则定罪量刑情节通释》，人民法院出版社2006年版，第107页。

② 高铭暄主编：《刑法学原理》（第1卷），中国人民大学出版社1994年版，第676～677页。

其依据主要基于如下两个方面:

(1) 实体性制约因素。实体性制约因素,是指犯罪人的刑事责任能力、人身危险性程度及其社会危害程度的现象或事实。在探讨限制刑事责任能力的实体性因素方面,主要包括意志自由程度、行为人犯罪的主客观特征。"意志自由是借助于对事物的认识来作出决定的那种能力",是确立行为人法律责任与道德责任的主观依据。其首先是作为一个哲学概念,其次才是作为一个法律上的概念。黄京平教授在《限制刑事责任能力研究》一书中认为,我们应从以下几个方面来把握精神障碍者的意志自由特征:首先,承认客观必然性是意志自由的前提。客观规律是第一性的,意志自由是第二性的。对于精神障碍者来说,他们实施的危害行为,不是或者不完全是他们意志的表现,而是他们不能抗拒或者不完全能抗拒的自然现象、客观规律。其次,认识客观必然性是意志自由的基础。刑法意义的意志自由的基础是辨认能力,辨认能力是控制能力的前提。只有辨认能力和控制能力的完备,并据此能动地调整自己行为使之符合刑法规定,才是刑法意义上意志自由的标志。精神障碍者辨认能力丧失或减弱其控制能力也会相应丧失或减弱。不同情况下,这类精神障碍者不同程度地被本应由自己的意识力和意志力支配的对象——身体外部动作所完全支配或不完全支配。再次,意志自由是历史发展的产物。"精神障碍者的意志自由的状态的发展变化不单纯是一种突变过程,而更多的是在渐变过程中实现各种状态之间转化的",因此,要结合这种具体情况针对犯罪的具体情形予以全面分析。再如,陈兴良教授也提出,"人的主观罪过是以意志自由为前提的",在犯罪故意中,犯罪人有明确的违法认识,并决意实行这一行为,犯罪人在实施犯罪这一点上,其意志是自由的,正是这种相对的意志自由可以说明为什么犯罪人具有可期待性,因而可以为刑事责任提供理论依据。而限制刑事责任能力人恰恰是在主观上是否有明确的违法性认识这一点上存在问题,因而也就没有了绝对的承担刑事责任的理论依据,在司法实践中,要根据限制刑事责任能力人的具体情况来具体分析。

从犯罪人主客观特征方面,正确解决限制刑事责任能力精神障碍者的刑事责任问题,应特别注意犯罪主观与客观相统一原则。犯罪主观方面的罪过是任何犯罪构成所必须的要件。而不能仅从限制刑事责任能力人实施行为的客观方面来看,不能"客观定罪"。限制刑事责任能力精神障碍者在实施直接故意犯罪时,行为人于完成预定犯罪目的的意志行为中所表现出来的意志,实际是具有某种病态成分的犯罪动机所驱使的结果;在间接故意犯罪时,行为则是在具有一定的荒谬色彩、不合情理内容的精神障碍的影响下,放任危害结果的发生。同理,在其他条件均等的情况下,限制刑事责任能力的精神障碍者实施过失犯罪时的意识能力和意志能力，都与精神正常者迥然不同。

（2）其他制约因素。主要包括以下几个因素：第一，成因性因素。表明行为个体犯罪原因属性的现象或事实。刑事法律调整具有意识力和意志力者的行为界限。尽管对限制刑事责任能力精神障碍者而言，其犯罪直接原因的属性问题十分复杂，依据现代科学无法将犯罪原因中的社会性因素与生物性因素准确地区分，然而，这类主体心理过程的各个环节无不受到处于紊乱状态的大脑支配，社会性因素与生物性因素的共同作用构成他们犯罪直接原因的事实，足以让人觉得刑法只能部分地谴责其犯罪行为。第二，程序性因素。这是从刑事责任能力与刑事诉讼能力的关系角度来谈的。受精神疾病的影响，精神障碍者的刑事诉讼能力会不同程度地受到损害，在其有诉讼能力时，诉讼程序才能进行。但限制刑事责任能力精神障碍者的诉讼行为能力不影响其承担刑事责任的实体问题，而影响如何追究刑事责任的程序问题。第三，适应性因素。这是从刑事责任与刑罚适应能力的关系来看的。这个问题要考察对这类精神障碍者能否实行刑事处罚、怎样使他们适用的刑法与教育改造措施达到刑罚的目的。

（三）关于精神病人责任能力的鉴定

2012年修改后的《中华人民共和国刑事诉讼法》第144条规定："为了查明案情，需要解决案件中某些专门性问题的时候，应当指派、聘请有专门知识的人进行鉴定。"第146条规定："侦查机关应当将用作证据的鉴定意见告知犯罪嫌疑人、被害人。如果犯罪嫌疑人、被害人提出申请，可以补充鉴定或者重新鉴定。"精神病人的责任能力问题涉及医学、精神病学等专业知识，属于专门性的问题，需要由专门的机构进行鉴定。根据有关的规定，公检法机关和律师在侦查、受理刑事案件时，都可以要求对犯罪嫌疑人的精神状态进行鉴定。公安机关在对犯罪嫌疑人的预审、侦查阶段，可以根据案情提起对犯罪嫌疑人进行精神病鉴定，作为对犯罪嫌疑人要不要采取强制措施和向检察机关报请逮捕的重要依据。检察机关在受理某些行为违反常规的案件后，也应审查犯罪嫌疑人的行为能力，必要的时候提请专门机构对其进行精神病的鉴定。法院在审理案件的过程中，对鉴定结果有疑问或者被告律师提出质疑的，还可以再次对犯罪嫌疑人提请精神病鉴定，作为判案的重要依据。

在本案中，公安机关针对被告人徐某某的刑事责任能力作了鉴定，即云南省公安厅刑事科学技术鉴定书公（云）鉴（刑）字〔2007〕第485号《司法精神病学鉴定书》，其鉴定结论为：被告人徐某某在侦查阶段的9份供述，分别对作案动机、个人成长经历、家庭状况、工作情况、生存条件、带团经历、作案过程及后果作了交代及认识；经云南省公安厅刑侦总队技术处及昆明医学院第一附属医院精神科专门人员鉴定，被鉴定人徐某某作案时精神状态正常，作案时意识清晰,当时有出于工作及生活压力下的焦虑发作,未在精神病性症状的影响下作案,其实质性的辨认和控制能力保持完好,对作案具有完全责任能力。在庭审中人民法院又根据辩护人提交的书面申请,就被告人徐某某作案时的刑事责任能力问题,再次依法委托中国法医学会司法鉴定中心进行重新鉴定,作出的中法医鉴中心〔2007〕精鉴字第23号《法医学精神病学鉴定书》认为,被鉴定人徐某某自案发前夜一直照顾旅行团的一位生病的游客,几乎一夜未眠,以至失眠,直至案件的发生,表明被鉴定人徐某某患有短暂的精神障碍,具体表现为起病急骤,多存在不同程度的意识障碍,事后有遗忘,冲动行为突然发生,伤害对象缺乏指向性,没有明确的目的和动机;恢复良好,能在短时间痊愈,无残留症状。符合CCMD—Ⅲ关于急性短暂的精神障碍,具体表现为旅行性精神病的诊断标准,作案时徐患有旅行性精神病,评定为限制(部分)刑事责任能力。

(四)关于司法精神病学鉴定结论的审查判断

鉴定机构所作出的司法精神病学鉴定结论,是专家根据专业知识分析论证而形成的结论性意见,对案件的审理具有重要的参考价值。但是,在司法实践中,由于各种主客观原因的影响,鉴定结论发生偏差的情况不能完全避免,甚至会发生个别鉴定人员受人情、金钱等的影响而违背职业道德,故意提供虚假的鉴定结论。因此,司法精神病学鉴定结论必须经过司法人员的严格审查,方可作为定罪量刑的证据使用。那么,司法人员该如何审查呢?笔者认为,鉴于这一鉴定结论的专业性,司法人员只能是进行形式审查,主要包括:

1. 审查鉴定主体。包括:鉴定人是否具有鉴定资格、鉴定小组的组成是否符合法律规定等。在本案中,两次鉴定结论都是由有资质的鉴定部门和专家所作出的,都是合法主体,都具有鉴定资格。

2. 鉴定程序。主要指鉴定程序是否正当、是否严格执行了回避制度、是否审阅了全部有关材料、是否听取了各方面的意见等。在本案中前份鉴定的调查材料仅针对侦查机关收集的证据材料,未对监控录像内容进行分析;而后份鉴定的调查材料则既采用了侦查阶段的调查材料,又对辩护人提供的证据及监控录像等调查材料进行了分析。因此人民法院认定,前份鉴定由于调查材料所限,所作的鉴定结论具有局限性,不够客观和全面;而后份鉴定结论是在全面掌握控辩双方提供的调查材料、研究前份鉴定结论、调查被告人徐某某同监人犯、观看监控录像、了解公诉内容的基础上所作出的结论,这一结论能解释清楚被告人徐某某在案前、案中、案后的辨认和控制能力及其行为表现。因此对中国法医学会司法鉴定中心作出的鉴定结论予以确认和采信。

3. 鉴定人是否受到危险、利诱、收买等外界干扰,从而有可能影响鉴定结论的公正性。

4. 提供的鉴定材料是否充分、可靠。在本案中，前份鉴定的调查材料仅针对侦查机关收集的证据材料，未对监控录像内容进行分析，具有一定的局限性；而后份鉴定的调查材料则既采用了侦查阶段的调查材料，又对辩护人提供的证据及监控录像等调查材料进行了分析，较为全面。

5. 鉴定书的格式和内容是否规范。某些案件可能会出现不同机关作出的数个鉴定结论的情况，在这种情况下就需要审判人员对司法精神病的鉴定结论进行审查判断。此时审判人员应当注意克服以下两种不良倾向：一是过于迷信和依赖鉴定结论，不认真审查而盲目采信；二是随意取舍鉴定结论，或是反复重新鉴定。作为法定证据之一的鉴定结论，不应当仅仅表现为一纸鉴定，还应当像其他的证据一样在庭审中接受控辩双方的质证、论证和辩论，以决定鉴定结论是否能作为定案的依据。要改变这一现状，有必要建立鉴定专家出庭质证制度。即对一些争议比较大的鉴定结论，由原被告双方所聘请的鉴定专家出庭，接受法庭的质询和提问，并各自阐述鉴定根据，并对专业知识作一些具体的解答，最终由审判人员决定可采信的鉴定结论。

在本案中，丽江市中级人民法院经过审查认为，前后两份鉴定结论都是由有资质的鉴定部门和专家所作出的，但是前份鉴定由于受调查材料所限，所作的鉴定结论具有一定的局限性，不够客观和全面；而后份鉴定结论是在全面掌握控辩双方提供的调查材料、研究前份鉴定结论、调查徐某某同监人犯、观看监控录像、了解公诉内容的基础上所作出的结论，这一结论能解释清楚徐某某在案前、案中、案后的辨认和控制能力及其行为表现。因此，对中国法医学会司法鉴定中心作出的鉴定结论予以确认和采信。

案例14：黄某某以危险方法危害公共安全案
——以危险方法危害公共安全罪的缓刑适用

一、基本情况

案　　由：以危险方法危害公共安全

被告人：黄某某（绰号：黄峰），男，生于1981年10月10日，汉族，小学文化，驾驶员。因涉嫌犯以危险方法危害公共安全罪，于2008年6月30日被黔江区公安局刑事拘留，同年7月30日被依法逮捕。

二、诉辩主张

（一）人民检察院指控事实

重庆市黔江区人民检察院指控被告人黄某某犯以危险方法危害公共安全罪。

（二）被告人辩解及辩护人辩护意见

被告人黄某某对检察机关指控的犯罪事实不持异议。但其辩护人提出：（1）被告人黄某某案发后具有自首情节，依法应当予以从轻或者减轻处罚；（2）被告人黄某某系初犯、偶犯，主观恶性小，归案后认罪态度好，具有悔罪诚意，应酌情予以从轻处罚；（3）本案在案发起因上被害人殷某华也存在一定的过错，加之被告人黄某某在事故发生后，积极地赔偿了所有被害人的全部损失费，被害人也都对被告人黄某某的行为予以谅解。综上，请求法院对被告人黄某某予以从轻处罚，判处非监禁刑。

三、人民法院认定事实和证据

（一）认定犯罪事实

重庆市黔江区人民法院经公开审理查明：2008年6月20日12时20分许，

被告人黄某某在黔江区西站乘坐殷某华驾驶的 2 路长安公交车（车牌号为渝 H02896）欲到新华桥。当长安车行至西山转盘至西沙桥方向时，被告人黄某某因殷某华未告知其行驶路线遂引发二人口角争执。当车辆继续行驶至西沙桥头时，被告人黄某某乘殷某华不备，左手将正在驾驶车辆的殷某华的头发往后拉扯，右手给了其头部一拳，致殷某华头部后仰，车辆失控而撞到路边的行道树上，导致车上 5 名乘客及殷某华受伤、长安车受损的交通事故。2008 年 6 月 30 日，被告人黄某某主动向公安机关投案自首。另查明，事发后被告人黄某某各赔偿了被害人殷某华、王某玲、张某川、张某尧、王某菊的医疗等损失费用 1950 元、1631 元、1532 元、2000 元、9000 元；赔偿了车主吴某仙的车损费 3140 元，各被害人均表示对被告人黄某某的行为予以谅解。

（二）认定犯罪证据

上述事实有下列证据证明：

1. 书证

（1）刑事案件受、立案登记表证实了本案的来源。

（2）抓获经过证实，被告人黄某某系 2008 年 6 月 30 日到城南派出所投案自首。

（3）户籍证明证实了被告人黄某某的身份情况。

2. 被告人供述

被告人黄某某供述，2008 年 6 月 20 日中午 12 点 20 分左右，他在黔江西站坐上殷某华驾驶的长安出租面包车，准备坐车到新华桥去，长安车当时一共是坐了四五个人。他当时坐在第二排靠右边中门的位置。那天乘坐的长安出租车驾驶员是女的。当时驾驶员没有问他坐到哪去，当出租车行至西山转盘处，就向西沙桥方向开去，要到西沙桥头时他就对长安车驾驶员说："我是走新华桥。"长安车驾驶员说："我这是二路车。"他说："你全部都问了，你郎个不问我到哪里去？"他与驾驶员发生了口角争执。要过西沙桥另一端的时候，长安车驾驶员对他说脏话，他说："你说脏话我就要打你。"然后他就左手抓住驾驶员的头发，右手就朝她的头部一拳，长安出租车开始晃动，直接撞到了公路边人行道的树上。长安出租车才停下。听见长安出租车里面的人有的在哭有的在喊，他就开门下车，拦一辆羚羊出租车准备跑。被打的驾驶员在喊，出租车就不载他，他还被另一个人抓住，这个时候恰好检察院的一辆警车过路，抓他的那个人准备把他交给那个警车驾驶员，警车驾驶员刚下车，他就跑了。

3. 被害人陈述

（1）被害人殷某华的陈述证实，2008 年 6 月 20 日中午我驾驶渝 H02896 号长安车在西山车站时，先后有 3 人上了车，还包括一个年轻人（就是后来打她的那个人，后来知道叫黄某某），她就开车走，她边走边收客，她驾驶的车辆按规定是走 2 号线路，是往西沙桥走，到了桥头时那个年轻人讲他要走新华桥，她就把车停下叫他要么走两步，要么她转回来送送他，他就叫她把他送回去，她说送他回去要被罚 1000 元，她说完以后他没说话，她就继续开车走。当车行驶到民族小学门口时，与她说话的年轻人就抓住她的头发，当时抓她头发的人坐在副驾驶后面位置，他一只手抓她，用另一只手打她，他把她抓住以后，她的身子就往后仰，她双手抓住方向盘，两脚就踩不到刹车、离合器和油门，车辆就失控了，在公路上晃动，在一瞬间她驾驶的车辆就撞上了路边人行道的树上。打她的年轻人就打开车门跳下车去，拦一辆出租车准备逃跑，她就说他打人了不要让他跑，出租车就没有载他，他就准备跑掉，另一辆出租车驾驶员就下车抓住了他，这时一辆警车到了，出租车驾驶员就把他交给了那辆警车的驾驶员，趁警车驾驶员没注意，打我的人就跑了。

（2）被害人王某菊的陈述证实，2008 年 6 月 20 日中午 12 点 30 分左右，由于她当时坐在出租车上在用手机发信息就没有注意打架的人说话。后来长安车开始摇晃的时候，她的手就没抓住，突然她所乘的车就撞在了公路边的树上，她就什么都不知道了，眼睛也是模糊的。后来是其他的人喊她下车她才明白。现在头痛、上门牙被撞松，右脚膝头处肌肉损伤。当时手机和电池都是被摔分开的。

（3）被害人张某川的陈述证实，2008 年 6 月 20 日中午他在西站上车后坐在车子的副驾驶室位置，到黔龙城外面时，有一个年轻人就上了车。当长安车行至转盘往西沙桥方向走时，在黔龙城上车的那个年轻人说要往新华桥走，女驾驶员说她不走那条路，他俩发生了争执，那年轻人说他不下车要驾驶员送回去。长安车继续行走至民族小学门口时，那个男子突然抓住女驾驶员的头发，长安车突然失控，车就撞在了公路边的树子上，他当时被撞昏，醒来时车上有一个女的睡在车里面。他的头部、背部都撞伤了。

（4）被害人张某尧的陈述证实，2008 年 6 月 20 日他乘坐殷某华的长安公交车，一个年轻人与驾驶员吵了起来，当长安车行到西沙桥后，那个与女驾驶员吵架的年轻人就突然站起来骂人，同时用手抓女驾驶员的头发，女驾驶员就往后仰，车速突然加快，车不停地在路上摇晃，车里的人说拐了拐了，我们大家都很害怕，但没办法又跳不出去，长安车就撞到了公路边的树上。车撞到路边的树上后，车里的人有的在哭，有的人说王某菊被撞得不醒人事，他就把王某菊扶下车。

（5）被害人王某玲的陈述证实，2008 年 6 月 20 日中午，她从家里出发，在水井湾乘一辆长安车去上班。当车经过转盘后，因线路问题，坐在第二排的一个男青年与女驾驶员发生争吵，由于她在整理衣服就没有注意他们吵什么。一直到车辆在晃动她才发觉不对，就抬头看，看到年轻人站着，他的手在动，她就说你们莫搞了，莫拿这车人的生命开玩笑，接着车子就撞到了路边的行道树上。被撞以后她就滚下了车的座位，前排的座位已经翻转过来，她旁边的一个女人说快点走不然车要爆炸了，她哭着说动不了，头很昏，后来也不知道自己是怎么出的长安车，出了车以后她开始清醒，她的右脚腿上大面积被压伤，现在都还有瘀血，左腿的小腿上有两个部位表皮地方受伤。

（6）被害人吴某仙的陈述证实，她的渝 H02896 长安车是在黔江城的公共交通工具，车有前大灯、内视镜、水箱、冷凝板、前杠、前挡风玻璃、轮胎等机盖被损坏。修车还花去 3185 元的费用。听驾驶员殷某华说是因为她驾驶的长安车上坐有一个年轻人（后听说叫黄某某），为长安车行驶的方向与她发生纠纷，年轻人抓住殷某华的头发，导致长安车失控，撞在黔龙街边人行道的树上。

4. 证人证言

（1）证人黄某伟的证言证实，那天中午 1 点左右，他开出租车走到原黔江啤酒厂大门处，就看到他前面一辆客运长安车在公路中间左右摇晃，那长安车突然失控撞到了公路旁边的一棵行道树上。车上的乘客就从车里滚了出来，女驾驶员也从车里滚出来。这时从车上跳下一个年轻男子，准备逃跑，他就冲下车将那个年轻人抓住。此时一辆警车刚好路过，他就把那个年轻人交给了警车驾驶员。他让警车驾驶员看住，并掏出电话报警，突然那个男子就往黔洲宾馆方向跑了。

（2）证人黎某的证言证实，那天我因为中午 1 点钟要出差，在十二点四十几分的时候就路过西沙桥头。在原来啤酒厂大门口看到一辆长安车女驾驶员从长安车里爬出来，接着另一个穿橘黄色的男青年从长安车里出来准备上羚羊出租车跑，女驾驶员就喊不准男青年走，然后男青年就跑。我看到这情况，就把车停下，就朝那男青年跑的方向追，跑了十几米左右，跑的男青年就被另一个年轻人拦下，我就停住了，我说："出这么大的事你要跑吗？等 110 民警来处理，你不能跑。"我一摸手机不在，就喊："打 110。"这时又来了一个人，他就去看长安车上有受伤的人没有，问他们是否有到医院去的，没有人回答。这时那位穿橘黄色的男青年就乘机跑了。我就准备开车去追，但车被堵了，无法掉头。

5. 勘验、检查笔录

辨认笔录及照片，案发现场示意图，案发现场照片，受损车辆修理费用发票，诊疗证明，调解协议，从轻处罚建议书，收款收条。

6. 鉴定结论

法医学人体损伤程度鉴定书 4 份及鉴定结论通知书 1 份。证明驾驶员殷某华和车上乘客张某川、王某玲、王某菊的损伤程度属轻微伤。

四、判案理由

黄某某身为驾驶员,明知抓扯、殴打正在驾驶行驶车辆的驾驶员会危及车辆、行人及乘客的安全,会造成较重后果的情况下,为口角争执,而置危险于不顾,殴打、抓扯驾驶行驶车辆的驾驶员,导致车辆失控,造成车辆受损及多位乘客受伤的后果,其行为已构成以危险方法危害公共安全罪。

五、定案结论

重庆市黔江区人民法院一审认定,被告人黄某某在案发后,能主动投案自首,具有自首情节,依法予以从轻处罚;被告系初犯、偶犯,归案后认罪态度较好,具有悔罪诚意,予以酌情从轻处罚;鉴于被告人的行为尚未造成更重的后果,且被告人在案发后,积极主动赔偿了各被害人的全部损失费用并取得了各被害人的谅解,予以酌情从轻处罚。为此,根据《中华人民共和国刑法》第 114 条、第 67 条、第 72 条、第 73 条之规定,作出如下判决:

被告人黄某某犯以危险方法危害公共安全罪,判处有期徒刑 3 年,缓刑 4 年。

六、法理解说

此案主要涉及以危险方法危害公共安全罪的认定以及缓刑的适用条件。

(一) 本案能否认定为以危险方法危害公共安全罪问题

在本案中,被告人黄某某以司机殷某华未告知其行驶路线为由与其发生争执,后乘殷某华不备,左手将正在驾驶车辆的殷某华的头发往后拉扯,右手给了其头部一拳,致殷某华头部后仰,车辆失控而撞到路边的行道树上,导致车上 5 名乘客及殷某华受伤、长安车受损的交通事故。对于被告人黄某某的行为,应当认定为是故意伤害罪还是以危险方法危害公共安全罪存在争议。

笔者认为,黄某某的行为应当认定为以危险方法危害公共安全罪。理由如下:(1) 从侵犯的客体来看。黄某某针对正在驾驶公交车的殷某华突然实施殴打行为,导致车辆失去控制,显然对于路上的行人、其他车辆以及该公交车上的乘客的人身安全都有威胁。因此，黄某某所侵犯的就不仅仅是殷某华一个人的健康权，而是不特定的或者多数人的人身安全，即公共安全。（2）从危害行为的具体方式来看。被告人黄某某在明知司机殷某华正在驾驶公交车行驶的情形下，乘其不备，左手将正在驾驶车辆的殷某华的头发往后拉扯，右手攻击其头部，致殷某华头部后仰，车辆失控而撞到路边人行道的树上，导致车上5名乘客及殷某华受伤、长安车受损的交通事故。显然其行为的危险程度较大，符合以危险方法危害公共安全罪的客观要求。（3）从行为人的主观心态来看。黄某某身为驾驶员，在明知抓扯、殴打正在驾驶行驶车辆的驾驶员会危及车辆、行人及乘客的安全的情况，为口角争执，而置公共安全于不顾，显然具有犯罪故意（间接故意）。

（二）关于本案的缓刑适用

在本案中，人民法院认定，被告人黄某某在案发后，能主动投案自首；系初犯、偶犯，且归案后认罪态度较好，具有悔罪诚意；同时被告人的行为尚未造成更重的后果，且被告人在案发后，积极主动赔偿了各被害人的全部损失费用并取得了各被害人的谅解。因此，判决被告人黄某某有期徒刑3年，缓刑4年。

缓刑制度是我国刑法中的一项重要的刑罚执行制度。它不仅体现了刑罚的人道和轻缓，还实际减少了短期自由刑的监禁率，降低了监狱内交叉感染的负效应，使罪犯可以保持正常的工作及家庭联系，避免了重返社会的困难。关于缓刑的适用条件，在《刑法修正案（八）》之前，刑法就已有明确规定。《刑法修正案（八）》又进一步作出了细化规定，即："对于被判处拘役、三年以下有期徒刑的犯罪分子，同时符合下列条件的，可以宣告缓刑，对其中不满十八周岁的人、怀孕的妇女和已满七十五周岁的人，应当宣告缓刑：（一）犯罪情节较轻；（二）有悔罪表现；（三）没有再犯罪的危险；（四）宣告缓刑对所居住社区没有重大不良影响"、"对于累犯和犯罪集团的首要分子，不适用缓刑。"从上述条文的规定来看适用缓刑必须具备三个基本条件。

1. 前提条件，即被判处拘役、3年以下有期徒刑的罪犯。

缓刑的附条件不执行原判刑罚的特点，决定了缓刑的适用对象只能是罪行较轻的犯罪分子。从我国刑法分则规定的法定刑来看，刑法上把有期徒刑3年作为衡量轻罪和重罪的界限，3年以下属轻罪范围。这里所说的3年以下有期徒刑，是指宣告刑，并非法定刑。缓刑只能适用于轻罪而不适用于重罪，这是因为：（1）缓刑是在监狱外比较宽松的社会环境中进行矫正，重刑犯具有更大的再次危害社会的危险，将他们放置于开放环境，对社会是个不安全因素；（2）多数的缓刑犯在缓刑考验期限内，能够悔过自新，遵纪守法重新做人，被撤销缓刑的仅占少数。根据审判实践,缓刑一般适用于交通肇事、重婚、虐待、伤害、妨害公务、一般盗窃、销赃等比较轻微的犯罪,对于强奸、抢劫等严重刑事犯罪,一般不宜适用。① 在本案中,人民法院判决被告人黄某某有期徒刑3年,这符合适用缓刑的前提条件。

2. 实质条件,即犯罪情节较轻;有悔罪表现;没有再犯罪的危险;宣告缓刑对所居住社区没有重大不良影响。

2011年5月1日起实施的《刑法修正案(八)》,细化了缓刑适用的实质条件,即将"根据犯罪分子的犯罪情节和悔罪表现,适用缓刑确实不致再危害社会的,可以宣告缓刑。"修改为:"同时符合:1. 犯罪情节较轻;2. 有悔罪表现;3. 没有再犯罪的危险;4. 宣告缓刑对所居住社区没有重大不良影响,可以、应当宣告缓刑。"这一修改不仅明确了宣告缓刑的四项实质条件,还增强了审判实践的可操作性,而且还起到了防止法官滥用缓刑权的作用。犯罪情节较轻、有悔罪表现、没有再犯罪的危险、对所居住社区没有重大不良影响,这四者是相互联系、密不可分的。犯罪情节较轻一般是指:(1)具有值得宽宥的犯罪动机和犯罪原因,例如因恋爱、婚姻、家庭、邻里纠纷等民间矛盾激化引发的犯罪,因劳动纠纷、管理失当等原因引发、犯罪动机不属恶劣的犯罪,或者因被害方过错或者基于义愤引发的或者具有防卫因素的突发性犯罪;(2)过失犯罪;(3)防卫过当和避险过当;(4)犯罪预备、犯罪中止和某些犯罪未遂;(5)被欺骗、胁迫参加犯罪的;(6)较轻犯罪的初犯、偶犯。②

犯罪分子的悔罪表现一般是指:(1)自首;(2)立功;(3)坦白;(4)犯罪后积极采取措施避免犯罪结果的发生或挽回、补偿犯罪所造成的损失;(5)向被害人悔过道歉,得到被害人的谅解;(6)其他对社会有益的行为。没有再犯的危险是指犯罪人不再具有再次实施犯罪的人身危险性。判断人身危险性的因素分为行为人的自然状况和行为人的行为表现,行为人的自然状况主要包括生物性因素、心理学因素和社会关系因素;行为人的行为表现包括平时表现、罪中表现和罪后表现。③ 没有再犯的危险实际是一种综合规范评价,它在一定程度上包含了对犯罪情节和悔罪表现的判断,具体来说,是指在犯罪情节较轻、有悔罪表现的基础上具备以下情形:(1)犯罪分子是未成年人或者老年人;(2)身体患有严重疾病、残疾或者重要器官功能丧失;(3)精神

---

① 赵秉志主编:《当代刑法学》,中国政法大学出版社2009年版,第386页。
② 高铭暄、陈璐:《〈中华人民共和国刑法修正案(八)〉解读与思考》,中国人民大学出版社2011年版,第70页。
③ 赵秉志主编:《刑法总则要论》,中国法制出版社2010年版,第535~536页。

有疾患者；（4）行为人具有特别值得同情的遭遇与经历，例如生活经济状况严重恶化等；（5）行为人平时表现正常，具有良好的社会评价等。对所居住社区是否有重大不良影响是指：（1）所犯之罪在社区内没有引起巨大的民愤；（2）对犯罪分子适用缓刑没有遭到社会居民的强烈反对；（3）社区具备监管犯罪分子的有效条件等。在本案中，黄某某在案发后，主动投案自首，系初犯、偶犯，且归案后认罪态度较好，且被告人在案发后，积极主动赔偿了各被害人的全部损失费用并取得了各被害人的谅解，这些情节基本符合适用缓刑的实质性条件。

3. 限制条件，即对累犯和犯罪集团的首要分子不适用缓刑。

累犯和犯罪分子的首要分子作为一种特殊的犯罪人类型，其主观恶性深、人身危险性大、社会危害性大，难以防止不再危害社会，因此，即使有可能判处拘役或者3年以下有期徒刑的，也不能适用缓刑。再者，根据最高人民法院《关于充分发挥刑事审判职能作用　深入推进社会矛盾化解的若干意见》（2011年1月7日印发）的规定，在审判实践中，对于犯罪性质恶劣、罪行严重、主观恶性深、人身危险性大，或者具有法定、酌定从重处罚情节，以及依法大幅度减轻处罚后的被告人，一般不适用非监禁刑。对于依法减轻处罚后判处3年有期徒刑以下刑罚的职务犯罪案件，严格控制缓刑适用。本案的被告黄某某非累犯和犯罪集团的首要分子，在以上条件均符合的情况下，法院对其宣告缓刑适用是正确的。

办案依据

刑法及相关司法解释类编

● **刑法第二十五条** 【共同犯罪】共同犯罪是指二人以上共同故意犯罪。

二人以上共同过失犯罪，不以共同犯罪论处；应当负刑事责任的，按照他们所犯的罪分别处罚。

● **刑法第二十六条** 【主犯】组织、领导犯罪集团进行犯罪活动的或者在共同犯罪中起主要作用的，是主犯。

【犯罪集团】三人以上为共同实施犯罪而组成的较为固定的犯罪组织，是犯罪集团。

【犯罪集团的主犯的处罚】对组织、领导犯罪集团的首要分子，按照集团所犯的全部罪行处罚。

【犯罪集团其他主犯的处罚】对于第三款规定以外的主犯，应当按照其所参与的或者组织、指挥的全部犯罪处罚。

● **刑法第三十六条** 【赔偿经济损失】由于犯罪行为而使被害人遭受经济损失的，对犯罪分子除依法给予刑事处罚外，并应根据情况判处赔偿经济损失。

【民事赔偿优先】承担民事赔偿责任的犯罪分子，同时被判处罚金，其财产不足以全部支付的，或者被判处没收财产的，应当先承担对被害人的民事赔偿责任。

1. 最高人民法院《关于刑事附带民事诉讼范围问题的规定》（2000年12月19日）

根据刑法第三十六条、第三十七条、第六十四条和刑事诉讼法第七十七条的有关规定，现对刑事附带民事诉讼的范围问题规定如下：

第一条 因人身权利受到犯罪侵犯而遭受物质损失或者财物被犯罪分子毁坏而遭受物质损失的，可以提起附带民事诉讼。

对于被害人因犯罪行为而遭受精神损失而提起附带民事诉讼的，人民法院不予受理。

第二条 被害人因犯罪行为遭受的物质损失，是指被害人因犯罪行为已经遭受的实际损失和必然遭受的损失。

第三条 人民法院审理附带民事诉讼案件，依法判决后，查明被告人确实没有财产可供执行的，应当裁定中止或者终结执行。

第四条 被告人已经赔偿被害人物质损失的，人民法院可以作为量刑情节予以考虑。

第五条 犯罪分子非法占有、处置被害人财产而使其遭受物质损失的，人民法院应当依法予以追缴或者责令退赔。被追缴、退赔的情况，人民法院可以作为量刑情节予以考虑。

经过追缴或者退赔仍不能弥补损失，被害人向人民法院民事审判庭另行提起民事诉讼的，人民法院可以受理。

2. 最高人民法院《关于审理刑事附带民事诉讼案件有关问题的批复》（2000 年 12 月 9 日）

吉林省高级人民法院：

你院吉高法〔2000〕46 号《关于刑事附带民事诉讼案件中有关问题的请示》收悉。经研究，答复如下：

第二审人民法院审理对附带民事诉讼部分提出上诉的案件，原告一方要求增加赔偿数额，第二审人民法院可以依法进行调解。调解未达成协议或者调解书送达前一方反悔的，第二审人民法院应当依照刑事诉讼法、民事诉讼法的有关规定作出判决或者裁定。

根据最高人民法院《关于执行〈中华人民共和国刑事诉讼法〉若干问题的解释》第一百条的规定，对于附带民事诉讼当事人提出先予执行申请的，人民法院应当依照民事诉讼法的有关规定，裁定先予执行或者驳回申请。

3. 最高人民法院《关于人民法院是否受理刑事案件被害人提起精神损害赔偿民事诉讼问题的批复》（2002 年 7 月 20 日）

云南省高级人民法院：

你院云高法〔2001〕176 号《关于人民法院是否受理被害人就刑事犯罪行为单独提起的精神损害赔偿民事诉讼的请示》收悉。经研究，答复如下：

根据刑法第三十六条和中华人民共和国刑事诉讼法第七十七条以及我院《关于刑事附带民事诉讼范围问题的规定》第一条第二款的规定，对于刑事案件被害人由于被告人的犯罪行为而遭受精神损失提起的附带民事诉讼，或者在该刑事案件审结以后，被害人另行提起精神损害赔偿民事诉讼的，人民法院不予受理。

4.《中华人民共和国刑事诉讼法（2012 年修正）》（1980 年 1 月 1 日）（节录）

第九十九条　被害人由于被告人的犯罪行为而遭受物质损失的，在刑事诉讼过程中，有权提起附带民事诉讼。被害人死亡或者丧失行为能力的，被害人的法定代理人、近亲属有权提起附带民事诉讼。

如果是国家财产、集体财产遭受损失的，人民检察院在提起公诉的时候，可以提起附带民事诉讼。

第一百条　人民法院在必要的时候，可以采取保全措施，查封、扣押或者冻结被告人的财产。附带民事诉讼原告人或者人民检察院可以申请人民法院采取保全措施。人民法院采取保全措施，适用民事诉讼法的有关规定。

第一百零一条　人民法院审理附带民事诉讼案件，可以进行调解，或者根据物质损失情况作出判决、裁定。

第一百零二条　附带民事诉讼应当同刑事案件一并审判，只有为了防止刑事案件审判的过分迟延，才可以在刑事案件审判后，由同一审判组织继续审理附带民事诉讼。

5.《中华人民共和国民法通则（2009年修订）》(1987年1月1日)（节录）

第一百一十七条　侵占国家的、集体的财产或者他人财产的，应当返还财产，不能返还财产的，应当折价赔偿。

损坏国家的、集体的财产或者他人财产的，应当恢复原状或者折价赔偿。

受害人因此遭受其他重大损失的，侵害人并应当赔偿损失。

第一百一十九条　侵害公民身体造成伤害的，应当赔偿医疗费、因误工减少的收入、残废者生活补助费等费用；造成死亡的，并应当支付丧葬费、死者生前扶养的人必要的生活费等费用。

第一百二十条　公民的姓名权、肖像权、名誉权、荣誉权受到侵害的，有权要求停止侵害，恢复名誉，消除影响，赔礼道歉，并可以要求赔偿损失。

法人的名称权、名誉权、荣誉权受到侵害的，适用前款规定。

第一百三十三条　无民事行为能力人、限制民事行为能力人造成他人损害的，由监护人承担民事责任。监护人尽了监护责任的，可以适当减轻他的民事责任。

有财产的无民事行为能力人、限制民事行为能力人造成他人损害的，从本人财产中支付赔偿费用。不足部分，由监护人适当赔偿，但单位担任监护人的除外。

● 刑法第四十二条　【拘役的期限】拘役的期限，为一个月以上六个月以下。

● 刑法第四十四条　【拘役的刑期起算及折抵】拘役的刑期，从判决执行之日起计算；判决执行以前先行羁押的，羁押一日折抵刑期一日。

● 刑法第五十二条　【罚金的适用】判处罚金，应当根据犯罪情节决定罚金数额。

● 刑法第五十三条　【罚金的缴纳】罚金在判决指定的期限内一次或者分期缴纳。期满不缴纳的，强制缴纳。对于不能全部缴纳罚金的，人民法院在任何时候发现被执行人有可以执行的财产，应当随时追缴。如果由于遭遇不能抗拒的灾祸缴纳确实有困难的，可以酌情减少或者免除。

1. 最高人民法院《关于适用财产刑若干问题的规定》(2000年12月19日)

为正确理解和执行刑法有关财产刑的规定，现就适用财产刑的若干问题规定如下：

第一条　刑法规定"并处"没收财产或者罚金的犯罪，人民法院在对犯罪分子判处主刑的同时，必须依法判处相应的财产刑；刑法规定"可以并处"没收财产或者罚金的犯罪，人民法院应当根据案件具体情况及犯罪分子的财产状况，决定是否适用财产刑。

第二条　人民法院应当根据犯罪情节，如违法所得数额、造成损失的大小等，并综合考虑犯罪分子缴纳罚金的能力，依法判处罚金。刑法没有明确规定罚金数额标准的，罚金的最低数额不能少于一千元。

对未成年人犯罪应当从轻或者减轻判处罚金，但罚金的最低数额不能少于五百元。

第三条　依法对犯罪分子所犯数罪分别判处罚金的，应当实行并罚，将所判处的罚金数额相加，执行总和数额。

一人犯数罪依法同时并处罚金和没收财产的，应当合并执行；但并处没收全部财产的，只执行没收财产刑。

第四条 犯罪情节较轻,适用单处罚金不致再危害社会并具有下列情形之一的,可以依法单处罚金:
(一) 偶犯或者初犯;
(二) 自首或者有立功表现的;
(三) 犯罪时不满十八周岁的;
(四) 犯罪预备、中止或者未遂的;
(五) 被胁迫参加犯罪的;
(六) 全部退赃并有悔罪表现的;
(七) 其他可以依法单处罚金的情形。

第五条 刑法第五十三条规定的"判决指定的期限"应当在判决书中予以确定;"判决指定的期限"应为从判决发生法律效力第二日起最长不超过三个月。

第六条 刑法第五十三条规定的"由于遭遇不能抗拒的灾祸缴纳确实有困难的",主要是指因遭受火灾、水灾、地震等灾祸而丧失财产;罪犯因重病、伤残而丧失劳动能力,或者需要罪犯抚养的近亲属患有重病,需支付巨额医药费等,确实没有财产可供执行的情形。

具有刑法第五十三条规定"可以酌情减少或者免除"事由的,由罪犯本人、亲属或者犯罪单位向负责执行的人民法院提出书面申请,并提供相应的证明材料。人民法院审查以后,根据实际情况,裁定减少或者免除应当缴纳的罚金数额。

第七条 刑法第六十条规定的"没收财产以前犯罪分子所负的正当债务",是指犯罪分子在判决生效前所负他人的合法债务。

第八条 罚金刑的数额应当以人民币为计算单位。

第九条 人民法院认为依法应当判处被告人财产刑的,可以在案件审理过程中,决定扣押或者冻结被告人的财产。

第十条 财产刑由第一审人民法院执行。
犯罪分子的财产在异地的,第一审人民法院可以委托财产所在地人民法院代为执行。

第十一条 自判决指定的期限届满第二日起,人民法院对于没有法定减免事由不缴纳罚金的,应当强制其缴纳。
对于隐藏、转移、变卖、损毁已被扣押、冻结财产情节严重的,依照刑法第三百一十四条的规定追究刑事责任。

2. 最高人民法院《关于财产刑执行问题的若干规定》(2010年6月1日)

为完善财产刑的执行制度,规范财产刑的执行工作,依照《中华人民共和国刑法》、《中华人民共和国刑事诉讼法》等法律规定,制定本规定。

第一条 财产刑由第一审人民法院负责裁判执行的机构执行。
被执行的财产在异地的,第一审人民法院可以委托财产所在地的同级人民法院代为执行。

第二条 第一审人民法院应当在本院作出的刑事判决、裁定生效后,或者收到上级人民法院生效的刑事判决、裁定后，对有关财产刑执行的法律文书立案执行。

第三条 对罚金的执行，被执行人在判决、裁定确定的期限内未足额缴纳的，人民法院应当在期满后强制缴纳。

对没收财产的执行，人民法院应当立即执行。

第四条 人民法院应当依法对被执行人的财产状况进行调查，发现有可供执行的财产，需要查封、扣押、冻结的，应当及时采取查封、扣押、冻结等强制执行措施。

第五条 执行财产刑时，案外人对被执行财产提出权属异议的，人民法院应当审查并参照民事诉讼法的有关规定处理。

第六条 被判处罚金或者没收财产，同时又承担刑事附带民事诉讼赔偿责任的被执行人，应当先履行对被害人的民事赔偿责任。

判处财产刑之前被执行人所负正当债务，应当偿还的，经债权人请求，先行予以偿还。

第七条 行的财产应当全部上缴国库。

委托执行的，受托人民法院应当将执行情况连同上缴国库凭据送达委托人民法院；不能执行到位的，应当及时告知委托人民法院。

第八条 具有下列情形之一的，人民法院应当裁定中止执行；中止执行的原因消除后，恢复执行：

（一）执行标的物系人民法院或者仲裁机构正在审理的案件争议标的物，需等待该案件审理完毕确定权属的；

（二）案外人对执行标的物提出异议确有理由的；

（三）其他应当中止执行的情形。

被执行人没有全部缴纳罚金的，人民法院在任何时候发现被执行人有可供执行的财产，应当随时追缴。

第九条 具有下列情形之一的，人民法院应当裁定终结执行：

（一）据以执行的刑事判决、裁定被撤销的；

（二）被执行人死亡或者被执行死刑，且无财产可供执行的；

（三）被判处罚金的单位终止，且无财产可供执行的；

（四）依照刑法第五十三条规定免除罚金的；

（五）其他应当终结执行的情形。

人民法院裁定终结执行后，发现被执行人有隐匿、转移财产情形的，应当追缴。

第十条 财产刑全部或者部分被撤销的，已经执行的财产应当全部或者部分返还被执行人；无法返还的，应予赔偿。

第十一条 因遭遇不能抗拒的灾祸缴纳罚金确有困难，被执行人向执行法院申请减少或者免除的，执行法院经审查认为符合法定减免条件的，应当在收到申请后一个月内依法作出裁定准予减免；认为不符合法定减免条件的，裁定驳回申请。

第十二条 人民法院办理财产刑执行案件，本规定没有规定的，参照适用民事执行的有关规定。

第十三条　此前发布的司法解释与本规定不一致的，以本规定为准。

3. 最高人民法院《全国法院维护农村稳定刑事审判工作座谈会纪要》（1999 年 10 月 27 日）（节录）

（四）关于财产刑问题

凡法律规定并处罚金或者没收财产的，均应当依法并处，被告人的执行能力不能作为是否判处财产刑的依据。确实无法执行或不能执行的，可以依法执行终结或者减免。对法律规定主刑有死刑、无期徒刑和有期徒刑，同时并处没收财产或罚金的，如决定判处死刑，只能并处没收财产；判处无期徒刑的，可以并处没收财产，也可以并处罚金；判处有期徒刑的，只能并处罚金。

对于法律规定有罚金刑的犯罪，罚金的具体数额应根据犯罪的情节确定。刑法和司法解释有明确规定的，按规定判处；没有规定的，各地可依照法律规定的原则和具体情况，在总结审判经验的基础上统一规定参照执行的数额标准。

对自由刑与罚金刑均可选择适用的案件，如盗窃罪，在决定刑罚时，既要避免以罚金刑代替自由刑，又要克服机械执法只判处自由刑的倾向。对于可执行财产刑且罪行又不严重的初犯、偶犯、从犯等，可单处罚金刑。对于应当并处罚金刑的犯罪，如被告人能积极缴纳罚金，认罪态度较好，且判处的罚金数量较大，自由刑可适当从轻，或考虑宣告缓刑。这符合罪刑相适应原则，因为罚金刑也是刑罚。

被告人犯数罪的，应避免判处罚金刑的同时，判处没收部分财产。对于判处没收全部财产，同时判处罚金刑的，应决定执行没收全部财产，不再执行罚金刑。

4.《中华人民共和国刑事诉讼法（2012 年修正）》（1980 年 1 月 1 日）（节录）

第二百六十条　被判处罚金的罪犯，期满不缴纳的，人民法院应当强制缴纳；如果由于遭遇不能抗拒的灾祸缴纳确实有困难的，可以裁定减少或者免除。

5.《中华人民共和国行政处罚法（2009 年修正）》（1996 年 10 月 1 日）（节录）

第二十八条（第二款）　违法行为构成犯罪，人民法院判处罚金时，行政机关已经给予当事人罚款的，应当折抵相应罚金。

▶ **刑法第五十七条　【死刑、无期徒刑罪犯剥夺政治权利的适用】** 对于被判处死刑、无期徒刑的犯罪分子，应当剥夺政治权利终身。

在死刑缓期执行减为有期徒刑或者无期徒刑减为有期徒刑的时候，应当把附加剥夺政治权利的期限改为三年以上十年以下。

▶ **刑法第六十一条　【量刑根据】** 对于犯罪分子决定刑罚的时候，应当根据犯罪的事实、犯罪的性质、情节和对于社会的危害程度，依照本法的有关规定判处。

▶ **刑法第六十四条　【犯罪物品的处理】** 犯罪分子违法所得的一切财物，应当予以追缴或者责令退赔；对被害人的合法财产，应当及时返还；违禁品和供犯罪所用的本人财物，应当予以没收。没收的财物和罚金，一律上缴国库，不得挪用和自行处理。

◐ **刑法第六十九条　【数罪并罚】** 判决宣告以前一人犯数罪的，除判处死刑和无期徒刑的以外，应当在总和刑期以下、数刑中最高刑期以上，酌情决定执行的刑期，但是管制最高不能超过三年，拘役最高不能超过一年，有期徒刑总和刑期不满三十五年的，最高不能超过二十年，总和刑期在三十五年以上的，最高不能超过二十五年。

数罪中有判处附加刑的，附加刑仍须执行，其中附加刑种类相同的，合并执行，种类不同的，分别执行。

◐ **刑法第七十一条　【宣判后犯新罪的并罚】** 判决宣告以后，刑罚执行完毕以前，被判刑的犯罪分子又犯罪的，应当对新犯的罪作出判决，把前罪没有执行的刑罚和后罪所判处的刑罚，依照本法第六十九条的规定，决定执行的刑罚。

◐ **刑法第七十二条　【缓刑的适用条件】** 对于被判处拘役、三年以下有期徒刑的犯罪分子，同时符合下列条件的，可以宣告缓刑，对其中不满十八周岁的人、怀孕的妇女和已满七十五周岁的人，应当宣告缓刑：

（一）犯罪情节较轻；

（二）有悔罪表现；

（三）没有再犯罪的危险；

（四）宣告缓刑对所居住社区没有重大不良影响。

【禁止令的适用】 宣告缓刑，可以根据犯罪情况，同时禁止犯罪分子在缓刑考验期限内从事特定活动，进入特定区域、场所，接触特定的人。

【附加刑的执行】 被宣告缓刑的犯罪分子，如果被判处附加刑，附加刑仍须执行。

◐ **刑法第七十三条　【缓刑的考验期限】** 拘役的缓刑考验期限为原判刑期以上一年以下，但是不能少于二个月。

有期徒刑的缓刑考验期限为原判刑期以上五年以下，但是不能少于一年。

【缓刑考验期限的起算】 缓刑考验期限，从判决确定之日起计算。

◐ **刑法第一百一十四条　【放火罪，决水罪，爆炸罪，投放危险物质罪，以危险方法危害公共安全罪】** 放火、决水、爆炸以及投放毒害性、放射性、传染病病原体等物质或者以其他危险方法危害公共安全，尚未造成严重后果的，处三年以上十年以下有期徒刑。

1. 最高人民法院《关于印发醉酒驾车犯罪法律适用问题指导意见及相关典型案例的通知》（2009年9月11日）

为依法严肃处理醉酒驾车犯罪案件，统一法律适用标准，充分发挥刑罚惩治和预防犯罪的功能，有效遏制酒后和醉酒驾车犯罪的多发、高发态势，切实维护广大人民群众的生命健康安全，有必要对醉酒驾车犯罪法律适用问题作出统一规范。

刑事案例诉辩审评——以危险方法危害公共安全罪

一、准确适用法律，依法严惩醉酒驾车犯罪

刑法规定，醉酒的人犯罪，应当负刑事责任。行为人明知酒后驾车违法、醉酒驾车会危害公共安全，却无视法律醉酒驾车，特别是在肇事后继续驾车冲撞，造成重大伤亡，说明行为人主观上对持续发生的危害结果持放任态度，具有危害公共安全的故意。对此类醉酒驾车造成重大伤亡的，应依法以危险方法危害公共安全罪定罪。

2009年9月8日公布的两起醉酒驾车犯罪案件中，被告人黎景全和被告人孙伟铭都是在严重醉酒状态下驾车肇事，连续冲撞，造成重大伤亡。其中，黎景全驾车肇事后，不顾伤者及劝阻他的众多村民的安危，继续驾车行驶，致2人死亡，1人轻伤；孙伟铭长期无证驾驶，多次违反交通法规，在醉酒驾车与其他车辆追尾后，为逃逸继续驾车超限速行驶，先后与4辆正常行驶的轿车相撞，造成4人死亡、1人重伤。被告人黎景全和被告人孙伟铭在醉酒驾车发生交通事故后，继续驾车冲撞行驶，其主观上对他人伤亡的危害结果明显持放任态度，具有危害公共安全的故意。二被告人的行为均已构成以危险方法危害公共安全罪。

二、贯彻宽严相济刑事政策，适当裁量刑罚

根据刑法第一百一十五条第一款的规定，醉酒驾车，放任危害结果发生，造成重大伤亡事故，构成以危险方法危害公共安全罪的，应处以十年以上有期徒刑、无期徒刑或者死刑。具体决定对被告人的刑罚时，要综合考虑此类犯罪的性质、被告人的犯罪情节、危害后果及其主观恶性、人身危险性。一般情况下，醉酒驾车构成本罪的，行为人在主观上并不希望、也不追求危害结果的发生，属于间接故意犯罪，行为的主观恶性与以制造事端为目的而恶意驾车撞人并造成重大伤亡后果的直接故意犯罪有所不同，因此，在决定刑罚时，也应当有所区别。此外，醉酒状态下驾车，行为人的辨认和控制能力实际有所减弱，量刑时也应酌情考虑。

被告人黎景全和被告人孙伟铭醉酒驾车犯罪案件，依法没有适用死刑，而是分别判处无期徒刑，主要考虑到二被告人均系间接故意犯罪，与直接故意犯罪相比，主观恶性不是很深，人身危险性不是很大；犯罪时驾驶车辆的控制能力有所减弱；归案后认罪、悔罪态度较好，积极赔偿被害方的经济损失，一定程度上获得了被害方的谅解。广东省高级人民法院和四川省高级人民法院的终审裁判对二被告人的量刑是适当的。

三、统一法律适用，充分发挥司法审判职能作用

为依法严肃处理醉酒驾车犯罪案件，遏制酒后和醉酒驾车对公共安全造成的严重危害，警示、教育潜在违规驾驶人员，今后，对醉酒驾车，放任危害结果的发生，造成重大伤亡的，一律按照本意见规定，并参照附发的典型案例，依法以危险方法危害公共安全罪定罪量刑。

为维护生效裁判的既判力，稳定社会关系，对于此前已经处理过的将特定情形的醉酒驾车认定为交通肇事罪的案件，应维持终审裁判，不再变动。

本意见执行中有何情况和问题，请及时层报最高人民法院。

附件：有关醉酒驾车犯罪案例

一、被告人黎景全以危险方法危害公共安全案

被告人黎景全，男，汉族，1964年4月30日生于广东省佛山市，初中文化，佛山市个

体运输司机。1981年12月11日因犯抢劫罪、故意伤害罪被判处有期徒刑四年六个月。2006年9月17日因本案被刑事拘留，同月28日被逮捕。

2006年9月16日18时50分许，被告人黎景全大量饮酒后，驾驶车牌号为粤A1J374的面包车由南向北行驶至广东省佛山市南海区盐步碧华村新路治安亭附近路段时，从后面将骑自行车的被害人李某霞及其搭乘的儿子陈柏宇撞倒，致陈柏宇轻伤。撞人后，黎景全继续开车前行，撞坏治安亭前的铁闸及旁边的柱子，又掉头由北往南向穗盐路方向快速行驶，车轮被卡在路边花地上。被害人梁锡全（系黎景全的好友）及其他村民上前救助伤者并劝阻黎景全，黎景全加大油门驾车冲出花地，碾过李某霞后撞倒梁锡全，致李某霞、梁锡全死亡。黎景全驾车驶出路面外被治安队员及民警抓获。经检验，黎景全案发时血液中检出乙醇成分，含量为369.9毫克/100毫升。

被告人黎景全在医院被约束至酒醒后，对作案具体过程无记忆，当得知自己撞死二人、撞伤一人时，十分懊悔。虽然其收入微薄，家庭生活困难，但仍多次表示要积极赔偿被害人亲属的经济损失。

广东省佛山市人民检察院指控被告人黎景全犯以危险方法危害公共安全罪，向佛山市中级人民法院提起公诉。佛山市中级人民法院于2007年2月7日以（2007）佛刑一初字第1号刑事附带民事判决，认定被告人黎景全犯以危险方法危害公共安全罪，判处死刑，剥夺政治权利终身。宣判后，黎景全提出上诉。广东省高级人民法院于2008年9月17日以（2007）粤高法刑一终字第131号刑事裁定，驳回上诉，维持原判，并依法报请最高人民法院核准。

最高人民法院复核认为，被告人黎景全酒后驾车撞倒他人后，仍继续驾驶，冲撞人群，其行为已构成以危险方法危害公共安全罪。黎景全醉酒驾车撞人，致二人死亡、一人轻伤，犯罪情节恶劣，后果特别严重，应依法惩处。鉴于黎景全是在严重醉酒状态下犯罪，属间接故意犯罪，与蓄意危害公共安全的直接故意犯罪有所不同；且其归案后认罪、悔罪态度较好，依法可不判处死刑。第一审判决、第二审裁定认定的事实清楚，证据确实、充分，定罪准确，审判程序合法，但量刑不当。依照《中华人民共和国刑事诉讼法》第一百九十九条和《最高人民法院关于复核死刑案件若干问题的规定》第四条的规定，裁定不核准被告人黎景全死刑，撤销广东省高级人民法院（2007）粤高法刑一终字第131号刑事裁定，发回广东省高级人民法院重新审判。

广东省高级人民法院重审期间，与佛山市中级人民法院一同做了大量民事调解工作。被告人黎景全的亲属倾其所有，筹集15万元赔偿给被害方。

广东省高级人民法院审理认为，被告人黎景全醉酒驾车撞倒李某霞所骑自行车后，尚知道驾驶车辆掉头行驶；在车轮被路边花地卡住的情况下，知道将车辆驾驶回路面，说明其案发时具有辨认和控制能力。黎景全撞人后，置被撞人员于不顾，也不顾在车前对其进行劝阻和救助伤者的众多村民，仍继续驾车企图离开现场，撞向已倒地的李某霞和救助群众梁锡全，致二人死亡，说明其主观上对在场人员伤亡的危害结果持放任态度，具有危害公共安全的间接故意。因此，其行为已构成以危险方法危害公共安全罪。黎景全犯罪的情节恶劣，后果严重。但鉴于黎景全系间接故意犯罪，与蓄意危害公共安全的直接故意犯罪相比，主观恶性不是很深，人身危险性不是很大；犯罪时处于严重醉酒状态，辨认和控制能力有所减弱；归案后认罪、悔罪态度较好，积极赔偿了被害方的经济损失，依法可从轻处罚。据此，于2009年9月8日作出〔2007〕粤高法刑一终字第131-1号刑事判决，认定被告人黎景全犯以危险方法危害公共安全罪，判处无期徒刑，剥夺政治权利终身。

二、被告人孙伟铭以危险方法危害公共安全案

被告人孙伟铭，男，汉族，1979年5月9日出生于西藏自治区，高中文化，成都奔腾电子信息技术有限公司员工。2008年12月15日被刑事拘留，同月26日被逮捕。

2008年5月，被告人孙伟铭购买一辆车牌号为川A43K66的别克轿车。之后，孙伟铭在未取得驾驶证的情况下长期驾驶该车，并多次违反交通法规。同年12月14日中午，孙伟铭与其父母为亲属祝寿，大量饮酒。当日17时许，孙伟铭驾驶其别克轿车行至四川省成都市成龙路"蓝色地"路口时，从后面撞向与其同向行驶的车牌号为川A9T332的一辆比亚迪轿车尾部。肇事后，孙伟铭继续驾车超限速行驶，行至成龙路"卓锦城"路段时，越过中心黄色双实线，先后与对面车道正常行驶的车牌号分别为川AUZ872的长安奔奔轿车、川AK1769的长安奥拓轿车、川AVD241的福特蒙迪欧轿车、川AMC337的奇瑞QQ轿车等4辆轿车相撞，造成车牌号为川AUZ872的长安奔奔轿车上的张某全、尹某辉夫妇和金某民、张某秀夫妇死亡，代玉秀重伤，以及公私财产损失5万余元。经鉴定，孙伟铭驾驶的车辆碰撞前瞬间的行驶速度为134~138公里/小时；孙伟铭案发时血液中的乙醇含量为135.8毫克/100毫升。案发后，孙伟铭的亲属赔偿被害人经济损失11.4万元。

四川省成都市人民检察院指控被告人孙伟铭犯以危险方法危害公共安全罪，向成都市中级人民法院提起公诉。成都市中级人民法院于2009年7月22日以〔2009〕成刑初字第158号刑事判决，认定被告人孙伟铭犯以危险方法危害公共安全罪，判处死刑，剥夺政治权利终身。宣判后，孙伟铭提出上诉。

四川省高级人民法院审理期间，被告人孙伟铭之父孙某表示愿意代为赔偿被害人的经济损失，社会各界人士也积极捐款帮助赔偿。经法院主持调解，孙某代表孙伟铭与被害方达成民事赔偿协议，并在身患重病、家庭经济并不宽裕的情况下，积极筹款赔偿了被害方经济损失，取得被害方一定程度的谅解。

四川省高级人民法院审理认为，被告人孙伟铭无视交通法规和公共安全，在未取得驾驶证的情况下，长期驾驶机动车辆，多次违反交通法规，且在醉酒驾车发生交通事故后，继续驾车超限速行驶，冲撞多辆车辆，造成数人伤亡的严重后果，说明其主观上对危害结果的发生持放任态度，具有危害公共安全的间接故意，其行为已构成以危险方法危害公共安全罪。孙伟铭犯罪情节恶劣，后果严重。但鉴于孙伟铭是间接故意犯罪，不希望、也不积极追求危害后果发生，与直接故意驾车撞击车辆、行人的犯罪相比，主观恶性不是很深，人身危险性不是很大；犯罪时处于严重醉酒状态，其对自己行为的辨认和控制能力有所减弱；案发后，真诚悔罪，并通过亲属积极筹款赔偿被害方的经济损失，依法可从轻处罚。据此，四川省高级人民法院于2009年9月8日作出〔2009〕川刑终字第690号刑事判决，认定被告人孙伟铭犯以危险方法危害公共安全罪，判处无期徒刑，剥夺政治权利终身。

2. 最高人民法院、最高人民检察院《关于办理组织和利用邪教组织犯罪案件具体应用法律若干问题的解释（二）》（2001年6月11日）（节录）

第十条　邪教组织人员以自焚、自爆或者其他危险方法危害公共安全的，分别依照刑法第一百一十四条、第一百一十五条第一款以危险方法危害公共安全罪等规定定罪处罚。

3. 最高人民法院、最高人民检察院《关于办理妨害预防、控制突发传染病疫情等灾害的刑事案件具体应用法律若干问题的解释》（2003年5月15日）（节录）

第一条（第一款）　故意传播突发传染病病原体，危害公共安全的，依照刑法第一百一十四条、第一百一十五条第一款的规定，按照以危险方法危害公共安全罪定罪处罚。

4.《中华人民共和国水法（2009年修正）》（2002年10月1日）（节录）

第七十二条　有下列行为之一，构成犯罪的，依照刑法的有关规定追究刑事责任；……

（一）侵占、毁坏水工程及堤防、护岸等有关设施，毁坏防汛、水文监测、水文地质监测设施的；

（二）在水工程保护范围内，从事影响水工程运行和危害水工程安全的爆破、打井、采石、取土等活动的。

○ **刑法第一百一十五条　【放火罪，决水罪，爆炸罪，投放危险物质罪，以危险方法危害公共安全罪】** 放火、决水、爆炸以及投放毒害性、放射性、传染病病原体等物质或者以其他危险方法致人重伤、死亡或者使公私财产遭受重大损失的，处十年以上有期徒刑、无期徒刑或者死刑。

【失火罪，过失决水罪，过失爆炸罪，过失投放危险物质罪，过失以危险方法危害公共安全罪】 过失犯前款罪的，处三年以上七年以下有期徒刑；情节较轻的，处三年以下有期徒刑或者拘役。

1. 国家林业局、公安部《关于森林和陆生野生动物刑事案件管辖及立案标准》（2001年5月9日）（节录）

一、森林公安机关管辖在其辖区内发生的刑法规定的下列森林和陆生野生动物刑事案件

（七）失火案件中，过失烧毁森林或者其他林木的案件（第一百一十五条第二款）。

二、森林和陆生野生动物刑事案件的立案标准

（七）失火案

失火造成森林火灾，过火有林地面积2公顷以上，或者致人重伤、死亡的应当立案；过火有林地面积10公顷以上，或者致人死亡、重伤5人以上的为重大案件；过火有林地面积50公顷以上，或者死亡2人以上的为特别重大案件。

2. 最高人民法院、最高人民检察院《关于办理妨害预防、控制突发传染病疫情等灾害的刑事案件具体应用法律若干问题的解释》（2003年5月15日）（节录）

第一条（第二款）　患有突发传染病或者疑似突发传染病而拒绝接受检疫、强制隔离或者治疗，过失造成传染病传播，情节严重，危害公共安全的，依照刑法第一百一十五条

第二款的规定，按照过失以危险方法危害公共安全罪定罪处罚。

▶ **刑法第一百三十三条** 【交通肇事罪】违反交通运输管理法规，因而发生重大事故，致人重伤、死亡或者使公私财产遭受重大损失的，处三年以下有期徒刑或者拘役；交通运输肇事后逃逸或者有其他特别恶劣情节的，处三年以上七年以下有期徒刑；因逃逸致人死亡的，处七年以上有期徒刑。

1. 最高人民法院《关于审理交通肇事刑事案件具体应用法律若干问题的解释》（2000年11月21日）

为依法惩处交通肇事犯罪活动，根据刑法有关规定，现将审理交通肇事刑事案件具体应用法律的若干问题解释如下：

第一条 从事交通运输人员或者非交通运输人员，违反交通运输管理法规发生重大交通事故，在分清事故责任的基础上，对于构成犯罪的，依照刑法第一百三十三条的规定定罪处罚。

第二条 交通肇事具有下列情形之一的，处三年以下有期徒刑或者拘役：

（一）死亡一人或者重伤三人以上，负事故全部或者主要责任的；

（二）死亡三人以上，负事故同等责任的；

（三）造成公共财产或者他人财产直接损失，负事故全部或者主要责任，无能力赔偿数额在三十万元以上的。

交通肇事致一人以上重伤，负事故全部或者主要责任，并具有下列情形之一的，以交通肇事罪定罪处罚：

（一）酒后、吸食毒品后驾驶机动车辆的；

（二）无驾驶资格驾驶机动车辆的；

（三）明知是安全装置不全或者安全机件失灵的机动车辆而驾驶的；

（四）明知是无牌证或者已报废的机动车辆而驾驶的；

（五）严重超载驾驶的；

（六）为逃避法律追究逃离事故现场的。

第三条 "交通运输肇事后逃逸"，是指行为人具有本解释第二条第一款规定和第二款第（一）至（五）项规定的情形之一，在发生交通事故后，为逃避法律追究而逃跑的行为。

第四条 交通肇事具有下列情形之一的，属于"有其他特别恶劣情节"，处三年以上七年以下有期徒刑：

（一）死亡二人以上或者重伤五人以上，负事故全部或者主要责任的；

（二）死亡六人以上，负事故同等责任的；

（三）造成公共财产或者他人财产直接损失，负事故全部或者主要责任，无能力赔偿数额在六十万元以上的。

第五条 "因逃逸致人死亡"，是指行为人在交通肇事后为逃避法律追究而逃跑，致使被害人因得不到救助而死亡的情形。

交通肇事后，单位主管人员、机动车辆所有人、承包人或者乘车人指使肇事人逃逸，致使被害人因得不到救助而死亡的，以交通肇事罪的共犯论处。

第六条 行为人在交通肇事后为逃避法律追究，将被害人带离事故现场后隐藏或者遗弃，致使被害人无法得到救助而死亡或者严重残疾的，应当分别依照刑法第二百三十二条、第二百三十四条第二款的规定，以故意杀人罪或者故意伤害罪定罪处罚。

第七条 单位主管人员、机动车辆所有人或者机动车辆承包人指使、强令他人违章驾驶造成重大交通事故，具有本解释第二条规定情形之一的，以交通肇事罪定罪处罚。

第八条 在实行公共交通管理的范围内发生重大交通事故的，依照刑法第一百三十三条和本解释的有关规定办理。

在公共交通管理的范围外，驾驶机动车辆或者使用其他交通工具致人伤亡或者致使公共财产或他人财产遭受重大损失，构成犯罪的，分别依照刑法第一百三十四条、第一百三十五条、第二百三十三条等规定定罪处罚。

第九条 各省、自治区、直辖市高级人民法院可以根据本地实际情况，在三十万元至六十万元、六十万元至一百万元的幅度内，确定本地区执行本解释第二条第一款第（三）项、第四条第（三）项的起点数额标准，并报最高人民法院备案。

2. 最高人民检察院《关于印发部分罪案〈审查逮捕证据参考标准（试行）〉的通知》

（2003年11月27日）（节录）

十、交通肇事罪案审查逮捕证据参考标准

交通肇事罪，是指触犯《刑法》第133条的规定，违反交通运输管理法规，因而发生重大事故，致人重伤、死亡或者造成公私财产遭受重大损失的行为。其他以交通肇事罪定罪处罚的有：（1）交通肇事后，单位主管人员、机动车辆所有人、承包人或者乘车人指使肇事人逃逸，致使被害人因得不到救助而死亡的；（2）单位主管人员、机动车辆所有人或者机动车辆承包人指使、强令他人违章驾驶造成重大交通事故的。

对提请批捕的交通肇事案件，应当注意从以下几个方面审查证据：

（一）有证据证明发生了交通肇事犯罪事实。

重点审查：

1. 生效的交通事故认定责任书、现场照片、现场勘查笔录、肇事车辆检验报告等证明发生触犯交通运输管理法规，因而发生重大事故的行为的证据。

2. 被害人伤情照片、伤情鉴定、尸体检验报告、损失财产照片及估价证明等证明交通肇事行为造成了如下严重后果之一的证据：死亡1人或者重伤3人以上，负事故全部或者主要责任的；死亡3人以上，负事故同等责任的；造成公共财产或者他人财产直接损失，负事故全部或者主要责任，无能力赔偿数额在30万元以上的；对事故负全部责任或者主要责任的，造成重伤1人以上，情节恶劣，后果严重的；致1人以上重伤，负事故全部或者主要责任，情节严重的。

3. 证明在交通肇事后逃逸的证据。

4. 证明交通肇事的行为出于过失的证据。

5. 证明交通肇事犯罪事实发生的被害人陈述、证人证言、同案犯和犯罪嫌疑人供述等。

（二）有证据证明交通肇事犯罪事实系犯罪嫌疑人实施的。

重点审查：

1. 交通事故发生后，现场抓获犯罪嫌疑人的证据。
2. 显示犯罪嫌疑人实施交通肇事犯罪的视听资料。
3. 被害人的指认。
4. 同案犯罪嫌疑人的供述。
5. 犯罪嫌疑人的供认。
6. 证人证言。
7. 交通肇事后具有逃逸情节的证据材料。
8. 证明犯罪嫌疑人所驾车辆为肇事车辆的技术鉴定结论及性能检测报告。
9. 其他能够证明犯罪嫌疑人实施交通肇事犯罪的证据。

（三）证明犯罪嫌疑人实施交通肇事犯罪行为的证据已有查证属实的。

重点审查：

1. 现场抓获犯罪嫌疑人的，现场照片、现场勘查笔录、交通事故认定责任书等证据。
2. 能够排除合理怀疑的视听资料。
3. 其他证据能够印证的被害人的指认。
4. 其他据能够印证的犯罪嫌疑人的供述。
5. 能够相互印证的证人证言。
6. 能够与其他证据相互印证的证人证言。
7. 其他查证属实的证明犯罪嫌疑人实施交通肇事犯罪的证据。

▶ **刑法第一百三十三条之一**　【**危险驾驶罪**】在道路上驾驶机动车追逐竞驶，情节恶劣的，或者在道路上醉酒驾驶机动车的，处拘役，并处罚金。

有前款行为，同时构成其他犯罪的，依照处罚较重的规定定罪处罚。

▶ **刑法第一百三十四条**　【**重大责任事故罪**】在生产、作业中违反有关安全管理的规定，因而发生重大伤亡事故或者造成其他严重后果的，处三年以下有期徒刑或者拘役；情节特别恶劣的，处三年以上七年以下有期徒刑。

【**强令违章冒险作业罪**】强令他人违章冒险作业，因而发生重大伤亡事故或者造成其他严重后果的，处五年以下有期徒刑或者拘役；情节特别恶劣的，处五年以上有期徒刑。

图书在版编目（CIP）数据

刑事案例诉辩审评. 以危险方法危害公共安全罪/孟庆华，孟昭武主编.
—北京：中国检察出版社，2014.1
ISBN 978－7－5102－0796－9

Ⅰ.①刑…　Ⅱ.①孟…②孟…　Ⅲ.①刑事犯罪－案例－中国②危害公共安全罪－案例－中国　Ⅳ.①D924.305

中国版本图书馆 CIP 数据核字（2012）第 304260 号

刑事案例诉辩审评
——以危险方法危害公共安全罪
主编/孟庆华　孟昭武

出版发行：	中国检察出版社
社　　址：	北京市石景山区香山南路 111 号（100144）
网　　址：	中国检察出版社（www.zgjccbs.com）
电　　话：	（010）68658769（编辑）　68650015（发行）　68636518（门市）
经　　销：	新华书店
印　　刷：	河北省三河市燕山印刷有限公司
开　　本：	720 mm×960 mm　16 开
印　　张：	23.75 印张
字　　数：	435 千字
版　　次：	2014 年 1 月第二版　2014 年 1 月第二次印刷
书　　号：	ISBN 978－7－5102－0796－9
定　　价：	50.00 元

检察版图书，版权所有，侵权必究
如遇图书印装质量问题本社负责调换